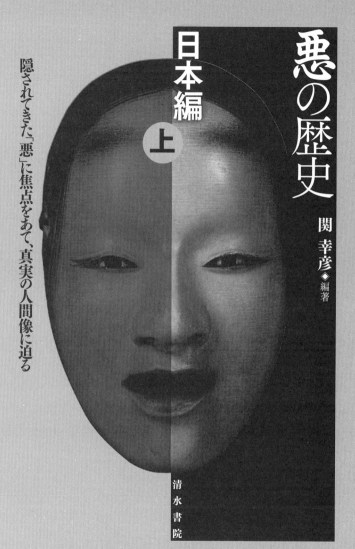

悪の歴史

関 幸彦◆編著

日本編 上

隠されてきた「悪」に焦点をあて、真実の人間像に迫る

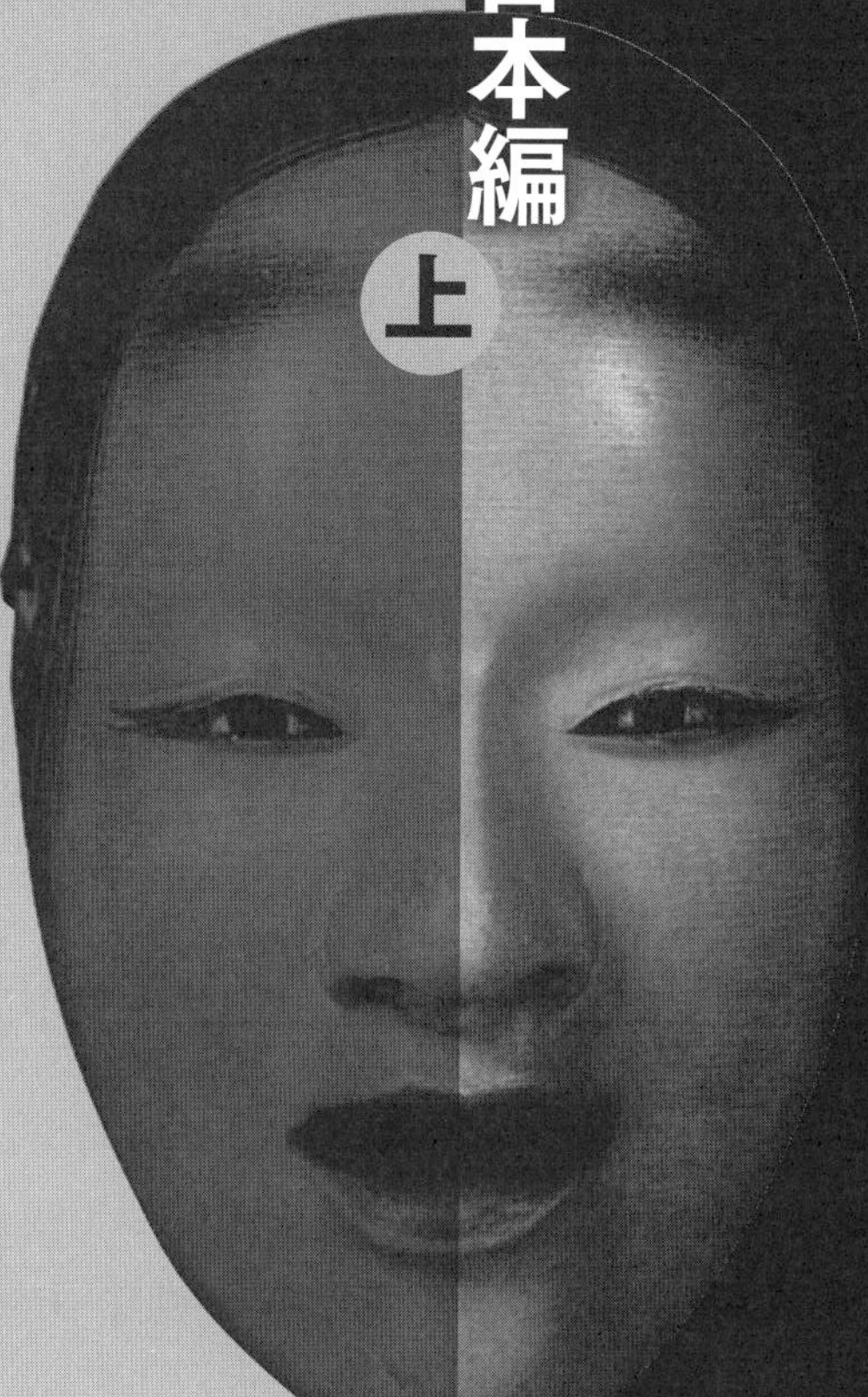

清水書院

はしがき

「悪」を主題とした人物史で歴史を通覧する。

こんな試みで編纂したシリーズの第一弾が本書である。高等学校の日本史・世界史教科書に登場する人物たちの表向きの顔ではなく、枠からはみ出た姿、裏の素顔に切り込むことで、歴史上の人物を立体的に捉え直そうとするものである。

ここで指摘しようとする「悪」とは、単に反倫理的・非道義的要素を意味するものではない。また、「道徳的な悪行云々」に言及しようとしたものでもない。むしろ個性の強さで権力に抗する姿勢、あるいは権力を掌中にするための目的主義に偏した生き方等々こそを問題としたい。

例えば、「悪源太義平」や「悪七兵衛景清」など、人口に膾炙している人物たちを想い出していただきたい。『平家物語』が語るこれらの人々には道徳的な基準による評はない。同じく中世に登場する「悪党」の語感もそうであろう。個人や集団の相違はあるにせよ、時代を漕ぎぬく強い精神性が、この語には宿されている。「尋常ではない」「埒外」といった意味が込められている。

歴史は勝者によって都合よく選ばれ語りつがれていく。その一方で負の側面は容赦なく捨象される。時代の参画者として英雄視された人物たちには権謀を駆使して権力を掌握した者も少なくない。そうした事例を単に醜聞として評するのではなく、時代という制約の中で解釈することで、歴史上の人物の豊かな中身について考えてみたい。難しいかも知れないが、そんな意向でそれぞれの執筆者に原稿をお願いした。

「時代は英雄をつくり、英雄は時代をつくる」

これは、近代の史家・山路愛山の著名なことばだ。当該人物の行動は歴史的条件を無視しては語れない。そんな意味が愛山のことばの真意だろう。時代を画した、そうした人物たちの等身大の足跡を辿ってみることも興味を惹くこととなろう。史料の語り口によっても人物の脚色のされ方は異なる。あるいは時代によりその人物の評価もちがってくる。

例えば、北条義時がそうだし、足利尊氏もそうだった。天皇(院)に弓引いたことの一点で、「悪」の代名詞の如く扱われてきた時代があった。戦前はともかく、戦後の成熟した歴史学にあっては、そうした価値観の押しつけによる人物評は意味を失った。実り豊かな学問の成果をわかりやすい形で提供することで、歴史への興味・関心が増幅されることを期待したい。

以下、本書の編集方針に関してお伝えしておきたい。

一◉人物の選択に関しては、基本的には高等学校の日本史教科書に登場することを第一義として、古代の蘇我馬子から近世初期の羽柴(豊臣)秀吉までの三一人の人物を時代順に配した。政治・経済、外交面などにおいては、権威・権力を振るった人物を中心に選び、文化人、とくに宗教家については、「悪」の定義がそれぞれの宗教的価値観によって大きく異なることが懸念されるために、その選択から除外した。

二◉人物名を各テーマの見出しに掲げたが、その際、その該当人物たちを「悪」たらしめる所以を、サブテーマとして付した。

三◉各人物の「悪」を語る前に、原則として該当の人物の教科書的な紹介を試みた。これによって、表面的・公式的な歴史情報を理解していただき、そのうえに、裏面的で鋳型からはみ出た「悪」の顔を提供することで、その人物のより立体的な把握が可能となると考えた。

四◉本書は、掲載した各人物ごとに、それぞれの研究者がおのおのの研究成果にもとづき執筆したもので、各テーマは独立した構成となっている。なお、編集の過程では年代表記などの最小限度の統一だけにとどめ、内容などの整合をはかることはおこなわなかった。

「悪」の定義は、時代背景や場所はもちろん、為政者か被支配者か、職業や身分の違い、男性か女性かによっても異なっている。当然、執筆者あるいは読者の一人ひとりによってもその解釈は多種多様であろう。本書を手がかりに、歴史における「悪」とはなにかを考えてくだされば幸いである。

冒頭でも触れたように、本書は、「悪の歴史」と銘打ったシリーズ(「日本編」「東アジア、南・東南アジア編」「ヨーロッパ・中東編」)の第一弾という栄誉をあたえられた。編者としては、ベテランと新進気鋭の執筆陣を配して、万全の態勢をしいたつもりである。「悪」を素材にした本書が、読者諸氏に豊かな歴史像を提供する一助になることを願っている。

二〇一七年六月

関　幸彦

「悪の歴史」日本編【上】

目次

「悪の歴史」

日本編

【上】

?—646
飛鳥時代の豪族。大王家と結び、厩戸皇子とも国政を主導する。飛鳥寺も創建。

大王暗殺の謀略
蘇我馬子
…そがのうまこ…

遠山美都男

惨劇は儀式の場で

五九二（崇峻《すしゅん》五）年十一月、崇峻天皇（実名、泊瀬部皇子《はつせべのみこ》）の倉梯宮《くらはしのみや》（奈良県桜井市倉橋）において重要な儀式が行なわれようとしていた。それは東国の調《みつき》を天皇に献上するというもので、前年に画定された東国の範囲内の豪族層がそろって天皇への服属を誓ったことがこれにより確認されることになる。惨劇はその場で起こった。儀式に奉仕していた渡来系の東漢直駒《やまとのあやのあたいこま》によって、崇峻が殺害されてしまったのである。

奈良時代の初頭（七二〇年、養老《ようろう》四年）に国家の手で編纂された史書『日本書紀』は、この事件について、崇峻暗殺を指示したのが大臣《おおまえつきみ》蘇我馬子であったとはっきり名指ししている。大臣とは天皇のもとに結集した有力豪族層を統括する朝廷の要職であり、この時期、蘇我氏の族長によって世襲《せしゅう》されていた。『日本書紀』が描く事件の発端は以下のようである。

山猪《いのしし》を献《たてまつ》ること有り。天皇、猪を指《ゆびさ》して詔《みことのり》して曰はく、「何《いずれ》の時にか此《こ》の猪の頸《くび》を断《き》るが如《ごと》く、

朕《われ》が嫌《ねた》しとおもふ所の人を断らむ」とのたまふ。多く兵仗《つはもの》を設くること、常よりも異なること有り。(崇峻五年十月丙子条)

蘇我馬子宿禰《すくね》、天皇の詔したまふ所を聞きて、己を嫌《そね》むらしきことを恐る。儻者《やがらひと》を招き聚《あつ》めて、天皇を弑《しい》せまつらむと謀《はか》る。(同年十月壬午条)

この後、馬子は重臣らを欺いて上記の東国の調献上の儀式をもよおし、そこで崇峻暗殺を決行したという(同年十一月乙巳条)。それに続けて別系統の史料を引いて事件の裏面が語られる。それはつぎのとおり。

或本に云はく、大伴嬪小手子《おおとものみめこてこ》、寵《めぐみ》の衰へしことを恨みて、人を蘇我馬子宿禰のもとに使《や》りて曰はく、「頃者《このころ》、山猪を献れること有り。天皇、猪を指して詔して曰はく、『猪の頸を断らむ如く、何の時にか朕が思ふ人を断らむ』とのたまふ。且内裏《またたいり》にして、大きに兵仗を作る」といふ。是《ここ》に、馬子宿禰、聴きて驚くといふ。

これによれば、事件には崇峻妃の嫉妬《しっと》がからんでいたというわけである。そして、暗殺の実行犯、東漢駒は崇峻の嬪《ひん》で馬子の娘であった河上娘《かわかみのいらつめ》を誘拐した罪により殺されたとのエピソードが添えられる。誰もが馬子による口封じを思わせる結末である。

天皇と対立していた馬子？

以上、『日本書紀』によるならば、暗殺事件の背景には天皇である崇峻と最高権力者の馬子とのあいだに容易に解消できない深刻な確執があったとされている。崇峻の母、小姉君《おあねのきみ》は馬子の姉にあたったから、馬子と崇峻は叔父《おじ》と甥《おい》の間柄であった。それにもかかわらず、二人はかねてから何らかの問題をめぐって対立を深めており、崇峻が不用意にもらした一言がきっかけとなり、馬子が先手を打って凶行におよんだというのが『日本書紀』の記すストーリーである。

事件直後、馬子から見て姪《めい》にあたる皇女が後継の天皇として立つことになる。これが史上最初の女性天皇、推古《すいこ》天皇(実名、額田部皇女《ぬかたべのひめみこ》。豊御食炊屋姫《とよみけかしきやひめ》は通称か)であった。この推古擁立《ようりつ》も馬子の同意なしに実現しえなかったといわれている。

このように馬子は、いくら身内とはいえ個人的なトラブルが原因で君主の殺害を指示したとして、後世長きにわたり極悪人のレッテルが貼られてきた。さらにそのうえ、事件後に自身の姪を天皇に推戴《すいたい》するなど、贔屓目《ひいきめ》に見ればキングメーカーということになろうが、臣下の身で天皇の擁立を自在に行なったとして、近世以来、厳しい非難をあびせられてきたのである。他方、後に推古のもとで国政に参与した厩戸皇子《うまやとのみこ》(聖徳太子《しょうとくたいし》)は馬子の甥と姪のあいだに生まれており、蘇我氏の身内といってもおかしくない。馬子はこの厩戸とも対立・反目し、その権勢を背景にして陰に日に彼に圧迫を加えたとされている。

しかし、崇峻暗殺に関する『日本書紀』の叙述を見る限り、馬子の行為は後世いわれるほど極端な非難を受けているようには見えない。『日本書紀』において、馬子の子孫、蝦夷《えみし》・入鹿《いるか》父子は天皇家を乗っ取ろうとして滅ぼされた逆臣と描かれているわけだから、その伏線として馬子の行動はもっと悪《あ》し様《ざま》に書かれてもよさそうなところである。

馬子はほんとうに個人的な動機から天皇崇峻を殺害したのであろうか。また、馬子は当時の皇位継承をその意思で自在に操っていたといえるだろうか。本稿では暗殺の真相とともに事件の元凶とされてきた馬子の実像を明らかにしたい。馬子が悪人であったかどうかを知るためには、当時の皇位継承の実態、蘇我氏や諸豪族がそれにいったいどのように関与していたのかについて、改めて考えてみる必要があると思われる。

蘇我氏の成り立ちと馬子の前半生

馬子は、五五一(欽明《きんめい》十二)年、蘇我稲目《いなめ》と葛城《かづらき》氏《し》の娘とのあいだに生まれた。馬子が六二六年(推古三四)五月に亡くなった時、七六歳だったという伝えがあるので、これを信ずれば誕生年は五五一年ということになる。その生母が葛城氏出身であったことは、晩年の馬子が、葛城の地が自身の生まれ故郷であるといっていることから知られる。この時代、豪族は母の実家で生まれ育てられたと考えられるからである。

馬子を出した蘇我氏は建内宿禰《たけしうち》を始祖とする有力豪族の一つであった。建内宿禰の後裔《こうえい》を称する諸氏族の筆頭格だったのが葛城氏であり、同氏は五世紀には天皇(当時は治天下の大王とよばれた)に比肩

❖**蘇我氏関連系図**（丸数字は天皇の歴代）

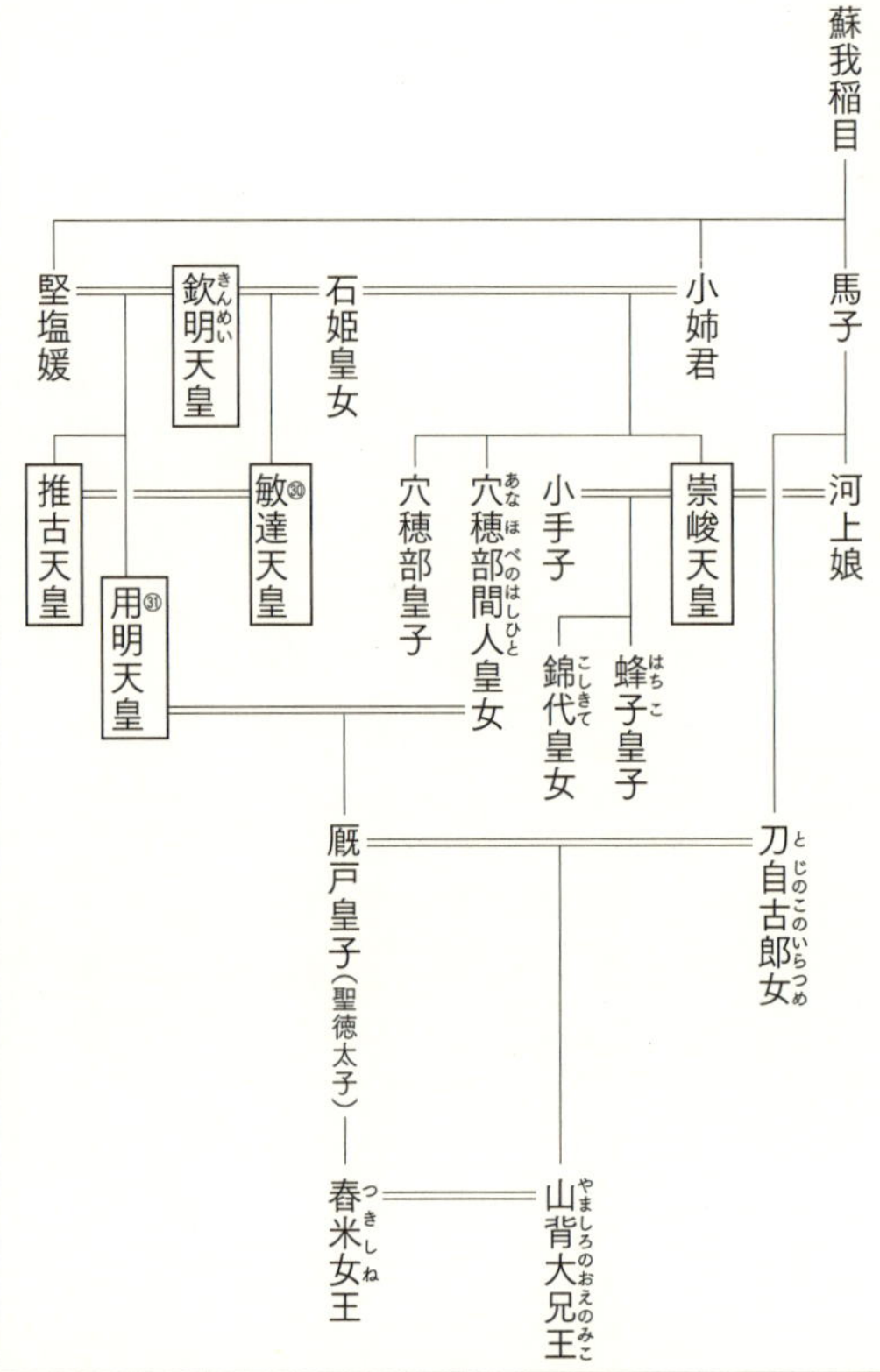

する勢力を誇ったが、五世紀末に本家が天皇家と敵対、力を失い著しく没落してしまった。馬子の父、稲目はこの葛城氏の入り婿となり、六世紀前半において葛城氏を代表する立場にあったと見られる。

この時期、天皇の地位がようやく特定の血縁集団に固定し、天皇家というべき実態が出来あがりつつあった。これ以前、五世紀までは後の天皇を出すことができる有力な一族は一つではなく、複数存在したと見られる。この時期の天皇は軍事的な資質や軍事的成果によって選出されていたのである。だが、ようやく六世紀になって欽明天皇の血を受け継ぐその子孫のみが皇位を継承できるようになった。欽明は五世紀段階に天皇を出した複数の有力な一族の血をまとめて継承していたからであった。

ここに血縁で選出・推戴された天皇の統治行為を有力な豪族たちが共同で支えていくシステムが構築されることになった。それが大臣・群臣《まえつきみ》の制度であった。群臣とは天皇の周囲に結集した有力豪族らであり、大臣は彼らを統括することを主たる任務とした。そして、建内宿禰を祖とする有力豪族たちの筆頭の位置を占めた葛城氏を当時代表していた稲目が初代大臣に抜擢《ばってき》されることになったのである。さらに名門・葛城氏に連なる稲目の娘二人は、その尊貴な血統ゆえに欽明の後宮《こうきゅう》に迎えられ、多くの皇子・皇女をもうけた。馬子の姉にあたる堅塩媛《きたしひめ》は用明《ようめい》天皇(実名は不詳。大兄皇子《おおえのみこ》はその通称)、推古天皇を生み、堅塩媛の同母妹、小姉君は崇峻天皇の母となった。

五七〇(欽明三一)年、稲目が亡くなったのを受けて、その子馬子が二二歳の若さで大臣を襲名した。それは、馬子の母が名家・名門たる葛城氏の出身であり、彼が葛城氏の血脈を直接相承していたので、有力豪族を統括するのに血統的な権威という点で貫禄十分と見なされたからであった。

馬子はその最晩年に姪にあたる推古に対し、天皇家の直轄領の一つである葛城県の返還を要求し、それを断わられたが、その時、葛城の地が自身の生まれ育った場所であり、それゆえ葛城を名乗ったと述べている。これによれば、馬子はその前半生において葛城馬子とよばれていたことがわかる。彼は葛城氏の入り婿ながら同氏を代表した稲目の後継者であったが、稲目とは異なり正真正銘、葛城氏の血脈を受け継いでいたので、葛城氏の「正嫡《せいちゃく》」と周囲からは見られていたのであろう。

群臣推挙——天皇はいかに擁立されるか

つぎに六世紀、欽明天皇以降の皇位継承を見ておきたい。

五七一(欽明三二)年五月、欽明が崩御《ほうぎょ》すると、翌年四月、その皇子だった敏達《びだつ》天皇(実名はなぜか不詳)が即位した。その母は欽明の異母兄である宣化《せんか》天皇の皇女で石姫《いしひめ》といった。敏達には同母の長兄、箭田珠勝大兄皇子《やたのたまかつのおおえのみこ》がいたが、彼が若くして亡くなってしまったために敏達が繰り上げられて皇位を継承することになったのである。

敏達の在世中、その異母姉妹で妻でもあった後の推古天皇が後世の皇后に相当する大后(キサキ・オホキサキ)の地位に就任している。これは、後の皇后が天皇の正妻として皇嗣《こうし》となる皇子を生むことを義務づけられていたのとは違い、天皇の皇女で政治的な能力にすぐれた者に天皇統治の輔佐をまかせたもので、この時期に創始された。推古女帝こそは初代大后だったのである。

敏達以後は、用明天皇→崇峻天皇というように、欽明の皇子で母親を同じくする兄弟のなかの最年長の皇子(いわゆる大兄皇子)が相次いで天皇に推戴されていくことになる。いわゆる異母兄弟継承が行なわれたといえよう。用明は堅塩媛が生んだ最年長の皇子であった。それに対し崇峻は小姉君の皇子中の末子であったが、後述するように穴穂部皇子《あなほべのみこ》ら同母兄たちがつぎつぎに不祥事により失格となったために崇峻が昇格して即位することになったようである。

この時期の天皇は欽明の皇子たちがほぼ年齢順で即位しているようなので、年齢やその前提条件である世代が天皇の条件として重視されていたことがわかる。天皇推戴の手続きは、天皇が亡くなると、大臣・群臣らが天皇たるべき皇子に皇位の象徴となる宝器を奉献して即位を要請、その皇子がそれを受けて皇位に昇り、新天皇として承認されるというものであった。この群臣推挙というべきシステムは、五世紀段階まで天皇が有力豪族の盟主的存在であり、軍事的な資質や戦果などによって推戴されていたことの名残と見なすことができよう。

要するに、この時期の天皇はあくまで終身の地位であり、天皇はもちろんのこと、その一族のだれも新天皇の決定・推戴に発言権をもたなかったことを確認しておきたい。大臣とその配下の群臣らが皇位継承の上で極めて重要な役割と権限を有していた段階だったのである。

崇峻推戴に加わった推古

以下、崇峻擁立にいたるプロセスを見ておこう。

五八五(敏達十四)年八月、敏達崩御を機に以後の混迷が始まったといってよい。一連の紛争はこれまで仏法の受容をめぐる蘇我氏と物部氏《もののべし》の対立・抗争と見られてきたが、実際は皇位継承をめぐる権力闘争だったようである。翌九月、用明天皇が推戴されるが、それを承認しない穴穂部皇子が自身の皇位継承を主張、翌年(五八六年、用明元年)五月に前皇后の推古と強引に夫婦関係を結ぼうとする。この暴挙は辛うじて阻止されたが、その後も穴穂部の暴走はやむことなく、群臣中の有力者、物部守屋《もりや》と結託して用明の王宮を襲撃した可能性がある。

五八七(用明二)年四月、用明は突如発病、数日後に病状が悪化して崩御してしまう。これを機に物部守屋が群臣のあいだでにわかに孤立を深め、本拠のある河内国《かわち》への退去を余儀なくされる。これは彼が穴穂部と手を組み、用明の王宮を襲撃したことが用明発病の遠因と見なされたためであろう。その後、同年六月、前皇后推古の命により穴穂部は誅殺《ちゅうさつ》される。これは穴穂部と守屋との連絡・提携を絶つのがねらいだったようである。七月には馬子が諸皇子や群臣らによび掛けて守屋討滅軍を組織し、ついにこれを滅ぼすにいたるのである。この時、崇峻となる泊瀬部皇子は討滅軍に加わり、諸皇子の筆頭に位置づけられている。

翌八月に崇峻が擁立されて即位することになったのは、この守屋討滅への参加と戦功が評価された結果と考えられる。その即位は『日本書紀』崇峻即位前紀、用明二年八月甲辰《きのえたつ》条につぎのように見える。

> 炊屋姫尊《かしきやひめのみこと》と群臣と、天皇を勧め進《たてまつ》りて、即天皇之位《あまつひつぎしろしめ》さしむ。蘇我馬子宿禰を以て大臣とすること故《もと》の如し。卿大夫《まえつきみたち》の位、亦故《もと》の如し。

これによれば、崇峻は従来どおりの群臣に加えて当時天皇家を代表する立場にあった前皇后の推古によって新天皇に擁立されたことになる。天皇推戴に天皇家の有力者が加わったのは画期的なことであり、これは前皇后としての推古の政治的力量が群臣らによってみとめられていたことを物語る。はるか後年、推古はその崩御前夜に遺詔により次期天皇を指名することになるが、彼女が史上初めてこのようなことをなしえたのも、さかのぼれば天皇家を代表して崇峻擁立に加担しえたことが関係していると考えられる。

そして、これは従来と同様であるが、新天皇の名のもとに大臣・群臣の任命(再任)が行なわれ、馬子が大臣として留任、群臣らもそれぞれ再任されたことが述べられている。

凶行の後に――史上初の女性天皇

以上のように、崇峻の天皇擁立が従来の大臣・群臣に加えて前皇后の推挙と承認のもとに実現したことは、崇峻暗殺の真相を考える上で重要な意味をもつ。天皇を亡き者にするとは、生前譲位のシステムが未成立のこの段階にあっては、まさに強制退位というべきものであろう。この時代、天皇として不適格と判断された人物を廃位するには当該人物の殺害という最も直接的な方法を採らざるを得なかったということである。

天皇の強制退位の決断は、その天皇を推挙した人びと全員の同意と承認がなくては下しえなかったと考えられよう。臣下の最高位にある馬子といえども、彼の一存のみで天皇廃位は実行困難であったに違いない。とくに崇峻の場合、馬子配下の群臣らに加えて前皇后の承認もなければその強制退位=殺害は実現しえなかったといわねばならない。

また、崇峻暗殺は次期天皇がはっきりと決められていなければ実現は困難といってよい。この時、推古は何度か皇位継承を辞退した旨が強調されているが、これはあくまでポーズか、あるいは『日本書紀』編纂官の手になる一流の潤色であって、崇峻から推古への天皇交代劇は結果的にスムーズになされたといわざるをえない。

天皇皇女がその夫である天皇を輔佐する使命を帯びて推戴されたのがキサキ(オホキサキ)であってみれば、その座にあった推古が崇峻の後継にすんなりと決まったというのは、大臣や群臣らの同意のもとに崇峻を廃して推古を擁立するというクーデタが決行されたと考えることができよう。推古は崇峻の殺害によるその強制退位のみならず、その後みずからが新天皇として立つことも事前に承知だったはずである。

事件の時代背景を考えてみるならば、六世紀末期とは、中国における長期にわたる政治的な分裂がようやく克服され、強大な隋《ずい》帝国が出現、周辺諸国に測り知れない軍事的脅威をおよぼそうとしていた時期であった。それゆえ、支配者層の結集核である王としてどのような人物を推戴すべきかについて、いずれの国内でも真剣に模索中であったと見られる。崇峻は、従来の異母兄弟継承の慣行にならい、物部守屋討滅戦争における軍功などによって選出されたわけだが、隋帝国に抗しながら朝鮮三国の上位に立つ倭国《わこく》を強力に一つにまとめていくには不足が目立つと判断されたことになる。

以上見てきたように、馬子はその個人的な理由で、たんにわれとわが一族を守るためだけに、天皇たる崇峻を亡き者にしたのではなかったといわねばならない。彼は、群臣らを統括して天皇の統治をサポートする大臣の職責において、崇峻に代えて推古を推戴するという重い決断を下したというのが真相であろう。馬子を稀代《きだい》の悪人に仕立て上げたのは、あくまで後世の歴史家の解釈にすぎない。もちろん、『日本書紀』自体が乙巳《いっし》の変による蘇我氏滅亡の伏線として馬子の個人的動機による崇峻暗殺という設定にしたのであるが、後世の史家はそれを鵜呑《うの》みにして、さらなる誇張まで加えてしまったといえよう。

馬子と推古のその後

馬子と推古という叔父・姪は、これ以後、三十数年におよび一貫して協調関係を保ち、内政と外交を巧みに仕切っていった。彼らの最大の成果が飛鳥寺《あすかでら》であったといえよう。飛鳥寺は馬子が造営を主導したことから、蘇我氏の氏寺であったといわれることが多い。しかし、飛鳥寺の本尊である丈六釈迦如来坐像《じょうろくしゃかにょらいざぞう》（いわゆる飛鳥大仏）の発願者はほかならぬ推古であり、その意味で推古と馬子、天皇家と蘇我氏の共同事業の所産というべきである。

飛鳥寺は飛鳥川東岸に建立《こんりゅう》されたが、これは隋帝国の強大な脅威に抗しながら、朝鮮三国の上位にある大国という倭国の立場を可視的にあらわすのに大いに役立ったのである。さらに後々、飛鳥寺はその南に造営された王宮とともに倭京とよばれる都市空間の中枢となった。七世紀末、倭京を土台にして形成されたのが我が国最初の中国的な都城、藤原京《ふじわらきょう》（厳密には新益京《あらましのみやこ》）であったから、推古と馬子は共同して本格的な都城の基礎を築いたといっても過言ではない。

馬子と推古は、六、七世紀における王権の存立にとって重要な資源をふくむ朝鮮南部の任那《みまな》からの朝貢（いわゆる任那の調）を確保するために中国の隋帝国に数度にわたり使者を派遣した（遣隋使《けんずいし》）。馬子と推古は隋との外交に蘇我氏の血筋を濃厚に受け継いだ厩戸皇子を起用し、これを専管させた。これら一連の政策は、結果的に見るならば、崇峻を戴《いただ》いた体制のままでは実現が困難だったということができよう。

馬子と推古との協調関係は最後まで崩れることはなかったが、両人の最晩年、小さな亀裂が生じたかに見える出来事があった。それは、馬子が推古に天皇家の直轄領である葛城県の返還をもとめたが断られたという一件で、これは馬子が臣下の分限をわきまえず、天皇家の財産を無闇に我が物にしようとしたといわれるが、決してそうではなかった。

大臣の地位を世襲する蘇我氏の族長は葛城氏の血脈を相承していることが正当性の証しであった。葛城県はもともと葛城氏の所領であったから、馬子としては自身の亡き後、その子孫が大臣の地位を代々相承し、安定して天皇をサポートしていくためにも、葛城氏との関係をより強固なものにしておきたいと願ったのである。たんに天皇家の財産を横取りしようという動機は馬子にはなかったと思われる。他方、推古が馬子の要求を断わったのは、母方で蘇我氏の血を引く彼女が蘇我氏の便宜を図ったとの後世の批判をかわすためであり、あくまで筋を通した結果であった。馬子の野心を警戒していたわけではなかったのである。

626—671
蘇我氏を滅ぼし、大化改新を進める。近江大津で即位。庚午年籍や近江令を作成したという。

王位への血塗られた道程

天智天皇

…てんじてんのう…

遠山美都男

冷酷非情——血で汚れた王者の手?

実名は葛城皇子《かづらきのみこ》、中大兄皇子《なかのおおえのみこ》と通称された天智天皇の歴史へのデビューは鮮烈であった。それは『日本書紀』に以下のように描かれている。

六四五(皇極《こうぎょく》四)年六月十二日、飛鳥板蓋宮《あすかいたぶきのみや》で行なわれていた朝鮮三国による朝貢の儀式において、天智は時の最高権力者、蘇我入鹿《そがのいるか》に猛然と斬りかかり、これを討ち取った。翌日には入鹿の父蝦夷《えみし》と蘇我氏を滅亡に追いやった。古代最大の改革、大化改新《たいかのかいしん》の契機となった乙巳《いっし》の変(乙巳は六四五年の干支)である。

「入鹿はわが天皇家を乗っ取ろうと企んでおりました。どうしてかかる悪事を見のがすことができましょう!」

当時二〇歳だった天智は、入鹿の鮮血がしたたる剣を手に昂然《こうぜん》とこのように言い放ったという。

だが、蘇我氏が天皇家に取って代わろうとしていたというのは、明らかに『日本書紀』の史官による潤色・造作といわねばならない。

時の皇極《こうぎょく》天皇（実名、宝皇女《たからのひめみこ》）は天智の実母であったが、事件直後に天智に皇位を譲ろうとした。だが、彼はこれを謝絶したという。このように天智には天皇になる血統的資格があり、彼自身にもその意思があって、望みさえすればいつでも即位が可能であったかのように見なされている。しかし、この時には腹心の中臣鎌足《なかとみのかまたり》（後の藤原鎌足）の献策を容れ、叔父にあたる軽皇子《かるのみこ》（孝徳《こうとく》天皇）に皇位を譲ったことになっている。

これを皮切りにして以後、六六八（天智七）年正月に正式に即位するまで、天智は皇位と絶大な権力をその手に摑《つか》むために、多くの人の命を容赦なく奪ったとされる。しかも、それは彼の身内というべき人びとばかりであった。

まず蘇我氏の血を受け継いだ異母兄、古人大兄皇子《ふるひとのおおえのみこ》は乙巳の変のおりに出家剃髪《ていはつ》して吉野に隠《いん》棲《せい》したのだが、政変からわずか三ヵ月後、謀反《むほん》の容疑によって彼を討ち取り、その妻子まで殺害したとされる。ちなみに後年、天智は即位に伴い古人大兄の娘の倭姫王《やまとひめのおおきみ》を皇后に立てている。

つぎに六四九（大化五）年三月、天智の后妃《こうひ》の一人、遠智娘《おちのいらつめ》の父で天智には岳父《がくふ》にあたる右大臣蘇我倉山田石川麻呂《くらのやまだのいしかわのまろ》に謀反の疑いがあるとの密告を受け、兵を指揮して彼を自害に追い込んだというのである。

六五八（斉明《さいめい》四）年十一月、孝徳天皇の崩御後に再び王位に就いた母（斉明天皇）の治世、孝徳の遺児で従弟にあたる有間皇子《ありまのみこ》を殊更《ことさら》に挑発、彼が決起しようとしたタイミングで逮捕し、極刑に処したとされる。これは斉明後継の座を確実なものにしようとした天智による謀略だったといわれる。

そして、ついにはわが子、大友皇子《おおとものみこ》を王位に就けるために、その障壁というべき実弟の大海人皇子《おおあまのみこ》(天武天皇《てんむてんのう》)の命まで狙おうとした。天武は間一髪で危機から逃れ、吉野に隠遁《いんとん》し、天智崩御の翌年(六七二年)、挙兵することになる。これが壬申《じんしん》の乱であった。

以上のとおりであるとすれば、たしかに天智は目的のためには手段をえらばない、冷酷非情極まりない人物ということになるであろう。しかし、天智はほんとうに身内とはいえライバルというべき人びとの命を情け容赦《ようしゃ》なく奪い、それを重ねて自身の望みを達したのであろうか。天智という古代最大の帝王の手は、そのライバルたちの血に塗れていたのであろうか。そもそも、『日本書紀』からそのような極悪非道の天智像が読み取れるかどうかを本稿では検討してみたい。

「正嫡」としての天智天皇

天智はそもそも、相手の命を奪うという非情かつ凄惨な手段に訴えなければ王座に就くことはできなかったのであろうか。天智が史上に初めて姿を見せるのは六四一(舒明《じょめい》十三)年十月のことである(『日本書紀』舒明十三年十月丙午《ひのえうま》条)。

> 宮の北に殯《もがり》す。是を百済《くだら》の大殯と謂《い》ふ。是の時に、東宮開別皇子《とうぐうひらかすわけのみこ》、年十六にして誄《しのひごと》したまふ。

天智の父、舒明天皇の葬礼において、彼はわずか十六歳で臆《おく》することなく堂々と弔辞を読み上げたというのである。これはおおよそ事実と考えてよいであろう。問題は彼が「東宮開別」とよばれているということである。

天智天皇関連系図（丸数字は天皇の歴代）

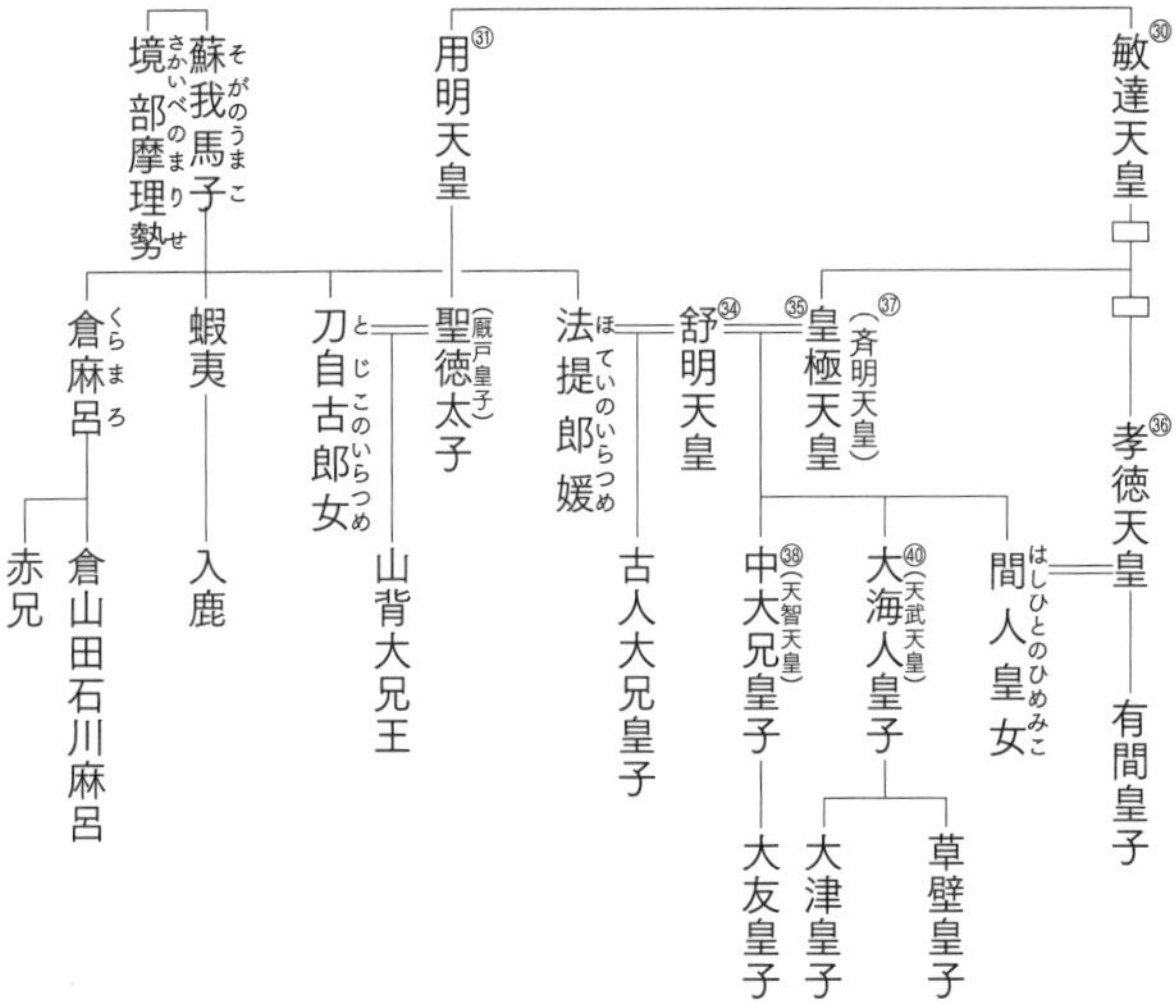

「東宮」は皇位継承が予定されている皇太子のことであり、「春宮」とも称される。「開別」は天智の国風諡号《しごう》「天命開別」（天命を受けて王朝を開いた高貴な御方）の一部である。「東宮」も「開別」も明らかに後世書き加えられた修辞であり、当時のものではありえない。『日本書紀』は、天智が将来天皇になることを約束された、中国の皇帝に匹敵するような偉大な人物であったと強調しているわけである。

これはたしかにデフォルメや脚色が加えられているが、天智がもともと有力な皇位継承資格者であったことは明らかである。当時は欽明《じょめい》天皇の子孫のなかでも敏達《びだつ》天皇の系統に皇位が絞り込まれ、敏達の孫にあたる舒明が即位したことでこの系統の優位が固まりつつあった。他方、敏達の異母弟にあたる用明《ようめい》天皇の系統は、その後継者の厩戸皇子《うまやとのみこ》（聖徳太子)が即位できずに世を去ったこともあり、劣勢は否めなかった。

天智は優位を占めつつあった敏達系のまさに「正嫡《せいちゃく》」の位置にあり、将来の即位は確約されていたといってよい。その限りで非常手段に訴えてライバルを粛清しなければ天皇になれないわけではなかった(もちろん、黙っていれば天皇になれるというわけではないが)。

たしかに天智はいくつかの事件にまったく無関係だったとはいえない。だが、彼が自身の即位の道を切り拓くために、いくつも危ない橋を渡る必要があったとは思われない。血塗れの手で王位を摑み取ったという天智のダーティなイメージは、『日本書紀』の記述をもとにしながらも、それに先入観や過剰な推測が加えられた結果、紡ぎ出されたものだったのではないだろうか。以下、一つひとつ見ていきたい。

乙巳の変への加担

若き日の天智が乙巳の変というクーデタに加担したことは疑いようがない。彼は入鹿の威を懼《おそ》れて萎縮《いしゅく》する刺客らを尻目に、勇猛果敢に入鹿に斬りかかり、彼に致命傷をあたえたとされている。では、天智はこの時、ほんとうに自身の即位のために、その利益を守るためだけに立ち上がったのであろうか。ここで乙巳の変の前後の皇位継承問題について概観しておく必要があろう。

舒明天皇の崩御後、皇極天皇が立てられたのも敏達系で皇位を独占するためで、この女帝のもとで六四三(皇極二)年に敏達系のライバルである用明系の山背大兄王《やましろのおおえのみこ》が滅ぼされたことにより、敏達系の優位は決定的となり、皇位は敏達系内部で争われることになった。舒明の皇子で年長の古人大兄皇子が蘇我氏の全面的な支持を背に次期天皇として最有力であった。だが、敏達系にはほかに皇極の弟の軽皇子(孝徳天皇)や、皇極の皇子である天智もひかえていたのである。

入鹿暗殺の舞台となった三韓進調《さんかんしんちょう》の儀式は、実は朝鮮三国の使者を前に古人大兄を次期天皇としてお披露目する場であった。その機会をねらい、古人大兄の最大の支援勢力である入鹿と蘇我氏が滅ぼされたことは、この政変の意図が古人大兄の即位阻止にあったことが明らかである。そして、政変直後に皇位を継承した孝徳こそが政変の中心人物だったと考えるのが妥当であろう。

蘇我倉山田石川麻呂を中心として、政変に加担した者たちは孝徳の息のかかった面々であり、中臣鎌足もこの当時は孝徳に仕える立場にあったと考えられる。天智と鎌足との結びつきは、あくまでこの政変の計画と実行の過程で形成され、やがて他の介在や追随を許さない強固なものになったのである。

要するに、蝦夷・入鹿は古人大兄擁立の最大の支持勢力であったがゆえに滅ぼされたのである。孝徳にしてみれば、古人大兄がひとたび天皇となってしまえば、皇位はその系統によって独占され、彼より世代も年齢も上の孝徳に即位のチャンスは永遠にめぐって来ない。この点において孝徳はまだ若い天智に較べれば追い詰められていたに違いない。

他方、天智がこの政変に加担したのは、異母兄が即位したのでは彼に皇位がめぐってくる可能性は低下するが、叔父を推戴しておけば自身の即位の可能性が留保されると判断したためと見られる。

乙巳の変の段階においては、天智はあくまで孝徳を天皇にするために協力したと見なすべきであろう。

古人大兄事件への関与

乙巳の変からわずか約三ヵ月後、かつて蘇我氏に推戴されていた古人大兄皇子が隠遁していた吉野において妻子ともども討たれたが、これも天智の謀略によるものというのが通説となっている。天智にしてみれば、この異母兄の存在は将来における彼の皇位継承を脅かすものであり、いずれは討ち果たさねばならない相手であったとされている。

たしかに天智が古人大兄の討滅に関与したことは否定できない。『日本書紀』によれば、六四五(大化元)年九月、吉備笠垂《きびのかさのしだる》なる人物が天智のもとに自首して謀反を通報したという。一説に天智ではなく左右大臣(阿倍内麻呂《あへのうちのまろ》、蘇我倉山田石川麻呂)に通報したともいわれる。これを受けて天智が吉野に兵を差し向けて古人大兄を討ち滅ぼしたという。差し遣わされた兵については菟田朴室古《うだのえむろのふる》・高麗宮知《こまのみやしり》ら配下の若干名という説と、阿倍渠曾倍臣《あへのこそへのおみ》某・佐伯子麻呂《さえきのこまろ》の率いる兵四〇人とする説とがある。いずれにしても古人大兄の討滅を命じたのは天智だったとされている。

しかし、前に述べたように、乙巳の変の首謀者が孝徳自身であり、天智はあくまでそれに協力したにすぎないとすれば、古人大兄を亡き者にせねばという強い動機をもっていたのは天智ではなくやはり孝徳だったというべきであろう。古人大兄が出家し吉野に隠遁したとはいえ、なお彼を脅威と感じていたのは、政変によって王位と権力を獲得した孝徳とその支援勢力だったはずである。

たしかに天智はこの異母兄を討つために兵を差遣しているが、それは彼が政変以来、軍事指揮権を掌握していたからと考えるべきである。天智は叔父孝徳のためにみずから入鹿に斬りかかるという危険を冒し、その後、蝦夷を誅殺するための前線指揮を取った。若き日の天智が王権のうち軍事大権を担わされていたことを思えば、彼が現政権を脅かす勢力の掃討《そうとう》に向けて指揮権を発動することは当然だったといえよう。

ほんとうに岳父を陥れたのか?

六四九(大化五)年三月、左大臣の阿倍内麻呂が病により薨去《こうきょ》した。これを機に右大臣の蘇我倉山田石川麻呂に天智暗殺計画があることを麻呂の異母弟である日向《ひむか》(武蔵《むさし》とも)が通報におよんだのが事件の発端であった。通報は最初、天智自身にもたらされたという。

孝徳天皇は直ちに真相究明に乗り出すが、麻呂は弁明を拒み続け当時都のあった難波《なにわ》を逐電《ちくでん》、かつての都である飛鳥に逃走し、そこで建設中だった山田寺で自害を遂げる。麻呂は最後まで自身の無実を主張したが、それが明らかになったのはその没後であった。麻呂は貴重な財産をすべて天智に捧げる用意をしていたことが判明、天智は激しく後悔したと伝えられる。

通説によれば、天智は当時改革を推し進める急先鋒であったが、右大臣の麻呂は旧勢力の利益を代弁して改革路線にことごとく反対していたので、天智は左大臣の薨去を好機として、麻呂を謀略に陥れて葬り去ったのだといわれている。麻呂は天智の妻の父、すなわち岳父であったが、目的のためには手段を選ばず、血縁や姻戚関係なども顧慮《こりょ》しない天智の非情さ、冷酷さが如実にあらわれた事件というわけである。

しかし、この時期、改革を推し進めていたのが天智であり、対してそれに頑強に抵抗していたのが麻呂その人であったという図式は『日本書紀』から直ちに読み取ることはできない。麻呂の謀反はその異母弟によって当初は天智に通報されたのであるが、天智がそれを孝徳に上奏した後、事件に直接関与した形跡はまったく見られない。孝徳と麻呂とのあいだで遣り取りがあり、ついに麻呂が山田寺で自害を遂げた後、天智は麻呂の無実を知って愕然《がくぜん》とし、悲嘆に暮れたという形で登場するにすぎない。天智のこの歎きとは、岳父の容疑を精査することなく孝徳に知らせた自身の行動が軽率だったということのようである。

孝徳政権で右大臣に任じた麻呂は、先に述べたように乙巳の変により孝徳を天皇に押し上げた勢力の中心人物といってよかった。今回の事件の発端にはその麻呂と孝徳との意思疎通が不全に陥っているようすが見て取れる。事件の本質は政権中枢の分裂、孝徳と麻呂との確執にあると考えられる。天智はといえば、その名前を密告者によって利用されたにすぎず、事件の核心にある政治的対立との関係は希薄である。密告者が天智のもとに飛び込んだのも、彼が王権の軍事を掌握しているからと考えるのが妥当であろう。

それは有間皇子の暴走だった

六五八(斉明四)年十月、斉明天皇が紀伊温湯《きのゆ》に出掛けて都が留守になった時、倭京の留守を与る蘇我赤兄《あかえ》が孝徳天皇の遺児で当時十九歳の有間皇子に接近し、挙兵を唆《そそのか》したのが事の始まりであった。その後、有間がその気になったタイミングをとらえ、赤兄はにわかに有間を捕縛《ほばく》、紀伊温湯に事件を通報したことになっている。有間への尋問には天智みずからがあたり、挙兵の動機を尋ねられた有間は「天と赤兄と知らむ。吾全《われもは》ら解《し》らず」と言い放ち、潔く一切の弁解を拒んだと伝えられる。

赤兄は後年、天智天皇のもとで左大臣に昇りつめているので、この時は天智の指令により有間を罪に陥れようとしたのだと考えられている。天智は有間が自身の皇位継承を脅かす存在であったので、先手を打って彼を抹殺してしまおうとしたというわけである。しかし、天智と有間は父子というべき年齢の開き(十五歳ほど)があるので、その意味で天智にとって有間はさしたる脅威ではなかった。ただ、有間が天智の子の世代の皇位継承を脅かす危険性はあった。天智の子の建皇子《たけるのみこ》が八歳で亡くなった直後に事件が起こされていることから見れば、天智サイドで有間の粛清を企図する動機がまったくなかったとはいえない。

それにも拘らず、ここで見のがすことができないのは、赤兄に教唆《きょうしゅん》されたとはいいながら、有間自身に兵を挙げて成し遂げようという明確な意思と目標があったことである。それは、彼が狂気を装って紀伊温湯を推奨し、斉明をそこに出向かせ、それにより倭京を天皇不在とすることを企んでいた事実からも窺がわれよう。『日本書紀』の伝える「或本」によれば、有間は斉明のいる紀伊温湯に水陸両方面から猛攻を加え、船団による難波の封鎖も企図していた。そして、挙兵のきっかけとして第一に実行しようとしていたのが倭京の焼き討ちにほかならなかった。

倭京がほかならぬ斉明の手で完成された都市空間であったことを考えれば、有間のターゲットが天智というよりも斉明にあったことが明らかであろう。私見によれば、斉明の弟で前天皇であった孝徳は後世「大化改新」とよばれる大改革を実行したが、斉明はその成果を惜しげもなく投入して倭京を完成させた。孝徳の後継者である有間には斉明のそのような政策に異議があり、それを粉砕するために挙兵という非常手段に訴えようとしたものと見られる。倭京を燃やす炎は斉明政権批判の狼煙《のろし》だったといえよう。

以上のように考えるならば、蘇我赤兄を使って有間を唆したのは天智ではなくむしろ斉明と見なすべきではないだろうか。そして、天智自身が有間の取調べにあたっているのは、古人大兄皇子や蘇我倉山田石川麻呂の事件の時と同様、天智が王権の軍事部門を管掌していたからであり、有間の計画が首都の治安を脅かす重大な犯罪だったためであろう。

壬申の乱——天武との全面対決を辞せず

天智はその晩年に至り、長年尽してくれた弟の天武天皇に代わり、わが子大友皇子に皇位を譲りたいという心変わりをし、ついには天武を亡き者にしようと企てたといわれる。古代最大の内乱とされる壬申の乱は、天智という専制君主の間違った決断によって引き起こされたと見なされてきた。

だが、『日本書紀』にはそのようなことはまったく書かれていない。『日本書紀』の記述によれば、天智が天武の殺害を命じたとはされていないのである。天武を敵視し、その殺害を企んでいたのは蘇我赤兄や中臣金《なかとみのかね》ら、天智の取り巻きの重臣たちであったと描かれている（もちろん、あくまでもそのように設定されているだけなのであるが）。

『日本書紀』には天智紀、天武紀上の二箇所に、天武が天智の病床で皇位譲渡の要請を断わり、出家して吉野に隠遁したことが記されている。いずれも天智に弟に対する敵意や殺意があったとは描かれておらず、天武紀上では天智の重臣らに天武暗殺の陰謀があったことが暗示されているにすぎない（天武を宇治まで見送った重臣の一人が、「虎に翼を着けて放てり」と殺害の好機を逸した後悔を口にしたとされる）。『日本書紀』の叙述による限り、天智が天武殺害を企図していたというのは完全に濡れ衣《ぬれぎぬ》である。しかし、この点だけはこれまでの事件の場合とは異なって、天智は実際には天武殺害を企図していたのではないかと考えられる。

『日本書紀』は、ほかならぬ天武の命で編纂が開始されたので、天武が天智後継の座にあったとされているが、実は天武はそのような地位にあったわけではなかった。彼は「大皇弟《おおすめいろど》」（偉大なる天皇の弟殿下）とよばれており、あくまで天智の後継である大友皇子や彼を中継ぎとして将来即位する予定の大津皇子《おおつのみこ》や草壁皇子《くさかべのみこ》（いずれも天武と天智の皇女とのあいだに生まれた）のための輔佐役にすぎなかった。天智はひとえに自身の血統を後世に伝えることを考えていたはずであり、それは、天智→（大友）→大津・草壁という継承ラインであった。このような構想の協力者・奉仕者にすぎない天武の翻意・変節は天智にとって許しがたい裏切りであり、天武に万が一、不審な動きが見られれば、天智としてはその命を奪うのもやむなしと考えていたのではないだろうか。

本稿で述べたように、天智には蘇我入鹿、古人大兄皇子、蘇我倉山田石川麻呂、有間皇子らを亡き者にという切迫した動機はなかったと見られるが、晩年において天武だけは絶対に許してはならぬと思いつめ、その殺害を強く望んでいたのではあるまいか。大友皇子はその天智の指令(遺詔《いしょう》)を受けて、早い段階から叔父との戦いの準備に着手していたと見られる。天智崩御の前後より壬申の乱はすでに始まっていたといってよい。

?–686
672年、壬申の乱で、大友皇子を破り即位。少数の皇親で律令国家体制の樹立をすすめる。

空前絶後の簒奪王

天武天皇

…てんむてんのう…

松尾 光

天武天皇は皇太子として実兄・天智《てんじ》天皇による国政改革を支えていたが、兄が子・大友皇子《おおとものおうじ》(王)への皇位継承に方針転換したため、政界からの引退を余儀《よぎ》なくされ吉野宮に逼塞《ひっそく》した。にもかかわらず大友皇子に警戒され、粛清《しゅくせい》寸前となった。そこで自己防衛のために挙兵し、実力で天皇の位を勝ち取った。政策としては天智天皇のはじめた国政改革を引き継ぎ、その強大な権威・権力をもとにして、天皇を中心とした律令制的中央集権国家樹立にほぼ成功した。

天武天皇(大海人《おおあま》皇子)の犯した悪事とは、ずばり、国家に対する謀反《むほん》・反乱である。『養老律《ようろうりつ》』(「日本思想大系」本)名例律《みょうれいりつ》には支配秩序を揺るがす罪として八虐《はちぎゃく》が掲げられているが、そのいちばん最初が「国家を危うくせんと謀《はか》る」つまり謀反《ぼうへん》である。ここでの国家というのは、国家という抽象的な仕組みや統治機構の意味ではなく、口にするのを憚《はばか》った表現で、具体的には天皇のことを指す。だから、天皇に対する殺人および殺人予備の罪である。二番目は大逆罪《だいぎゃくざい》といい、天皇などの山陵《さんりょう》(墓)や宮城《きゅうじょう》(皇居)を損壊《そんかい》しようとする行為である。大逆罪に比べれば、謀反は相手への直接的な行為で、衝撃がまったく異なる。もちろんこの行為は極刑《きょっけい》とすべき大罪中の大罪であり、いろいろな恩赦・特赦がかりに命ぜられてもその対象から外される重罪である。

その大罪を、たった一人だけ、犯したにもかかわらず罪に問われなかった人がいる。それが天武天皇である。理由は、罪を犯し通すことで、罪を問われる側でなく、罪を問う側に立ってしまったからである。イギリス国教会牧師で奴隷廃止論者だったベイルビー・ポーテューズ(Beilby Porteus: 1731-1809)は「一つの殺人は犯罪者を生むが、百万の殺人は英雄を生む。数は殺人を神聖化する(One murder makes a villain; millions a hero. Numbers sanctify)」といい、チャールズ・チャップリン(Charles Chaplin: 1889～1977)が「殺人狂時代(Monsieur Verdoux)」で主人公アンリ・ヴェルドゥにその文言《もんごん》を語らせて著名になった。英雄は何人殺しても罪に問われず、非難されないどころか、称賛を浴びる。

では、天武天皇のしたことが謀反に当たるのかどうか。本人はこれは決して謀反などでないといいたいようなのだが、それを以下に検討してみよう。

皇太子だったとは、ほんとうか

大海人皇子が謀反でないとする拠り所の一つは、彼がもともと兄・天智天皇の皇太子であったことだ。皇太子であれば、天智天皇が退位または死没した場合にはそのあとを継いで天皇となる。そして天智天皇死没のあとに天武天皇として即位したのだから、その行為は予定された通りで正当である。むしろ天智天皇と天武天皇の間に入ってしまった大友皇子こそが余計者《よけいもの》で、混乱の原因であった。だが手間はかかったものの、権利を持った者がその権利通りに皇位についた。もとの鞘に収まっただけ、というわけだ。

これを確認してみよう。『日本書紀』(「日本古典文学大系」本)天智天皇五年三月条には「皇太子、親《みずか》ら佐伯子麻呂連《さえきのこまろのむらじ》の家に往《ゆ》きて、其の所患《やまい》を問ひたまふ。元より従《つかえまつ》れる功を慨嘆《なげ》きたまふ」とある。六六六(天智天皇五)年なのだから、大海人皇子の行動とも見られそうだが、じつは天智天皇はまだ称制《しょうせい》で正式に即位していない。六六八(天智天皇七)年正月三日に「皇太子即天皇位《あまつひつぎしろしめ》す」となるので、ここでの皇太子とは天智天皇のことである。

しかし同年五月五日に天皇が蒲生野《がもうの》で狩りをしたとき「大皇弟・諸王・内臣《うちつおみ》及び群臣」がお供をしたとある、大皇弟は皇太子だが子ではなく弟なので大皇弟と称したように思えるし、本人のお供が本人のわけがなく、天智天皇でありえない。そして天智天皇が重臣・中臣鎌足《なかとみのかまたり》を見舞ったあとの六六九(天智天皇八)年十月十五日には、天皇からの使いとして「東宮大皇弟」が藤原内大臣の家に送られ、大織冠《たいしょくかん》と大臣の地位、それと藤原の氏名《うじな》を授けている。六七一(天智天皇十)年一月六日には「東宮太皇弟奉宣して、冠位・法度の事を施行《おこな》ひたまふ」とあり、病魔に冒されはじめた天智天皇にかわって新制度の公布・施行に携わっている。諸王に先立って書かれていることもあり、また天智政権の標榜する国政の重要施策を執行する責任を負わされている。つまり枢要《すうよう》な地位にいる人物という感じがする。

そしてその東宮大皇弟のままで、六七一年十月十七日に兄・天智天皇の病床に呼ばれた。「天皇、疾病弥留《みやまいいおも》し。勅して東宮を喚《め》して、臥内《おおとの》に引入れ」たとあり、東宮は大海人皇子のことに間違いない。そして天智天皇は「朕、疾甚《はなはだ》し。後事を以て汝《いまし》に属《さず》く」、あなたにあとは任せたいと言い切った。皇太子に後を任せるのは当然であり、ことさらに言われなくともいいことなのだが、大海人皇子はこれを受けずに「請ふ、洪業《ひつぎ》を奉《あ》げて、大后《おおきさき》に付属《さず》けまつらむ。大友王をして、諸政を奉宣《のたま》はしめむ」とし、自分は対抗馬にならないよう「天皇の奉為《おおんため》に、出家して修道せむ」という。それが虚言でないことを証明するため、ただちに近江宮の内裏の仏殿の南に向かって坐って剃髪して沙門《しゃもん》姿となり、家に立ち寄ることもなく吉野宮に直行した。この話だけならば、なんと兄思いの弟だろう、と涙しそうである。天皇の位よりも、兄を病から救うために自分の俗世の希望や生活を捨てて出家して祈る、とまでいうのだから。

だが、この話には裏がある。

兄・天智天皇の考えていた後継者は、大海人皇子ではなく大友王であった。もともとは大海人皇子にしようとしていたのか、それとも決めておかないで、とうとつに大友王にしたのか、それは不明である。ここでは、大海人皇子が皇太子格だったこととして話を進める。六七一(天智天皇十)年一月五日の人事で、天智天皇は子・大友王を太政大臣に任命した。太政大臣《だいじょうだいじん》・左大臣・右大臣・御史大夫の順に記されているから、太政大臣は大臣・御史大夫《ぎょしたいふ》より上位者である。天皇・皇后の下にあって、人臣の最高位の大臣より上となれば、ほんらいなら皇太子でないか。つまり皇太子がすでにいるが、これを排除できないまま、新しい後継者候補を立てた。二重になったようだが、天皇の本心は明瞭だ。こういう場合は、あとから就《つ》けられた者こそが本命である。皇太子に大海人皇子がいるが、大友王を後継者としたいがために太政大臣という官職を新設し、対抗する地位に就かせた。このまま時が経てば、どちらかが失脚する。いや、大海人皇子がどこかで失脚して終わるはずだった。

だが大海人皇子にとって幸いなことに天智天皇は病気にかかり、国政を執れなくなった。大海人皇子を政治的に抹殺する機会を、作ることも摑《つか》むこともできなくなった。大海人皇子を謀反人に仕立てる最後の機会が病気を見舞ったときで、「あとを頼む」といわれたときに「はい」と答えさせることだった。あるいは家に帰ったところで、大海人皇子を証拠となる私蔵《しぞう》の武器とともに捕縛・押収することだったのかも。

それを事前に察知した大海人皇子は、だから「天皇としての仕事は皇后に任せ、大友王を補佐として政務を執行させれば」と答え、「何にせよ、私は兄さんの病気平癒を祈るために出家します」として、いち早く近江を脱け出してしまった。殺意を懐いた者同士での、喰うか喰われるかの腹の探り合いだったわけだ。

もっともこの話、筆者は、呼ばれて行ったのは事実だが、内容は話された通りだったとは思っていない。会話内容から、大海人皇子は天智天皇の后・倭姫王《やまとのひめみこ》を推挙したが大友王の即位は承認しなかったと読み取ったり、天智天皇の病気療養中の執政体制を提案したに留まるとの見解もある。しかし筆者は、このどちらの解釈でも、天智天皇の見舞いの場面から生きて帰れない、と思う。天智天皇が聞きたいのは自分の没後の政権の帰趨《きすう》で、倭姫王の仮執政などどうでもよいことで、大友王の後継・即位を認めさせないまま帰すことなどできない。大海人皇子としては、「大友王への政権継承は当然です」とか嘘をついてこの場を切り抜ける。倭姫王執政を提案したというのは、壬申の乱が終わったあとで、「大友王の即位を認めたことなどない」といわんがための粉飾である。

さて問題は、天智天皇が大友王を太政大臣に就ける前に、大海人皇子がほんとうに東宮・大皇弟の地位にあったのか、だ。

東宮とは、中国において皇帝の後継者となるべき皇太子が宮殿の東に置かれていたことに因《ちな》む。陰陽五行説《いんようごぎょうせつ》では、東は色なら青、季節なら春にあたるので、春宮とも書かれた。

言葉だけの意味でいえば、この時期の日本に皇太子はありえない。皇太子という言葉は中国皇帝の後継者の意味で、日本国王の後継者は世子《せいし》とされるべきだ。それは東アジア世界の常識だが、日本も華夷思想《かいしそう》を取り入れて日本型中華意識を持っており、日本天皇の子を皇太子と称してきた。その齟齬《そご》は、いま問うまい。それでも皇太子という名称は、早くて飛鳥浄御原律令《あすかきよみはらりつりょう》、遅くて七〇一（大宝元）年制定の大宝律令《たいほうりつりょう》で規定されたものであろう。これ以前に皇太子という言葉が使われるはずがなく、『日本書紀』に皇太子と書かれていても、それはすべてあとからの追記である。

もちろんその言葉はあとの時代のものだが、そういう実態があった人物だったから皇太子と記したともいえそうだ。現代風に例えて、読み手にわかりやすくするつもりだった、と。それでもこの時代には、皇太子の内容にあたる次期の天皇になることを約束された地位など存在していなかった。天智天皇以前には大兄《おおえ》という称号が存在し、大王の子が営む有力な各王家では一家を代表する王子を一人だけ選んで、大兄と称させた。たとえば崇峻《すしゅん》朝あたりなら押坂彦人大兄王《おしさかのひこひとのおおえ》・竹田大兄が、皇極朝ならば山背《やましろ》大兄王・古人《ふるひと》大兄王・中大兄王が並び立っていた。そして大兄のなかから、王室と臣下たちが協議して大王を選んでいく。そういう制度下であれば、確約された候補者が一人だけいることなどなかった。もちろん衆目《しゅうもく》の一致する有力な大王候補はいてもおかしくないが、大王が長命でその間に大兄が死没してしまうこともあろう。下馬評《げばひょう》はともかく、大王が死没しないうちには、大王の後継者をあらかじめ固定して決めておかないのだ。また王室がいくら推挙しても、臣下の同意がなければ大王に即《つ》けない。そういう原則だった。だから王子たちは常日ごろ臣下を巻き込み、臣下は王子の擁立に鎬《しのぎ》を削ることとなっていたのである。

天智天皇は、自分が政局にもてあそばれたという記憶があってかまたは天皇専制をつとに志していたか、大王位の後継者選びに臣下からの干渉を受けたくなかった。大王家の内部事情だけで選び、臣下の承認を要しない存在に変えようとしていた。そこで臣下の容喙《ようかい》を許さず、大王家として皇位継承の原則を内々《ないない》に定めた可能性がある。その結論は大王の子が大王となるという直系相続で、それが娘の元明《げんめい》女帝によって「近江大津宮に御宇《あめのしたしら》しし大倭根子《おおやまとねこ》天皇の天地と共に長く日月と共に遠く改《あらたむ》るましじき常の典と立て賜ひ敷き賜へる法」(不改常典《ふかいのじょうてん》)として公開され、天武天皇→草壁《くさかべ》皇子→文武《もんむ》天皇への継承を提唱するさいの根拠になった、と推測できる。この推測が妥当かどうかは不明だが、ともあれ大王位は臣下の同意を得る必要がなく、天智天皇の定めた一定原則で継承されていくこととされた。だがその直系相続原理では、兄・天智天皇から弟・大海人皇子ではなく、父・

天智天皇から子・大友王への継承が当初案となる。つまり天智天皇は、その原則をいつ決めたかにもよるが、大海人皇子を有力な皇子とかりに認めていたとしても、そもそも東宮にするつもりなど一度もなかったことになる。

ともあれ皇太子制度がなかったのだから大海人皇子は皇太子でなく、大兄制下の有力候補者である大兄でもなかった。しかも大海人皇子は天智天皇の後継候補の一人でなおありうるが、辞退された天智天皇は困り果ててもいない。ただちに大友王を後継に指名し、臣下に繰り返し服従を誓わせている。つまり高く見ても大海人皇子と大友王はともに後継候補として肩を並べる存在で、低く見れば天智天皇の意中の人は当初から大友王であった。

しかしその事実を『日本書紀』にそのまま書いたのでは、天智天皇の決めた大友王への謀反人となってしまう。そこで後継予定者であったと思わせる言葉で飾る必要があった。

そう考えてみると、次の言葉からは書き手の苦悩が読み取れる。

六六四(天智天皇三)年二月九日条に「天皇、大皇弟に命して、冠位の階名を増し換ふること、及び氏上《うじのかみ》・民部《かきべ》・家部《やかべ》」とあって、六四九(大化五)年二月の冠位十九階制を二六階に改めている。氏族の力量の大小を区別し、多種類の業績で昇進させる体制にしたのだ。それとともに「其の大氏の氏上には大刀を賜ふ。小氏の氏上には小刀を賜ふ。其の伴造《とものみやつこ》等の氏上には干楯・弓矢を賜ふ。亦其の民部・家部を定む」とあり、こちらは氏族のこの間の栄枯盛衰ぶりを反映し、本家・分家の力関係の実態を把握しようとしたものである。ともに来たるべき律令官人制に近づけていくための下準備で、大事な政策である。

その内容はともあれ、六六四(天智天皇三)年に天皇はまだいない。さきに見たように、六六八(天智天皇七)年に皇太子から天皇になったと記されているから、ほんらいなら皇太子と書かれるべきところである。天皇が弟に命じたというのだから、弟は大海人皇子である。天皇でもなかったこの時期に大海人皇子をすでに皇太子を思わせる大皇弟と記したのは、天智天皇が即位したときに立太子したと記されていないからで、この称号で天智天皇が天皇になる前から弟が皇太子に予定されていたとしたかったのであろう。「皇太子である中大兄皇子の皇太子」というのがいかにも変だから、やむをえず「大皇弟」という聞きなれぬ名称を造り出した。皇太子の弟だから皇弟で、それを尊んで大皇弟になる。さらに「天皇同然の人の後継候補者で、子ではなく弟なので皇太弟とされた」と読んでもらいたかった。だが皇太弟でもないので、「大皇弟」という類例のない名となってしまった。こんな称号が廷内で天皇や皇太子の弟の意味に使われていたのなら、敏達《びだつ》天皇が天皇になったら用明天皇・泊瀬部《はつせべ》皇子・崇峻天皇もみな大皇弟だったことになるが、そういわれたことなどない。結局『日本書紀』編者は、大友王が太政大臣になる以前の六六九(天智天皇八)年十月条から東宮の称をさらに上に付けることとして、先立って跡継ぎとされていたことを鮮明にしたのである。

ともあれ、皇太子の皇太子など置きえないのなら、大皇弟は皇太子の意味を持たない。東宮大皇弟と付け足そうと、立太子の記事がない。病床で天智天皇が即位を勧めたとか大海人皇子が固辞したとか密室での出来事は確認しようがない。天智天皇は事実として大友王を跡継ぎとした。指名された跡継ぎを軍事力で倒してよいわけがない。百歩譲って皇太子的地位にかつていたとしてもそれは過去のことで、前大王の天智天皇が指名した後継者を倒してよい理由にはならない。

挙兵は正当防衛といえるか

ただ道を歩いていたのに殴りかかられたとしたら、攻撃を躱《かわ》すとともに相手の攻撃能力を封ずるための攻撃をしてもよい。というのが正当防衛の論理である。次期天皇への野望などなく、兄の病気平癒を願って俗世の望みを捨てて吉野宮に籠もった。政治的には無為《むい》な出家者として生きようとしているのに、野心を懐く者と見なして生命《いのち》を狙ってくる。この理不尽な攻撃から自分と家族を守るため、やむをえず決起した。挙兵してみたら同情か本人の権威・人望のせいで多くの味方が付き、天も味方して近江政権を倒せた。それが『日本書紀』の書きようである。

大海人皇子側の見解は、こうだ。自分が吉野宮に隠遁《いんとん》するにあたり、「自分と一緒に道を修めたいのならこの宮に留まってもよいが、官人として身を立てようと思うのなら戻って仕官《しかん》しなさい」といった。政界での復権などありえないから、付き随っていても無駄だというのだ。繰り返しせかしたので、半数の者はいなくなった。ところが六七二（天武天皇元）年五月に、舎人・朴井雄君《えのいのおきみ》が「私用で美濃に行ったところ、近江朝廷は美濃・尾張の国司《こくし》に『天智天皇の山陵を造るので、人夫となるものを決めておけ』と指示していました。ところが人夫に渡しているのは武器で、山陵造りとは思えません。何か事変があるのでしょう。対策を立てないと身に危険が及びましょう」と報告した。またかねて「朝廷は近江京から倭京までの道に監視人を置き、通行の状況を報告させている。また菟《う》道橋《じばし》（宇治橋）の橋守《はしもり》に命じて大海人皇子の舎人たちが私用の食糧を運ばないようにさせている」という噂が聞こえていて、確かめさせたところ事実だった。このままでは食糧の供給を断たれた上で、尾張・美濃などの兵士に宮を襲撃される。身の危険を察知した大海人皇子は「皇位を辞して身を引き、療養に努めて天命を全《まっと》うしようとしてきた。しかしいやおうなく、禍《わざわい》を受けようとしている。自分の身が滅ぼされるのを黙ってはいられない」といい、六月二二日には決起の意思を固め、二四日に決行となった。

しかし、大海人皇子の耳にしたという事実は、ほんとうのことと思えない。とくに朴井雄君の提言が決起に大きな影響を与えているが、これに当たる事実は確認できない。

雄君のいう通りならば、尾張国守・小子部鉏鉤《ちいさこべのさひち》は大海人皇子が目先の桑名郡家《ぐうけ》に滞在しているうちに、集めていた偽装人夫・二万を兵士にして、攻撃か迎撃かの戦闘態勢をとったはずである。よして戦いもせずに投降するはずがない。これはあまりにとうとつな出現だったので、近江側に確かめる間もなく大海人皇子の指揮下に組み込まれたのだろう。

大海人皇子の側近間でかねて「近江の廷臣は策謀にたけているので、国中に妨害を巡らし、道路も通りにくくなっているだろう」と推測している。だから間道《かんどう》を通ったのだろうが、近江朝廷の出す攻撃開始の指令待ちとか一触即発の臨戦態勢にあったのなら、公的機関の隠駅家《なばりのうまや》が焼かれているのに逃避行に気づかぬはずがなかろう。もしも感知していれば、対策本部の兵士の一部でも出張《では》らせて、大海人皇子の一行数十人など簡単に始末できたろう。
それなのに近江側が大海人皇子軍をはじめて攻撃したのは、七月三日に大野果安《おおののはたやす》が大海人皇子方の大伴吹負《おおとものふけい》を破った大和の乃楽山《ならやま》の戦いで、ついで五日に大海人皇子軍の美濃・大和間の連絡を遮断すべく近江別将・田辺小隅《おすみ》が鹿深山《かふかやま》を越え、倉歴《くらふ》を守っていた田中足摩侶《たりまろ》の軍営を攻撃した。この間八日は何もしていない。いまにも襲撃するつもりだったはずの側が、これほど攻撃開始を躊躇《ためら》うだろうか。これは、間違いなく大海人皇子側の仕掛けた国家転覆を目指した戦争つまり謀反だったのである。

しかも、これは咄嗟《とっさ》の自己防衛でなく、計画をかねて練っていたことが露見している。六月二四日に吉野宮を出るとき、大海人皇子は駅馬《えきば》を使った逃避行をしようとして、大分恵尺《おおきたのえさか》・黄書大伴《きふみのおおとも》・逢志摩《おうのしま》を倭京《わきょう》(飛鳥京)の留守司《るすのつかさ》・高坂王のもとに派遣して駅鈴《えきれい》を請求させた。これは断られるのだが、問題はそのあとについての指示である。「鈴が得られなかったら、志摩はすぐに戻って『得られなかった』と報告せよ」といい、「恵尺は、そこから馬を馳《は》せて近江京に行って高市《たけち》皇子・大津皇子を連れ出し、伊勢で自分たちと落ち合うようにせよ」と指示した。高坂王が駅鈴を渡さないのなら、不信感を懐いたからと判断できる。「大海人皇子に不審な動きがある」と勘ぐって、近江宮に注進するだろう。吉野宮には草壁皇子と忍壁《おさかべ》皇子しか連れてきておらず、近江京に高市皇子・大津皇子が残っている。大海人皇子謀反となれば、皇子らは人質を兼ねてのことだが、親との連動・関与を疑われて捕縛・監禁される。その前に連れ出せ、という指示だ。それらも重要な指示だが、黄書大伴の役割が書かれていない。じつは大海人皇子の重要な指示を伝える役割を果たしていたのだ。大海人皇子らが菟田吾城《うだのあき》(宇陀市)に着いたところに、黄書大伴が大伴馬来田《まくた》を連れて合流している。黄書大伴は、もちろん大海人皇子の指示で、大伴氏のもとに派遣されていたのである。

この大伴氏の動きが、壬申の乱全体からみて、すごく重要なのである。大伴馬来田は大海人皇子一行の逃避行を護衛するのだが、弟の吹負は大和に留まって倭京留守司を攻撃し、倭京一帯を占領する。倭京の占領は古都を拠点にして、美濃不破と二面から近江京を大きく攻囲するためではない。どれほどの人数が自分に味方するか分からない時点で、わざわざ勢力を二分して二正面作戦を採る計画など立てない。個別撃破されるだけだ。この軍事行動は、倭京周辺にある中央大豪族つまり近江朝方の中枢を担っている豪族の本拠地の差し押さえなのだ。近江に都はあるが、大豪族は近江に勢力地盤を移してなどいない。勢力地盤は大和王権の当初から大和にある。その彼らの土地・家・人々を抑留《よくりゅう》して人質・質物《しちもつ》とすれば、近江方にいる者は動きづらい。大海人皇子側と戦おうとすれば、倭京周辺にある自分の勢力地盤を破壊されかねない。このさき琵琶湖東岸で大海人皇子軍と近江朝軍が正面衝突するが、どういうわけか戦う前に近江軍が自壊する。そもそも率いている軍内に動揺があるのだ。大海人皇子に人気があって逆らいがたかったからじゃない。その動揺を醸し出したのは、この倭京占領という事態なのだ。

このとても重要な戦略は、大海人皇子が挙兵したあとに決めて指示したものじゃない。大伴吹負は、特段の最終打ち合わせもなく、挙兵の報せをうけるや自動的に倭京の占領に動いた。つまり人海人皇子と大伴氏は、あらかじめ反乱計画を練っていた。『日本書紀』にも「このころ大伴馬来田と弟の吹負は、時勢の思わしくないのを察して、病気と偽って近江朝廷から退いて、倭の家に引きこもっていた。もともと吉野にいる大皇弟が皇位に即くべき思っていた。そこで馬来田は天皇一行に従ったが、吹負は家に留まって一気に名を挙げて事変を鎮めてみせようと考えた」とある。大伴氏ははなから大海人皇子に味方するつもりで、近江朝廷から離れて大和に戻っていた。馬来田が一行の護衛、吹負が倭京占領と役割分担が出来ていたことからも、この作戦は大伴氏の協力を大前提にしている。彼らと事前に描いた作戦行動にそっているとみて間違いない。だから大海人皇子が黄書大伴を派遣して「吉野宮を出た」と大伴氏に連絡するや、自動的に吹負は倭京占領に突入したのだ。

大伴氏に作戦開始を伝えるのが、黄書大伴の仕事だった。しかし『日本書紀』の大海人皇子の吉野宮での発言では、そう書かれていない。だが『日本書紀』の原材料となった十八氏の「祖等《おやども》の墓記《おくつきのふみ》」の一つ「大伴氏の祖の墓記」にそう書かれていたので、『日本書紀』編者はそのまま書き込んでしまった。このために悪事は否定しようなく露見している。

大伴氏を恃《たの》みの綱として周到な計画が立てられ、謀反計画に全く気づかなかった近江朝廷が受けて立った。倭京とその周辺を抑えられ、喉元《のどもと》に刃《やいば》を突きつけられた状態で、近江朝廷は抵抗した。しかし及び腰の軍では大海人皇子に勝てなかった。そういうことである。

「勝てば官軍で、英雄だ」と書いたが、天武天皇系の天皇の治世下でも「大海人皇子の行動は反乱だ」という話はおおっぴらに語られている。七五一(天平勝宝三)年成立の『懐風藻《かいふうそう》』の大友皇子伝には

「壬申年之乱に会《あ》ひて」、七六〇(天平宝字四)年～七六二年に成立した『藤氏家伝《とうしかでん》』にも「後、壬申之乱に値《あ》ひ」、成立年は不明ながら『万葉集』に天平勝宝四年二月二日収載したという大伴御行《みゆき》と作者不詳歌の題詞《だいし》にも「壬申之乱平定の以後《のち》」(巻十九―四二六〇～一)とある。大海人皇子本人は部隊の兵士に赤布を付けさせ、漢の高祖・劉邦《りゅうほう》が天命を受けて新王朝を樹立した故事に準《なぞら》えた。しかし他姓ではないから、新王朝樹立とはとうてい言えない。言えないのに言うところが、罪悪感のなせる業《わざ》だろうか。

⊙参考文献

倉本一宏『戦争の日本史2　壬申の乱』(吉川弘文館)
遠山美都男『壬申の乱』(中公新書)
和田萃「殯の基礎的考察」(『日本古代の儀礼と祭祀・信仰』上所収、塙書房)
拙稿「大海人皇子と大伴氏」(『白鳳天平時代の研究』所収、笠間書院)
拙稿「倭姫王をめぐる二つの謎」(『万葉集とその時代』所収、笠間書院)
拙稿「壬申の乱で、少数派になるはずの側がなぜ二正面作戦を取ったのか」(『日本史の謎を攻略する』所収、笠間書院)
金井清一「壬申の『乱』と万葉集」(「万葉古代学研究所年報」一号)

701～756
奈良時代中期の天皇。藤原光明子を皇后として、仏教に帰依。奈良の大仏を本尊とする東大寺や国分寺などを建立させた。

気づかぬ聖帝

聖武天皇

…しょうむてんのう…

松尾 光

聖武天皇は、元明《げんめい》・元正《げんしょう》両女帝を挟み、文武《もんむ》天皇の嫡子として即位を待望《たいぼう》されていた。藤原不比等の娘・光明子《こうみょうし》を異例の皇后に立て、彼女とともに仏教に深く帰依《きえ》した。都には毘盧舎那《ビルシャナ》大《だい》仏《ぶつ》を本尊とする東大寺を創建し、また全国に国分寺《こくぶんじ》を建設させ、それらの建造や供物《くもつ》・読経《どきょう》などの功徳《くどく》によって国家安寧を目指すいわゆる鎮護国家《ちんごこっか》思想を実践した。孝徳朝以来の律令国家建設が完成の域に達し、もっとも順調に作動していた律令国家の最盛期を現出した。

未曽有の疫病流行にどう対処したか

かつて母・八洲子《やすこ》と旅行することがあり、そのとき母は「いまここで倒れたら、助けてくれるの」と聞いてきた。筆者は「いやぁ、知らないふりをして、『みなさ～ん、だれか倒れてますよ。救急車を呼んで下さい』というよ。親が倒れているのを助けても当たり前でだれも助力してくれないかもしれないが、善意の第三者のふりをしたら多くの人が助けてくれるからね」と答えたことがある。これは冗談だが、通りがかりでも病気などで困っている人を見かければ普通助ける。それを自動車を運転しているときに歩行者などに当てて怪我《けが》をさせたのに、救護もせずに立ち去ったら、保護責任者遺棄致傷《いきちしょう》という犯罪である。当てた人がまずは救助(保護)すべき責任者の立場にあるからだ。目にしたにもかかわらず自分が犯した罪と気づかないのも、見なかったふりをするのも、また罪である。

それでは、聖武天皇はどうだろうか。

聖武天皇は、稀代《きだい》の仏教篤信者《とくしんしゃ》である。仏教の力をもって、国家の安寧を図る。そのために全国の国ごとに国分寺を建立させ、そこに自分が心を込めて書き上げた金字《きんじ》の金光明最勝王経《こんこうみょうさいしょうおうきょう》を納める、というのだ。それまで中央王宮の近くには百済大寺《くだらおおでら》や大安寺《だいあんじ》など仏教寺院が造られたし、各氏族も飛鳥寺《あすかでら》や山階寺《やましなでら》などの氏寺《うじでら》を建ててきた。またかつて六八五(天武天皇十四)年三月には「諸国に家ごとに仏舎を作りて、乃《すなわ》ち仏像及び経を置きて、礼拝・供養せよ」(『日本書紀』)と命じ、天武天皇が帰依を勧め普及に努めていたのは確かだが、命令通りとはならなかった。その点、国分寺はいまも各所に国分寺の地名や国分寺址《あと》の遺構が見られ、国府《こくふ》から見える範囲の近接地につぎつぎ実現していった。

この事業は七四一(天平十三)年三月二四日のいわゆる国分寺建立の詔《みことのり》に「宜しく天下の諸国をして各々七重塔一区を敬ひ造り《うやま》、并びに《なら》金光明最勝王経・妙法蓮華経《みょうほうれんげきょう》各一部を写さし」め、これによって「聖法之盛《せいほうのさかん》なること、天地とともに永く流へ《つた》、擁護之恩、幽明に被らしめて恒《こうむ》に満た」(『続日本紀』)しめたいとあり、これからはじまったと一般に理解されている。だが、どうやら七三七(天平九)年三月に出された「国ごとに釈迦仏像一躯《く》・挟侍《きょうじ》菩薩《ぼさつ》二躯を造り、兼ねて大般若経《だいはんにゃきょう》一部を写さしめよ」（『続日本紀』）とある詔命が起点らしく、さらに七四〇（天平十二）年九月には藤原広嗣《ひろつぐ》の乱による国家転覆・秩序崩壊に怯《おび》えて尼寺建立を思い立ったもので、七四一（天平十三）年の詔命は国分二寺の創建をあらためて確認する指示だったらしい。

東大寺の方は、国分寺創建の発令から二年後の七四三（天平十五）年十月十五日の発願《ほつがん》だった、と詔にある。この日に「菩薩の大願を発《おこ》して盧舎那仏の金銅像一躯を造り奉る」と決意を固め、その目的は「率土《そつど》の浜《ひん》、已《すで》に仁恕《にんじょ》に霑《うるお》ふと雖《いえど》も、而《しか》れども普《あまね》く天之下、未だ法恩に浴せず。誠に三宝之威霊に頼りて、乾坤《けんこん》相泰《やすら》かに万代之福業を修めて動植咸《ことごと》く栄えん」ため、つまり仏法の威光と霊力によって天地の生きとし生けるものすべてが永劫に安泰であるよう、巨大な仏像を造顕《ぞうけん》してその功徳をすべての衆生《しゅじょう》が受けよう、と志したものだった。

この話の行き着くところは、国民思いの名君であって篤信の聖帝だ、ということになる。西大寺《さいだいじ》が発想されていないなかで東大寺と命名したことからすれば、中国との関係で東海の大寺《おおでら》（国立寺院）を建てるのだという「仏教大国」を目指す自負心すら看取れそうだ。

しかし、本当に賢帝・名君だろうか。国分寺を発案した七三七年には、赤裳瘡《あかもがさ》（天然痘）が大流行していた。前年二月に阿倍継麻呂《つぎまろ》らが遣新羅使《けんしらぎし》となり、それが帰国したことで朝鮮半島から持ち込まれたのか、まずは北九州に天然痘が蔓延した。十月には九州全域の田租《でんそ》が免じられ、七三七年四月には貧疫《ひんえき》の家々に湯薬《とうやく》が施されている。天然痘はしだいに東進し、六月には都でも流行《はや》りはじめて官人たちが病臥《びょうが》した。中央宮廷での朝務は担《にな》い手がいなくて立ちゆかず、停止される事態に追い込まれた。翌七三八(天平十)年には畿内諸国の田租が免除となり、七三九(天平十一)年にできるはずだった班田収授のもととなる戸籍作りは異例ながらまる一年間延期された。あまりに多数の死者が出たために生存者の異同が把握しきれず、基礎資料からの作り直し作業に迫られたからであろう。天然痘は駿河など東海道諸国にも流行し、日本列島をまさに総なめにしていった。

抵抗力の弱い高年者が死没し、免疫のない幼少・弱年者が命を失い、ついで壮年の男女がつぎつぎと死んでゆく。田畠を耕そうにもそこに立てる人がおらず、村のなか家のなかには高熱に冒され苦しんで倒れている人がごろごろしている。治っても、厳しい闘病生活で体力はすでに奪われている。そうした光景があったはずだ。生き残った人たちがやっと立ち上がり、どうやって家庭生活を再建し、村落共同体を再編していこうか。放棄されていた耕地や灌漑施設の再稼働をどう進めるか。それに、すぐは答えもでまい。それほどに労働人口が減り、農村の労働力が傷付いた。まさに疲弊のきわみにある。人々を休ませるために数年にわたって税を免除し、生活を立て直すための十分な時間をとってやるべきだ。そんなときに、「そうだ、国分寺を作ろう」と発案するのが慈悲か。仏の加護を求めるために東大寺を創建しようというのが、心底、民を思って命令すべきことなのか。いやそれでも、民のためを思ってしたのならば、民を慈《いつく》しんだことになるのか。

東大寺の工事もそうだ。しかも東大寺の本尊・毘盧遮那仏は、二度作られようとしていた。一度目は紫香楽宮《しがらきのみや》近くの甲賀寺《こうがでら》で、大仏の祖型となる塑像《そぞう》(粘土像)が作られた。骨柱《こっちゅう》を立て、それに縄で柱を組み合わせ、柱と柱の間に木舞《こまい》を付け、それらに縄を巻き付ける。その上に粘土を貼り付け、作りたい像と同じ大きさまでに仕上げる。巨大な塑像が見られていたはずだ。やがて原像に合わせて外側の型を取り、ついで原像の表面を五・六センチほど削り取って、外側の型と像の間に溶けた青銅を流し込む。ところがその最初の塑像ができたところで、都が紫香楽宮から平城京に戻り、その東郊にあらためて東大寺を営むこととなった。伽藍を構えられる広さがなかったので、人仏殿の西側の谷を埋めた。また甲賀寺のときと同じように塑像を作り、今度は溶けた青銅を流し込む作業まで進んだ。そして溶銅を流し込む溝を作りながら、八度に分けて高さ十六メートル弱・重さ三八〇トンもの巨大な青銅像を造りあげた。青銅を溶かした坩堝《るつぼ》はたびたび破裂し、多くの死傷者を出した。雨曝《あまざら》しのままにもできないので、桁行《けたゆき》二九〇尺（約八六・一メートル）×梁行《はりゆき》一七〇尺（約五〇・五メートル）で正面柱間《はしらま》が七間の現大仏殿より左右二間づつ大きな大仏殿を建てたのである。

　これらを実施するさいの労働力は、国分寺なら無償の雑徭《ぞうよう》労働を動員したかもしれないが、東大寺建設では無償の歳役《さいえき》を使っていない。歳役は賦役《ふえき》制度に名はあるが実施されておらず、すべて庸《よう》物《もつ》で代納させていたからだ。七四五年と七六二～三年の三カ年における東大寺建設関係の労働者は役所の下働きに徴用《ちょうよう》されていた仕丁《してい》が三一パーセントで、五四パーセントが有償の雇役だった（田名網宏『古代の税制』第四章律令国家の税制／造営と雇役、至文堂）。また「造寺材木知識記」によると役夫の延べ人数は二一八万弱とあるが、その大半に賃金が払われていたようだ。国分寺建設の主力もおそらくは雇役だろう。しかし雇役は有償でも半強制的で、雑徭と違って労働期間も限られていない。雇用の財源には第一に庸を使うが、諸国の正倉にある正税穀《しょうぜいこく》も使った。どのみち人民側が「対価があっても雇役などやりたくない。いまは生活再建でそれどころじゃない」といっても、「お前らのためだ」といわれつつ現場で酷使される。そんなことが、慈愛に満ちた天子のやることだろうか。

それだけではない。東大寺大仏殿の内部では青銅像表面の穴を塞《ふさ》ぎ、磨きをかけ、そして水銀に砂金を溶かし込んだ金アマルガムを塗布《とふ》していく。塗布面に火を近づけると水銀が蒸発し、金だけを薄く残す鍍金法《ときんほう》である。しかし閉ざされた大仏殿内で作業すれば、蒸発した水銀を吸い込んだ人たちがいわゆる水俣病《みなまたびょう》に冒《おか》される。その当時に鍍金と病気の因果関係など把握できたはずもないが、大仏殿工事に携わった人に限ってつぎつぎ異変が現れる。その異変を仏罰《ぶつばち》とも思わず、どうでもいいことと意に介さなかったのだろうか。

だいたい、日本列島全体を総なめにした未曽有《みぞう》の疫病流行に遭って、農村がかつてない疲弊をみていたのに、なぜ地方に蓄えられた義倉《ぎそう》を開用《かいよう》しなかったのか。義倉とは飢饉対策で、人民の戸を富裕層の九等戸とそれ以外の等外戸《とうがいこ》に区分し、九等戸が資産の富裕度に応じて粟を拠出する制度である。天平二年の安房国で四一五戸のうち三二七戸が等外戸で、中中戸・中下戸が各二戸、下上戸が三戸、下中が十一戸、下下戸が六九戸。越前国でも一〇一九戸のうち九二〇戸は等外戸で、九等戸は一割未満の富裕者である。彼らが拠出した義倉粟にはなにより即効性が期待されていたので、常置するだけで、一時的にでも貸し付けることを禁じていた。これこそいちばん手近な、頼りになる備蓄だった。だがそれすら、天然痘の流行にさいして用いていない。こんなとき使わないで、いつ使うつもりだったのか。たとえ飢死しても、預貯金に手を着けない。そんな備蓄は生きるのに必要か。村々の人民が死に絶えてから配りはじめても、意味ないだろうに。

じつは、義倉以外にも、国家の使用できる稲は豊かにあった。

それは租穀《そこく》である。中国で発した租にはもともと凶作・飢饉などへの備蓄の意味があったろうが、日本では国家としての戦役・褒賞など国家事業に用いるため、おそらくは大宝律令によって制度化された。租は中央宮廷に運ばれず、諸国国府《こくふ》の倉屋《そうおく》(正倉)に留め置かれた。支出は褒賞などにわずか使うていどだったから、次第に膨大な蓄積となっていく。まずは七〇八(和銅元)年に租穀をいわば定期預金と普通預金のように不動穀・動用穀とに区分し、七六三(天平宝字七)年三月にはその不動穀を納めている不動倉の鉤《かぎ》を中央政府に進上することとさせた。つまり国司の判断で非常用・救急用に使う可能性を封じたのである。『天平諸国正税帳』によれば、聖武天皇の時代には三〇〜四〇年分の租穀が備蓄され、正倉は中央政府の貴重な金庫となっていた。ところが、九一四(延喜十四)年四月二八日付の三善清行《みよしきよゆき》の意見封事《ふうじ》によれば、欽明《きんめい》朝に仏教が入って以降しだいに寺塔を建てる者が多くなり、「降《くだ》りて天平に及び、いよいよ以て尊重され、遂には田園を傾けて多《さわ》に大寺《おおでら》を建つ。其の堂宇の崇、仏像の大、工巧の妙、荘厳《しょうごん》の奇、鬼神の製の如《ごと》き有りて、人力の為すに非ざるに似たり」、つまり贅を尽くして寺院建立とその荘厳が行われてきたとあり、続けて「又、七道諸国をして国分二寺を建てしむ。造作《ぞうさく》の費《ついえ》、各其の国の正税を用ひ、是に於て天下の費十分にして五」(『本朝文粋《ほんちょうもんずい》』巻二)とある。ここでの国分寺造作《ぞうさく》は例えであって、東大寺なども もちろん含まれていたろう。そしてさらに長岡京・平安京の造営で十分の三、仁明《にんみょう》朝に十分の一、応天門《おうてんもん》・大極殿《だいごくでん》の修復で十分の〇・五が費やされた。つまり十世紀初頭の今はほとんど財源がない、といっている。聖武天皇の治世下は、平安宮廷人にも記憶されていたほどの濫費《らんぴ》時代だったのである。もちろん国家事業のための蓄えだから、国分寺や東大寺建設などに用いても不正な流用でない。しかし建設資材はほとんど無料だろうから、支出の大半は人件費と食費である。それで国家の蓄えの十分の五を費やしたというから、動員された人たちは数知れない。その動員・徴発を、農村が疲弊しきっていたこの時期にやるべきだったのか。その米穀は、長期間の厳しい労働の対価としてでなく、疲弊した農村の立ち直りのために無償でわたされるべきでなかったか。さらに七四〇(天平十二)年からの五年間には、平城京が放棄されて恭仁京《くにきょう》の建設がはじまり、そうかと思えば難波宮に遷るといい、他方で紫香楽宮が作られる。そしてふたたび平城京に還都《かんと》した。猫の目のように変わる遷都宣言のたびに、仕丁・雇役の民が動員される。時を弁《わきま》えず度を超した徴発は、暴君の所業に近かろう。

眼前で立て続けに起きる政変をどう捌いたか

農村が疲弊していても、宮廷の奥にいる聖武天皇はその光景をじかに見ていない。気付けなくとも、彼の罪とはいえない。法廷でなら、そう弁明できるかもしれない。

では彼の眼前の、宮廷のなかで起こった長屋王の変についてはどうなのか。長屋王《ながやおう》の処刑について、聖武天皇は明瞭に関わり、最終判断を下しているはずだ。

どれほどの複雑な経緯《いきさつ》があったわけじゃない。『続日本紀《しょくにほんぎ》』天平元年二月十日条によれば、平城左京に住む漆部君足《ぬりべのきみたり》と中臣宮処東人《なかとみのみやこのあずまひと》が「左大臣正二位長屋王、私《ひそか》に左道《さどう》を学びて国家《みかど》を傾けんと欲すと」密告してきた。それを承《う》けて、式部卿《しきぶきょう》の藤原宇合《うまかい》が先頭にたち、衛門府《えもんふ》・衛士府《えじふ》など六衛《りくえ》府《ふ》の兵が長屋王邸を取り囲んだ。翌日、舎人《とねり》親王や藤原武智麻呂《むちまろ》が糺問《きゅうもん》に当たり、翌十二日には長屋王が王命により自尽《じじん》。妻の吉備内親王《きびないしんのう》と子の膳夫《かしわで》王・桑田王・葛木《かづらき》王・鉤取《かぎとり》王らも縊死《いし》させられた。国家転覆とは天皇に反逆する罪だが、長屋王がその罪状を認めたとは考えがたい。というのも七三八(天平十)年七月に中臣宮処東人は憤激した長屋王の旧部下・大伴子虫《こむし》に殺されたが、『続日本紀』編者はその記事に「東人は即ち長屋王の事を誣告《ぶこく》したる人なり」として誣告つまり無実だったと注記しているからだ。

この事件は、筆者の見解では藤原武智麻呂が長屋王誣告・処刑の主犯で、宇合・麻呂がその陰謀に従属的に荷担。房前《ふささき》は関与しなかった、と思う。この事件の背景つまり失脚をはかった理由は、かつては聖武天皇の夫人《ぶにん》で藤原不比等の娘である光明子(安宿媛《あすかべひめ》)を皇后に冊立《さくりつ》するためとされてきた。第一皇子の基王《もといおう》が死没し、縣犬養広刀自《あがたいぬかいのひろとじ》所生の第二皇子・安積親王の皇位継承が濃厚になった。藤原腹の皇子に継承させたい藤原氏は、光明子を広刀自と同格の夫人から皇后に格上げすることで、第三皇子の皇位継承権を確保しようと考えた。だが律令条文に則《のっと》れば皇后は皇族しかなれないので、条文を墨守《ぼくしゅ》すべしとする長屋王をまずは排除しておきたかった、という解釈である。しかしこの理解は近年見直され、長屋王は律令条文を楯に聖武天皇の希望を阻《はば》んでなどいない。しかも第三皇子誕生の気《け》もないうちから皇后冊立《さくりつ》が必要か、はなはだ疑問でもある。むしろ高市《たけち》皇子の多大な功封《こうふう》を受け継ぐ長屋王の存在は、かねて脅威とみなされていた。また従来三世王とされてきた長屋王の子たちが、七一五(霊亀元)年二月に吉備内親王所生の子に限って皇孫(二世王)と認定された。このためこれらの皇子が、皇位継承候補の圏内に近づいた。これらのことで藤原氏が長屋王家に敵対感情を懐いた、と解釈されるようになってきた。いまその思惑の当否はどうでも、最終的に無実を叫ぶ長屋王とその妻子に死を宣告したのは聖武天皇である。藤原氏の思惑《おもわく》に同意して決断したわけではなかろうから、彼として独自に判断したのであろう。その判断の責任は、武智麻呂にしかないといえようか。大納言の武智麻呂がいかに企《たくら》んでも、上席の左大臣長屋王に死の宣告などできまい。それは、聖武天皇にしかできない。ではなぜ、聖武天皇は刑死《けいし》させたのか。前年九月に基王が満一歳にもならずに死没し、それが長屋王の誣告にあると思った、とする理解が古くからある。しかし罪状は国家転覆であって、皇太子調伏《ちょうぶく》でない。何にせよ長屋王の弁明は信じず、他人任《ひとまか》せの情報を真に受け、みずからの治世下で最高官に据えていた臣下をまともに信用できない。そして誣告と知ったあとでも、なお画策した武智麻呂らを処分も排斥もできていない。これは何だ。

七三八(天平十)年、阿倍内親王(のちの孝謙《こうけん》天皇・称徳《しょうとく》天皇)を皇太子に立てた。聖武天皇の皇子としては安積親王が存命しており、その母・広刀自も地方豪族出身などでない。阿倍内親王を立てて安積親王の行《ゆ》く手を遮ってみせたところで、独身の彼女にはこのさき皇統を繋ぐ後継者ができるわけもない。また七四四(天平十六)年の時点で唯一の聖武天皇の皇子であった安積親王は十七歳になっている。聖武天皇自身十六歳で光明子と結婚しているのに、なぜ親王妃を選んだ形跡がないのか。これらの判断には藤原氏の画策も関わっていようが、聖武天皇としてはどうすべきだったか。ただ、いま、それは不問《ふもん》に付《ふ》しておく。

聖武天皇は、七四七(天平十九)年に新薬師寺《しんやくしじ》が発願されたころにはすでに病気に罹《かか》っていた。いやその二年前の七四五年に橘奈良麻呂《たちばなのならまろ》は「陛下、枕席《ちんせき》安からず。殆《ほとん》ど大漸《たいぜん》に至らんとす。然《しか》れども猶《なお》皇嗣《こうし》を立つること無し」と語っており、もうこの時点ですでに病床にあったようだ。そして七四九(天平感宝元)年七月、皇太子・阿倍内親王に譲位した。ただ退位したとはいえ、上皇として物事を判断できる状態にはあった。七五五(天平勝宝七)歳十一月に聖武天皇がかねて寵用《ちょうよう》してきた左大臣・橘諸兄が飲酒の席で呟《つぶや》いた言葉を祇承人《ぎしょうにん》・佐味宮守《さみのみやもり》に密告され、廷内では無礼で反状《はんじょう》の見られる問題と取り沙汰《ざた》された。その内容は不明だが、翌年二月に諸兄は致仕《ちし》(退職)した。しかしその問題について、聖武上皇は「優容《ゆうよう》して咎《とが》めず」(『続日本紀』天平宝字元年六月二八日条)といい、罪に問わないよう指示している。

では、それが判断できて指示できたのなら、聞きたい。なぜ、妻の前代未聞《みもん》の横暴を目にしていたはずなのに、まったく止めようとしないのか、と。

聖武天皇は体調を崩し政務に堪えられないとして、七四九(天平勝宝元)年に譲位した。あらたに登《とう》極《きょく》した孝謙天皇が、もちろん天皇大権を有する。そのはずだったが、天皇大権は光明皇太后《こうたいごう》のもとに収められた。そして、とんでもない官制改革が行われた。光明皇太后の家政は皇后宮職《こうごうぐうしき》が担当していたのだが、その役所を拡大・改編して紫微中台《しびちゅうだい》という政務執行機関に仕立て上げたのである。紫微とは紫微垣《しびえん》のことで、北極星を中心とした星の集合体の名である。北極星は北半球において恒久的に動かない星で、天子の例え。天子は北極に位置して動かず、臣下はすべて北を仰ぎ見る。文字の解説はともあれ、現実の政治では紫微省は七一三(開元《かいげん》元)年に玄宗《げんそう》が中書省《ちゅうしょしょう》を改名したもので、中台は高宗《こうそう》・武則天《ぶそくてん》時代に尚書省《しょうしょしょう》を改めて中台と称したことにちなむ。つまり紫微中台とは天皇の意思を代表する中書省(紫微省)と政務執行機関の尚書省が合体したもので、天子《てんし》の意を承《う》けてその意のまま執行する役所という意味である。天皇独裁・専制を実行するための総合官庁だと名乗ったに等しい。光明皇太后は聖武天皇の妻としての権利・孝謙天皇の母としての権利のどちらか不明だが、ともあれ聖武天皇から天皇御璽《ぎょじ》(内印)を受け取ったまま、天皇に渡さなかった。そして天皇御璽保有者として、超越した権力を行使しはじめた。

光明皇后と左大臣橘諸兄は異父兄妹だが、政治についての考え方がまったく異なっていた。諸兄は、藤原不比等が行なってきた律令制度を社会に浸透させる施策をつぎつぎ覆《くつがえ》した。律令制度の厳密な施行は、人民のためにならないと考えたのだろう。兵士・健児《こんでい》を停止し、細分化・緻密化した国域をもと通りに合併させ、墾田私有を許可して公地制度の大原則を放棄し、馬飼《うまかい》・雑戸《ざっこ》を解放して良民とした。不比等の娘である光明皇后には、これが気に入らなかった。だが藤原氏の出世頭《しゅっせがしら》だが温和な右大臣藤原豊成では、諸兄を止められない。そこで光明皇后は豊成の同母弟・仲麻呂を破格の叙位《じょい》で特進させたが、左大臣・右大臣が満員では大納言までしか進められない。太政官内では諸兄の執政を阻めないと考え、聖武天皇が退いた翌月に紫微中台を発足《ほっそく》させた。国政の審議は光明皇太后と紫微令《れい》(長官)・藤原仲麻呂のもとで行なわせ、そこでの決定内容は天皇御璽の力を使って八省に流して施行させる。ほんらいは太政官《だいじょうかん》の公卿《くぎょう》たちが審議し、天皇の諒承をうけた上で、八省に流して施行するものだ。天皇・太政官による国家意思の決定という律令官制機構の基本的な枠組みと八省への政務の流れを、この役所は完全に封殺してしまった。孝謙天皇や大臣らは判断する間もなく、太政官内では大納言《だいなごん》にすぎない仲麻呂の判断が左大臣・右大臣の判断を上回っている。独善的破壊的な政治体制が、上皇の眼の前にあった。

法律的にいえば、律令はたしかに天子が施政にさいして政務の要領を示しただけであって、自分の判断をなんら縛るものでない。必要と思えば、自在に変更してよい。そういうものだ。だがそれを拠り所に業務を遂行している臣下は、そう安易に変えられちゃたまらない。律令の官制や職務規定は、遵守《じゅんしゅ》されるべきだ。とつぜんしかも皇太后がこんな滅茶苦茶な執政をしていいのか。こんなとき、聖武上皇はなぜ止めさせないのか。上皇の立場ならできることで、聖武上皇にしかできない。しかも夫ではないか。妻を叱責して天皇御璽を天皇に渡させ、天皇→太政官→八省の行政の流れをなぜ恢復《かいふく》させないのか。

だが聖武天皇という人は、自分のすることにしか関心がなかったようだ。

聖武天皇は、自分を聖帝・賢君だと思っていたふしがある。それが玄昉《げんぼう》と吉備真備《きびのまさび》の登庸である。『書経《しょきょう》』大禹謨《だいうぼ》にある「野《や》に遺賢《いけん》無し」を気取《きど》り、民間に隠れた人材がいなくて、優れた人材はみな登庸されているようにする。そうすればいい政治ができる。遺賢を見抜いて、活躍の場を与えてやる。賢帝である自分だけがそれをなしうる、と信じていた。

玄昉は、たしかに優れていた。七一六(霊亀二)年に学問僧として中国に渡り、唐の天子から三品《さんぴん》に准じて紫の袈裟《けさ》を賜った。つまり中国が高僧中の高僧と認定してくれた傑物である。七三五(天平七)年の帰国後にももちろん紫の袈裟の着用が認められ、七三七(天平九)年には宮中の内道場《ないどうじょう》に出入りを許された。そこで聖武天皇の生母・藤原宮子の看病に当たり、産後果たしていなかった母子対面を実現させたのである。しかし「栄寵《えいちょう》日に盛んにして、稍《ようや》く沙門《しゃもん》の行いに背《そむ》けり。時の人、之を悪《にく》」(『続日本紀』天平十八年六月十八日条)んだという。吉備真備も中国で二二歳から十七年間留学し、七三四(天平六)年に帰国した。その学問は儒学・律令・礼儀・軍事・工学・音楽など広範囲で、かつ深かった。七三七(天平九)年には地方豪族出身ながら貴族に列し、橘諸兄政権の顧問的存在として活躍した。光明皇太后・藤原仲麻呂らに疎《うと》まれて地方に追いやられたが、孝謙上皇のもとで復活。道鏡政権下で右大臣を務めた。

この二人は聖武天皇の登庸と見られており、藤原広嗣は安易な抜擢は名門貴族の座を奪い、長年政界で培われてきた身分秩序を乱すと考えた。そこで「天平九年以来の疫病や飢饉などの災異は天皇の施政が悪いと判断した天の声だ」とし、七四〇(天平十二)年九月、君側の奸を排除する名目で聖武天皇打倒の軍乱を起こした。聖武天皇は「広嗣は、親の宇合もつねに除き棄てようとしていた凶悪な者」として貴族の代表的意見でもない特殊な見解と思おうとしたが、内心は動揺した。広嗣は新羅《しらぎ》への亡命《ぼうめい》に失敗するが、「われは大忠臣なり。神霊《しんれい》われを棄てんや」といって憚らないほど自信を見せていた。他方の聖武天皇は疑心暗鬼となって平城京にいたたまれず、五年間も畿内各所を彷徨《ほうこう》することになるのに。

『日本霊異記《にほんりょういき》』上巻・三二縁には、聖武天皇の行いを記した話がある。天皇は七二七(神亀四)年九月に添上郡《そうのかみ》山村で狩りをした。追い出された鹿が一頭、細見里《ほそみのさと》の住人の家に紛れ込んだ。家の人は事情を知らずに捕らえて食べてしまったが、それを聞いた天皇は彼らを逮捕させた。だが、たまたま基王誕生による大赦《たいしゃ》があって助かった、という。この話は仏の功徳を語るものだが、聴いている人々に「そうだろうとも」と思われていなければならない。つまり聖武天皇は自分の都合でしかものを見ない独善的な支配者で、人民の事情などには聞く耳を持たない。その一方で、光明皇太后が何をしようと見たくないものは見えなかったこととして頬被《ほおかむ》りし、遺賢の抜擢についても自分の都合のよいようにしか理解しない。こういう人を何と呼ぶべきなのか。専制君主、といえば聞こえはよいが。

●参考文献
中西進『聖武天皇』(PHP新書)
杉山二郎『大仏建立』(学生社)
拙稿「不動および動用穀について」(『白鳳天平時代の研究』所収、笠間書院)
寺崎保広『長屋王』(吉川弘文館)

拙稿「長屋王の無実はいつわかったのか」（『万葉集とその時代』所収、笠間書院）
木本好信『藤原四子』（ミネルヴァ書房）
木本好信『藤原仲麻呂』（ミネルヴァ書房）
岸俊男『藤原仲麻呂』（吉川弘文館）
林陸朗『光明皇后』（吉川弘文館）
瀧川政次郎「紫微中台考」（『律令諸制及び令外官の研究』所収、角川書店）
瀧浪貞子『帝王聖武』（講談社）
拙稿「藤原広嗣の乱と聖武天皇」（『天平の政治と争乱』所収、笠間書院）

659-720
奈良時代初期の政界の実力者。律令国家の建設と、皇室と藤原氏との特別な婚姻関係の構築に尽力。

悪魔の守護神
藤原不比等
…ふじわらのふひと…

松尾 光

藤原不比等は持統朝から元正朝まで廷内で重きをなした実力者。政府が最重要課題としてきた大宝律令《たいほうりつりょう》の編纂に従事し、完成後も養老《ようろう》律令の編纂を進めた。律令制度の普及・浸透に努めるとともに、平城京建設も主導した。一方で藤原氏の繁栄にも意を注《そそ》ぎ、娘の宮子・安宿媛《あすかべひめ》（光明子）を文武・聖武両天皇の嫡妻とし、天皇家の外戚《がいせき》の地位を獲得。また庶子《しょし》・房前《ふささき》を参議として太政官政治に参画させ、一氏一代表を覆《くつがえ》して藤原一族による公卿《くぎょう》独占への道を開いた。

長親王の立場から

一九九〇年から二〇〇五年にかけてプロ野球で活躍した選手に、佐々木主浩《かずひろ》投手がいる。彼は横浜大洋ホエールズ（のち横浜DeNAベイスターズ）・シアトルマリナーズに所属し、日本で四三勝三八敗二五二セーブ、アメリカで七勝十六敗一二九セーブの成績をあげた。横浜がリードした場面で彼が登板すると、相手チームはすでに負けたも同然だった。とても彼の球は打てないからだ。だから相手から見て悪魔の守護神つまり魔神といわれ、風貌が大映《だいえい》の劇中主人公に似ていたこともあってハマの大魔神という渾名《あだな》が付いた。絶対の守護神は味方ならこの上なく心強かろうが、立場が違えばこれほどの悪魔はいない。

藤原不比等は、その意味で悪魔の守護神であった。そうした自分を有利にするための守護神を探していたのは、持統《じとう》天皇であった。

筆者の推測では、持統天皇(鸕野《うの》皇女)の人探しはこういう方法だ。持統天皇は皇后として称制《しょうせい》中の六八九(持統天皇三)年正月から退位する六九七年までの九年間で、三一回も吉野宮(宮滝)に行幸《ぎょうこう》した。もちろん吉野宮は、孤立無援となった夫・天武天皇とともに近江朝を滅ぼそうと決起した思い出の地である。刑死をも覚悟したここでの悲壮な決意がなければ、天武朝も持統朝もなく、大夫《まえつぎみ》(閣僚)たちもここにいない。現政権の原点に立ち帰って往時の思いを見つめ直すことは、政権が仲間割れしそうなときに有効である。でも、だからといって一年に三〜五度も必要か。それほど不安定な状況だったなら、もっと政変の兆《きざ》しが看取《みと》れよう。そこで、この行幸の目的は陰謀を画策できる政治能力があり、かつ甘い誘いにも迷わず窮地でも主人を裏切らない信頼できる部下を見出すこと。宮殿では重臣たちとしか話せず、若い人といえば内舎人《うどねり》のような重臣の子としか接しない。これでは人材の開発や密命を託せる人物の評価などできない。ところが行幸は、宮廷内でいつも接触する顔ぶれとは異なる。政界序列の高い重臣をすべて引き連れていたら、留守政府の判断に支障が出る。重臣が同行しなければ、中下級の役人たちと向き合える。これは普通ない場面で、この従者を入れ替え、かつ彼らと膝を交えて語り合うことで、その能力と本心を試せる。そういう場のなかで、持統天皇は藤原不比等を見出した、と思うのだ。

何回目のどこでどんな話をした、とかの証拠などない。ただそうでもしないと持統天皇と不比等がどうして結びつくのかが分からないので、そうした推測をしてみた。持統朝の当初、不比等は近江朝の重臣といわれる中臣鎌足の子として、いわば冷や飯食いの立場にあったはずだ。『藤氏家伝《とうしかでん》』には、近江宮・浜楼《はまろう》宴席での長槍刺突事件で大海人《おおあま》皇子（天武天皇）が天智天皇から処刑されかかったのを、鎌足が天皇を諫めて取りなした。それで大海人皇子の信頼を受けていたとするが、後年の辻褄合《つじつまあ》わせだろう。筆者は鎌足が近江朝の重臣だったと思ってないが、近江方の臣下ではあったろう。その嗣子であれば、まともな仕事ぶりでは、天武・持統朝で出世する道など開けない。不比等は六八九（持統天皇三）年に判事に任ぜられ、ときに直広肆《じきこうし》（従五位下相当）であった。ここから七年で直広弐《に》で資人《しじん》五〇人を賜るとの殊遇を受ける。判事というから法律に明るく、大宝律令編纂に携わって活躍したとみておかしくない。だが、しょせんは実務官僚であり、立案のさいの下働きである。その仕事内容について持統天皇からじかに話しかけられたり、目をかけられたりする場には招かれない。そういう彼をとことん信頼するまで十二分に話し込める場がどうやって持てるのか。そのときが行幸随行《ずいこう》の場なら、どのようにでも設定しやすいと思うのだ。想像を逞しうしたものではあるが、蓋然性《がいぜんせい》はあると思う。

では持統天皇は、いわゆる股肱《ここう》の臣をどうして必要としていたのか。

そのはじまりは、最愛の子・草壁《くさかべ》皇子の死没だった。夫・天武天皇のあとを草壁皇子が継ぎ、そのあともその子・孫と繋いで行かせたかったのに、肝腎要《かんじんかなめ》の草壁皇子が二八歳の若さで没してしまうた。もともと六八六(朱鳥元)年九月に天武天皇が死没したあと、草壁皇子が継ぐことへの異論はだれにもなかった。草壁皇子は皇族の産んだ子のなかで最年長だったし、六七九(天武天皇八)年五月の吉野会盟で草壁皇子がほかの皇子より格上だと承認されていた。それに二番手に位置していた大津皇子は天武天皇の殯《もがり》のさなかに謀反の罪で処刑され、だれも対抗者などいなかった。しかし病弱だった草壁皇子はすぐに即位できず、鸕野皇后(持統天皇)は草壁皇子を庇《かば》う形で称制《しょうせい》つまり天皇権限を代行した。それなのに草壁皇子は即位することなく、六八九(持統称制三)年四月に死没した。問題はここからである。

草壁皇子が死没し、その子・珂瑠《かる》皇子はまだ七歳。当時の感覚だと天皇はじっさいに自分の実績と判断に基づいて執政できなければならず、この年齢では即位資格にほど遠い。となれば、天武天皇のほかの皇子が後継者となるのが穏当である。天皇には多数の女子が配されるので、皇子も多数いる。そのなかの序列は、第一に皇女所生の皇子、ついで中央豪族出身者所生の皇子、地方豪族出身者所生の皇子の順になる。とすると皇女では大江皇女所生に長《なが》親王・弓削《ゆげ》親王、新田部《にいたべ》皇女所生に舎人《とねり》親王が、中央有力豪族出身では藤原五百重娘《いおえのいらつめ》所生に新田部親王、蘇我大蕤娘《おおぬのいらつめ》所生に穂積《ほづみ》親王がいる。彼らの誕生年が不明なので、叙位の出発点となる浄広弐《じょうこうに》になった年で並べると、穂積親王(六九一・持統天皇五年以前)、長親王(六九三・持統天皇七年)、舎人親王(六九五・持統天皇九年)、新田部親王(七〇〇・文武天皇四年)の順である。長親王は第四皇子で、舎人親王が第三皇子なので、長幼順は逆転しているが、生母の序列は大江皇女の方が高かった。そのために長親王が先んじている。こまかいことはともあれ、結論的には長親王を軸にするが、皇女所生でかつ年長者である舎人親王を考慮するか、豪族出身者所生の穂積親王まで候補に入れて議論するか。そのていどの問題だった、はずだ。

草壁皇子没後の長親王は、皇族・臣下が共通して一致できる皇位継承候補なのだ。嫡子が若くして死没すれば、その弟がいわば家督(家長)を継いで、それが次からの嫡流となる。まして草壁皇子はまだ天皇となっていないので、皇室の家長に坐ったことがない。前家長の天武天皇から家長を引き継ぐのは、まずは天武天皇の子たちだ。その世代に該当者がいないなら、孫の世代を探してもいい。その点、かりに長親王でなくとも何人ものちゃんとした候補者がいるのだから、大枠でこの三人以外の異論など起こりようもなかった。

だが、鸕野皇后の考えはちょっと違った。草壁皇子の遺児・珂瑠皇子に継がせよう。自分の血を分かつた草壁皇子系の直系に、これからさきも皇位を継がせようとしていた。これに同意する者は皇室内にほとんどおらず、いるとして草壁皇子妃の阿閇《あへ》皇女くらいだろう。四面楚歌《しめんそか》のなかで持統天皇がやるべきことは、第一に天武系の皇子が皇位に即かぬようすること。そのために自分が持統天皇として即位し、珂瑠皇子が即位できるようになるまでの期間を埋める覚悟を決める。第二に、後継者にしたい珂瑠皇子の格付けを高めること。草壁皇子が即位しないままに没したため、珂瑠皇子はただの二世王。一世の親王が多数存命しているなかでは、あきらかに見劣りする。そこで草壁皇子は即位したも同然とみなすよう作為し、宮廷儀式で「日双斯皇子《ひなみし》」(『万葉集』巻一―四九)「日並皇子」(巻二―一一〇題詞《だいし》)の称を付けた歌を詠ませた。とはいえ歌の世界でのことで、当時の政界・宮廷人に承認されていたわけではない。それでも「即位式を待っていただけで、即位は決まっていた」から「天皇も同然」とする論理を繰り返し展開したであろう。第三に、直系相続がよいとする根拠を造り出すこと。理屈としては、継承順位を直系と決めてしまった方が、天皇没後ごとにだれが適任かを議論するより悶着《もんちゃく》が起こりにくい。悶着が起きれば臣下の容喙《ようかい》を許すこととなり、政変など不穏な政情を招きかねない。一定の原則を立てておいた方がいいとはいえる。だが天武系の皇室内でそれが原則として確立されていたわけではないので、天智天皇の娘であることを利用して、天智天皇が大友皇子即位のさいに懐いたと思われる構想を「不改常典《ふかいのじょうてん》」として用意した。これが公表されるのは元明女帝のときだが、持統天皇としては自陣営内で通用する論拠となっていたのだろう。

鸕野皇女は皇太后《こうたいごう》でもあり、天皇でもある。皇室内の重鎮として、不満を懐く皇族を上から抑えることはなんとかできる。しかし裁定に不満を懐く皇子と廷臣が結託して叛旗を翻せば、ことはなりがたい。そこでこの綱渡りの皇位継承を支持し、廷臣側の動きを抑えてくれると信じられる人材が必要であった。だが、天武天皇を支持して壬申の乱を戦ってきた廷臣たちが、天武天皇の遺児を支持するのは当然である。持統天皇の案は、天武天皇の子世代を敵に回すものだ。天武政権下で恵まれてきた人が、この条件下で味方となる確率は低い。そうなると、天智天皇・大友皇子政権側に付いていたために今は冷や飯食いになっている人材が好ましい。ただし、それだけでなく、個人的に律儀《りちぎ》で忠実な性格と優れた献策能力を持ち合わせ、強い信念と実行力を持ち合わせていること。そうした選抜基準のもとで、不比等が適任者として抜擢《ばってき》されたのだろう。筆者は、吉野行幸のなか

❖藤原不比等関連系図（丸数字は天皇の歴代、★は敵対者、×は刑死者（長幼順不同））

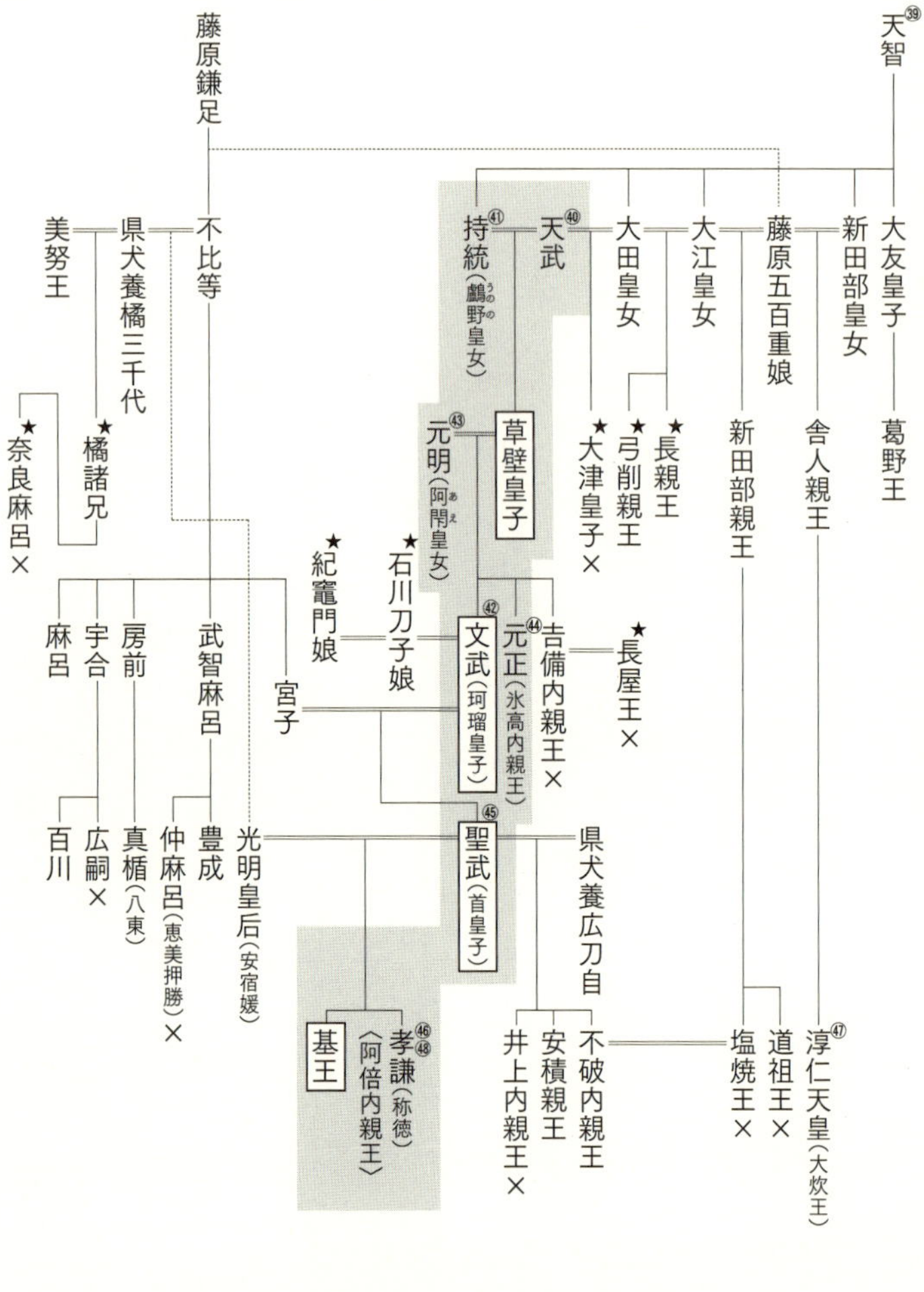

で持統天皇は不比等を見出し、「草壁皇子系皇統の守護神」として選ばれたのだと思う。

　持統天皇に抜擢された不比等が、具体的にどこで何を画策し、どの場でどう動いたのか。それは一つも明らかでない。しかし持統天皇念願の「草壁皇子→(持統天皇)→珂瑠皇子(文武天皇)」の継承を果たし、さらに文武天皇没後に起きたほぼ同様な男子直系相続である「文武天皇→(元明天皇)→(元正天皇)→聖武天皇」の継承も実現した。そのさいに彼の力が大きかったことは、「国家珍宝帳《こっかちんぽうちょう》」所載「黒作懸佩大刀《くろつくりかけはきのたち》」相伝《そうでん》の由来が雄弁に物語る。

　すなわち「右、日並皇子常に佩き持ちし所、太政大臣に賜ふ。大行《たいこう》天皇即位之時、便《すなわ》ち大行天皇に献つる。大行天皇崩ぜし時、亦《また》太臣《だいじん》に賜ふ。太臣薨ぜし日、更に後太上《のちのだいじょう》天皇に献つる」(『寧楽遺文』四四一頁)とあり、刀は草壁皇子→不比等→大行天皇(文武天皇)→不比等→後太上天皇(聖武天皇)と渡った。女帝を排し、不比等と直系男子の天皇との間でのみ遣り取りされた。つまり直系男子のいない間はこの刀の形で託された皇位を不比等が預かって守り抜き、それを男帝にたしかに伝えたとの意味が、この刀には込められている。草壁皇子直系の守護神の役割を不比等が果たしおえたことが、象徴的に物語られている。もちろんこの由緒書は七五六(天平勝宝八)年六月に不比等の子(光明皇后)・孫(藤原仲麻呂)が作ったもので、不比等の生きていた時代の証言でない。だが延暦七年春、桓武天皇は藤原百川《ももかわ》から献じられた刀を百川の子・緒嗣《おつぐ》に与え、自分を皇太子に擁立してくれた百川への謝意を述べている(『続日本後紀』承和十年七月二三日条)。刀の授受は百川・緒嗣を皇統の守護神とみなしてのことだ。この行為は、黒作懸佩大刀の由来譚《ゆらいたん》を知っていての話であり、宮廷内では隠れもなき事実だったようだ。それに守護神として皇統を守り抜いた業績でもなければ、右大臣にも昇れまい。また上席の左大臣・石上麻呂《いそのかみのまろ》を藤原京留守官に置いたまま、平城京遷都を主催・主導することもとうてい許されなかったろう。

不比等が守護神としてなした事績は知られないが、こんなたぐいだという例ならある。

『懐風藻《かいふうそう》』葛野王《かどのおう》の伝記に、持統天皇が譲位の意向を示したとき皇族会議が紛糾した様子が記されている。衆議紛紛《しゅうぎふんぷん》としたとき、葛野王は「子孫相承して天位を継いでいる。兄弟に及ぼせば世の中が乱れる。後嗣はおのずから決まっている」と述べた。これに弓削皇子が抗弁《こうべん》しようとしたのを、叱りつけて抑えた、とある。持統天皇は珂瑠皇子に譲りたいから登極していたわけでもあり、もとより珂瑠皇子と決めてほしい。だが弓削皇子は、兄・長親王こそが適任といいたい。葛野王は、その発言を語気《ごき》の威嚇《いかく》によって止めた。葛野王の発言は歴史的に見て誤りであり、それを会議の決定とするのは不公正である。履中《りちゅう》→反正《はんぜい》→允恭も安康《あんこう》→雄略も兄弟相続だし、つい百年前にも敏達《びたつ》→用明→崇峻《すしゅん》→推古《すいこ》と兄弟姉妹で継いでいる。なにより会議を主宰している持統天皇の夫は、大智天皇の弟ではないか。子孫相承・直系相続の原理など、すこしも通則でない。弟の発言への支持を期待していた長親王の心中は、どうだったか。葛野王を正論によって批判しようとしないほかの皇族を見て、どれほど悔しく思ったろう。自分に都合のよい理不尽さ・不公正さには口を噤《つぐ》み、自分たちの間だけで通用するきれい事でその場を押し切る。話を変えて攻撃に出、威嚇して押さえ込む。それが政治力であり、それをするのが悪魔の守護神である。不比等は親王たちと結ぼうとする貴族を日常的に威嚇し、持統女帝の意向に臣下を従わせたのであろう。

大夫氏族の立場から

藤原氏における不比等の価値は、守護神としての一時的な業績などでない。氏族としての繁栄の基《もとい》を開いたことにある。秘策を練って、政務内容を決定する場である公卿の会議つまりいわゆる閣議に不比等だけでなく子・房前《ふささき》が出席できるようにしたのである。

大和王権下で政務内容を議《ぎ》するのは大夫《まえつぎみ》であり、大王《おおきみ》の前で彼らが審議・採決した上で大王の最終決裁を仰ぐ、という形になっていた。その大夫には、大和王権の中枢を形成する臣姓豪族・連姓豪族のなかでも代表的な氏族の氏上《うじのかみ》が選ばれた。もちろん氏族の利益を代表するわけで、一氏族からは一人しか選ばれないし出席しない。氏族の代表者の意見が、氏族連合によって形作られている大和王権の見解となる。そういう論理であり、それが長いこと基本原則として認められ、常識・慣習というか不文律《ふぶんりつ》となっていた。

たとえば七〇五(慶雲二)年四月の公卿《くぎょう》(大夫とほぼ同義)の顔ぶれは、右大臣に石上麻呂、大納言《だいなごん》に藤原不比等・紀麻呂《きのまろ》、中納言に大伴安麻呂・粟田真人《あわたのまひと》・高向麻呂《たかむこのまろ》・阿倍宿奈麻呂《あべのすくなまろ》であった。物部《もののべ》氏の一流である石上氏、和珥《わに》氏の一流の粟田氏、蘇我氏の一流と称する高向氏、それに古来の名族である大伴・紀・阿倍の各氏が代表者を送っている。藤原不比等はもともと中臣氏の一流だが、ここにいられるのは持統天皇の引きによるものである。

ところで七〇二(大宝二)年五月二一日、大伴安麻呂・粟田真人・高向麻呂・下毛野古麻呂《しもつけのこまろ》・小野毛野《おののけの》が勅命により「朝政《ちょうせい》に参議せしめ」られた。このうち上位三名は右のように中納言《ちゅうなごん》となっており、小野毛野も七〇八(和銅元)年に中納言になったが、下毛野古麻呂はその地位に据え置かれたままとなった。小野氏は春日《かすが》氏の一流かもしれないが、近江国滋賀郡小野村を本拠とする地方豪族で、下毛野氏も下野国の名を負う地方豪族である。これらを加えても、各氏からは代表者が一人ずつしか登庸されていない。

もっとも振り返ってみれば、一氏族から一人しか代表者を送り込まなかったわけでもない。たとえば六七一(天智天皇十)年、天智天皇は重臣五人に繰り返し大友皇子への忠誠を誓わせた。その五人とは、左大臣の蘇我赤兄《あかえ》、右大臣の中臣金《かね》、御史大夫《ぎょしたいふ》(のちの大納言)の蘇我果安《はたやす》・巨勢比登《こせのひと》・紀大人《きのうし》である。蘇我氏からは、赤兄と果安の二人が同時に出ている。赤兄は大臣・蘇我馬子の孫で、倉麻呂(雄当《おまさ》・雄正)の子である。兄の石川麻呂が誅殺され、兄・連子も死没したため、蘇我嫡流家の氏上となったらしい。果安の方は系譜が不明だが、赤兄の子ではなく、庶流らしい。同氏族から二人も採用したのは、おそらく蘇我氏が分裂し、一氏族としての一致した行動をしていないから。庶流が財務基盤を分有して独立し、氏族としての利害を異にし、独自の利害を主張しているから。つまり大和政権の一構成員として、独自な見識を持つ氏族と見做してよい状態だったからだろう。

こうした慣習が成立していたなかで、七一七(養老元)年十月に不比等の子・房前が朝政に参議することとなった。七二一(養老五)年十月にも長屋王とともに、参議房前として元明《げんめい》上皇の遺詔をうけている。房前の登庸が不比等の政治力によることはあきらかだろう。皇位継承について正論を口にできない雰囲気が作られていたとしても、それが不比等の役割だった。だが、この人事は藤原氏の我欲じゃないのか。氏族の利害はその代表者が閣議に一名来てその事情を説明すればいい。氏として父子の利害発言が異なるはずもないから、閣議に父子二名で来るべき理由がない。蘇我馬子《うまこ》も蝦夷《えみし》と一緒に執政したことはなく、蝦夷は大臣位を象徴する紫冠《しかん》を入鹿《いるか》に私的に授けたことはあったが、閣議に二人並んだことなどない。閣議で自分の発言力を二倍にするための露骨な画策である。これは前例のない、権力づくの横暴である。いや、じつは発言権を三倍にするはかりごとである。房前は次男で、嫡男に武智麻呂《むちまろ》がいる。『藤氏家伝』によれば子どものときの武智麻呂は「尩弱《ちからな》く、進趣《しんしゅ》すれども病饒《やまいほこ》りぬ」、つまり病弱のため立ち遅れたのかもしれないが、嫡男だからやがて閣僚の一角を占める。そうなれば父子三人が並び立つかも。一人くらいいいじゃないかではなく、これを許せば三人が並び立つ日も遠くない。そういう意図が見え見えなのだ。

だが、これを阻止できるのか。おそらくここで展開されたのは、律令官僚制は氏族の利害を反映して運営されるものでなく、個人の資質・業務達成能力が登庸の規準だから、という藤原氏内の論理だったろう。持統上皇を嗣いだ元明上皇という後楯《うしろだて》もあるのに、どうやって不比等のあからさまな藤原勢力拡大の画策を、魔の手を払い除けられようか。

それでも、貴族たちは自分の立場・利害に直接関係するので、さすがにつよく抵抗したようである。筆者の調べたところ(拙稿「万葉集時代の古代宮廷情勢」竹林舎)では、中納言以上と参議との間には大きな差が付けられている。参議はあくまでも政府諮問委員会委員か実習・見習い的な存在であって、中納言以上の正式な公卿メンバーについては一氏族一代表の原則が堅持されていたのだ。閣僚氏族として、最後の一線はなんとか固守できたようだ。

というのは、房前は参議になったものの、四年後に任じられた武智麻呂、五年後の阿倍広庭《ひろにわ》、十二年後の多治比県守《たじひのあがたもり》、十四年後の葛城王《かつらぎおう》（橘諸兄《たちばなのもろえ》）にすべて追い抜かれ、参議に止《とど》められた。七三一（天平三）年には房前・宇合《うまかい》・麻呂の三兄弟が参議に並んだが、そのなかのだれも中納言になれてない。つまり正式な公卿である納言《なごん》以上に、一氏族から二人を出させることは辛うじて防いでいる。ちなみに、この原則がついに突き崩されたのは、右大臣藤原豊成がいるのに、光明皇太后が仲麻呂を中納言→大納言として送り込んだときである。しかしそれでも、不比等は、藤原氏から複数の朝政官《ちょうせいかん》を出す端緒を開いた。そのことが、のちに公卿の大半を藤原氏が占めるもととなった。他氏の凋落《ちょうらく》はここに始まるのである。

藤原氏は、天皇家に利用されるだけでなく、天皇家の上を蔽《おお》ってもいく。不比等は天皇の寵用を拠り所にして、文武天皇の夫人《ぶにん》として娘・宮子を、首《おびと》皇子（聖武天皇）の妃に娘・安宿媛（光明子）を送り込んだ。その政治力を見せつけたのが、七一三（和銅六）年十一月の石川・紀二嬪《ひん》の称号剝奪事件である。六九七（文武天皇元）年八月には文武天皇の夫人が宮子で、紀竈門娘《きのかまどのいらつめ》と石川刀子娘《とねのいらつめ》が嬪とされたとみえる（『続日本紀』原文には「妃」とあるが、誤字である）。「後宮職員令《しきいんりょう》」には「夫人は三位以上」「嬪は五位以上」と見え、夫人が格上であった。とうぜんだが、この差は生まれてくる皇子の格差ともなる。

宮子所生の首皇子の地位が一段高いのだが、不比等はなお不安だったらしい。そこで竈門娘と刀子娘の嬪号を剝奪し、皇子の広成《ひろなり》・広世《ひろよし》には母の氏名《うじな》によって石川朝臣《あそみ》と名乗らせた。皇族扱いすらさせず、皇位継承候補から完全に抹殺したのである。この当時こんな画策ができる人は不比等しかいない。それにしても、一度懐いた不安・心配を消すのは難しかろうが、罪のない者に大恥《おおはじ》をかかせ、異腹とはいえ娘婿の実子をそこまで追い込む必要があったのか。周囲を破壊し続ける魔神に情を求めるなど、しょせん無理な話だろうが。

庶民の立場から

大宝律令の制定に携わった不比等は、自分が自信を持って作ったのであるから、もちろん律令制度の守護神となった。それがいかに非情なもので規定を適用された人がどれほど辛くとも、そうした古代庶民の声は史料にふつう残らない。だが、不比等のすることに反対した人がいた。そのため、汲み上げられた被支配者の怨嗟《えんさ》の声がいまに伝わった。反対したのは橘諸兄で、諸兄が変更した部分は不比等を信奉していた光明皇太后《こうみょうこうたいごう》と藤原仲麻呂《なかまろ》にほとんど覆《くつがえ》されて不比等時代の状態に戻されるので、ぎゃくにそれが不比等の熱を入れていたことだとわかるのだ。

七三八(天平十)年五月に東海・東山《とうさん》・山陰・西海《さいかい》等道諸国の健児《こんでい》を停止し、七三九年六月に兵士の徴発を停止するにあたり国府《こくふ》の兵庫を白丁《はくてい》(一般の人)に守らせるよう指示した。同年五月には「諸国の郡司、徒《いたずら》に員数多くして任用《にんよう》に益《えき》無し」とし、不比等時代に分割していた国も和泉を河内に、安房を上総に、能登を越中に、佐渡を越後に合併させ、国郡司を減員した。また不比等政権下では里《り》を郷《ごう》と改字した上で二～三分割して里《こざと》を設置し、また郷戸を分割して房戸《ぼうこ》を立てさせていたが、同七三九(天平十一)年末から翌年初頭に里を廃止。ついで七四三(天平十五)年五月には墾田永年私財法を出し、公地制原則を放棄して土地の私有を認めた。翌七四四年には賤民視されてきた馬飼《うまかい》・雑戸《ざっこ》を良民とする放賤従良《ほうせんじゅうりょう》政策を採った。

　つまり、九州南部と東北中部の辺境地域では軍事衝突もまだあるが、国内の戦闘は歴史的にもほとんど起きてない。また遣唐使が行き交《か》うなかでは、対唐戦争も起こりそうにない。そんななかで、兵士としての軍事教練を続けて、農事を妨げる必要があるのか。国郡を分割し国司や郡司を多く採用すれば、支配の網目はこまかくなる。平均二五人もいる郷戸より、八人前後で一家の生活単位に近い房戸を摑《つか》んだ方が、行政の目は行き届く。しかし目の届きすぎは、かえって人々の活力を失わせる。陰《かげ》でひそかになされる自分だけの生産の工夫と富の蓄積が、あたらしい時代を切り開くのに。私財法が出される前は、農民が余暇に任せて日常的に切り開いてきた一畝《ひとうね》分の田すら、六年ごとの班田収授法の機械的運用で収公《しゅうこう》されてきた。これが律令制度の確立・浸透で得られた成果の実態である。

　しかも律令制度下では、庶民に従来なかった重い負担が加わえられている。それが運脚《うんきゃく》制度である。従来、被支配者に課されてきた税物《ぜいもつ》は国内支配者の国造《くにのみやつこ》のもとに届ければよく、労役もほぼその勢力範囲内での就労であった。しかし律令規定では下野国の人も土佐国の人も、納めた税物を平城京まで直接無償・自弁《じべん》で運ばなければならない。この制度の目的は中央集権国家の権力の偉大さを庶民に思い知らせるためだけだったのだから、ひとの迷惑など考えない独りよがりで無慈悲な負担である。

もともと律令制度は、対唐戦争用の兵士を中央主導で総動員する方策として採用されたところがある。しかし中国と日本では歴史過程が違い、つまり国情《こくじょう》が異なる。中国の歴史と社会のありように即して規定されたものを、いくらか手直ししたにせよ、おおむねそのまま日本に適用しようとすれば、無理と無駄が生じる。それを力づくで隅々まで適用しようとする不比等は、庶民からみれば時代錯誤の赤鬼か悪魔でなかったか。諸兄の子・奈良麻呂が村長《むらおさ》らの支持を受けていたのも、橘氏が彼らの反発に気づいていたからだろう。

⦿参考文献

直木孝次郎『持統天皇』(吉川弘文館)

高島正人『藤原不比等』(吉川弘文館)

拙稿「持統女帝の吉野行幸の狙い」(『万葉集とその時代』所収、笠間書院)

拙稿「藤原鎌足像はどのようにして作られたのか」(『万葉集とその時代』所収、笠間書院)

拙稿「元正女帝の即位をめぐって」(『白鳳天平時代の研究』所収、笠間書院)

上山春平『神々の体系』(中公新書)

木本好信『藤原四子』(ミネルヴァ書房)

拙稿「天平という時代」(「高岡市万葉歴史館叢書」二五)

瀧浪貞子「参議論の再検討」(『日本古代宮廷社会の研究』所収、思文閣出版)

721－757
奈良朝の貴族。父は橘諸兄、母は藤原不比等の娘。藤原仲麻呂に対する反乱を企図した。

仲麻呂打倒の妄執
橘奈良麻呂
…たちばなのならまろ…

遠山美都男

橘氏の誕生とその継承

橘奈良麻呂は、奈良時代を代表する聖武《しょうむ》天皇の重臣、橘諸兄《もろえ》の子であり、七二一（養老《ようろう》五）年に生まれたとされる。それがたしかならば、七五七（天平宝字《てんぴょうほうじ》元）年、クーデタ未遂事件により非業の最期を遂げたのは数えで三七歳であったことになる。

七四〇（天平十二）年五月、聖武が諸兄の山背《やましろ》国相楽《さがらか》郡の別荘に行幸したおりに、奈良麻呂は無位からいきなり従五位下（当時は五位以上が貴族とされた）に叙されている。時にちょうど二〇歳。これは特別な処遇であり、彼が当時右大臣の地位にあった諸兄の後継者として正式にみとめられたことを意味した。

諸兄はもと葛城王《かづらきのおおきみ》といって、敏達《びだつ》天皇の子孫である美努王《みぬのおおきみ》と、後宮に隠然たる勢力を築いた県犬養三千代《あがたのいぬかいのみちよ》とのあいだに生まれた。三千代は元明《げんめい》天皇（天智《てんじ》天皇の皇女）から長年の奉仕と功労に対し橘宿禰《すくね》の姓を賜わった。三千代の薨去《こうきょ》によりこの姓が絶えることを惜しみ、葛城は臣籍《しんせき》に降下し、これを機に名前も改め橘宿禰諸兄となったのである。

このように諸兄は元皇族であったことから、時の天皇家に密着して権勢を拡大しつつあった藤原氏と潜在的に対立する勢力(いわゆる皇親勢力)を代表する存在だったといわれている。諸兄を受け継いだ奈良麻呂も、生まれながら「反藤原氏」の立場にあったといわれてきた。とくに奈良麻呂の場合、後述するように藤原氏のなかでも仲麻呂《なかまろ》(後の恵美押勝《えみのおしかつ》)とその政権の打倒を企て失敗して処断されているので、仲麻呂から権力を奪取することだけに取り憑《つ》かれた、権力の亡者というべき悪人像が定着している。

たとえば、平安時代の初めに薬師寺の僧が編んだ説話集『日本霊異記《にほんりょういき》』では、奈良麻呂は「諸の悪しき事を好むこと斯の甚しきに過ぎたるは無し」(中巻、第四〇縁)と評されているほどである。この人物評があたっているとすれば、たしかに彼は「反藤原氏」の立場に固執するあまり、多くの人びとを無益な権力闘争に引きずり込み、挙句《あげく》の果てにみずからも滅び去ったという悪しきイメージは容易に払拭できないであろう。

橘氏と藤原氏の絶ちがたい縁

しかし、奈良麻呂の祖母、三千代は藤原氏発展の礎を築いた不比等《ふひと》と再婚し、そのあいだに生まれたのが聖武天皇の皇后、光明子《こうみょうし》(光明皇后)であった。奈良麻呂の父、諸兄が七三七(天平九)年九月、大納言を皮切りに政府の高官に列することができたのは、彼が光明の異父兄、聖武の義兄だったからにほかならない。彼の躍進は同年の藤原四子(武智麻呂《むちまろ》・房前《ふささき》・宇合《うまかい》・麻呂《まろ》。光明の異母兄)の相次ぐ薨去以後であり、たしかに彼らの空席を埋めるための人事であったが、橘宿禰を継承した七三六(天平八)年の時点で聖武の義兄として政権に参画することはすでに早くも期待されていたと見なしてよい。その限りにおいて諸兄は「反藤原氏」の旗頭などではありえなかった。

しかも奈良麻呂の母、多比能《たびの》は不比等・三千代夫婦の娘であり、光明の実妹であった。奈良麻呂から見て不比等は母方の祖父、光明は伯母にあたった。奈良麻呂の終生のライバルとされる仲麻呂も不比等の孫(武智麻呂の二男)であったから、奈良麻呂とは従兄弟どうしということになる。やや複雑な関係ではあるが、以上の系譜を見る限り、諸兄・奈良麻呂の橘氏が単純な意味で藤原氏と敵対関係にあったとは考えがたい。

たしかに聖武重臣のなかで、諸兄は若い仲麻呂に絶えず追いかけられる立場にあり、やがて仲麻呂に出し抜かれることになるが、それでも彼ら二人が根源的な利益や立場をめぐって決して相容れないという緊迫した関係にあったとは考えがたい。諸兄の後継者となった奈良麻呂もその点は父と同じであったに違いない。

聖武天皇とその皇位継承問題

要するに、奈良麻呂はたんに仲麻呂や藤原氏を打倒するために武装蜂起を計画したのではなかったといわねばならない。彼が最終的に仲麻呂との対決に至るまでの経過を明らかにするには、ここで聖武天皇の存在、とくに彼をめぐる皇位継承問題について見極めておく必要がある。迂遠ではあ

❖橘奈良麻呂関連系図

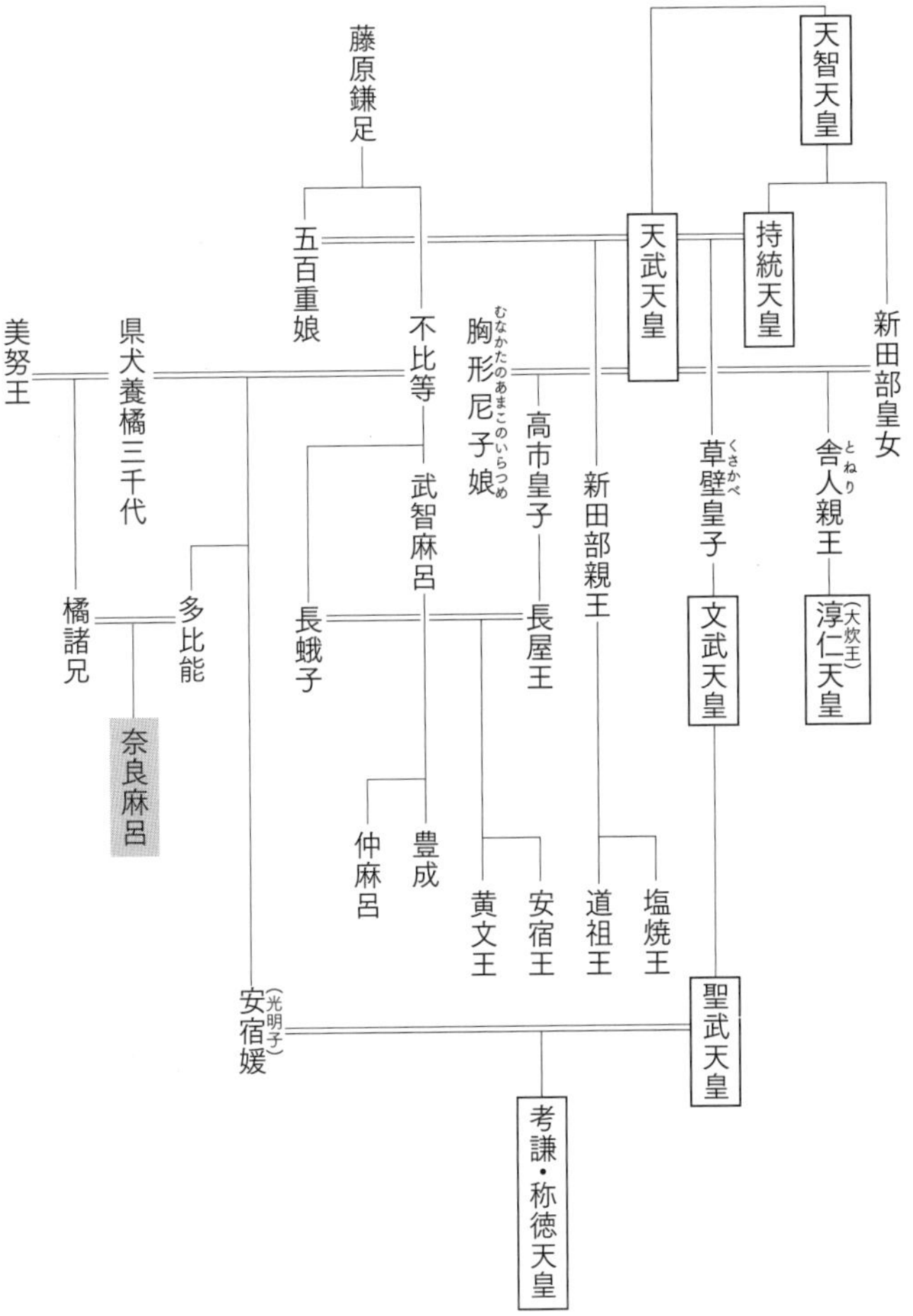
天智天皇
持統天皇
新田部皇女
天武天皇
舎人《とねり》親王
淳仁天皇（大炊王）
草壁《くさかべ》皇子
文武天皇
聖武天皇
新田部親王
塩焼王
道祖王
高市皇子
長屋王
安宿王
黄文王
胸形尼子娘《むなかたのあまこのいらつめ》
藤原鎌足
五百重娘
不比等
武智麻呂
豊成
仲麻呂
長蛾子
県犬養橘三千代
美努王
多比能
橘諸兄
奈良麻呂
安宿媛（光明子）
考謙・称徳天皇

るが、この点について概観しておこう。

　聖武の父は文武《もんむ》天皇（在位六九七—七〇七）、母は藤原不比等の長女の宮子《みやこ》であった。聖武は、父を通じて偉大な天皇と称揚された天智天皇の血統（文武の祖母持統《じとう》天皇と母元明天皇が天智皇女）と、母を介して天智により創始された特別な氏族である藤原氏の血脈を相承しているので、当時血統的に最も権威ある天皇と見なされていたのである。

　この聖武の皇嗣《こうし》としては、不比等の娘、光明皇后が生む皇子が立てられる予定であった。しかし結局、残念ながら聖武・光明のあいだに男子が恵まれなかったために、二人のあいだに生まれた阿倍内親王《あへのひめみこ》が孝謙《こうけん》天皇として即位することになった。それは七四九（天平勝宝《てんぴょうしょうほう》元）年七月のことで、その約半年前、聖武は天皇在位中でありながら出家、みずからを「太上《たいじょう》天皇・沙弥勝満《しゃみしょうまん》」と名乗った。これは異例のことであった。

　聖武は孝謙への譲位後、太上天皇（上皇）としての約七年の歳月を生きたが、その間、皇太后となった光明が孝謙による政治を輔佐（主として天皇家産の管理と見られる）することがあった。そのような重大な公務を担う皇太后をサポートする機構として発足したのが紫微中台《しびちゅうだい》（皇后のための機関、皇后宮職を拡大・改組）であり、その長官（紫微令、後に紫微内相）に抜擢されたのが藤原仲麻呂その人だったのである。彼は光明の異母兄の子、すなわちその甥《おい》として絶大な信任を得たのである。

　新天皇孝謙は独身であったから当然ながら皇嗣はいない。それまで孝謙に婿を迎えなかったのは、彼女が結婚してもうけた皇子が聖武直系の皇子（孝謙から見て同母弟）とその子孫による皇位継承を脅かす存在となることを懼《おそ》れたためであった。このように独身の彼女の天皇擁立にふみ切った時点で、すでに聖武のなかで孝謙のつぎの天皇は決められていたと見なければならない。それなしに孝謙推戴《すいたい》を決断したと考えがたい。

聖武は娘の一人、不破《ふわ》内親王(母は県犬養広刀自《ひろとじ》。県犬養橘三千代の親族女性)を天武天皇の孫で新田部《にいたべ》親王の子である塩焼《しおやき》王に嫁がせていた。これは、塩焼・不破夫妻の男子(聖武の孫)を将来天皇にする計画にもとづくと見られる。そして、聖武が娘婿に塩焼を選んだのは、彼の祖母が藤原氏の始祖鎌《かま》足《たり》の娘、五百重娘《いおえのいらつめ》であり、彼が他の皇族に較べて藤原氏の血脈を濃厚に受け継いでいたからにほかならない。

聖武は自身の皇統を受け継ぐ天皇には藤原氏の血脈相承が不可欠と考えていたので、塩焼のような婿を迎えれば天皇に擁立すべき孫皇子に藤原氏の血が十分に補充されることになる。また、このような血統的条件をそなえた娘婿であれば、孫皇子の成長を待つまでのあいだ、中継ぎ天皇として擁立することも可能であった。聖武はそこまで考えていたと見られる。

ところが、七四二(天平《てんぴょう》十四)年十月、塩焼は若い女官数名と事実関係は不明ながらスキャンダラスな事件を引き起こし、伊豆《いず》国三島に流罪《るざい》となり、これにより皇位継承権を事実上喪失してしまう。数年後に赦《ゆる》されて都に復帰したが、聖武の皇位継承計画はここに大幅な修正を余儀なくされることになったのである。

奈良麻呂の変の発端と顚末

奈良麻呂を中心としたクーデタ未遂事件を理解するには以上のことが看過されてはならない。つぎに事件の発生から展開について見ておきたい。

七五六(天平勝宝八)年五月、聖武上皇は崩御の直前、遺詔《いしょう》によって独身で後継者がいない孝謙のために皇太子を定めた。これが天武天皇の孫にあたり、新田部親王の子である道祖王《ふなどのおおきみ》という人物であった。彼は、聖武の孫皇子の父として、中継ぎ天皇として即位する予定であった塩焼王の実弟であった。道祖には兄塩焼と同様、藤原氏の血が色濃く流れていたことから見れば、彼が皇嗣《こうし》に抜擢されたのは塩焼の代役としてではなかったかと思われる。それ以外にここで唐突に道祖が登場する理由は見いだしがたい。

ところが、翌年(七五七)三月、孝謙はこの道祖の人格や品行が皇太子に相応しくないとの理由により突如廃位に踏み切った。そして、新しい皇太子は翌四月、実にあっさりと決まったのである。あたかも最初から予定されていたかのように。新皇太子は道祖と同じ天武の孫であるが、こんどは舎人《とねり》親王の子である大炊王《おおいのおおきみ》(後の淳仁《じゅんにん》天皇)であった。彼は紫微令として孝謙や光明皇太后の覚えめでたい藤原仲麻呂の亡くなった息子の妻の再婚相手であり、仲麻呂の義理の息子も同然の皇族であった。

この皇太子決定に異議を唱える声があちこちで聞こえてきた。これら反対勢力を糾合しようとしたのが橘奈良麻呂その人だったのである。暴発を警戒した政府は六月に入って首都平城京《へいじょうきょう》に厳戒態勢を敷いた。そのさなか奈良麻呂らは平城宮の内外で三度会合をもったという。

　その参加メンバーは安宿王《あすかべのおおきみ》、黄文王《きぶみのおおきみ》（いずれも左大臣だった長屋王《ながやのおおきみ》の子）、大伴古麻呂《おおとものこまろ》、小野東人《おののあずまひと》、多治比犢養《たじひのこうしかい》らであった。彼らの計画は七月二日の夜に兵を起こし、①皇太子を強引に決めた仲麻呂を殺害、②仲麻呂によって擁立された大炊皇太子を廃位、ついで③光明皇太后を幽閉《ゆうへい》してその権力を停止し、④孝謙を廃位して塩焼王、道祖王、安宿王、黄文王のうち一人を新天皇に擁立するという大掛かりなものであった。

　奈良麻呂らの動きについては、これを通報する者が跡を絶たなかったようである。六月末には決定的な情報が仲麻呂のもとにもたらされている。そして、いよいよ七月二日、決起予定の当日、孝謙と光明はそろって詔勅《しょうちょく》を発し、諸臣に暴発を誡《いまし》めている。この段階では孝謙や光明までもがターゲットになっているとは把握されていなかったのかも知れない。

　だが、奇しくもその日の夕刻、今日の午後、小野東人から当夜の挙兵への参加を誘われたと仲麻呂に密告する者（上道斐太都《かみつみちのひたつ》）があり、これを機に事態は大きく動き始める。これにより東人、医師答本忠節《とうほんちゅうせつ》らが逮捕され、前皇太子の道祖王の身柄も拘束された。翌三日、東人に対する取調べが始められたが、彼は黙秘を続けた。他方、光明は身内ともいうべき塩焼、安宿、黄文、奈良麻呂、大伴古麻呂ら五名を親しく御在所に召して説諭、彼らを免罪して帰宅させた。

　日が変わって四日、事態は急変する。東人が拷問《ごうもん》に堪えかね、ついに自供を始めたのである。奈良麻呂らの計画の全貌が明らかになると、とくに孝謙は自身が攻撃目標とされていたことに驚き怒り、感情の抑制を失った。これを機にして名前のあがった面々がつぎつぎに逮捕・検束され、拷問を伴う苛烈《かれつ》な取調べがここに開始されたのである。

計画の中心人物と目された黄文、道祖、大伴古麻呂、多治比犢養、小野東人、賀茂角足《かものつのたり》らはいずれも「杖下《じょうか》に死す」、すなわち刑具の杖によって無惨にも撲殺された。奈良麻呂がどうなったのかは不明であり、彼の最期に関する記述は史書から削除されたらしい。だが、事件の首謀者とされる彼が「杖下に死す」という制裁をまぬかれたとは考えがたい。

処罰対象は時の政府首班である右大臣藤原豊成《とよなり》にまで及んだ。仲麻呂の兄である彼は、かねてより仲麻呂とは反目しており、奈良麻呂らの計画を知っていながらそれを通報しなかったことを罪に問われ、大宰員外帥《だざいいんがいのそち》に左遷されたのである(ただ、病気を理由に難波別業《べつごう》にとどまり、大宰府《だざいふ》には下向しなかった)。

奈良麻呂の的外れな告発

奈良麻呂の悪しきイメージを決定づけたのが官撰の史書『続日本紀《しょくにほんぎ》』(平安時代の初頭、桓武《かんむ》天皇の時代に完成)に見える尋問に対する奈良麻呂の供述内容である(現代語訳)。

勅使「どうして挙兵を計画したのか」

奈良麻呂「内相仲麻呂の政治に道理がないからだ。まず兵を挙げてその身柄を押さえ、懇切に説得しようとしただけだ」

勅使「政治の無道とはいったい何を指しているのか」

奈良麻呂「東大寺の造営が人民を苦しめた。これはどの氏の者も申しておる。また、奈良に置かれた関所も人民にとって迷惑千万」

勅使「はて、どこの氏人がそのようなことを申しておる？そもそも東大寺の造営はそなたの父の時代に始まったものだ。そなたがそれをいうのはおかしいであろう！」

この後、奈良麻呂は返答に窮したという。何ともぶざまな沈黙である。このとおりであるとすれば、奈良麻呂はひとえにライバル仲麻呂の打倒だけに執念を燃やし、権力を奪取することに取り憑かれた忌むべき人物といわざるをえない。また、その供述する挙兵の動機はあまりにも的外れで稚《ち》拙《せつ》であり、多くの人びとを動員できるような大義名分など見られない。ほんとうに彼はこのように述べたのであろうか。

奈良麻呂らは実際、孝謙廃位や新天皇の擁立を企てていたわけだから、ここで皇位継承について一切語られていないのは明らかにおかしい。これは、奈良麻呂を鎮圧した仲麻呂サイドが書き残した文書をもとにしているので、彼らの都合のよいように内容が書き換えられた可能性は否定できない。事件の動機があくまで仲麻呂に対する憎悪と反発であったとして、奈良麻呂らの計画を著しく矮《わい》小《しょう》化《か》するねらいが看取されよう。

十数年前にさかのぼる奈良麻呂の行動

奈良麻呂が仲麻呂打倒のみに凝り固まっていたというのが疑わしいのは、彼が武力に訴えて決起しようとしていたのがその十二年も前にさかのぼるからである。それは仲麻呂の専制といった状況が生まれる以前の話であった。

奈良麻呂らのクーデタ未遂事件に関して遺された『続日本紀』に見える供述のうち、佐伯全成《さえきのまたなり》の供述が詳細であり重要といえよう。奈良麻呂は武装蜂起にあたって佐伯氏や大伴氏の軍事力に期待しており、全成に対して三回にわたり働きかけている。全成はこれをことごとく断わっているが、尋問を受けた後、彼は事件への関与を疑われたことを恥辱《ちじょく》として自害を遂げた(だが、彼は完全にシロではなかったようである)。

最初は七四五(天平十七)年九月、聖武が難波宮で重体に陥った時、奈良麻呂は全成に対し、皇嗣が決められていない状況下では内乱が起きかねないと危機感を煽《あお》り、黄文王(長屋王の遺児)を擁立しての武装蜂起の話を持ちかけたとされる。皇嗣とは一般に皇太子を指し、当時は後の孝謙女帝がその地位にあったので、奈良麻呂が皇嗣不在といっているのは、彼が孝謙を皇太子としてみとめていなかったためとされている。

だが、孝謙は皇太子に立てられてからすでに約七年を経過している。今さら皇太子として否認するとは説得力に乏しい。この場合の皇嗣とはほんとうに皇太子そのものを意味しているのであろうか。奈良麻呂が推す黄文王は、後年のクーデタ未遂事件のおりに孝謙を廃位して天皇に立てようとした四人の王のうちの一人であった。四人にはいずれも藤原氏出身の祖母ないしは母をもつという共通点がある。この点を見る限り、奈良麻呂を単純に「反藤原氏」とするのは妥当ではあるまい。

前に述べたように、かつて聖武は孫皇子に皇位を継がせるため、その中継ぎとして孫皇子の父、自身の娘婿でもある塩焼王を擁立しようと計画していた。それは彼が藤原氏の祖母をもつというその血統ゆえであった。塩焼の失脚後、聖武が彼に代わる人物を指名していなかったことを思えば、奈良麻呂がその不在を危惧《きぐ》している皇嗣とは孝謙の次期天皇、失脚した塩焼に代わるべき人物と考えるべきである。奈良麻呂は武力を背景にしてでも、塩焼に代わり黄文を将来の天皇候補に擁立しようとしたのであろう。重要なのはこの段階において仲麻呂による専横は顕著とはいえず、彼を排撃すべき理由がとくに見あたらないことである。

第二は七四九(天平勝宝元)年七月、聖武が娘の孝謙に譲位した直後のことである。奈良麻呂は再び全成に接近を試み、彼を誘いこもうとした。この時点にいたっても懸案の皇位継承問題は未解決であり、孝謙の次期天皇はだれとも決まっていなかった。また、この段階で仲麻呂はたしかに紫微中台長官として光明皇太后の権威を背景に強大な権力を掌握しつつあった。だが、まだまだ武力に訴えて排除しなければならないほどの強大な存在とはいいがたい。

第三に七五六(天平勝宝八)歳五月、太上天皇聖武が崩御する直前、奈良麻呂は全成に対し執拗にも三度目の勧誘を試みた。結局、聖武は遺詔によって道祖王を皇太子に立てることになるが、この時点ではまだそれは公表されていない。聖武が亡くなるかもしれないという時になっても、孝謙の次期天皇はなお未定という不穏な状況だったのである。

奈良麻呂がめざしたもの

以上見てきたように、奈良麻呂の憂慮は一貫して孝謙の次期天皇をだれにするかという、この一点にあったと考えることができよう。彼の最大関心事は聖武の皇統の存続にあったのであり、聖武の皇位継承構想を忠実に受け継ぎ、その実現をめざすことだったのである。それに対して仲麻呂が孝謙の次期天皇として推した大炊王は藤原氏との血縁は乏しく、聖武皇女との配偶関係もなかった（その祖母が天智皇女）。仲麻呂が中継ぎとはいえ聖武の構想に合致しない皇子を強引に天皇に推戴したので、奈良麻呂は断乎反対の姿勢を貫こうとしたといえよう。

要するに奈良麻呂は、かねてより聖武の構想を実現するには武力に訴えるという非常手段もやむなしと考え、たびたび武装蜂起を企図していた。この点、彼がいわゆる武闘派だったことは否めない。だが、聖武崩御後、奈良麻呂がついに仲麻呂の打倒を決意したのは、仲麻呂が大炊の皇太子擁立という聖武の基本構想を根底から覆すような暴挙に出るにおよんだからであった。奈良麻呂が早い段階から仲麻呂や藤原氏を目の仇にして、その排斥を目的に絶えず策動していたというのは、彼を葬り去った仲麻呂とその政権による印象操作の所産にすぎない。彼らは奈良麻呂が聖武にとっての忠臣だったことを抹消しようとしたことになる。

仲麻呂自身もこの後、恵美押勝となって絶大な権力を掌握するが、やがて孝謙太上天皇と対立、一転して逆賊として琵琶湖畔で討たれ、悪人として語られていく。奈良麻呂だけでなく仲麻呂も、長く悪人・逆徒のレッテルが剥《は》がされることはなかった。奈良麻呂の場合、仲麻呂が没落した時点で名誉回復の機会もありえたはずなのだが、残念ながらそのようにはならなかった。奈良麻呂の復権は、その孫娘嘉智子《かちこ》が嵯峨《さが》天皇の皇后になるその日まで待つ必要があったのである。

804–872年
平安時代前期の公卿。藤原冬嗣の子。太政大臣、866年臣下ではじめて摂政の任に就いた。

「冷酷無比の陰謀家」の悪評を持つ藤原摂関家の祖

藤原良房
…ふじわらのよしふさ…

繁田信一

藤原良房といえば、日本史上において初めて皇族ではない臣下の身で摂政《せっしょう》となった人物であり、藤原北家《ふじわらほっけ》から出て藤原摂関家の基礎を築いた人物に他ならない。そして、その良房について、「自家発展の好機と見れば、他のいかなる事情をも斟酌《しんしゃく》しない策士《さくし》の冷酷さ」を指摘し、「皇室をないがしろにし、他氏を失意のどん底におとしいれた。その冷酷としか見えない態度に、私はとうてい好感をもつことができない」と評したのは、日本史研究の大先達《だいせんだつ》として敬すべき坂本《さかもと》太郎《たろう》である（坂本「藤原良房と基経」）。

この坂本の良房評は、次の三つの史実こそを、その主要な根拠とする。

①仁明《にんみょう》天皇の時代の所謂《いわゆる》「承《じょう》和《わ》の変」で皇太子《こうたいし》を廃された恒貞《つねさだ》親王に代わって新たに皇太子となった道康《みちやす》親王（後の文徳《もんとく》天皇）は、良房の妹の順子《のぶこ》が産んだ皇子で

❖藤原氏略系図 1

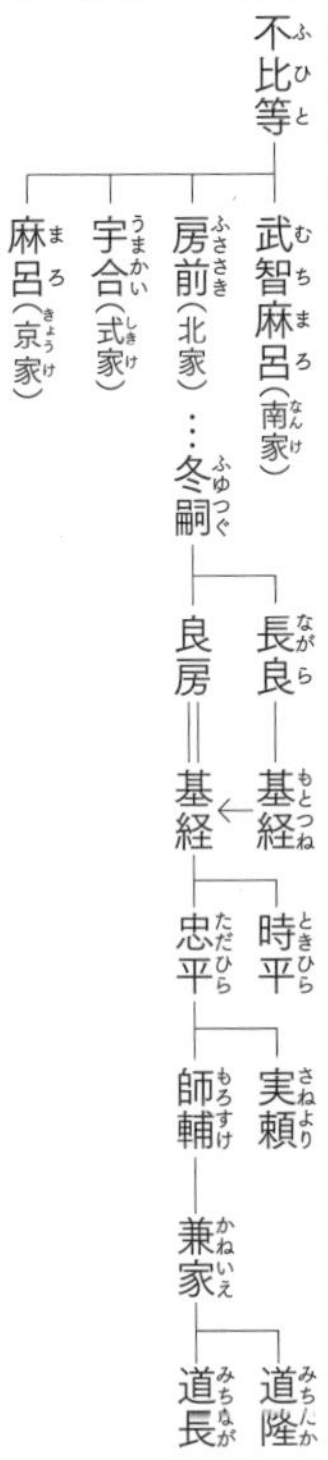

あった。
②文徳天皇の時代に第一皇子を差し置いて皇太子に立った第四皇子惟仁《これひと》親王（後の清和《せいわ》天皇）は、良房の娘の明子《あきらけいこ》が産んだ皇子であった。

❖藤原良房関連略年表

延暦《えんりゃく》	23年（804）	良房、左衛士大尉《さえじだいじょう》藤原冬嗣の次男として誕生する。	1歳
大同《だいどう》	2年（807）	「伊予親王《いよしんのう》の変」が起きる。	
	4年（809）	嵯峨《さが》天皇が24歳で即位する。	
弘仁《こうにん》	元年（810）	「薬子《くすこ》の変」が起きる。	
	14年（823）	淳和《じゅんな》天皇が38歳で即位する。	
		良房、源潔姫《きよひめ》（嵯峨《さが》天皇皇女）と結婚する。	20歳
天長《てんちょう》	5年（828）	良房、従五位下に叙される。	25歳
	10年（833）	仁明《にんみょう》天皇が24歳で即位する。	
		良房、蔵人頭に任じられる。	30歳
承和《じょうわ》	元年（834）	良房、参議に任じられる。	31歳
	2年（835）	良房、権中納言に任じられる。	32歳
	7年（840）	淳和上皇が55歳で崩じる。	
		良房、中納言に任じられる。	37歳
	9年（842）	嵯峨上皇が57歳で崩じる。	
		「承和《じょうわ》の変」が起きる。	
		皇太子恒貞親王が廃される。	
		良房の妹の順子《のぶこ》が産んだ道康《みちやす》親王が皇太子に立てられる。	
		良房、大納言に任じられる。	39歳
嘉祥《かしょう》	元年（848）	良房、右大臣に任じられる。	45歳
	3年（850）	仁明天皇が41歳で崩じる。	
		文徳《もんとく》天皇（道康親王）が24歳で即位する。	
		良房の娘の明子が産んだ惟仁《これひと》親王が1歳で皇太子に立てられる。	
天安《てんあん》	元年（857）	良房、太政大臣に任じられる。	54歳
	2年（858）	清和天皇（惟仁親王）が9歳で即位する。	
		文徳上皇が32歳で崩じる。	
貞観《じょうがん》	6年（864）	清和天皇が元服する。	

貞観 8年(866)	良房、重く病み臥す。	
	「応天門《おうてんもん》の変」が起きる。	
	良房、摂政を命じられる。	63歳
	大納言伴善男《とものよしお》が流罪に処される。	
13年(871)	良房、准三宮《じゅんさんぐう》の待遇を与えられる。	68歳
14年(872)	良房、薨じる。	69歳

❖皇室略系図1

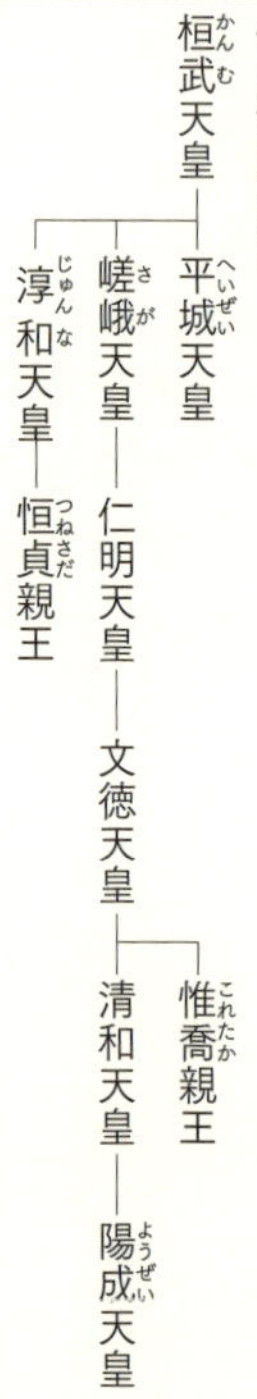

③清和天皇の時代、大納言《だいなごん》伴善男《とものよしお》の失脚と伴《とも》氏の没落とをもたらした所謂「応天門《おうてんもん》の変」を契機として史上初の人臣《じんしん》摂政となったのは、良房その人であった。

これらの事実は、そのまま、良房が権力を掌握《しょうあく》して藤原摂関家の祖となるに至った足取《あしど》りであるが、坂本は、右の諸事実の裏に、良房の「権謀術数」を見出したのであった。

確かに、良房が権力を握るに至った過程を見ると、良房が大きく躍進するときには、常に何か大きな変事が起きている。これでは、坂本でなくとも、良房を「権謀術数」を弄する「冷酷」な「策士」と見做《みな》したくなるかもしれない。

実に、良房評は、他の多くの古典的解釈でも共通する。この「権謀術数」的立場は他の史家の言説を借りるならば、「冷酷無比の陰謀家」というものである。例えば、著名な史家の目崎徳衛《めざきとくえ》は、良房の権力掌握の契機《けいき》となった変事の裏に良房の陰謀があったと判断する理由を、「推理小説で犯人をさがす時、だれがこの事件で一番利益を得たかを手がかりにする、例の方法を応用してみると、それは紛れもなく良房だからだ」（目崎「摂政良房」）と説く。

天皇の娘婿になる良房

八〇四（延暦《えんりゃく》二三）年に生まれた良房は、八〇七（大同《だいどう》二）年の所謂《いわゆる》「伊予親王《いよしんのう》の変」や八一〇（弘仁元）年の所謂「薬子の変」について、それぞれの変事の意味や影響などを、同時代人として理解してはいなかったことだろう。しかし、良房の属する藤原北家が藤原氏の中で随一の存在感を持つようになったのは、右の二つの変事があったればこそであった。

藤原氏略系図2

囲み 表示は良房が誕生した延暦二三年（八〇四）に公卿の地位にあった者を示す。

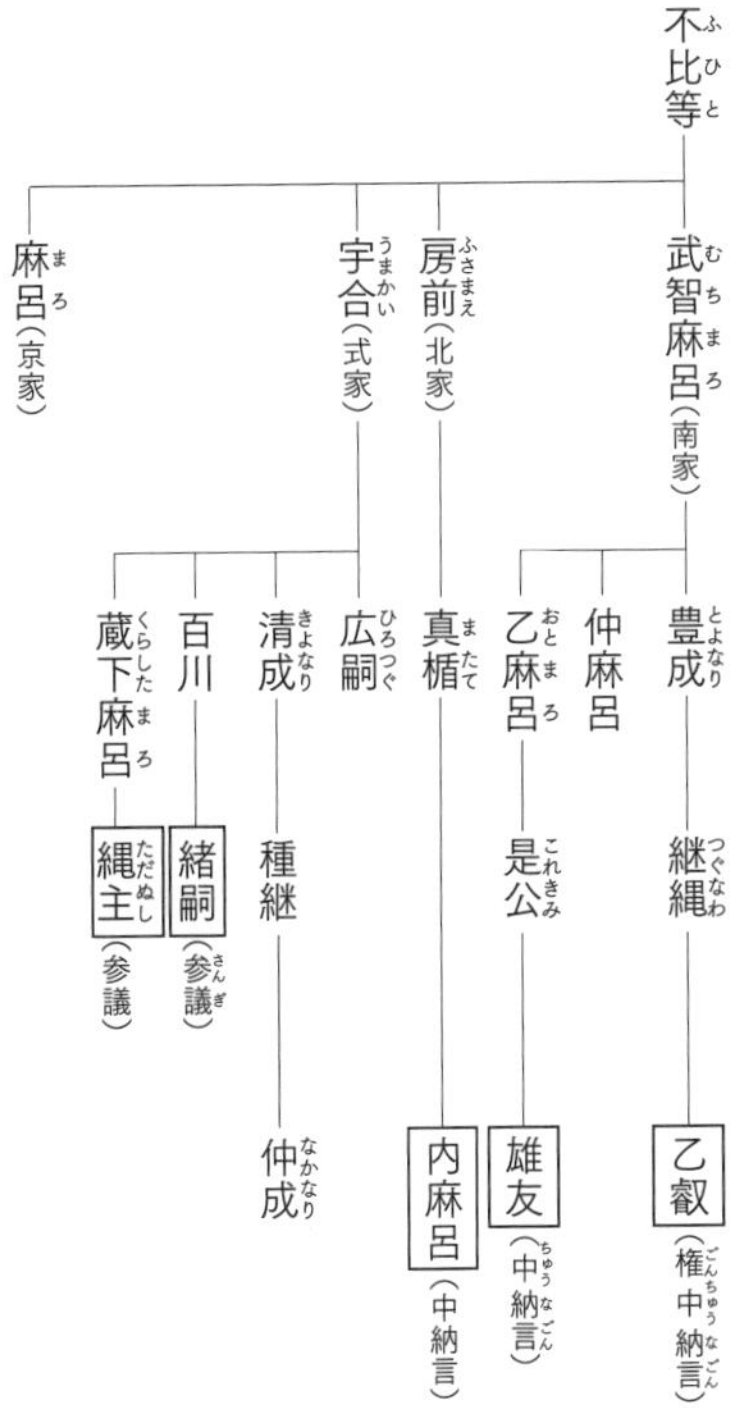

藤原北家といえば、摂関家の出自が北家であり、摂関政治が定着する平安時代中期には北家の

人々の活躍が目立つものの、奈良時代から平安時代初期にかけては、例えば仲麻呂《なかまろ》・百川《ももかわ》・種継《たねつぐ》など、よくも悪くも顕著な事績のあった藤原氏は、南家《なんけ》や式家《しきけ》の一員であった。

そして、良房が生まれた桓武《かんむ》天皇の延暦二三年において、公卿に列していた藤原氏は、合わせて五人であり、その内訳は、南家から中納言雄友《おとも》および権中納言乙叡《たかとし》、北家から中納言内麻呂《うちまろ》、そして、式家から参議緒嗣《おつぐ》および参議縄主《ただぬし》となる。この頃、京家《きょうけ》が著しく弱体化していたことは明らかであるが、他の三家の勢力は、ほぼ拮抗していたのである。

ところが、まずは八〇七(大同《だいどう》二)年の伊予親王の変で伊予親王の外戚を出した南家が、次《つ》いで八一〇(弘仁元)年の薬子の変で平城上皇《へいぜいじょうこう》に与《くみ》した式家が、勢力を失って政界から消える。一方、良房の祖父の内麻呂は、この間、八〇六(大同元)年に右大臣に任じており、しかも、薬子の変の後には、左大臣の不在が続く嵯峨天皇の朝廷において、しばし筆頭公卿の立場を占めることになる。また、良房の父親の冬嗣《ふゆつぐ》も、その父親の内麻呂の指示によって、いまだ平城《へいぜい》天皇の皇太弟の賀美能《かみの》親王であった頃から嵯峨天皇に仕え続けた結果として、薬子の変の後には新設された蔵人頭に任命された如くに、嵯峨天皇から腹心の臣として重く用いられるに至っていた。そして、これ以降、藤原氏としては北家こそが最も有力な家系となるのである。

こうした状況下、良房本人は、嵯峨天皇によって皇女の婿に選ばれる。

八二三(弘仁《こうにん》十四)年、嵯峨天皇は退位して上皇となり、皇太弟《こうたいてい》の大伴《おおとも》親王が淳和《じゅんな》天皇として即位する。そして、同年、譲位との前後関係は不明ながら、良房は嵯峨天皇皇女の源 潔姫《みなもとのきよひめ》と結婚する。この潔姫は、源氏として臣籍《しんせき》に下っているとはいえ、あくまでも皇女である。当然、この結婚は、潔姫の父親である嵯峨天皇の意思から出たものであったろう。

この結婚を、先学諸氏は、特別なうえにも特別なものとして位置付ける。例えば、吉川真司《よしかわしんじ》が「天皇一族以外の人物が皇女をめとるのは古代日本では空前のことであり、良房以降においても、藤原忠平《ただひら》が宇多《うだ》天皇の養女源順子《のぶこ》と結婚したことを除けば、十世紀中葉、藤原師輔《もろすけ》が勤子内親王《いそこないしんのう》・雅子《まさこ》内親王・康子《やすこ》内親王（ともに醍醐《だいご》天皇皇女）を妻とするまでその例を見ない」（吉川「藤原良房・基経」）とする如《ごと》くである。

ただ、諸先学は、良房の結婚を、少しばかり特別扱いし過ぎているかもしれない。実のところ、良房以降の臣下と一世源氏の女性との婚姻の例としては、忠平が宇多天皇皇女と結婚する以前のものとして、「伊予介連永朝臣《いよのすけつらながあそん》」「伊予介連永《いよのすけつらなが》」と記録されるばかりの中級貴族層の人物が光孝《こうこう》天皇皇女の源礼子《あやこ》と結婚したことが伝えられているのである（『一代要記《いちだいようき》』『本朝皇胤紹運録《ほんちょうこういんしょううんろく》』）。また、臣下と内親王との婚姻の例としても、師輔が三人の醍醐天皇皇女の内親王たちと結婚した例の他に、二世源氏の源清平《きよひら》が醍醐天皇皇女の普子《ひろこ》内親王と結婚した例および「和泉守《いずみのかみ》藤俊連《としつら》」としてのみ記録される中級貴族層の藤原氏が普子内親王の再婚相手になった例が伝えられている（『皇代記《こうだいき》』『一代要記』）。

良房と潔姫との結婚に対しては、これまでの特別扱いよりは幾らか控え目の特別扱いが妥当であろう。この婚姻を、史実を無視して、あたかも神聖視するかのように特別視することは、良房の人物像のみならず平安時代の歴史像をも歪めることにつながりかねない。

とはいえ、他に先駆けて一世源氏の女性との結婚を許されたことは、良房という人物について語るうえで、大きく取り上げられなければなるまい。そして、その際、特に重要なのは、『日本文徳天皇実録《にほんもんとくてんのうじつろく》』斉衡《さいこう》三(八五六)年六月丙申《ひのえさる》条の伝えるところ、嵯峨天皇が潔姫の婿として良房を選んだのは、その「人品《ひとのしな》」(人柄)を見込んでのことであったということである。

もちろん、良房が嵯峨天皇の目に留まったのは、まず何より、彼が筆頭公卿たる内麻呂の孫にして腹心の臣たる冬嗣の息子であったからであろう。が、冬嗣には良房の他にも幾人もの息子があったことからすれば、特に冬嗣次男の良房には長良という同腹の兄がいたことからすれば、嵯峨天皇が良房自身の「人品」を見たというのは、やはり、『日本文徳天皇実録』の言う通りなのではないだろうか。また、このように考えることができるとすれば、件《くだん》の婚姻は、良房が嵯峨天皇から将来を期待された人材であったことの証左《しょうさ》となる。

なお、嵯峨天皇は、源潔姫を良房と結婚させるとともに、良房の同母妹の順子を、第二皇子で淳和天皇の皇太子となった正良《まさら》親王(後の仁明《にんみょう》天皇)の妃にさせてもいた。つまり、嵯峨天皇は、腹心の冬嗣と、互いの子女を結婚させ合ったのである。周知の如く、摂関政治の盛期とされる十世紀─十一世紀の平安時代中期には、皇統は藤原摂関家の血統に絡め取られることになるが、藤原北家と天皇家との血統の交わりは、ここにはじまっていた。

こうして、良房は、皇太子正良親王との間に二重に義理の兄弟の関係を持つこととなり、親王が仁明《にんみょう》天皇として即位すると、天皇の腹心の臣として重く用いられる。仁明天皇が即位するや直ちに蔵人頭に任命されたのは、他の誰でもなく、藤原良房その人であった。

「承和の変」と中納言良房

仁明天皇が即位したとき、その皇太子に立てられたのは、先代の淳和天皇（淳和上皇）の皇子で仁明天皇には従弟にあたる恒貞《つねさだ》親王であった。この時点では、仁明天皇の父親の嵯峨上皇も、恒貞親王の父親の淳和上皇も、まだまだ健在であり、かつ、両者の間には、良好な関係が保たれていた。そして、そうした状況下、嵯峨上皇の系統と淳和上皇の系統とが交互に帝位を継承する所謂「両統《りょうとう》迭立《てつりつ》」が、暗黙裡《あんもくり》に了解されていたものと思われる。

ところが、八四〇（承和七）年に淳和上皇が、八四二（承和九）年に嵯峨上皇が、続けて崩《ほう》じるや、仁明天皇は、皇太子恒貞親王の周辺に謀叛の動きがあるとして、親王を廃太子としたうえ、恒貞親王の側近であった大納言藤原愛発《ちかなり》・中納言藤原吉野《よしの》・参議文室秋津《ふんやのあきつ》を地方官として左遷してしまう。後世に「承和の変」と呼ばれることになる事件が起きたのである。

この変事の発端は、嵯峨上皇が崩じる数日前、平城上皇皇子の阿保《あぼ》親王が仁明天皇の母親の太皇太后　橘《たちばなの》嘉智子《かちこ》に密書を進めたことにあった。その密書によれば、春宮坊帯刀《とうぐうぼうたちはき》として恒貞親王に仕える伴健岑《とものこわみね》が、阿保親王のもとを訪れて、「嵯峨太上皇《さがだいじょうこう》は今に将《まさ》に登遐《とうげ》せんとす。国家の乱れは待つべきに在る也。請ふらくは、皇子を奉じて東国に入らんことを（嵯峨上皇は間もなく亡くなります。

国政に乱れが生じるに違いありません。お願いしますに、兵を集めるために皇子を擁立して東国に赴きますことを)」(『続日本後記』承和九年七月十七日条〔現代語訳は筆者による〕)と、謀叛を勧めたのであった。

ここに登場する伴健岑は、恒貞親王に仕えていたとはいっても、皇太子の護衛官に過ぎない春宮坊帯刀という官職から見て、重臣でも側近でもあるまい。また、阿保親王にしても、所謂「薬子の変」で敗北した嵯峨上皇の皇子であって、この頃には何の勢力も持たない政治的には忘れ去られた存在であった。それゆえ、現に阿保親王が伴健岑から謀叛を勧められたという事実があったとしても、それが本当に仁明天皇の朝廷の脅威になり得たかは、かなり疑わしい。さらに、この謀議に恒貞親王の関与があったかは、さらに疑わしい。

しかし、阿保親王の密書に接した仁明天皇の朝廷は、恒貞親王および親王の近臣たちを厳しく処断した。さらに、当時の朝廷は、それまで中納言であった良房を、左遷された愛発に代わる大納言に任命し、かつ、良房の同母妹の順子が産んだ仁明天皇第一皇子の道康《みちやす》親王(後の文徳天皇)を、新たな皇太子に選んだのであった。

そこには、「承和の変は、良房が画策した皇太子の廃立、他氏排斥の最初の事例である」(坂本「藤原良房と基経」)との立場や「この政変を巧妙・冷徹に処断することにより、藤原良房は専権への道を固めることになる」(吉川「藤原良房・基経」)との解釈もある。承和九年の変事は、良房に、大納言への昇任とともに、皇太子の外伯父という立場をもたらしたわけだが、このうちの特に二つ目の結果のゆえに、これまで、所謂「承和の変」を良房の陰謀とする言説が存在してきたのである。

しかし、中納言に過ぎなかった良房に、廃太子や立太子ほどの大事を「画策」したり「処断」したりすることが、本当に可能だったのだろうか。

また、そもそも、天皇の外伯父になるということを、本当に良房が望んだのだろうか。

というのも、天皇の外祖父や外伯叔父が権力を掌握するというのは、あくまで平安時代中期の人々が当然視した権力のあり方であって、平安時代前期に生きた良房は、天皇の外戚《がいせき》という立場が自身に何をもたらすかを、明確には理解していなかったはずだからである。

われわれ現代人は、当然、平安中期のことも平安後期のことも承知しているが、しかし、平安前期の人物である良房には、平安中期の政治形態など、知る由もあるまい。これは、歴史学という学問には常につきまとう落とし穴であるが、現代人の認識を歴史上の人物に背負わせるべきではない。良房については、その子孫の師輔《もろすけ》・兼家《かねいえ》・道長《みちなが》といった面々のようには、天皇の外戚の立場に固執しなかった(できなかった)と考えるべきだろう。

とすれば、恒貞親王の廃太子と道康親王の立太子とを主導したのは、良房ではなく、仁明天皇と太皇太后橘嘉智子とに違いない。全ての権限が天皇にあったことは言うまでもなく、太皇太后嘉智子も、現に阿保親王が件の密書を進めた相手が嘉智子であった如く、権限はともかくとして、大きな権威を有していたのであった。

そもそも、当時において、恒貞親王の廃太子および道康親王の立太子を最も強く望んでいたのは、仁明天皇と太皇太后嘉智子とだったはずである。天皇が自身の皇子を皇太子に立てることを望むのは、全く当たり前のことであり、天皇の母親が自身の産んだ天皇の血統による帝位の独占を望むのも、当たり前すぎるほどに当たり前のことであろう。

惟喬《これたか》親王問題と右大臣良房

八五〇(嘉祥《かしょう》三)年、藤原良房には甥にあたる皇太子道康《みちやす》親王が、二四歳で文徳天皇として即位する。それは、その父親で先代の仁明天皇からの譲位があってのことではなく、仁明天皇の崩御《ほうぎょ》を承けてのことであった。そのため、年若い新帝の後見《うしろみ》は、自ずと、八四八(嘉祥元)年に右大臣に進んで左大臣不在の朝廷の筆頭公卿となっていた良房の役割となった。

また、文徳天皇が即位した年には、同天皇の第三皇子・第四皇子が続けて誕生しており、このうちの第四皇子が、生後数ヶ月にして皇太子に立てられている。数え年の一歳での立太子は、日本史上に初めてのことである。そして、ここに史上最年少の皇太子となった惟仁《これひと》親王は、良房の娘の明子《あきらけいこ》が産んだ皇子であった。

文徳天皇には、惟仁親王より年長の皇子が三人いた。このうちの第三皇子は、惟仁親王より少し早く生まれただけだが、第一皇子の惟喬《これたか》親王は、惟仁親王より六歳も年長であった。そして、この第一皇子惟喬親王こそが、文徳天皇の最愛の皇子であったと伝えられる。

『貞信公記《ていしんこうき》』というのは、藤原摂関家を平安時代中期に引き継いだ忠平の日記であるが、その『貞信公記』の逸文《いつぶん》と思しきものが東松本《とうまつぼん》『大鏡《おおかがみ》』の裏書として伝わっており、そこには、良房・文徳天皇・

惟喬親王・惟仁親王をめぐって、次のようなことが語られている。

　文徳天皇は、皇太子に立てた第四皇子惟仁親王が「幼沖《ようちゅう》」（幼児）であるため、第一皇子惟喬親王を皇太子より先に天皇として即位させて、皇太子が「長壮《ちょうしょう》」（大人）になったところで皇太子に譲位させたいと考えていた。が、天皇は、皇太子の外祖父であり「朝《みかど》の重臣」でもある良房に遠慮して、その意思を表明できずにいた。一方、良房の側でも、天皇の思惑を察するところがあり、皇太子惟仁親王に皇太子を辞退させることをも検討していたが、天の星々の配置が悪かったために具体的な行動に出られずにいた。そうした中、文徳天皇は、嵯峨天皇皇子で良房に次ぐ有力者の源信《まこと》を前に、皇太子を惟仁親王から惟喬親王へと交替させたいとの考えを洩らす。すると、信は、「皇太子に何か罪があるならば、廃太子として二度と立太子してはなりません。しかし、皇太子に特に罪がないならば、交替などさせてはなりません。私は、この話は聞かなかったことにします」と答えたのであった。

　この話より窺《うかが》う限り、第四皇子惟仁親王が第一皇子惟喬親王を差し置いて皇太子に立てられたことについて、文徳天皇には不満があったものの、その不満が当時の朝廷や貴族社会において共有されることはなかったらしい。歴史家のなかには、惟仁親王の立太子を「不条理」として、良房の「傍若無人のふる

❖皇室略系図2

仁明天皇――文徳天皇
- 惟喬親王　承和《じょうわ》十一年（八四四）生　母・更衣《こうい》紀静子《きのしずこ》（名虎《なとら》女）
- 惟条《これのり》親王　承和十三年（八四六）生　母・更衣紀静子（名虎女）
- 惟彦《これひこ》親王　嘉祥《かしょう》三年（八五〇）生　母・宮人《みやびと》滋野奥子《しげののおくこ》（貞主《さだぬし》女）
- 惟仁《これひと》親王　嘉祥三年（八五〇）生　母・女御《にょうご》藤原明子《あきらけいこ》（良房《よしふさ》女）

まい」を非難する説もあるが（坂本「藤原良房と基経」）、少なくとも当時の有力貴族たちの間では、皇太子惟仁親王は受け容れられていたわけである。

文徳天皇が固執した惟喬親王は、確かに第一皇子であって第四皇子の惟仁親王より年長であったが、一歳の惟仁親王に対して七歳であったに過ぎず、仮に立太子されていたとしても、やはり、当時においては史上に稀な幼年皇太子になっていただろう。そして、有力な後見を持たない幼年皇太子など、朝廷や社会に混乱をもたらすだけであったが、惟喬親王の母方の紀《き》氏は、けっして有力な後見にはなり得なかった。また、文徳天皇の胸中には、惟喬親王と惟仁親王とを順番に即位させるという案もあったようだが、これを実行した場合、いずれ、朝廷も、社会も、大きな混乱に見舞われたことだろう。端的に言えば、再び両統迭立《りょうとうてつりつ》の状況が生まれ、所謂「承和の変」のような変事が繰り返されたはずなのである。

後世の歴史家が「不条理」「傍若無人」と弾じる幼い惟仁親王の立太子であるが、これは、その当時の人々にしてみれば、朝廷や社会の安定を保つための最善の策であった。そして、当時の有力貴族たちが最も望んでいたのは、朝廷および社会の安定であった。

こうした事情は、文徳天皇によっても、最終的には納得されたらしい。病弱であった天皇は、八五八（天安《てんあん》二）年、譲位して上皇となると、幼い新帝の後見をすることなく、同年のうちに三二歳の若さで崩《ほう》じてしまうが、こうした事態を予測していたのであろう、その前年に右大臣良房を太政大臣に昇任させていたのである。ここからは、死期が近いことを悟った文徳天皇の、事後の全てを良房に託そうとする意図を読み取ることができよう。

「応天門の変」と太政大臣良房

皇太子惟仁親王は、八五八(天安二)年、九歳にして清和天皇として即位する。そして、その父親の文徳上皇は、譲位からほどなく崩じたため、九歳の新帝は、その外祖父の太政大臣良房によって後見されることになる。しかし、このときの良房は、望めば何でもできる身でありながら、「摂政」の肩書を持つことなく、あくまでも太政大臣として、幼い清和天皇の後見を務めた。良房には、「摂政」という肩書へのこだわりはなかったようである。

八六四(貞観《じょうがん》六)年の正月、一五歳になった清和天皇の元服の儀が行われる。また、この年の終わり頃《ごろ》、太政大臣良房は、重く病み臥すところとなり、しばらく出仕できなくなる。そして、これ以降の良房は、病気が治ってもなお、自宅に引き籠って仏道修行に明け暮れる生活を送るのであった。清和天皇の元服を見届けた良房は、文徳天皇から託された幼帝の後見の役目を終えたと考えて、事実上の引退を決め込んだのだろう。とすれば、良房に強い権勢欲などなかったことは、ここに明らかなのではないだろうか。

では、なぜ、そんな良房が所謂「応天門の変」を機に摂政になったのだろうか。

応天門の火災に端を発した変事が後世に「応天門の変」と呼ばれることになるわけだが、この事件の真相は今も解明されていない。京楽真帆子は「真犯人が誰であったのか、なぜ放火したのか、はもはや関係ない。誰であろうと、善男が真犯人として解釈された、ということが重要なのである」（京楽「伴善男」）と断じるが、確かにそうかもしれない。応天門の変とは、要するに、応天門が燃えて大納言伴善男が断罪《だんざい》された事件なのである。

しかし、八六六（貞観八）年の閏《うるう》三月に応天門が燃えて、最初に放火の犯人として処断されそうになったのは、左大臣の源信であった。彼は、良房が仏法三昧の隠居生活を送っていた当時、事実上の筆頭公卿であったが、かねてより良房の弟の右大臣良相《よしみ》および大納言伴善男と対立しており、この二人によって応天門への放火の犯人に仕立て上げられたのである。そして、良相・善男の讒言《ざんげん》を信じた清和天皇も、概ね信を処断する気になっていた。

その信が断罪を免れたのは、信が窮地にあることを知った良房が、急ぎ参内して天皇の前で信を弁護したからであった。そして、己の過ちに気付いた清和天皇は、そうかといって自ら公に判断を覆すこともできなかったため、事件の解決を良房に一任するかたちで事態を打開するべく、『日本《にほん》三代実録《さんだいじつろく》』貞観八（八六六）年八月十九日条に「太政大臣に勅《のたま》ひて天《あめ》の下《した》の政《まつりごと》を摂《と》り行《おこな》はしめ給ふ」と見える如く、良房に摂政の任を果たすように命じたのである。

その後、摂政太政大臣良房の主導のもと、大納言善男こそが応天門への放火の真犯人として断罪されることになるわけだが、ここに明らかなように、良房が摂政になったのは、彼が自らそれを望んでではなく、応天門の変に際して身動きの取れなくなった清和天皇と疑獄の危機にあった左大臣源信とを救済するべく、清和天皇に請われてのことであった。

歴史の被害者としての良房

以上に明らかなように、藤原良房という人物は、「冷酷無比の陰謀家」などではない。彼が常に望んでいたのは、朝廷と社会との安定であった。そして、彼が史上初の人臣摂政となって藤原摂関家の基礎を築いたのは、朝廷と社会とのために奮闘した結果としてであった。

ただ、彼が築き上げたものを、彼の後継者たちの多くが、己が欲望のためだけに悪用した。平安時代中期の兼家や道長《みちなが》などは、良房の遺産である慣習や制度に寄生して権勢を貪り続けたのである。そして、そんな不心得な後継者たちへの悪印象が良房の人物像にも投影されて、良房までもが権勢欲の権化のように見られるに至ったのだろう。

しかし、平安時代前期当時の本物の藤原良房は、「冷酷無比の陰謀家」であるどころか、むしろ、嵯峨天皇が娘婿として見込んだように、優れた「人品《ひとのしな》」の持ち主であった。

⦿引用参照文献

京楽真帆子「伴善男——逆臣か「良吏」か——」(吉川真司〔編〕『平安の新京〈古代の人物❹〉』、二〇一五年、清文堂出版)

今正秀『藤原良房——天皇制を安定に導いた摂関政治——』(二〇一二年、山川出版)

坂上康俊『律令国家の転換と「日本」〈日本の歴史05〉』(二〇〇一年、講談社)

坂本太郎「藤原良房と基経」、坂本『歴史と人物〈坂本太郎著作集第十一巻〉』(一九八九年、吉川弘文館〔初出は一九六四年〕)

佐々木恵介『天皇と摂政・関白（天皇の歴史03巻）』（二〇一一年、講談社）
古瀬奈津子『摂関政治（シリーズ日本古代史⑥）』（二〇一一年、岩波書店）
保立道久『平安王朝』（一九九六年、岩波書店）
目崎徳衛「摂政良房——冷酷無比の陰謀家——」、目崎『王朝のみやび』（一九七八年、吉川弘文館〈初出は一九七五年〉）
米田雄介『藤原摂関家の誕生——平安時代史の扉——』（二〇〇二年、吉川弘文館）
吉川真司「藤原良房・基経——前期摂関政治の成立——」（吉川真司［編］『平安の新京〈古代の人物❹〉』、二〇一五年、清文堂出版）

966–1027年
平安中期の公卿。996年左大臣。1016年摂政。摂関政治の最盛期をつくり、栄華を極めた。

物語至上主義史観に護られる「大不忠の人」

藤原道長

…ふじわらのみちなが…

繁田信一

　平安時代中期の政務用語としての「内覧《ないらん》」は、一般には耳馴染《みみなじ》みのない言葉かもしれない。「内覧」というのは、天皇に奏上《そうじょう》される文書《もんじょ》を天皇より先に読んで天皇に意見を具申《ぐしん》する任務もしくは役割を意味する言葉である。そして、藤原道長が最も長い期間に亘《わた》って帯びていた朝廷の官職《かんしょく》や官職のようなもの（任務や役割など）は、まさに右の内覧であった。

　藤原道長は、その死後、世に「御堂関白《みどうかんぱく》」と呼ばれるものの、実のところ、彼は、摂政《せっしょう》を務めたことはあっても、関白を務めたことはない。「御堂関白」の「御堂」は、晩年の道長が出家して法成寺《ほうじょうじ》を居所《きょしょ》としたことに由来するが、関白を経験していない道長が死後に「関白《かんぱく》」と呼ばれたのは、生前の彼が実質的に関白と同じ立場にあったからに他ならない。

　関白は、一般に「天皇の補佐役」と説明されるが、この場合の「補佐」というのは、より具体的には、天皇に奏上される文書を天皇が読むより先に読んで天皇に意見を具申することである。要するに、関白の職務は、先に触れた「内覧」と呼ばれる任務（役割）そのままであった。関白は、その権威においては内覧を上回っていたものの、その権限においては内覧と違いがない。だから、一条朝《いちじょうちょう》・三条朝《さんじょうちょう》に二〇年余りも内覧を務め続けた道長は、実質的に一条天皇・三条天皇の二代にわたって関白の任にあったようなものだったのである。

❖藤原道長関連略年表

年	できごと	年齢
康保《こうほ》 3年(966)	左京大夫《さきょうだいぶ》藤原兼家《かねいえ》の五男として誕生する。	1歳
4年(967)	冷泉《れいぜい》天皇が18歳で即位する。	
安和《あんな》 2年(969)	「安和の変」が起きる。	
	円融《えんゆう》天皇が11歳で即位する。	
天元《てんげん》 3年(980)	従五位下に叙される。	15歳
永観《えいかん》 元年(983)	侍従に任じられる。	18歳
2年(984)	右兵衛権佐に任じられる。	19歳
	花山《かざん》天皇が17歳で即位する。	
寛和《かんな》 2年(986)	一条《いちじょう》天皇が7歳で即位する。	
	道長父の兼家が摂政に就任する。	
	蔵人《くろうど》に任じられて蔵人右兵衛権佐となる。	21歳
	少納言に任じられて少納言兼右兵衛権佐となる。	
	右近衛少将に任じられて少納言兼右近衛少将となる。	
永延《えいえん》 元年(987)	左京大夫に任じられて左京大夫兼右近衛少将となる。	
	従三位に叙されて公卿となる。	22歳
2年(988)	権中納言に任じられる。	23歳
正暦《しょうりゃく》 2年(991)	権大納言に任じられる。	26歳
長徳《ちょうとく》 元年(995)	内覧を命じられて内覧の権大納言となる。→政権掌握	
	右大臣に任じられて内覧の右大臣となる。	30歳
2年(996)	「長徳の変」が起きる。	
	左大臣に任じられて内覧の左大臣となる。	31歳
長保《ちょうほ》 元年(999)	道長長女の彰子《あきこ》が12歳で一条天皇に入内して女御となる。	
2年(1000)	道長長女の彰子が一条天皇の中宮に冊立される。	

年	できごと	年齢
寛弘《かんこう》 5年（1008）	道長外孫の敦成《あつひら》親王（一条天皇第2皇子）が誕生する。	
6年（1009）	道長外孫の敦良《あつなが》親王（一条天皇第3皇子）が誕生する。	
8年（1011）	三条天皇が36歳で即位する。	
長和《ちょうわ》 4年（1015）	准摂政を命じられて准摂政の左大臣となる。	50歳
5年（1016）	後一条天皇（敦成親王）が9歳で即位する。	
	摂政を命じられて摂政左大臣となる。	51歳
	准三宮の待遇を与えられる。	
	左大臣を辞任《じにん》する。	
寛仁《かんにん》 元年（1017）	摂政を辞任する。	52歳
	太政大臣に任じられる。	
2年（1018）	太政大臣を辞任する。	53歳
3年（1019）	出家する。法名は、初めは行願で、後に行覚に改める。	
	道長（行覚）、改めて准三宮の待遇を与えられる。	54歳
万寿《まんじゅ》 4年（1027）	道長（行覚）、薨じる。	62歳

ところで、摂関政治といえば、一般に、〈娘を入内《じゅだい》させて、その娘の産んだ皇子が即位して天皇になったとき、天皇の外祖父《がいそふ》（母方の祖父）として摂政や関白になって朝廷の実権を掌握する〉というのが、その理想的なあり方とされる。が、そのような理念型を実現できた摂政もしくは関白は、摂関時代の十三人の摂関たちのうち、わずか四人に過ぎない。

その四人というのは、良房《よしふさ》（清《せい》和《わ》天皇の外祖父）・忠平《ただひら》（朱雀《すざく》天皇・村上《むらかみ》天皇の外祖父）・兼家《かねいえ》（一条天皇の外祖父）・道長（後一条天皇の外祖父）なのだが、彼らが理想的なかたちで摂政あるいは関白になり得たのは、良房・忠平の場合には、驚くほどの幸運の連続の結果であったものの、兼家・道長の場合には、全く言い訳ができないほどの悪辣《あくらつ》な手段を駆使した末のことであった。尋常ならず幸運に恵まれるにせよ、悪事の限りを尽くすにせよ、理想的なかたちで摂関になるというのは、それだけ困難なことだったのである。

そして、殊更《ことさら》に道長に関して言えば、九九五（長徳《ちょうとく》元）年に一条天皇の外叔父として内覧の命を受けて政権担当者になって以来、自らの外孫にあたる二人の皇子たちが連続して天皇になる将来を確保するまで、さまざまに薄汚い策を弄し続けた。そんな道長は、自身の外孫ではない天皇たちに対しては数々の不敬を働いており、道長と同じく藤原摂関家の御曹司《おんぞうし》であって道長には又従兄《またいとこ》にあたる藤原実資《さねすけ》などは、『小右記《しょうゆうき》』として知られる日記において道長を「大不忠《だいふちゅう》の人也《ひとなり》」（『小右記』長和四年四月十三日条）と弾《だん》じている。

❖藤原摂関家略系図

（囲み表示は摂政もしくは関白の経験者を示す）

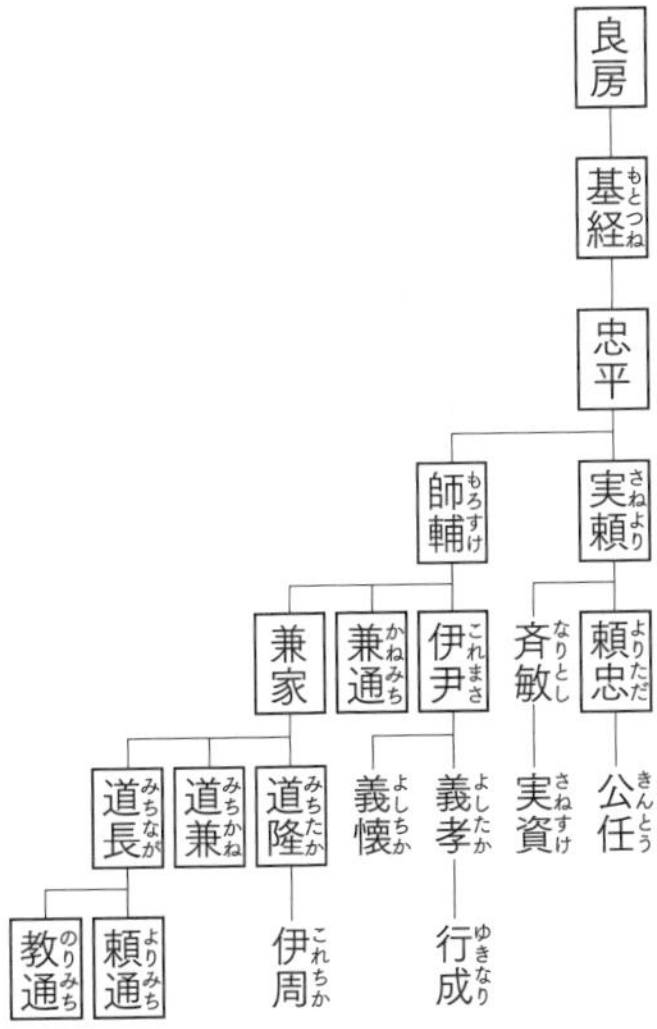

ちなみに、若き日の道長は、「勇堪《ゆうかん》の従者《じゅうしゃ》」たちに命じて朝廷の官吏登用試験の試験官兼採点官を務める中級貴族の橘《たちばなの》淑信《よしのぶ》を白昼に堂々と拉致《らち》させるという暴挙に出たことがある。道長は、このとき、自身の取り巻きの下級貴族である甘南備永資《かんなびのながすけ》が受験者であったため、自邸に監禁した淑信を脅迫して試験結果を都合よく操作しようとしたのであった。九八八（永延《えいえん》二）年十二月四日、道長が二三歳にして権中納言になって間もな

くのことである。

先にも触れた『小右記』によると、この事件の翌日、道長は、その父親で当時は摂政として朝廷を牛耳っていた兼家から、ひどく叱責《しっせき》されたという。兼家自身、権勢に驕《おご》って傍若無人の振る舞いの絶えない人物であったが、その兼家でさえ、官吏登用試験に暴力を用いて介入するほどの暴挙は座視できなかったわけである。そして、ここに見られるように、道長というのは、根本的に、自己中心的で横暴な、かなり性質の悪い手合《てあ》いであった。

ところが、従来の歴史家のなかには、右の拉致・監禁の一件には触れず、道長がその人格に問題を抱えていたことにも言及せず、ましてや、道長が「大不忠の人」であったことなど全く認めようとしない傾向があるようだ。

実は、藤原道長をめぐっては、歴史学者たちの間にさえ、悪行の数々や人格の歪みといった否定的な側面を頑《かたく》なに認めようとしない風潮が存在する。しかも、そんな奇妙な風潮が、学問の名のもと、かなり堂々と罷《まか》り通っていたりする。

そこで、本稿では、本居宣長《もとおりのりなが》の「師の説なりとして、悪《わろ》きを知りながら言はず包み隠して良様《よさま》に繕《つくろ》ひ居《お》らんは、ただ師をのみ尊みて道をば思はざる也（恩師の学説だからと、間違っているのを承知のうえでそれを指摘せずに隠蔽《いんぺい》して誤魔化《ごまか》そうとするのは、自分の恩師にだけ敬意を払って学問に敬意を払わない態度である）」（『玉勝間《たまかつま》』二の巻）という誡《いまし》めに励まされつつ、藤原道長の正しい人物像を把握するべく、道長擁護派の主張とも向き合っていきたい。

皇太子を辞めた皇子と前摂政道長

正式に皇太子に立てられながら天皇になる前に自ら皇太子を辞めた皇子が、日本史上に一人だけいる。そんな芳しくない事績《じせき》で唯一の存在となった皇子は、その諱《いみな》を敦明《あつあきら》という。

敦明親王が皇太子に立てられたのは、道長を外祖父とする後一条天皇が九歳にして即位して、道長がついに外孫にあたる幼帝の摂政となったときであった。が、そうした道長による摂関政治の最盛期であり完成期であるような時期の皇太子であっても、敦明親王は、道長を外戚としておらず、もし即位すれば道長には厄介なことになるはずの存在であった。

また、敦明親王が皇太子を辞退した後、新たに皇太子に立てられたのは、後一条天皇の同母弟で道長の外孫の敦良《あつなが》親王である。したがって、敦明親王の皇太子辞退という空前絶後《くうぜんぜつご》の事態は、道長政権の遠くない将来の危機を解消するとともに、道長に今の天皇と次の天皇(皇太子)との外祖父という空前絶後の立場をもたらしたことに

❖藤原道長および敦明親王をめぐる縁戚関係図

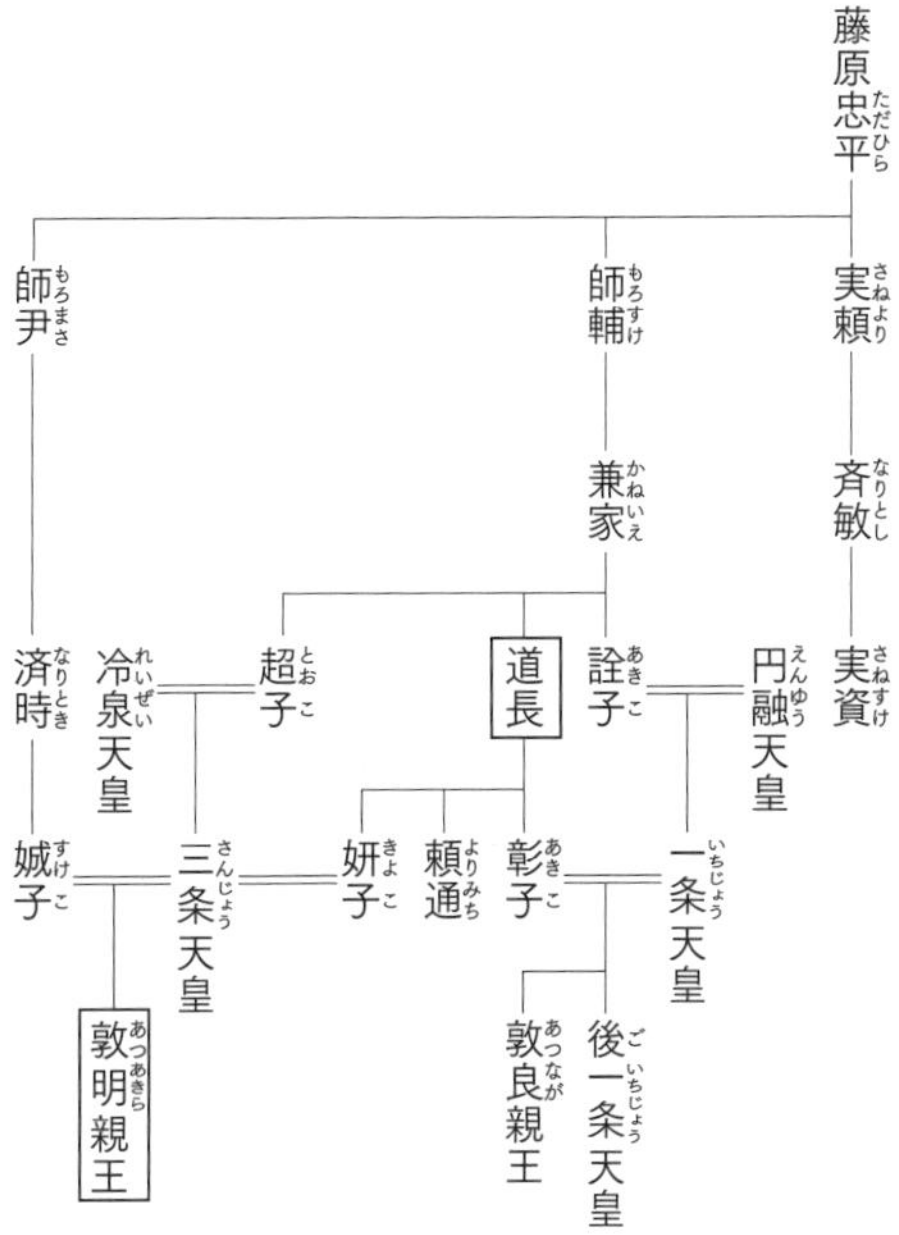

なる。そして、ここにおいて、ついに道長による摂関政治の最盛期・完成期が到来した、と言っていいだろう。

三人の道長

敦明親王の皇太子辞退の経緯を語る史料に、『栄花物語《えいがものがたり》』『大鏡《おおかがみ》』の二つの歴史物語がある。文学史の一般的な理解として、『栄花物語』は、道長一門に女房として仕えた女性が道長を非の打ちどころのない貴公子として誉め讃えるために著したとされ、『大鏡』は、道長に近い立場の男性が必要とあれば汚い手も使う清濁《せいだく》を併せ呑む器の持ち主の道長の成功を跡付けるために著したとされる。そして、異なる意図から著された、性格を異にする二つの歴史物語は、同じ一つの事柄についても、異なる解釈に基づく、異なる叙述をする。

『栄花物語』によれば、敦明親王が皇太子を辞退したのは、あくまでも親王自身の都合によってであった。彼は、皇太子という堅苦しい立場にいることに堪えられず、気ままに暮らしたいがために皇太子を辞めたというのである。『栄花物語』の描く敦明親王は、全く愚かな皇子でしかない。一方、同書の描く道長は、愚かな理由で皇太子の地位を放棄しようとする愚かな皇子を静かに諫める人格者であり、忠実な臣下である。そして、『栄花物語』の道長は、愚かな皇子の愚かな決意が固いことを知ると、残念そうに皇太子の辞退に同意して、やむなく自身の外孫にあたる敦良親王を代わりの皇太子に立てるのであった。

『大鏡』によると、自ら皇太子を辞することを決めたとき、敦明親王の胸にあったのは、「ひたぶるに奪られんよりは、我とや退《の》きなまし（他者から無理矢理に皇太子位を奪われることになるくらいなら、自分から辞めた方がまだましだ）」という思いであった。そして、『大鏡』の敦明親王が「ひたぶるに…」と思い詰めるに至ったのは、道長が自身の二人目の外孫である敦良親王を皇太子に立てたいと強く願っていることに、大きな脅威を感じてのことであった。ここで敦明親王が感じたという脅威に関連して、『大鏡』は、「壺切《つぼきり》」の名を持つ皇太子の地位の象徴である剣が、道長の意向によって、ついに敦明親王の手に渡されなかったことを伝えている。『大鏡』の道長は、初めから敦明親王を皇太子とは認めておらず、同親王には壺切の剣を渡さないなどの嫌がらせによって圧力をかけつつ、かなり積極的に自身の外孫である敦良親王を敦明親王に取って代わらせようとしていたのである。

『栄花物語』の道長と『大鏡』の道長とは、少なくとも敦明親王の皇太子辞退の経緯《いきさつ》をめぐっては、全《まった》くの別人の如《ごと》くである。前者は、まさに忠臣《ちゅうしん》にして人格者であるが、後者は、みごとなまでの権勢欲《けんせいよく》の虜《とりこ》であって文字通りの「大不忠《だいふちゅう》の人《ひと》」であった。

さて、ここで、敦明親王の皇太子辞退の経緯を語る第三の基本史料を紹介するならば、先にも紹介した『小右記』こそが、まさにそれである。そして、常識的に考えて、この『小右記』の史料価値は、『栄花物語』や『大鏡』のそれに比して、格段に高いはずであろう。『栄花物語』『大鏡』は、あくまでも文学作品であり、特定の創作意図のもとに後世に書かれた物語であるのに対して、『小右記』は、記《き》主《しゅ》の主観が入り込むことを否定できない日記ではあっても、その全体を覆う創作意図などの存在しない同時代の記録なのである。

『小右記』を見る限り、件《くだん》の皇太子辞退の経緯は、『栄花物語』の語る如くであるよりも、『大鏡』の語る如くであった。例えば、『小右記』寛仁《かんにん》元(一〇一七)年八月二三日条には、敦明親王が皇太子を辞した直後、新しく皇太子となった敦良親王に皇太子の象徴である「壺切」と呼ばれる剣が渡されたことが記録されているが、そこには、道長が敦明親王にはついに壺切の剣を渡さなかったという、『大鏡』の語るところと重《かさ》なる事実も記されている。

かくして、『小右記』に見る限り、敦明親王が自ら皇太子を辞めることになったのは、その二人目の外孫を皇太子に立てることを熱望する道長の圧力に屈してのことであった。とすれば、やはり、道長は、「大不忠の人」の誹《そし》りを免れ得ないのではないだろうか。

道長の「大不忠」

実資が『小右記』長和《ちょうわ》四(一〇一五)年四月十三日条において道長を「大不忠の人也」と弾じたのは、三条天皇の時代、病気がちの天皇から「是《これ》は吾が心地の頗《すこぶ》る宜《よろ》しきを見てムつかる也」と聞かされてのことであった。三条天皇が実資に話したところは、「道長が不機嫌なのは、私(三条天皇)の体調がいいのを見て腹を立てているのである」とでも訳せばいいだろうか。

実は、三条天皇は、道長にとって、即位した当初から邪魔なだけの存在であった。三条天皇の皇太子は、三条天皇自身の皇子ではなく、一条天皇第二皇子で道長の外孫でもある敦成親王であったから、道長としては、三条天皇には一日でも早く退位してほしかったのである。そして、三条天皇が病気がちであることは、道長にとって、退位を迫るうえでの格好の口実であった。『小右記』長和四年六月十三日条には、名の知れた験者《げんじゃ》であった明救僧正《みょうぐそうじょう》が「左大臣に不快の気の有り（左大臣道長殿が快く思っていない）」との理由で三条天皇の病気を治すための密教修法を断る旨を奏上したことが記されているが、道長は、しばしば天皇が健康を取り戻すのを妨げさえしたのである。まさに「大不忠の人」であろう。

また、病気を理由に天皇に退位を迫るという不忠行為は、一条天皇のときにも見られた。道長が一条天皇の後宮《こうきゅう》に入れた長女の彰子《あきこ》は、中宮として第二皇子敦成親王（後の後一条天皇）と第三皇子敦良親王（後の後朱雀天皇）とを産んだ。すると、外孫にあたる皇子を二人も掌中にした道長には、皇子たちの父親の一条天皇でさえ、もはや、用済みの邪魔なだけの存在であった。そして、一〇一一（寛弘《かんこう》八）年、一条天皇が重く病み臥すと、道長は、それを口実に、まだ三二歳の若さの一条天皇を退位させようとした。高名な書家の藤原行成《ゆきなり（こうぜい）》は、道長の側近の一人であったが、その行成の日記である『権記《ごんき》』によれば、同年八月二七日、道長は、皇太子居貞《いやさだ》親王を訪ね、天皇には無断で、譲位の話を進めている。

道長自身の日記である『御堂関白記』の同月二三日条には、「余を以て東宮《とうぐう》に御対面の有るべき由を聞こえらる。是は御譲位の事歟（一条天皇さまが私を介して皇太子さまに面会を申し入れなさった。これは、ご譲位の相談か）」と見え、一条天皇が自身と皇太子との懇談の場の設定を道長に指示したことが知られる。が、天皇は、いまだ譲位の意思を表明していない。道長が一条天皇を即時にでも退位させるべく画策していたことは明らかである。

なお、こうした道長のやり口には、『権記』に「后宮《きさいのみや》の丞相《じょうしょう》を怨み奉り給ふ（中宮彰子さまが左大臣道長殿を怨み申し上げなさっている）」と見える如く、その娘の彰子さえもが反感を抱いた。彰子にしてみれば、まだ若い夫が無理に退位させられたのであるから、もっともなことである。そして、余談ながら、これ以降、彰子は、父親の道長を必ずしも信用しなくなり、かねてより道長に批判的な態度を示してきた実資に信を置くようになる。

『栄花物語』史観

道長の高評価を可能としたものに『栄花物語』がある。例えば敦明親王の皇太子辞退の経緯に関して『栄花物語』の言うところをそのまま史実として受け容れているように、『栄花物語』の描き出す忠臣にして人格者の道長像こそを根底に据えているからに他ならない。まずは、『栄花物語』から徳を備えた好人物としての道長の人物像を抽出する。次に、『御堂関白記』『小右記』『権記』といった他の史料から都合のいい史実だけを拾い出して、素敵な道長像の傍証とする。そして、この研究の核となっているのは、『栄花物語』という歴史物語にほとんど盲目的な信を置く、「『栄花物語』史観」とでも呼ばれるべき歴史観に他ならない。

『栄花物語』が多分に虚構を含むことは、既に敦明親王の皇太子辞退の叙述をめぐって確かめた通りである。殊に道長のこととなると、『栄花物語』には嘘が多い。『栄花物語』は、やはり、物語風史書などではなく、歴史に取材した物語としての歴史物語である。

また、実資が『小右記』において道長を「大不忠の人也」と弾じたことをめぐって、日記についての主観性に関して次のように考える立場もある。「日記というものは、本人が記したものであるから第一級の史料である。しかしながら、それは書き手の目を通した物の見方《みかた》で、客観的にみた事実とはやや異なるという場合も少なくない。大げさな見方をすることがしばしばある」（山中裕『藤原道長』〔人物叢書〕）。

これは、謹んで傾聴すべきものであろう。しかし、それでも、『栄花物語』の方が『小右記』よりも信頼に値する史料であることにはならない。道長讃美を目的に書かれたことがはっきりしている『栄花物語』は、『小右記』をはじめとする諸々の日記とは比べものにならないほどに、難点を内包している。

実資の『小右記』は、殊更に道長に都合の悪いことばかりを記録しているわけではない。そこには、道長と対立する人々にとって不都合なことも数多く記録されている。したがって、『小右記』については、道長に対しても公平な態度を保っていると見ていいだろう。

物語《ものがたり》至上主義史観《しじょうしゅぎしかん》

平安時代の研究において、年中行事などの当時の生活文化や国文学に大きな成果を残した研究者たちは、概して『栄花物語』史観にシンパシーを感じるようだ。その理由の一つに『源氏物語』との脈絡があるようだ。藤原道長には『源氏物語』をめぐって大きな功績があったという事実との関係もある。
このようにして『栄花物語』史観あるいは物語至上主義史観の産んだ誤った道長像は、さも道長の史的な実像であるかのような顔で、歴史学界に広く深く根付いてしまっているに違いない。さらに、もしかすると、『栄花物語』史観もしくは物語至上主義史観は、道長の歴史像を離れたところでも、平安時代の歴史認識として歴史学者に受け容れられているかもしれない。

⊙引用参照文献

赤木志津子『御堂関白――藤原道長　栄華と権勢への執念――』（一九六九年、秀英出版）
朧谷寿『藤原道長』（ミネルヴァ日本評伝選）（二〇〇七年、ミネルヴァ書房）
加藤友康「藤原道長――王朝の栄華を生き抜いた六十二年――」（元木泰雄［編］『王朝の変容と武者〈古代の人物⑥〉』、二〇〇五年、清文堂）
倉本一宏『一条天皇』（人物叢書）（二〇〇三年、吉川弘文館）
倉本一宏『三条天皇』（ミネルヴァ日本評伝選）（二〇一〇年、ミネルヴァ書房）
繁田信一『天皇たちの孤独』（二〇〇六年、角川学芸出版）
繁田信一『王朝貴族の悪だくみ』（二〇〇七年、柏書房）
繁田信一『殴り合う貴族たち』（二〇〇八年〔二〇〇五年〕、角川学芸出版）
繁田信一『御堂関白記――藤原道長の日記――』（ビギナーズ・クラシックス）（二〇〇九年、角川学芸出版）

山中裕「藤原道長と紫式部——源氏物語が書かれた時代——」（山中〔編〕『源氏物語を読む』、一九九三年、吉川弘文館）
山中裕『源氏物語の史的研究』（一九九七年、思文閣出版）
山中裕『藤原道長』（人物叢書）（二〇〇八年、吉川弘文館）
山中裕「「大不忠」の人であったか——藤原道長という人物の虚実——」（『本郷』七四号、二〇〇八年、吉川弘文館）
山中裕「『源氏物語』誕生の歴史的背景」（山中〔編〕『歴史のなかの源氏物語』、二〇一一年、思文閣出版）

1118—81
平安時代後期の武将。保元・平治の乱で力を伸ばし、太政大臣まで昇任。安徳天皇の外戚となる。

大胆と細心、揺れるイメージ

平清盛
…たいらのきよもり…

関 幸彦

平安末期の武将。忠盛《ただもり》の長子。母は祇園女御《ぎおんにょうご》の妹という。保元《ほうげん》の乱で源義朝《みなもとのよしとも》とともに後白河《ごしらかわ》天皇側につき勝利、その後の平治《へいじ》の乱では義朝を追い、平家一門の全盛を築いた。一一六七(仁安《にんあん》二)年に太政大臣《だいじょうだいじん》、その四年後の一一七一(承安《しょうあん》元)年に娘徳子《とくこ》を高倉《たかくら》天皇に入内《じゅだい》させ、言仁《ときひと》親王(安徳《あんとく》天皇)が誕生、外戚《がいせき》の地位を得た。日宋貿易で富を得て、大輪田泊《おおわだのとまり》(兵庫)に近い福原《ふくはら》を拠点とした。一門に公卿《くぎょう》を輩出、貴族化したために武士の支持を失い、その後一一八〇(治承《じしょう》四)年には、諸国の源氏の反乱が相継ぎ、翌年の閏二月に没した。

教科書的あるいは辞典での情報は右のようなところか。ここには史実の部分と解釈の部分がある。まずは、いつ(時)、誰が(人)、どこで(場)という三つの要素にかかわる史実部分だ。もちろん、推測的内容もあるが、おおむね清盛のようなビッグネームについての定番の内容といえる。そしてもう一つは、どのように(方法)、なぜ(理由)、そして〝どんな歴史的意味〟(意義・影響)の部分だ。要は解釈にかかわるものだ。その解釈の問題が学問(歴史学)の基盤を提供する。史実にかかわる基本部分、

解釈という応用部分と言い換えることもできそうだ。そしてこと清盛に関する限り歴史的役割あるいは人物評価にはかなりの幅がある。というのも、イメージとしての清盛像を定着させたのは、『平家物語』の影響が大きい。例えば右に語った辞典的内容のなかでも「貴族化したために武士の支持を失う」云々の叙述は、清盛あるいは平氏没落の理由の一つとされるものだが、これとて推測・解釈に他ならない。

揺れる評価

人物の評価は時代とともにズレが生ずる場合もある。清盛もそうだ。その大部分が『平家物語』からの記憶である。中世という時代に生きた清盛には、軍記物などの文学からの影響は拭えない。「コノ一門ニ非《あら》ラザルハ人ニ非ズ」との有名なセリフは清盛の妻時子《ときこ》の弟時忠《ときただ》の語ったものだが、清盛と一体化してその横暴さなり独善さを象徴するものとなっている。あるいは、『平家物語』が清盛の悪行の代表として紹介した「殿下乗合《でんかのりあい》」の事件もそうだ。清盛の孫の資盛《すけもり》とその従者たちが、摂家の松殿（藤原）基房の車と路上で出逢い、闘諍《とうそう》におよんだ。その意趣返しのために清盛の命令で、基房の従者たちを打擲《ちゅうちゃく》する。しかし、これは、関係する日記などでは、小松内府と称された重盛《しげもり》（清盛の長子）のなしたこととある。にもかかわらず、清盛の所行につけ換えがなされている。

「承平《じょうへい》の将門《まさかど》、天慶《てんぎょう》の純友《すみとも》、康和《こうわ》の義親《よしちか》、平治の信頼《のぶより》……まぢかくは六波羅《ろくはら》の入道前太政大臣平朝臣清盛」と語りつつ「奢《おご》れる事、猛き心」の象徴的人物として清盛が描かれている。『平家物語』は平氏、平家の成長を主軸にしつつも、やはり中心は清盛だった。いささかデフォルメされた形で盛られた人物描写は、源平の争乱という変革期の舞台の主役として語られる。時代の風を巧みに利用し政界に躍り出た清盛の豪腕さが、〝アクの強さ〟としてその評価を定着させた。とりわけ、その〝悪〟を鮮明にするのは、後白河院を幽閉した独裁にも似た政権運営にあった。ここでの焦点は、清盛の〝言い分〟にも耳を傾けることで、語られざる清盛像に迫りたい。

平家派、それとも源氏派

ここで話題の穂先を少しズラしてみたい。好みの問題といえばそれまでだが、「平氏と源氏、いずれが好みか」という問いに、読者の八割が源氏と回答することだろう。では、何故、平氏が好きではないのか。この質問にどう答えるのだろうか。そこには多分に『平家物語』からのイメージ、清盛の辨宛ぶりの負の記憶と結びついているに相違あるまい。清盛に捨てられた薄幸の白拍子《しらびょうし》義王《ぎおう》(妓王)や仏御前の物語も、清盛の薄情さに追い打ちをかけている。『平家物語』の仕掛けとわかりつつも、超えられないワナが文学の強みなのだろうが……。

それはともかく、何故に清盛の平氏が劣勢なのか。一つは当然ながら敗者になったから。源平の争乱では頼朝の源氏が鎌倉幕府を樹立、勝者の地位を与えられる。歴史は勝ち組により延ばされるという側面はあるにしても、記憶に定着した〝平家史観〟の正体とは何であるのか、このことを考えるキーワードは〝貴族化〟云々ではなかったか？ 勤労尊重主義は別段近世の二宮金次郎だけの特権ではないにせよ、近代以降の国民が共有する価値とは貴族的特権へのネガティブ性にあったことは否めない。『イソップ物語』のアリとキリギリスの話もそうだ。「働かざる者、食うべからず」との発想だ。その点では平氏の王朝貴族化との解釈は史実レベルを超えて、近代以降に人々が共有した観念が強く作用していたのではなかったか。

「源氏史観」

これは当然、源氏の鎌倉・東国観にも影響を与える。素朴、質実、剛健さと合致させながら、「名こそ惜しけれ」との美風が健全さの象徴として定着する。〝源氏史観〟とも呼称しうるものの、厄介さはヨーロッパ的進歩史観と同居していたことであった。つまりは、西欧流の歴史観にあっては、ギリシア・ローマの古典古代の征服者として、東方からのゲルマン社会があげられる。それを媒介として、中世的封建制が誕生する。封建制の存在は先進ヨーロッパが体験した正の遺産だったのである。こんな観点を近代日本の歴史家たちは日本にも当てはめようとした。鎌倉の武家政権は、その点では、粗野だが卑ではない西欧的世界との類似性演出に大いに役立った。源氏の鎌倉は我が国での中世社会の立役者との解釈が広がった。平氏の清盛は当然だが分が悪くなった。

一昔前までの教科書では鎌倉の武家政権の樹立をもって中世の始発としていた。ご記憶の読者も少なくないはずだ。けれども昨今は、この平氏の時代をふくめ院政期あたりが、中世の成立の段階と解釈されている。

そのあたりの深い意味を考えることが、清盛の評価にもつながってくる。というのも、「平氏が貴族化した」「貴族の政権は古代的だ」「それ故にこの古き半貴族的権力は新しく東国が育んだ武士の勢力にとって代わられた」、こんな図式だろう。つまりは勝者たる源氏の鎌倉は新しく、敗者たる平氏の京都は古い、その新旧交代の論理が平氏政権には観念として付着した。この点に関して『平家物語』に特段の責任があるわけでもない。

けれども、この考え方は本当に正しいのか、武士と同じく貴族も(平氏も)自己変革をしつつあったわけで、昨今の成果では貴族化した平氏も中世的世界に同化していた。要は鎌倉の勢力も、王朝の胎内で軍事貴族化した平氏の政権も、両者の基盤は荘園・公領制というシステムを土台とした点で共通する。

主題としての清盛を考える前提として平氏政権の位置づけについてみてきた。以下。本題の清盛に移りたい。

ここでは二つのテーマに絞りたい。一つは後白河を幽閉して負のレッテルを押された清盛の言い分である。もう一つは、これまた清盛の専横に数えられる福原遷都についてである。ともどもが、後世の評価は分かれる。独断や専横の語感には「悪」というイメージが付着する。当然ながら政治情勢の流れからの選択という面もあり、反論・反対を封じ込めての強い意思が政策に反映された。それが将来を見据えた政治構想の一環であることも。清盛個人が背負わされた「猛き人」としての「悪」の裏側をのぞいておこう。

後白河幽閉問題

一一七九（治承三）年十一月、清盛は後白河院の院政を停め、鳥羽殿に幽閉する。平氏打倒の陰謀事件（鹿ヶ谷《ししがたに》の変）から二年後のことだった。未然に終わったこの事件は院近臣の藤原成親《なりちか》・平康親《やすちか》らの平氏討伐の気運によった。背景には後白河がいた。清盛が公卿を経て太政大臣となったのは、この鹿ヶ谷事件の十年前、一一六七（仁安二）年のことだった。しばしば「平家、世を取って二十年」などと謡曲《ようきょく》（例えば「敦盛《あつもり》」）などで語られているように、軍事貴族としての地位を獲得して、公家社会で急速に台頭した清盛は新参者だった。後白河院の側近たる近臣にとって、武力を有した清盛への警戒感が強まる。後白河個人については寵愛する建春門院滋子《けんしゅんもんいんしげこ》（高倉天皇の母、清盛の妻時子の妹）の存在は大きかった。清盛との媒介役だったからだ。だが、彼女の死去（一一七六〔安元二〕年）で事情は変わった。彼女の死後、後白河と清盛の人事や所領絡みの対立が激しくなる。

院政の特色の一つは身分秩序を流動化させた点にあった。とはいえ、中世後期の下剋上《げこくじょう》のような垂直方向での上下身分関係の逆転ではない。そうではなく、平安末期以来の貴族層内部の官職秩序の固定化に対しての流動性である。その点では鹿ヶ谷事件の清盛への反発も院近臣という平氏と同じく、急速に台頭した新興の貴族たちによる平氏への〝近親憎悪〟が背景にあった。

院近臣を抜擢《ばってき》しつつ王権を維持する後白河院にとって、建春門院亡き情況下にあって清盛への対抗から勃発したクーデタ（幽閉事件）だった。院側の理不尽な政勢に対し、一門の危機を救うための清盛による強硬な算段でもあった。策謀家後白河院の力を〝封印〟することで院政という政治システムを無力化する。極論すれば、玉（高倉および安徳天皇の両者）を保持する清盛にとって、王朝本来の天皇親政への回帰もはかられていたと推測できる。かつて清盛は、平治の乱後に院政を志向する父の後白河院と対立した二条天皇（親政派）とも近かったことを考え合わせれば、この後白河院の幽閉事件についても、天皇親政を擁護・推進する方向からの解釈も考えるべきであろう。となれば、清盛の「悪」の意味合いも変わるはずだ。それは後白河院とは別個に平氏が樹立した王朝（王権）を自らの力で達成することのステップともいえる。不幸にして内乱の勃発と自身の死でこの構想は途上半ばで終わることになったのだが。高倉・安徳という至尊を育て上げることで、鎌倉政権とは異なる王朝の胎内で形成される権力を構想したのではなかったか。

その構想を考えるヒントが福原遷都の問題である。

福原遷都

清盛は多くの王朝貴族たちの反対を押し切って摂津福原に都を遷《うつ》した。一一八〇（治承四）年六月のことだ。遷都のプロセスその他は『平家物語』をはじめ多くの貴族たちの日記に語られているとおりだ。だとしても、何故に福原であったのか。平氏一門は京都の出入口を扼する六波羅に集住していた。清盛も自身は西八条邸に居住し、平家の宗帥として重きをおいていた。摂津福原は大輪田泊（兵庫）に近く、日宋貿易での拠点でもあった。平安京に比べ四分の一程度しかないと推測される遷都強行策の裏事情はどんなものだったのか。

本来、福原の地は、清盛の出家・隠居《いんきょ》後の別宅だった。清盛の治承四年二月の太政官解状には「遁《とん》世《せい》隠居の幽居」と見える。一一六八(仁安三)年、重病で出家した清盛は摂津のこの地を選んだ。『平家物語』などでは、大輪田泊での日宋貿易はこの数年前より進められていたとある。福原・大輪田泊の両地は前後する形で開発が進められたにちがいない。その福原への遷都は十数年後のことだった。混乱の極みのなかで都遷りに清盛の強権が発動された。一般には南都《なんと》・北嶺《ほくれい》をふくむ寺社勢力との対立も手伝って遷都が断行されたとの説明がなされている。間違いではむろんない。けれどもさらなる理由も考えられるという。近年の研究によれば、安徳帝の即位にともなう遷都という考え方だ。平城京から平安京への遷都の先例からすれば、皇統の分岐には遷都があった。天武系の都平城京から天智系の桓武へと皇統の変化にともなう遷都を先例にすれば、高倉―安徳朝とはまさしく平氏をバックにした新王朝に他ならない。清盛にとって、畿内の西端に位置し、かつて自身も土地勘のあるこの地は好都合ともいえた。

寺社権門との対立を避けるための緊急避難的発想で解釈され、その故に福原遷都も消極的な面からしか解釈されてこなかった。けれども右のような考え方を視野に入れるならば、清盛の積極的姿勢が見えてくる。新たなる政権樹立にむけてのスタンスである。おそらくそれは、日宋貿易を射程に入れれば海洋国家に似た構想もあったのかもしれない。経《きょう》ケ《が》島《しま》の建築工事をふくめ、宋船の瀬戸内海への呼び込みなど、新規事業に向けての大陸への強い関心が背景にあった。

この未来志向とでもいえる清盛の考え方とともにおさえるべきは、福原の地が宿す記憶だろう。

結論を先取りすれば、ここは『源氏物語』の香が漂う須磨《すま》に位置した。その『源氏物語』の再生の場とも同居する場が福原だった。この場合、史実云々には直接関係はなくともである。『源氏物語』は『平家物語』以上に虚構の文学だろう。〝かくあった〟〝かくあってほしい〟と王朝人が共感する『源氏物語』への想い。歴史的記憶のなかには、史実として共有化した記憶もあれば、観念としてのそれもある。そして観念であるが故に強固な実在性をもって、人々の記憶に定着することもある。

清盛による福原遷都の〝なぜ〟(理由)を推測するならば、右のような解釈も可能だ。平安末期の王朝貴族たちにとって『源氏物語』は自身を語るアイデンティティだった。光源氏の流謫《るたく》の地とされる須磨には王朝の記憶がしみついている。清盛はその地を遷都の場として選択した。

「悪」を超えた強さ

〝貴族以上に貴族らしく〟清盛と平氏一門が熱望した想いは、あるいは、この部分だったのかもしれない。軍事貴族とはいえ、王朝の一員として同化するための切り札をどこに求めたのか。『源氏物語』が記憶化された須磨・福原は、憧憬的要素が付着していた。〝成り上がり者〟たることのイメージは清盛の父忠盛の「殿上闇打ち」からも推測できる。身分・家柄の格差社会でもあった王朝世界にあって、力により自己と一門の運命を切り拓いてきた清盛にとって、血脈を介しての新王朝樹立の条件が整っていた。そして、そこで必要とされたは、自身のルーツ(家柄)もさることながら、それを支える論理だった。

ちなみに源氏の頼朝の場合、源家の家人たちが共有した記憶は前九年・後三年の役という奥羽という場であった。鎌倉の政権は自己の存立の正統なる記憶を〝戦争〟あるいは〝征夷〟という武力に求めた。対して清盛の平家は、光源氏による優雅さの貴族風味に求めた。平氏はその点では官職と親和的で貴族化の途を是とすることで、王朝権力を吸引する形での武家政権を目指した。

清盛は正盛以来の伊勢・伊賀を基盤とした地下レベルの武家であった。その点ではたしかに〝成り上がり者〟だった。なればこそ、京都王朝内部での台頭には尋常の力以上が要請されたのだろう。清盛の「悪」もそうした点で既存の秩序や体制への挑戦者、闘う軍事貴族に与えられた宿命でもあった。強靱な精神力で一門を公家社会において浮上させるエネルギーの強さこそが清盛の「悪」の本質ということになる。

1127-92
院政を行い、平治の乱以後は、平氏や源頼朝などに対応、動乱の世を主導した。

後白河院

…ごしらかわいん…

朝廷を生き残らせた謀略家

永井 晋

後白河院(後白河法皇《ほうおう》)は、天皇に即位してすぐに起きた保元《ほうげん》の乱(一一五六年)から上洛した源頼朝《みなもとのよりとも》と対談して天下泰平を宣言した一一九〇(建久《けんきゅう》元)年まで、動乱の時代を朝廷の中枢で指導しつづけた公家政権側を代表する政治家である。後白河院は、平清盛《たいらのきよもり》・木曽義仲《きそよしなか》・源頼朝と次々に台頭する武家と政治的な駆け引きを繰り返し、京都の政権の実力を武家に認めさせた。稀代《きだい》の政治家である。

後白河院の第一の功績は、鳥羽院政期に表面化を始めた天皇家の分裂と内訌《ないこう》を後鳥羽《ごとば》天皇を正統な天皇として認めさせることで収斂《しゅうれん》し、武家の時代に向かって流れていく大きな潮流の中で京都の政権を維持したことである。後白河院の寵姫《ちょうき》建春門院《けんしゅんもんいん》の義兄平清盛はその人柄をよく知った上で駆け引きを続けたが、後白河院と接点を持たない木曽義仲や源頼朝には権謀術数に長《た》けた油断のならない人物と認識されていた。現実的には武家が圧倒的に有利な状況になっているにもかかわらず、武家が京都の政権を警戒して積極的に関わるのをためらったのは、後白河院の存在感の大きさ故である。

稀代の政治家か歴史に残る暗君か

⊙後白河院を批判する人々

後白河院は、毀誉褒貶《きよほうへん》の激しい人物である。後見人をつとめた当代一流の学者信西《しんぜい》入道(藤原通憲《みちのり》)や、藤原道長の時代を理想と考える摂関家の九条兼実《くじょうかねざね》は、後白河院を「暗愚《あんぐ》の君」と評した。これは、天皇らしからぬ振る舞いをする逸脱をした人という意味である。政治を「まつりごと(政事)」と読む祭政一致の国政運営を理想とする公家の視点から、日本国の代表として神仏と向かい合う国王に相応しからぬ人物として眉をひそめた。中世の芸能史上の貴重な資料『梁塵秘抄《りょうじんひしょう》』も、詩歌管弦《しいかかんげん》(漢詩・和歌・雅楽)を教養とする文人貴族からみれば、卑賤な雑藝《ざつげい》であった。今様《いまよう》に熱中して声を嗄《か》らす後白河院の姿は、公家の意識からは理解しがたいものであった。

一一八五(文治《ぶんじ》元)年十一月、源頼朝は後白河院が弟義経《よしつね》に頼朝追討の宣旨《せんじ》を与えたことに怒りを隠さず、「日本一の大天狗」と罵った。源頼朝は自分たちに非のないことを御家人達に示すため、あえて御家人の面前で後白河院を痛烈に批判してみせた。後白河院は、政治家として平家一門を率いるには善人すぎる平宗盛《むねもり》を翻弄《ほんろう》して平家を都落ちに追い込み、都の政治に馴れない木曽義仲には辣腕《らつわん》の限りをつくして孤立から滅亡へと追い込んでいった。しかし、源頼朝には朝廷の事情に詳しい切れ者の側近大江広元《おおえひろもと》がついていた。平氏が滅亡した一一八五(文治元)年から一一九二(建久三)年に崩御するまでの政局は、後白河院と源頼朝の熾烈《しれつ》な駆け引きとなった。

⊙後白河院を支える人々

後白河院は信頼の置ける側近や有能な官人たちに囲まれていたので、守らなければならないと考える人々は徹底して守りぬく情の厚さを見せた。後白河院が最も信頼したのは、寵姫建春門院平滋子《しげこ》とその弟権中納言平親宗《ちかむね》である。建春門院が賢い女性であったことは、女房として仕えた中納言(藤原定家《さだいえ》の姉)が書き残した随筆『たまきはる』によって伝えられている。また、醍醐三宝院《だいごさんぼういん》の勝賢《しょうけん》僧正や鹿ヶ谷《ししがだに》事件(一一七七年)で住房を密談の場所として提供した静賢《じょうけん》僧正など、平治の乱で倒れた信西入道の子供たちは寺院社会の中で後白河院を支える立場をとっていた。建春門院崩御の後に寵姫となった丹後局《たんごのつぼね》(高階栄子《たかしなえいし》)とその一族高階泰経《やすつね》、後白河院の知行国を管理する財務官として公卿に昇進した藤原俊盛《としもり》、源頼朝が支援する関白九条兼実に対抗するため後白河院に接近した摂関家の嫡流近衛基通《このえもとみち》など、院に寄り添うことで勢力を維持しようとする公家も有力な支持基盤となっていた。後白河院は激しい権力抗争の世界に身を置いたので、政敵によって失脚に追い込まれた側近たちを復活させることに努力を惜しまなかった。後白河院の側近には権力抗争で没落した廷臣が少なくないが、源頼朝と対決した最末期まで生き残った側近は、希代の幸臣とよばれる栄達や富を築き上げた。

後白河院は、敵に回した人々からみれば天皇としての品位にかけた暗君であり、支え続けた人々

❖摂関家略系図

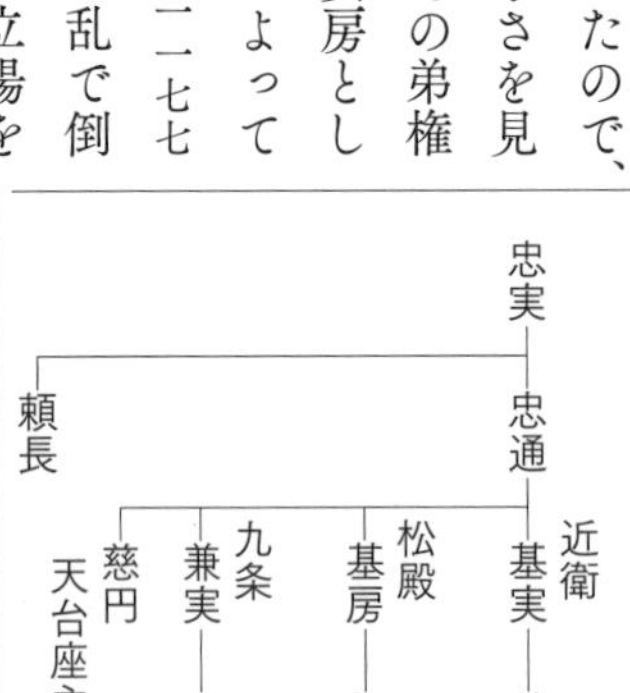

から見れば公家政権を守り通した名君であった。この強烈な二面性が、後白河院に対する評価を二分させていく大きな要因である。

勲功第一は頼朝

⊙以仁王と義仲の否定

一一八二(寿永《じゅえい》元)年に南都を脱出した高倉宮以仁王《たかくらのみやもちひとおう》の遺児北陸宮を保護したことで、木曽義仲は平氏政権から最も危険な存在とみなされるようになった。義仲は一一八二年・一一八三年と二度にわたって派遣された朝廷の追討使《ついとうし》を破り、一一八三年六月一日の倶利伽羅峠《くりからとうげ》の戦いで優勢がはっきりすると、七月二六日には平氏が都落ちした後の京都を占領した。義仲の入京により、木曽義仲・源頼朝以下の諸国の源氏は朝敵を解除され、都落ちした平氏が賊軍となった。

朝廷は、官軍となった源氏の人々に恩賞を与えるべく、叙位《じょい》・除目《じもく》(人事異動)の準備を始めた。この時、後白河院から、恩賞は頼朝第一・義仲第二・源行家《ゆきいえ》第三の順とすると意表を突く発言がでた。鎌倉の頼朝と北陸宮を擁して戦った義仲は別の勢力であり、都に進出した義仲こそが第一の功労者である。しかし、後白河院は、今回の成果を「頼朝造意(頼朝の計画)」と主張し、除目の準備をしていた人々を困惑させた。この混乱の中で、北陸宮が即位するためには最も重要な条件となる高倉宮以仁王を謀反人の罪科から解く名誉回復が忘れ去られた。後白河院は，この平氏追討の勲功賞をめぐる混乱の中で一一八〇(治承四)年の以仁王事件と木曽義仲入京を別の事件として切り離すことに成功した。

⊙高倉宮以仁王のこと

一一八〇(治承《じしょう》四)年五月、高倉宮以仁王は後白河院の第二王子という立場で反平氏政権の挙兵をしたと以仁王令旨《りょうじ》には書かれている。この令旨が本物であるか否かという問題は脇に置くとして、後白河院は以仁王が八条院の名前を表に出さないために自分の名前を使って事件を起こした強弁に気付いていた。後白河院と八条院は兄妹であるが、八条院は鳥羽院・美福門院《びふくもんいん》の娘として近衛《このえ》天皇・二条《にじょう》天皇・六条《ろくじょう》天皇を支えてきた鳥羽院嫡系の中心人物である。後白河院の側は、信西入道が政権の中枢で活躍している時代から集まってきた人々を束ねた後発の派閥である。以仁王が八条院の猶子《ゆうし》(財産相続権のない養子)となり、以仁王の娘が養女となって八条院領を継ぐ者と考えられていたことは、後白河院の子でありながら、八条院の側に属したことを意味する。後白河院は鳥羽院嫡流の派閥に取り込まれていない高倉・安徳《あんとく》を擁立する立場をとったので、以仁王は警戒すべき存在となっていた。その以仁王が後白河院の王子として事件を起こしたことは、周囲の人々を驚かせるに十分な出来事であった。後白河院が以仁王のみを罪人として残したのは、自分の名前を騙った許すことの出来ない子と考えていたためであろう。

同じように後白河院は保元の乱(一一五六年)で藤原頼長《よりなが》と組んで敵に回った兄崇徳《すとく》上皇を生涯許していない。後白河院は讃岐国に流した崇徳院に対して天皇家の人々に与えるべき礼遇を与えない非常な態度を取ったので、憤った崇徳院は「日本国の大魔縁にならん」といい放ったと京都から讃岐国の配所に赴いた元の部下が伝えている。京都の人々は、何か悪いことがあると崇徳院怨霊の仕業と語ったので、崇徳院は日本史上最大の怨霊として語り継がれるようになった。以仁王の場合は、八条院の周囲の人々が彼の遺児を保護し、長子真性僧正は天台座主となった。八条院が御所に引き取って育てていた道尊僧正は、後白河院の皇子で仁和寺《にんなじ》御室をつとめた守《しゅ》覚法親王《かくほっしんのう》の弟子となり、真言密教広沢流の安井門跡を成立させた。以仁王の遺児は、周囲の人々から暖かく守られて京都で生活をしたため、以仁王が怨霊として語られることはなかった。

天皇家系図（丸数字は天皇の歴代）

- (74)鳥羽
  - (75)崇徳《すとく》
    - 重仁親王
  - (77)後白河
    - (78)二条　美福門院養子《びふくもんいんようし》
      - (79)六条
    - 以仁王　八条院猶子《ゆうし》
      - 真性　天台座主・城興寺宮《じょうこうじ》
      - 道尊《どうそん》　八条院養子・安井門跡
      - 三条姫宮　八条院養子
      - 北陸宮
    - (80)高倉
      - (81)安徳
      - 後高院
      - (82)後鳥羽
    - 守覚法親王　仁和寺御室《おむろ》
    - 殷富門院《いんぷもんいん》
  - (76)近衛
  - 八条院

話を戻すと、後白河院には以仁王の遺児を擁する木曽義仲に好意を持つ理由がなかった。後白河院には義仲の功績を相対化させる必要があり、そこで持ち出された理屈が治承・寿永の内乱を頼朝事件の企てと主張する「頼朝造意」である。以仁王挙兵と

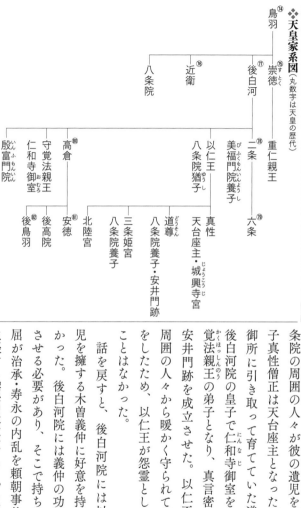

その後の内乱を切り離し、東国の内乱は頼朝が計画したことと見なすことにより、義仲の挙兵は諸国源氏の挙兵のひとつにすぎなくなった。

そうはいっても、木曽義仲の軍勢が京都に駐留し、洛中の治安維持にあたっていた。後白河院から義仲を挑発する方針を示された公卿は、翻意を促すべく修正案を提示して再考を求めたが、説得することはできなかった。

人事権を駆使した離間策

⊙義仲と行家の離間

平家一門が安徳天皇を擁して西海に逃れた後、後白河院は四宮（後の後鳥羽天皇）を即位させようと考えた。このことは、八条院の女房中納言局（藤原定家姉）が、後白河院が八条院御所を訪れて対談した時の会話を回想録『たまきはる』に書き残したことで今日に伝わっている。後白河院の木曽義仲潰しは、入京した義仲の軍勢を分断すべく楔《くさび》を打ち込んでいく初期の段階と、八条院が北陸宮を支持しないことを確認した後に始まる本格的な揺さぶりの二段階に分かれていく。

後白河院が、義仲と彼と共に入京した軍勢との間に楔を打ち込むのは平氏追討の論功行賞の時から始まっている。平氏を討った木曽義仲が北陸宮の皇位継承を主張するのは予想されることなので、その前から義仲に対するゆさぶりを始めていたのである。

一一八三（寿永二）年七月三十日、後白河院の意向のもとに平氏追討の論功行賞の方針が示された。

源頼朝には京官（中央の官職）・任国（国司の兼任）・加級（位階の昇進）、木曽義仲には任国（国司補任）と叙爵《じょしゃく》（無位無官に従五位下の位階を授ける）、源行家には任国と叙爵（正六位上の位階を持つので従五位下への昇進）という内容であった。源頼朝は一一五九（平治《へいじ》元）年十二月の除目で左衛門権佐従五位下の官位を授かっているので、従五位上への昇進と、八省の少輔や諸寮の頭への補任、国守の兼任という一番手厚い内容になる。木曽義仲は武蔵国比企《ひき》郡大蔵（埼玉県嵐山町）に産まれて信濃国の木曽谷で成長したので、官位を得る機会がなかった。無位無官から従五位下を授けられ、国守に補任されるのが抜擢であることは間違いない。ただ、この官位は源行家と並ぶことになった。朝廷は、補任する国の等級（国司には大国・中国・下国の等級がある）によって義仲が上席であることがわかるように配慮すると説明した。源行家は正六位上の位階と八条院蔵人の役職があるので、無位無官の義仲に上席に座られるのが面白くなかった。当時の表現でいう「超越（同等・下位の家格の人に官位を追い越されること）」の恥辱を受けたと憤った。一方、義仲は行家を軍勢も領地も持たない客将と考えていた。しかし、行家には義仲に庇護されたという意識がなかった。朝廷は、八月十一日の除目で木曽義仲に従五位下の位階を授けて左馬頭・越後守に補任し、源行家を従五位下に昇進させて備前守に補任することで両者の差を明確にした。これに対し、行家は館に閉じこもる閉門籠居《へいもんろうきょ》の姿勢を示すことで抗議した。この日以後、二人は京都にいながらそれぞれの判断で動くようになった。後白河院の出した提案が、義仲と行家を分裂させたのである。

次に、義仲と頼朝の関係を見ていこう。源頼朝は、上洛できないことを理由に官位昇進の権利行使を留保する「追って、申請すべし」の適用を求める回答をした。源頼朝は、義仲との序列争いを回避し、義仲が暫定的に上位の官位にあることを黙認したのである。頼朝は、木曽義仲を滅ぼした一一八四(元暦《げんりゃく》元)年まで、官位の申請を行わなかった。

⊙義仲支持勢力の解体

義仲・行家への処遇が決まったことにより、義仲と共に上洛した人々に対する恩賞が八月十二日に行われた。以仁王事件で主力となった摂津《せっつ》源氏源頼政《よりまさ》の子頼兼《よりかね》が大内守護に復帰し、一一八〇(治承四)年十月の富士川合戦の後に遠江《とおとうみ》国を実効支配した安田義定《よしさだ》が遠江守に補任され、従五位下の位階を授かった。安田義定も無位無官からの抜擢なので、源行家以上の厚遇を受けたことになる。

彼らは、恩賞を貰うと義仲との間にあった共通の目的を達成したと考えた。源頼兼は、摂津源氏の棟梁《とうりょう》として、大内守護を勤める京の武者に戻った。美濃《みの》国に進んだ源行家に合流して伊勢《いせ》・伊賀《いが》国の平氏与党と戦った美濃源氏の人々も、京都に常駐して後白河院に出仕する京の武者に戻った。遠江守を授かった安田義定は、朝廷と源頼朝の双方から遠江国の管理を委される地位を得たことになるので、「郎党、国中に満つ」といわれる遠江国の実質的な支配者になっていった。論功行賞を機に、木曽義仲と共に上洛した人々は、それぞれの立場に戻っていったのである。

同じ頃、後白河院は、院御所に出仕する京の武者の再編を始めた。摂津源氏多田《ただ》行綱《ゆきつな》や源頼兼、美濃源氏土岐《とき》一族をはじめとした平氏政権の時代に逼塞《ひっそく》していた畿内近国の源氏が京都に戻ってきたので、彼らを院政政権を支える武家として登用し始めた。その供給源が、義仲と共に戦った人々であることは間違いがない。平氏を破った義仲の軍勢は、一月とたたない内に後白河院によって蚕食され、軍勢としてのまとまりが乱れ始めていた。

やや先の話になるが、一一八五(文治元)年四月十五日、源頼朝は平氏追討を終えて東国に戻る武士が京都に立ち寄って官位を授かる人が多いことに気づき、無断で任官した者は墨俣川《すのまたがわ》を渡って東国に帰ることを禁ずると命令をだした。義仲の失敗を意識した上での命令であった。

日本一の大天狗

⊙頼朝の激怒

一一八五(文治元)年十一月十五日、後白河院の側近高階泰経の使者が鎌倉に到着した。泰経の使者は、源頼朝とその義弟一条能保《よしやす》に宛てた書状二通を持参し、頼朝宛の書状は一条能保を通じて渡された。この書状を読んだ源頼朝は、次のような返事を書いて高階泰経の使者に投げつけ、激怒を露わにした。以下の文章は、『吾妻鏡《あずまかがみ》』に収録された頼朝書状を意訳したものである。

行家・義経が謀叛を起こしたことは、ひとえに天魔の所為であると(後白河院は)仰せになる。まったく、根拠のないことである。天魔は仏法の妨げをなし、人倫を煩わせるものである。頼朝は、数多の朝敵を降参させ、世務を君(後白河院)に任せられるまでに内乱を鎮めた。どうして、たちまちのうちに反逆に（立場を）変じようか。（源義経の奏上により）たいした御考えもなく、（頼朝追討の）宣旨を下された。（だから、今になって）義経や行家を召し捕るために諸国（の国衙や惣追捕使《ついぶし》）に多大な出費をさせ、人々の生活を苦しめることになるのだ。よって、日本一の大天狗とは、他の者ではないのではない（貴方のことではないのか）。

頼朝は、ようやく平氏追討を終わらせて戦乱を終わらせたのに、新たな戦いの火種をつくることになった後白河院の対応に憤りを隠さず、「日本一の大天狗」と罵った。ここから、後白河院と源頼朝の決裂が決定的なものとなる。この書状にいたる経緯を見ていこう。

一一八五（元暦二）年三月二四日、源頼朝が西海に派遣した追討使源範頼《のりより》・義経兄弟は、壇《だん》ノ浦《うら》合戦で平氏を滅ぼした。この遠征は、安徳天皇が三種の神器《じんぎ》を伴って還御《かんぎょ》するように平氏を帰順させることが目的なので、安徳天皇が戦場に倒れ、三種の神器のひとつ天叢雲剣《あめのむらくものつるぎ》が海没したことは遠征の失敗を意味する。ただ、平氏の軍勢を壊滅させて内乱を終熄させたので、全くの失敗ではないが、本来の目的は達成していない。この合戦の後、四国遠征軍の総大将源義経と軍奉行梶原景時《かじわらかげとき》の間にあった確執が表面化し、梶原景時や源義経と共に戦った御家人たちから義経の独断専行を糾弾する報告が次々と鎌倉に送られた。源頼朝は、壇ノ浦合戦が終わった後の四国を義経に、九州を範頼に管轄させて新たな占領地の治安回復を行おうとしたが、義経は九州の治安回復にも口を挟み、範頼との間にも対立を引き起こした。戦後処理が新たな混乱の火種になりつつあると判断した源頼朝は、義経に対して壇ノ浦合戦の生け捕りを伴って帰京を命じ、範頼に対しては九州の治安回復と共に、海に沈んだ宝剣の探索と、平氏の襲来を恐れて高麗国《こうらい》に亡命した対馬守《つしまのかみ》藤原親光《ちかみつ》の帰還手続きを進めるよう命じた。義経はこの帰京を凱旋《がいせん》と考えていたが、頼朝が行ったのは追討使の権限を剥奪した帰還命令であった。この状況を観た後白河院は、頼朝・義経の間に入って攪乱《かくらん》を始めた。

状況を認識していない義経は、京都で凱旋将軍として振る舞った。後白河院とその側近は、源義経を英雄として迎えた。京都に駐留する義経は、鎌倉にいる源頼朝の憤りの深さを想像することができなかった。義経が頼朝が本心から怒っているのを初めて認識したのは、平宗盛以下の平氏の捕虜を鎌倉に護送する準備に入った五月七日のことである。義経は源頼朝の怒りを解くべく起請文《きしょうもん》を鎌倉に送ったが、時既に遅かった。頼朝は既に、梶原景時をはじめとする多くの御家人が送った義経の専横を訴えた報告を読んでいた。

⊙義経問題をめぐる対立

しかし、後白河院は、鎌倉から見限られつつある義経が京の武者として新たな勢力を築くことを期待し、引き立てる立場を変えなかった。京都の情勢に不穏なものを感じた頼朝は、義経の配下となって西国で戦った御家人達に対し、義経の命令に従わないように指示した。鎌倉を追放され、四国遠征軍の指揮権を剥奪された義経のもとに残るのは、直属の部下と藤原秀衡《ひでひら》が附けた郎党や木曽義仲の旧臣などわずかな人々のみであった。

一一八五(文治元)年八月十六日、源義経は伊予守に補任された。これは、源頼朝が義経に対する恩賞として一度は奏上したが、決裂が明白になったことで申請を取り下げたにもかかわらず、後白河院が変更の手続きが間に合わなかったと強弁して強行した人事であった。義経には頼朝の意向を考えて辞意を表する選択肢もあったが、この除目を受け入れた。この判断は、源義経が後白河院に属する武者であることを明白な形で周囲に示すことになった。後白河院の側近たちは、源義経と距離をとらない交流をした。自らの力で勢力圏を築いた鎌倉の源頼朝と、後白河院の御所に出仕して勢力回復をはかる源義経・源頼兼・多田行綱などの京の武者、独立した勢力として存在を維持する奥州の藤原秀衡といった人々が諸国の武者を束ねる方向で地方武士の再編が進むことを京都の人々は望んでいたといえよう。後白河院によって守られる源義経の目には、八月四日に謀叛の嫌疑をかけられて鎌倉との絶縁に追い込まれた叔父行家の苦境が写っていなかった。九月十八日、源義経は院昇殿を許され、後白河院の殿上人《てんじょうびと》に名を連ねた。

十月十七日、京都の街中で源頼朝が義経暗殺のために上洛させた刺客土佐坊昌俊《とさのぼうしょうしゅん》が堀川の館を襲撃して失敗した。この事件の翌日、源義経が朝廷に言上していた源頼朝追討の宣旨が下されている。ここに、両者の対決は不可避となる。後白河院は、源頼朝に対して京都に駐留する源義経の要求を拒みきれなかったと弁明する一方で、後白河院の側近たちは源義経を応援していた。

源頼朝が上洛してこの事件を解決したいと考えても、奥州の藤原秀衡と和解しない限りは無理であった。話は遡るが、一一八〇(治承四)年十一月の佐竹合戦で、源頼朝はだまし討ちにも近い形で佐竹氏を一方的に討った。佐竹氏の生き残りは奥州に逃げ込んで藤原秀衡に保護され、翌一一八一

(養和《ようわ》元)年には奥州藤原氏の支援を受けて常陸国に攻め込む第二次佐竹合戦が起きている。これ以後、源頼朝と奥州藤原氏はにらみ合ったままの状態が続いている。そこで、源頼朝は上洛すると脅しをかけるため、駿河《するが》国まで出陣してみせた。この動きが京都に伝わるだけで、木曽義仲滅亡後に源義経の郎党となった斎藤友実《ともざね》が、使者に赴いた庄忠家のもとで殺される事件が起きた。また、源範頼の養父高倉範季《のりすえ》の子範資《のりすけ》は在京する範頼の郎党を率いて京都を離れた源義経の一行を追撃したので、摂津国の大物浦《だいもつのうら》に逃れていた義経の一行は戦わずして、散り散りになった。

源頼朝が、後白河院を「日本一の大天狗」と罵ったのは、義経の企てが失敗したことが明らかになった時期である。後白河院は、源義経に目をかけて頼朝に対抗できる京武者に育てようとしたが、鎌倉に本拠地を置いて動かない源頼朝は、奥州の藤原秀衡が地元の豪族を独自に編成した例に倣い、重代の家人に新参の人々を加え、頼朝のみを主人と仰ぐことを義務づける御家人制とよばれる新たな主従関係の枠組みを創り上げていた。頼朝のもとに集まったのは、郎党が主人を選ぶ従来の主従関係を否定した新たな主従関係を受け入れた人々であった。彼らを頼朝から切り離すのは難しく、後白河院は手痛い読み違いをしたことになる。

文治の守護地頭と後白河院の巻き返し

⊙文治の守護地頭

十一月二八日、源頼朝の舅《しゅうと》北条時政《ときむね》は、名代として上洛し、後白河院が指名した権中納言吉田経房《つねふさ》と鎌倉幕府の守護・地頭制度の最初の形となる権限委譲の交渉を成立させた。この時の交渉で成立した文治の守護・地頭の制度は、源頼朝が治承・寿永の内乱の中で戦時下の非常大権として獲得した権限を、平時の制度へと移行させていくための最初の交渉となった。守護・地頭の制度を京都の政権に承認させたことで、鎌倉幕府は戦時・平時を問わない恒常的な組織として存在が認められたことになる。

北条時政の上洛で源頼朝が獲得した権限は、その後の歴史を変えていく大きな節目となるものであった。なぜなら、平安時代から地方の反乱を鎮圧するために任命された追討使・追捕使は何人もいるが、彼らは任務完了を朝廷に報告した時点でその権限を返上し、勲功賞を授かるのが通例になっていた。しかし、源頼朝は彼に従う御家人の権利を守るために、非常時の権限を平時の権限に切り替えることを要求し、源義経挙兵の事件を機にその要求を朝廷に承諾させた。これは、武士の歴史にとって非常に大きな一歩であった。

十二月に入ると、源頼朝は源義経挙兵に関与した朝廷の官人を解任し、頼朝が推挙する人物を後任として任命することを求める奏上をした。文治の廟堂粛清《しゅくせい》とよばれる事件である。この時、後鳥羽天皇の摂政は、平氏・後白河院と親密な関係にある近衛基通《もとみち》から、藤原道長の時代を理想と考えて院政政権に否定的な九条兼実に交代した。源頼朝と九条兼実は後白河院政と対立する立場を取ることで一致点をみるので、両者の連携は共通の敵を持つことによって成立していた。九条兼実が源頼朝と協調して後白河院政を批判する立場を取ることは、後白河院の行動に強い制約をかけることになった。有職故実《ゆうそくこじつ》に詳しく正論を説く九条兼実との議論は、後白河院に京都の政権運営でエネルギーを消費させることになった。

◉しぶとい巻き返し

後白河院は源義経事件の失敗で多くの側近を失脚させることになったが、翌一一八六(文治二)年から廷臣の復帰や守護・地頭の権限縮小を求める交渉で巻き返しを始める。源頼朝の弱点は、治承・寿永の内乱で実力を過信した御家人たちが各地で問題を起こし、訴訟を起こされたことである。

一一八五(文治元)年に源頼朝が獲得したのは、平安時代の惣追捕使を改編した守護《しゅご》制度、土地経営の基本単位である国衙領《こくがりょう》・荘園に置かれた地頭職《じとうしき》のふたつの役職の創設である。守護は一国単位で御家人を指揮する軍事指揮官で、管轄する国の御家人を率いて反乱の鎮圧から大規模な群盗蜂起の鎮圧まで軍事と大規模な治安出動を職務とした。地頭は、地頭職を置かれた土地の治安と安全をはかる警察行為を職務とした。守護は惣追捕使、地頭は国衙の郡司・郷司や荘園の下司職《げすしき》などの役職を改編したものであるが、その役職を任免する任命権が京都の公家から源頼朝に委譲されること、守護・地頭の受け取る年貢が源頼朝の管理下に入ることが、京都の政権としては大きく譲歩しなければならない問題点となった。後白河院は、文治元年の合意で総論としては反対できないが、武家側の引き起こした問題が原因となる裁判などを通じ、正当な理由で源頼朝に権限縮小を求めていくことを積極的に行った。公家や権門寺院も同じ意向であり、後白河院は武士が引き起こした問題の訴状を取りまとめ、次々と鎌倉に送りつけていった。この巻き返しにより、平氏追討の勲功賞として給わった所領を失う御家人、悪質であるとして配流となる御家人が次々に表れた。一一八六(文治二)年三月、後白河院は源頼朝の知行国《ちぎょうごく》越後・下総《しもうさ》・信濃《しなの》の三カ国について年貢納入が滞っている所領一覧を送りつけて、源頼朝に対処を求めている。鎌倉の側から考えると、西国に留まって治安回復の作業を続けている者、逃走する平家一門・源義経・木曽義仲・源行家残党の追捕を続ける者、内乱で荒廃した所領の生産力回復と開発に力を注ぐ者など、平氏との合戦は終わっても、天下泰平の宣言が行うには状況がほど遠く、御家人たちはまだ準戦時体制にあった。台帳で定められた年貢が納入できる状況には、まだほど遠かった。

そのような事に関係なく、後白河院は戦乱は終熄《しゅうそく》したとして所定の年貢納入を求めた。滞納すれば、所領没収や領主交代といった厳しい要求を突きつけた。このような状況に陥った今ひとつの大きな理由には、まだ開発途上の坂東の所領を治める東国の御家人は、所定の年貢を納めていれば現場の管理が委されるので、所領経営の自由度が高かった。しかし、畿内や水運による物資輸送の盛んな西国は京都や奈良から所領経営に慣れた職員や僧侶を派遣することが多く、所領の効率的な経営を行い、住人の持ち込む問題へも適切な対処を行ってきた。そこに、東国の流儀で武力を背景に力づくで問題解決を図ろうと御家人が地頭として入ってくると、先進的な経営に慣れた西日本の所領の管理者は訴訟で御家人を排除しようとした。この対立は短い期間では終熄せず、後白河院は三ヶ月後の一一八六(文治二)年六月には西日本・北陸の三七ケ国で起きた武士の濫妨狼藉《らんぼうろうぜき》を厳しく取り締まることを求めるようにと源頼朝に厳命している。御家人にとっては平氏追討の恩賞として給わった所領を住人との諍いによって失うのは我慢のならない状況かもしれないが、公家も寺院も地頭以外の庄官も新参の御家人を歓迎していないので、裁判によって御家人を追い出すことには積極的であった。後白河院をはじめとした京都の人々は、この方法で一度は大きく後退させた影響力をゆっくりと回復していった。

このような交渉が繰り返されていった結果、守護の権限は謀反人や大規模な群盗・海賊の追捕や大番催促に限定された大犯三箇条《だいぼんさんかじょう》とよばれるものに縮小され、地頭の権限や収入も新規に補任する地頭に適用する新補率法《しんぼりっぽう》に縮小されて安定した。源頼朝は、一一八五年に戦時に限定された平安時代の惣追捕使の権限を平時の制度に移行させる守護・地頭の権限を成立させたが、翌年から後白河院との間で始まった激しいやりとりによって、その権限は大きく縮小した形で制度の安定をみた。序盤は頼朝の圧勝に見えたが、終わって見ると大きく押し戻された結果である。

⦿最後のかけひき

奥州の藤原秀衡が源義経を匿っていることが明らかになってから、源頼朝は奥州遠征を考えていた。そのために、奥州で自由に兵馬を動かせる権限を持つ征夷大将軍《せいいたいしょうぐん》への補任を求め始めた。これは、木曽義仲が任命された先例があるので、当初は義仲の先例にならってという建前で要求が始まった。しかし、後白河院から見ると、佐竹氏をめぐる問題で頼朝と境界争いをしている奥州藤原氏は、源頼朝の抱える弱点のひとつとして交渉上の重要な手札であった。後白河院が、頼朝が上げてきた建前論の申請を許可するわけがなかった。しかし、奥州の藤原泰衡《やすひら》が源義経を一一八九（文治五)年に討ったと聞いて、源頼朝は有力御家人の支持を取り付けて後白河院の許可を得ずに、奥州遠征を強行した。後白河院は、仕方なく、後追いで奥州遠征の許可を与えたが、最後まで征夷大将軍には補任しなかった。源頼朝を掣肘する勢力として奥州藤原氏を存続させることを考えていた後白河院の最後の意地ともいえる嫌がらせである。源頼朝の征夷大将軍補任の手続きは、後白河院が崩御した後に関白九条兼実の手によって行われた。

後白河院は、その晩年を源頼朝との厳しい駆け引きに費やした。そして、京都が源頼朝の思い通りに動かせない世界であることを強く印象づけることに成功した。天台座主慈円が「武者の世」の始まりと定義した保元の乱から建久元年の天下泰平の宣言までの政局の中で、後白河院は京都の政権が政治的に未熟な武家が互角に渡り合える相手ではないことを示し続けた。後白河院の政治手腕により、鎌倉幕府が一目置く京都の公家政権は後白河院崩御後も三〇年存続しつづけることになる。

⦿参考文献

安田元久『後白河上皇』(吉川弘文館、一九八六年)
永井晋『鎌倉幕府の転換点―『吾妻鏡』をよみなおす―』(NHKブックス、二〇〇〇年)
山田雄司『崇徳院怨霊の研究』(思文閣出版、二〇〇一年)
美川圭『後白河天皇―日本第一の大天狗』(ミネルヴァ書房、二〇一五年)
永井晋「以仁王事件の諸段階―嗷訴から挙兵への段階的発展―」(『鎌倉遺文研究』三六号、二〇一五年)
永井晋『源頼政と木曽義仲』(中公新書、二〇一五年)

1154―84
木曽谷で反平氏の兵を挙げた源氏の武将。入京して平氏を西走させるが、頼朝に討たれた。

朝日将軍の罪と罰

木曽義仲《きそよしなか》

関 幸彦

平安末期の武将、源為義《みなもとのためよし》の孫。二歳の時、父義賢《よしかた》が義平《よしひら》(義朝《よしとも》の子)に討たれ、のち、木曽山中で育てられる。一一八〇(治承《じしょう》四)年、以仁王《もちひとおう》の令旨《りょうじ》を奉じて挙兵。一時、関東の源頼朝《よりとも》とライバルの関係となる。対平氏戦では、北国戦線で平通盛《みちもり》を越前で破り、平維盛《たいらのこれもり》を砺波山《となみやま》に夜襲し、平氏を西走させた。一一八三(寿永二)年夏、平氏に代わり入京した義仲は、後白河院と対立、義仲追討の命を受けた頼朝代官源範頼《のりより》・義経《よしつね》の両人により、滅ぼされた。

公式ルートでの義仲の足跡はこんなところだ。しかし、語られざる情報もある。情報源の多くは伝承・伝説の類いだとしてもである。英雄的武人として伝わる義仲像は、例えば義経がそうであるように、『平家物語』の影響が大きい。「歴史」が国民の集団的記憶であるとすれば、取捨された記憶とは、それに値する何ものかを宿しているはずだ。義仲も義経も、ともどもが歴史のなかの敗者たちだった。その悲劇性の故に実像よりは虚像が独り歩きし、記録以上のリアリティを当該人物に与えている。その点で倫理的尺度からは負のレッテルをはられた人物も記憶として鮮明に語られることもある。内乱期という舞台で生きた義仲には、史実からはみ出たエピソードが少なくない。

型破り・破天荒な表情を刻む人物には「悪」が与えられる。つまり秩序への挑戦者として、当該人物の行動の様々を倫理上の尺度から離して、「悪」の語感を付与したのだ。「悪左府」(藤原頼長《よりなが》)、「悪源太」(源義平)、あるいは「悪四郎」(岡崎義実《よしざね》)、「悪七兵衛景清《かげきよ》」等々である。源平争乱期前後の人々だ。同じ内乱期とはいえ、南北朝を材とした『太平記』では、既存の秩序から逸脱した人々は「婆娑羅」(バサラ)と表現される。佐々木導誉《どうよ》がそうだ。さらにそれが中世末期ともなれば、「傾く」からの転化にちなむ「傾き者」(カブキモノ)へとつながる。

義仲の世界を語るための助走が長すぎたようだ。いずれにしても、「悪」には多義的内容がふくまれる。『平家物語』が伝える義仲像には、まさに伝統なり秩序と対抗、反抗する力の象徴が示唆されている。

義仲入京

都入りした義仲は、貴族・都人たちから揶揄《やゆ》される。武力を持たぬ都の人士にとって、平氏に代わる〝主人〟が義仲だった。一一八三(寿永二)年七月、義仲は数万の軍勢で入京する。解放軍として期待を担った義仲もやがて馬脚が顕れる。義仲軍は北国戦線を戦い、雪ダルマのように膨《ふく》れあがった、リーダー不在の寄せ集めの武力集団であった。叔父源行家《ゆきいえ》や義広《よしひろ》(義憲)をはじめ、甲斐《かい》源氏さらに近江《おうみ》源氏あるいは信濃《しなの》・越前《えちぜん》方面からの地域勢力がなだれ込んでいた。「朝日将軍」の異名を有して、頼朝に先んじて都入りを果たした義仲は、平家に敵対する源氏勢力の〝二枚看板〟だった。

一一八〇(治承四)年、伊豆で挙兵した頼朝と同様、義仲は信濃木曽谷で兵を挙げた。同年の八月から九月にかけてのことで、両者の挙兵はほぼ同時期とされる。よく知られるように義仲の父義賢と頼朝の父義朝は兄弟の関係にあった。その義賢は武蔵《むさし》の大蔵合戦(埼玉県武蔵嵐山《らんざん》町)で敗死した。義朝の兄悪源太義平の攻撃を受けて死去した。保元の乱の直前のことだ。幼少の義仲は斎藤実盛の手を介して信濃に逃れることになる。したがって、義仲と頼朝には確執があった。互いをライバルとして意識した。平治の乱後、源氏の義朝も敗北し、東国の源氏勢力は逼塞《ひっそく》を余儀なくされていた。源氏雌伏《しふく》の二〇年は、平氏全盛の時期でもあった。一一八〇(治承四)年の以仁王の令旨は諸国の源氏に伝えられる。その伝令役を担ったのが義仲の叔父行家である。

ちなみに義仲の父義賢は、武蔵秩父の一族の後援もあり、かつて上野《こうずけ》国から武蔵国へとその勢力を拡大させていた。他方、頼朝の父義朝は相模《さがみ》鎌倉を拠点に武蔵へと進出をはかろうとしていた。武蔵大蔵合戦は、この両者による関東の要たる武蔵国の支配権争いでもあった。同族ながら骨肉相食む戦いだった。義仲と頼朝の対抗も世代を超えたライバルといえる。義仲入京以前に関東掌握を目指す頼朝と信濃から上野入りした義仲との間で対立したことがあった。義仲の子清水冠者義高《かじゃよしたか》を人質とすることで対立は回避されたが。倶利伽羅峠《くりからとうげ》の戦い(砺波山合戦)に代表される数々の北国合戦は、義仲の戦術面での力量によった。入京後の義仲の動向は、戦略を必要とする政界での遊泳に配慮を欠く言動がしばしばだった。

京都での義仲

「色白う眉目は好い男にてありけれども、起居の振舞の無骨さ、もの言ひたる詞続の頑《かたくな》なる事限りなし」『平家物語』は義仲の様子をこのように伝える。ここに語られる義仲の姿、色白で男前はそのとおりだったに違いない。だが、挙措振舞に難があったことも事実なのだろう。もっとも、この場面は鎌倉の頼朝の容姿や政治姿勢との対比が語られている箇所でもあり、割引も必要だ。敗者となった義仲と勝者頼朝のコントラストがありすぎる感もしないではない。とはいえ、配慮・思慮が欠落していたことは否めなかった。このあたりは十三歳で都にいた頼朝と、二歳から木曽谷で育った義仲の環境の差ともいえる。義仲の無遠慮さを語るものとして、皇位継承への介入があげられる。以仁王の遺子北陸宮を西走した安徳《あんとく》天皇後の候補へと推戴《すいたい》したことだ。京都占領軍としての強気が義仲の言動の支えではあったにせよ、やはり王朝京都の公家的ルールは遵守されるべきである。そんな思いが貴族たちの気持ちだったろう。

〝空気を読む〟ことが貴族世界の世間相場なのである。とりわけ上皇(院)・天皇を戴く都では、それが強い。後白河院をはじめとした王朝貴族たちにとって、都を離れて西海に赴いたのは平家の一門なのであって、王権の主催者にはいささかの変更もなかった。にもかかわらず、武力という忌避される手段で恫喝《どうかつ》する義仲側の姿勢への批判が日増しに強くなる。そんな情況下での皇位継承への介入だった。けれども手続きの無視はあったにしても、北陸宮推戴云々は筋論からすればあり得ないことではなかった。なにしろ、以仁王の令旨が内乱の始まりだったからだ。後白河院の血脈を継承したこの人物は、仮に敗死していなければ、最大の立役者の可能性もあった。後白河の孫にあたることでは尊成《たかひら》(後鳥羽)も北陸宮も同じだった。だが、すべては治天《ちてん》の君・後白河の聖断力にかかっていた。当然、外野席からの声も様々あった。そんな声の一つだとしても、発言のためのルートもルールは必要だった。都の義仲を揶揄した話は、猫間《ねこま》中納言光隆を「猫殿」と呼び、無礼をなしたこと、あるいは牛車《ぎっしゃ》で参内する義仲の〝にわか都人〟への変身ぶりなど、『平家物語』には〝田舎人〟義仲についての逸話も多い。

法住寺合戦の真実

義仲入京から離京までは半年、都の覇者としての活躍は短かった。義仲の暴挙として挙げられるのが、一一八三(寿永二)年の法住寺《ほうじゅうじ》合戦だ。後白河院の御所法住寺を義仲が攻略、院を幽閉した。義仲の没落のきっかけとなった戦いである。この法住寺合戦の原因となったのは、鼓判官《つづみはんがん》知康の〝二枚舌〟だった。もちろん、遠因は義仲の側にもある。都の治安・警備は義仲の仕事だった。院近臣で鼓の名人平知康は、後白河院の要請を受け、治安責任者の義仲と面会する。が、義仲はこの鼓の名手に〝張り手〟で悪行をなした。打たれ強いかどうかの悪ふざけも度が過ぎた。怒った知康は義仲の行為を〝倍返し〟で伝えた。「義仲嗚呼《おこ》の者にて候。早く追討せさせ給へ、只今朝敵となり候ひなんず」(『平家物語』〈鼓判官〉)。

知康の〝恨み〟〝嫉み〟はかくして院に伝えられ、義仲追討の官符が出された。総大将は当の知康だった。量はともかく質において劣る官軍側は、百戦錬磨の義仲軍のために敗退し、法住寺は占領された。

この時期、後白河院をふくむ王朝上層部では、京都の治安悪化に義仲責任論が取り沙汰され、義仲の行動は白眼視されていた。院および近臣たちと義仲との齟齬《そご》のなかで頼朝への期待値が高まっていく。焦りのなかで義仲は西海の平家一門との連携を打診した。が、失敗する。都入りした武士たちが風を読み、義仲から離れていく。法住寺合戦は四面楚歌のなかでの武力誇示の戦いだった。この戦いで天台座主《ざす》明雲《みょううん》や園城寺《おんじょうじ》長吏《ちょうり》円慶法親王《えんけいほうしんのう》も義仲軍に射殺されるなど、多くの公卿も敗死する。

義仲は後白河院という〝玉〟を手中にしたが、この件は木曽の悪行として関東の頼朝に伝わった。すでに対平氏戦のため、源範頼・義経の上洛軍がその途上であった。

義仲退京

かくして、翌一一八四(元暦元)年正月、義仲は退京を余儀なくされる。勢多《せた》・宇治の両川を範頼・義経軍に突破されるなかで、義仲は北国を目指して近江へと向かい、敗死した。このあたりの合戦の件については、『吾妻鏡《あずまかがみ》』『平家物語』等々に詳しい。追撃する東国武士団と粟津《あわづ》で奮戦・敗死した。義仲は三一歳であった。乳母兄弟の今井兼平《かねひら》あるいは女武者の巴御前《ともえごぜん》の戦ぶりは、後に謡曲「兼平」「巴」として流布した。義仲にかかわる謡曲としては「実盛」も知られる。都での義仲の活躍は短いにもかかわらず、義仲周辺には悲劇の磁場とも言うべき世界が見られた。「木曽物」とも呼称される義仲関係の作品群が放つ光芒は、義仲の英雄像とやはり無縁ではないはずだ。

『平家物語』には都を舞台に三者の攻防が語られていた。清盛とその一門の人々が一つ。ついで一門を西海へと追った義仲が二つ。そしてこの義仲を敗走させた義経という三者がそれであった。たしかに京都での攻防云々という点は、この三者は踵を接するように登場した。ともどもが悲劇を背負っていた。

義仲に関しては既に触れた。女武者巴御前の勇姿と義仲の最期の場面は〝山場〟といえそうだ。最期まで義仲と同道を主張する巴御前は、中原一族として幼少より義仲とともに育った。彼女は義仲の〝想い人〟との説もあるが、不明だ。けれども死地への同道にこだわる巴に、義仲は戦場に女を伴ったことの〝女々しさ〟を批難されることは名折れとばかりに、彼女を突き離す。そこに義仲の巴への深い配慮があった。『平家物語』が語る名場面の一つだ。ここでの義仲は〝堅固な田舎人〟などではない。屈折した精神の持ち主でもない。助かるべき命を無駄にさせない。死地に臨んだとき、自暴自棄にならずに冷静に状況を分析する力を義仲は有していた。それこそが〝粗にして野だが卑ではない〟ことの証でもある。

巴は助かり、義仲は死んだ。

強烈な個性を持った木曽冠者義仲の歴史的意義はどこにあったのか。多くの辞典や教科書での公約数的叙述は冒頭に記したとおりだが、義仲を「悪」をテーマにして語ろうとした場合、そこにイメージされるのは、京都での義仲像だろう。それは平家一門とも、さらに義経とも異なる粗野さにあった。義仲の強さの源泉はその粗野さ故に王朝に同化されなかったことだ。左頭頭《さまのかみ》・伊予守《いよのかみ》あるいは征夷大将軍等々、付与された官職は少なくない。官職的秩序のなかでの振る舞いを要求された王朝世界で、猫間中納言や院の使者鼓判官さえ意味なき存在として〝無化〟してしまう強さといえる。しかし、公家さらに院にも迎合することなく、泰然と歴史の舞台から消え去った。その去り方の見事さにこそあった。

松尾芭蕉《まつおばしょう》が義仲を敬愛してやまなかったことは有名な話だ。それ故に義仲寺《ぎちゅうじ》の義仲の墓に添うように芭蕉がいる。飾らないその散華《さんげ》の模様に俳人たる芭蕉は自己を重ねたかったのかもしれない。戦略なき武将の素朴さへの想いだった。

義仲像のさまざま

義仲は平家打倒の先駆的役割を果たした。にもかかわらず『平家物語』でのネガティブキャンペーンの故か、人気は義経などにははるかに及ばない。清盛もそうだが、『平家物語』の功罪は小さくない。鎌倉中期に成立したこの軍記は、鎌倉殿により樹立された幕府を所与としていた。公武秩序の創出、武家による「天下草創」を是とする考え方が投景されている。唯一の勝者鎌倉殿との対比でいえば、前相国《さきのしょうこく》清盛入道も、この木曽殿も敗れし武将たちだった。この敗者たちが演出した罪は「至尊《しそん》」的存在王家との対立なのだろう。クーデタ・幽閉という形で後白河と最終局面を迎えた両者と、「日本一の大天狗」(『吾妻鏡』)と関東の地で院を批難した頼朝とは、どこが異なっていたのか。

最大の相違は、京都が有した伝統という魔力への付き合い方だったろう。すでに「清盛」の項でも指摘したが、王朝の中核で育った清盛の平氏、信濃・木曽谷という鄙《ひな》の世界から出発した義仲、方や都で育ちつつも流人として二〇年を伊豆の地で過ごした頼朝、それぞれが与えられた条件は異なっていた。最終で権力を我が物とした頼朝は〝節度〟を保ちつつ王朝と対峙した。対峙できる政治的距離を保障したのが「東国」という場だった。頼朝は内乱期を通じ、ここから動かなかった。範頼・義経たちを自身の代官として都に派した。派する際に、王朝から与えられる官職を自分の推挙なくては拝領しないこと、この〝毒マンジュウ〟の磁場に引き込まれないことを標榜した。院以下の王朝側はこの禁じ手を駆使しつつ、武士たちを調教してきた。

常勝将軍として都入りした義仲もその武功により、伊予守を、やがては左馬頭という源家の先例(伊予守は頼義、左馬頭は義朝)にもとづき、官職授与がなされた。都でのウォーミングアップを積みつつ、なおも京都入りに慎重さをともなった頼朝との差は歴然だった。義仲の罪は決断のすべてが拙速に過ぎたことだった。例えば、王朝との関係の築き方もそうだ。摂関家の松殿基房の娘を、義仲は都入りした夜、妻女に迎えた。岳父にあたる基房でさえ、義仲のルール無視の行動に苦言を呈したという(『保暦間記』)。

❖義仲と摂関家との関係

清盛―盛子
　　　　‖
忠通―基実(近衛)―基通
　　―基房(松殿)―女
　　　　　　　　　‖
　　　　　　　　義仲
　　―兼実(九条)

清盛がそうであったように、摂関家との関係は重要だった。娘盛子が基実に嫁したように。基房はこの基実の異母弟にあたる。義仲は平氏との関係が薄い基房を選択した。清盛を〝お手本〟にしたともいえる。頼朝は基実と清盛、基房と義仲という都の覇者の先例を踏襲せず、これまた摂関家ではあるが、彼らの異母弟兼実との関係を濃密なものとした。関東にあって、この摂関との距離感、それは王家(至尊)とも同様だった。義仲が北陸宮を推戴した理由は、もちろん、公式上は以仁王の遺子たることが最大の理由だが、その内実はあるいは清盛と同様に王朝に食い込み、基房の血脈と自身を結合させること、そんな構想があったのかもしれない。

いずれにしても、それは実現されなかったのだが、義仲が仮にそれを考えていたとすれば、京都という磁場の危険性への用心が欠落していた。武断主義による性急さは結果的に武力による敗退を招き、没落へとつき進むことになった。

義仲の与えられた舞台はあまりに大きすぎた。その割に時間が短すぎた。その轍を踏まず、遠く関東の地で機の熟すのを待つかのように、頼朝の武権が確立する。

ある種の〝露払い〟ともいえる役割を都で演じさせられた義仲だが、この義仲との戦いを経ることなしに、平氏との決戦もなかった。義仲は、入京するや否や西海の対平氏との合戦(水島合戦その他)に従事する。西海の平氏、都・畿内の義仲、そして関東の頼朝という三者鼎立状態のなかで、まずは平氏と義仲が戦力を疲弊させ、それを待つかのように頼朝が登場する。義仲の気の毒さはそこにあった。

1149—99
伊豆国流人から鎌倉幕府を創設した。右近衛大将。

源頼朝

…みなもとのよりとも…

器が人物を大きくしていった英雄

永井　晋

治承四年の坂東制圧

⊙伊豆国流人時代

平治《へいじ》の乱（一一五九年）で父義朝《よしとも》が滅ぼされた翌一一六〇（永暦《えいりゃく》元）年、源頼朝は伊豆《いず》国に配流《はいる》となった。この時の経緯は、明法道《みょうぼうどう》清原氏の公務日記「清獬眼抄《せいかいがんしょう》」（『群書類従』）に記録されている。よくある誤解であるが、この時期はまだ平清盛が政治の主導権を握っていない。頼朝の伊豆配流、希義《まれよし》の土佐配流はこの仕事を担当した明法道の官人《かんにん》が判断したものである。法律の専門家が事務的に判断しただけなので、この一件に平氏は関与していない。ただし、この時に行われた頼朝と希義に対する決定は、二人の将来を大きく左右することになる。

平治の乱の最中に行われた一一五九（平治元）年十二月十日の除目《じもく》は、クーデタを起こした藤原信《のぶ》頼《より》主導のもとに行われた。源頼朝にとって幸運だったのは、この除目で伊豆国の知行国主《ちぎょうこくしゅ》が摂津《せっつ》源氏の源頼政《よりまさ》に交代したことであった。クーデタに失敗した藤原信頼や源義朝は、謀反の罪を問われて朝廷から除籍された。しかし、この除目は正式の手続きを経た秋除目《あきのじもく》なので、罪人となった人々以外の補任は有効とされた。源頼政は、二条天皇親政派を代表する武家として合戦に参加していたので、平氏の全盛時代になっても源平並立の先例に倣《なら》って武家源氏の筆頭の役割をつとめた。源頼政の知行国となった伊豆国では、有力在庁工藤介茂光《くどうすけもちみつ》が伊豆国内では主流派として振る舞った。頼朝は、平氏の全盛時代にあっても安全な場所に流されたことになる。

一一八〇（治承《じしょう》四）年五月、以仁王《もちひとおう》事件で源頼政が自害すると、伊豆国の知行国主は平時忠に交代し、平氏の家内問題で伊豆国に蟄居《ちっきょ》させられていた検非違使大夫尉《けびいしたいふのじょう》山木兼隆《やまきかねたか》が目代《もくだい》に任じられた。伊豆国には頼政の嫡孫有綱《ありつな》が在国していたが、祖父と父の死を知り、自分に対する監視として大庭《おおば》景親《かげちか》の相模《さがみ》国下向が知らされると、藤原秀衡《ひでひら》を頼って奥州に出奔した。頼朝の身辺に不穏な気配が漂い始めるのは、この頃からである。『吾妻鏡《あずまかがみ》』の叙述は以仁王の事件から始まるので、源頼政によって頼朝の安全が確保されていた時期の状況を『吾妻鏡』から知ることはできない。

⊙鎌倉進出への道

一一八〇（治承四）年八月、源頼朝は伊豆国で挙兵し、目代山木兼隆の館を襲撃して討ち取った。この時、平氏政権も朝廷の公家たちも源頼朝の名前を覚えていなかった。伊豆国で警戒すべき存在は、伊豆国を二〇年にわたって治めてきた源頼政の郎党工藤介茂光が束ねる残存勢力であった。源頼朝が山木兼隆を討った時、そこに集まったのは、舅《しゅうと》の北条時政《ほうじょうときまさ》と伊豆から相模国西部を勢力圏とする河内《かわち》源氏の郎党中村庄司宗平《むねちか》が中核となる八〇騎にすぎない。山木兼隆を討った加藤景廉《かげかど》も頼朝の家人ではなく、工藤介茂光の娘婿である。

❖河内源氏略系図

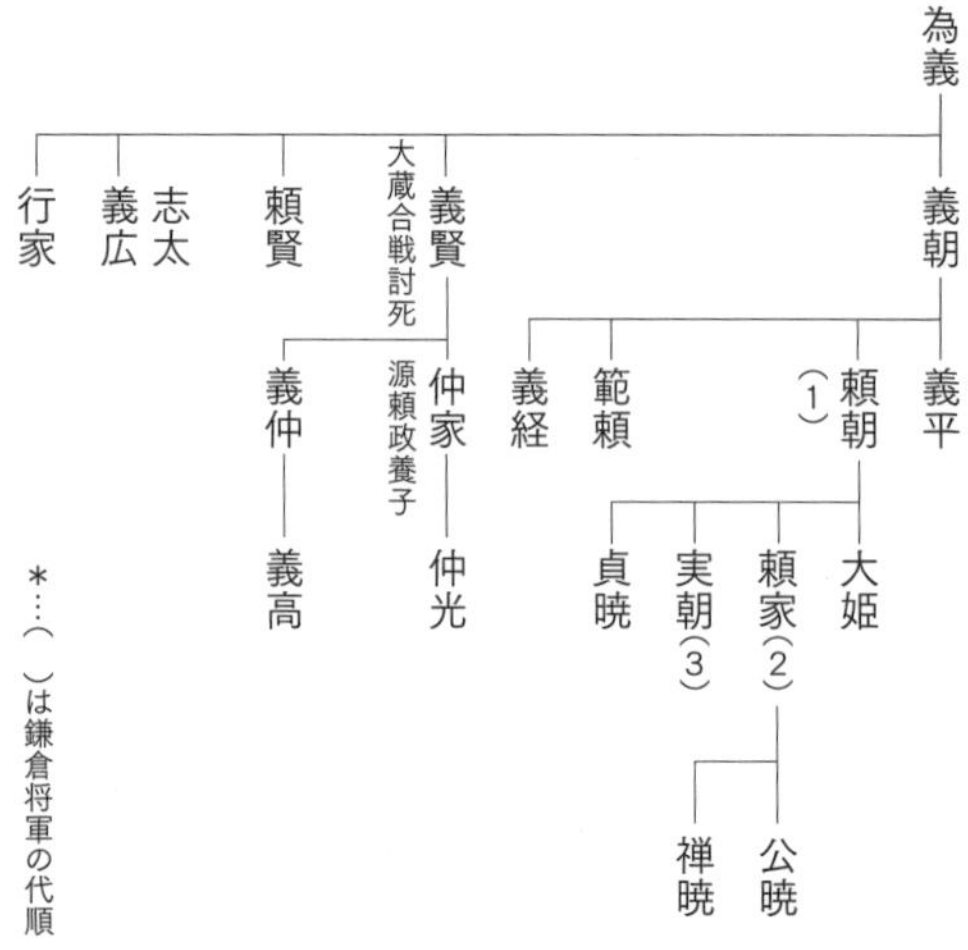

＊…(　)は鎌倉将軍の代順

頼朝の挙兵を聞いた工藤介茂光が一族郎党を率いて加わると、頼朝の軍勢は伊豆・駿河《するが》・相模の三カ国三百騎に膨れ上がり、伊豆国を本拠地とする平氏家人伊東《いとう》祐親《すけちか》が糾合した軍勢と同規模を保持するにいたった。ただ、駿河国の工藤氏も動いたことで、平宗盛《むねもり》が駿河国に派遣した目代橘《たちばな》遠茂《とおもち》が軍勢を率いて駿河国東部で動き始めた。頼朝は、ゆっくりしていられる状況にはなかった。

頼朝の挙兵は伊豆国府を占領したことで堂々たる叛乱になったが、亡父・亡兄が束ねていた河内源氏の郎党はまだ集まっていなかった。頼朝が河内源氏の家人を傘下に加えたいのであれば、伊豆国府など占領せずに亡父義朝の本拠地鎌倉に急進し、相模・武蔵《むさし》・房総《ぼうそう》を本拠地とする重代の家人《けにん》に参集を求めるのが得策である。しかし、摂津源氏の家人達は伊豆国が本拠地なので離れたくないと考えている人々が軍勢の中核を占めたため、まず伊豆国府を抑え、体制を調えることになった。この事が、有綱を追捕するために相模国に帰ってきた大庭景親に軍勢を集める時間を与え、石橋山で頼朝の軍勢が壊滅する大きな原因となる。しかし、石橋山合戦では工藤一族の多くが討死し、頼朝は船で亡父の勢力圏安房国《あわ》に逃れて軍勢を立て直した。これ以後、河内源氏重代の家人が軍勢の中核となり、頼朝は主導権を確保した上で軍勢を動かすことになる。

安房国で軍勢を調えて北上を始めた頼朝は、平《たいら》大納言時忠《ときただ》の子伯耆少将《ほうきのしょうしょう》時家を娘婿に迎える上総権介広常《かずさごんのすけひろつね》が軍勢を集めながらもどちらに味方するかをためらっている態度を一喝し、仰ぐべき主人が自分であることを威厳で示した。また、頼朝に味方した三浦氏の惣領三浦介義明《みうらのすけよしあき》を討ったことから平氏政権側としての旗幟《はたじるし》を崩せない秩父平氏の江戸重長《えどしげなが》が隅田川《すみだがわ》の対岸に居座って抵抗することを諦めさせ、十月七日には鎌倉に入った。大庭景親は、この段階になってもまだ千騎の軍勢を率いて東国に下ってくる追討使平維盛《これもり》に合流することを諦めていなかったが、足柄峠《あしがらとうげ》を封鎖して合流を断念させ、逐電に追い込んでいる。

⊙甲斐源氏との同盟と佐竹合戦の悪影響

北条時政は、石橋山合戦に敗れた後、甲斐国《かい》に向かって逃走した。甲斐国に本領を持つ工藤一族の人々に保護を求めようとしたのであろう。大庭景親の弟俣野景久《またのかげひさ》は北条時政を追跡して甲斐国に軍勢を進めたので、甲斐国の武田一族は平氏の軍勢が向かっていると聞いて自衛の軍勢を集め、八月二五日に俣野景久との間で合戦に及ぶことになった。これが、甲斐源氏の実質的な挙兵となる。以後、甲斐源氏の軍勢は南信濃の平氏家人を討った後、駿河国に軍勢を向け、十月十四日には駿河国目代橘遠茂と俣野景久が率いる軍勢と鉢田(愛鷹)で合戦して破り、橘遠茂を討ち取って浮島が原に軍勢を進めた。甲斐源氏の駿河進出が、大庭氏・伊東氏と追討使平宗盛の連絡を断つことになった。その後、武田信義《たけだのぶよし》は平維盛に浮島が原で会戦をしようと軍使を派遣するが、富士川まで進んだ追討使の軍勢は孤軍となっていることを知って多くの脱落者を出し、戦わずに潰走する不名誉な撤退をすることになった。ただ、この負けっぷりの良さと逃げ足の速さは、小松家の軍勢を温存することになった。維盛は、寿永《じゅえい》二年の平家都落ちの時に一門の人々と離れるまで、多くの合戦に参加することになる。

富士川合戦の後、源頼朝と武田氏は、武田氏が甲斐・駿河・遠江国を勢力圏とすること、伊豆国以東を源頼朝の勢力圏とすることで同盟が成立し、頼朝は坂東《ばんどう》の制圧に専念できるようになった。しかし、千葉常胤《ちばつねたね》の進言を入れて一一八〇(治承四)年十一月に行った佐竹合戦は、『吾妻鏡《あずまかがみ》』を読んでいても謀略によって佐竹義政を討った後に金砂城攻めを一方的に行う展開となり、頼朝の側に佐竹氏を討つ正当性はなかった。奥州に逃れた佐竹隆義《たかよし》以下の生き残りの人々は藤原秀衡の支援を受け、一一八一(養和《ようわ》元)年四月に花園城《はなぞのじょう》を拠点として領土回復の戦いを行うことになる。第二次佐竹合戦は『吾妻鏡』に記されてないが、『玉葉《ぎょくよう》』他の公家の日記や『平家物語』にはこの合戦のことが記されている。この事は、源頼朝と佐竹氏を支援する藤原秀衡との間には佐竹氏旧領回復をめぐる領土問題が存在し、源頼朝が佐竹氏に旧領を返還して奥州藤原氏と和解しない限り、鎌倉を離れられない厳しい制約を自ら作り出してしまったことになる。佐竹氏をめぐる奥州藤原氏との対立により、頼朝は木曽義仲追討・平氏追討の軍勢を自ら指揮することができず、弟の範頼と義経を総大将に任命して西国へ派遣しなければならなくなった。ちなみに、佐竹氏が鎌倉幕府に帰順したのは、奥州藤原氏が滅亡する一一八九（文治《ぶんじ》五）年のことである。

文治元年の政争

⊙源頼朝に対する恩賞

この年の冬は、文治の守護・地頭設置問題や文治の廟堂粛清《ちょうどうしゅくせい》とよばれる事件によって、鎌倉の武家政権が恒常的に存在する政権として確かな基盤を築いた重要な時期である。源頼朝は、木曽義仲・平氏追討のために朝廷から戦時下の非常大権を授かっていたが、この権限は平氏追討の終了と共に朝廷に返上し、恩賞を授かることが平安時代の先例であった。これは、前九年の合戦を戦った源頼義・義家父子も行ってきたことである。

ところが、源頼朝は自らの権力を維持していくため、この権限を永続的なものにしようと画策した。平安時代の武家と異なるのは、源頼朝には太政官の事務官として政務を理解する大江広元が謀臣として側にいたことである。

平氏追討を終えると、朝廷は、頼朝を従二位の位階に昇進させて公卿に名を連ねさせ、九カ国の知行国（国司を推薦し、国司を通じて国衙《こくが》行政を行う権利）を授け、平家没官領《もっかんりょう》（平氏から没収した所領の中から頼朝に授ける所領）を給付した。手厚い恩賞を頼朝に授け、内乱が終わったことを宣言したかったのであろう。今や、源頼朝は押しも押されぬ非参議の公卿であり、日本国で最大の武家となっていた。その所領も、天皇家に次ぐ規模を持つ富裕な家であった。しかし、源頼朝は政治的に疎《うと》い弟義経を挑発して問題を起こさせ、平清盛もなしえなかった武家政権樹立という新たな段階へと日本の政治を導いていった。

⊙義経問題の背後にあるもの

一一八五(元暦《げんりゃく》二)年四月二一日、源義経の軍奉行《いくさぶぎょう》梶原景時が作成した壇ノ浦合戦の報告が鎌倉に到着した。そこには、源義経は頼朝の代官として御家人を率いて戦っているにもかかわらず、独断専行が過ぎると厳しい批判が書かれていた。同じような報告は、源範頼の軍奉行和田義盛《よしもり》も送ってきたので、頼朝は指揮官としての義経の行動に不審を隠さなくなった。義経は平家一門の生虜をつれて五月十五日に鎌倉に到着したが、頼朝は生虜を受け取るのみで、義経一行が腰越《こしごえ》から内側に入ることを禁じた。これは、義経主従に対して鎌倉追放を告げたことを意味した。六月十三日には、頼朝は義経が給わった平家没官領を没収し、御家人に対する恩賞に宛てている。これは、源義経が治承・寿永の内乱で立てた勲功を無効とする処置であった。

八月十六日、源義経は頼朝の推挙で伊予守に補任されている。義経を実質的に追放している頼朝は、義経の伊予守補任を撤回する旨の上申を後白河院に行ったが、後白河院は手続きの変更が間に合わなかったとして補任を行った。義経がこれ以上の頼朝との関係悪化を回避したいのであれば、この推挙を辞退したであろう。しかし、義経はこの補任を拝受した。既に、鎌倉との関係修復を諦めていたと思われる。

しかし、頼朝は義経をさらに追い詰めていく。九月九日、源頼朝は土佐坊昌俊《とさのぼうしょうしゅん》に対して上洛して義経を討つことを命じた。この命令は、数人の御家人に辞退された後というので、頼朝が京都に義経殺害の刺客を上洛させる噂は広まっていたのであろう。昌俊は南都の悪僧なので、南都の大衆に協力を求めるつもりだったと思われる。死を覚悟しての承諾なので、老母のために所領を給わり、自分が死んだ時の庇護《ひご》を頼朝に頼んでいる。

この一件を知った義経は、後白河院に対して源頼朝追討の宣旨《せんじ》を発布することを強要し、九月十一日付で朝廷から発給させている。この追討宣旨が、朝廷にとって取り返しのつかない痛恨の失敗となるのである。堀川夜討とよばれる土佐坊昌俊の源義経亭襲撃は十月十七日に行われ、昌俊は当初から危惧していたように失敗した。

この事件を受けて、源義経は叔父行家と共に頼朝追討の挙兵をしたが、軍勢は集まるどころか、使者に派遣した郎党が相手方で殺害されるような事件もおきた。頼朝との対決が困難とわかった義経は、西国に落ちて再起を図ろうとするが、公家の高倉範資《のりすけ》が率いる軍勢に追撃され、大物浦《だいもつのうら》で最後まで残った人々を解散させて落ちていくことになる。十一月十一日、右大臣九条兼実《くじょうかねざね》の進言により、後白河院は源義経追討の院宣《いんぜん》を発布した。源頼朝追討宣旨の発布と総大将源義経の都落ち、頼朝の望んでいた戦争状態の継続が見事に成立したのである。

十一月二八日、上洛した北条時政は、後白河院の名代権中納言吉田経房《つねふさ》と対面し、文治の守護・地頭とよばれる新制度の提案をした。これは、源義経以下の謀反人を追捕するために軍勢を派遣するのは国費をいたずらに消費することになるので、国ごとに守護を置き、国衙領・荘園ごとに地頭を置いて在国する御家人を義経追捕の任にあてるのがよいとする提案であった。守護は平安時代には非常時に任命された惣追捕使《そうついぶし》を鎌倉幕府の役職として常置に改めたもの、地頭はそれまで荘園に置かれていた下司職《げししき》などの在地の荘官を鎌倉幕府の地頭職に変更し、御家人を任命して従来の職務に管轄地域の警察権を加えたものであった。この提案の重要なところは、京都側に任免権のある役職を鎌倉幕府の常設の役職に切り替えるところにある。このよい表れが、武蔵国御家人畠山重忠《はたけやましげただ》で、『明月記《めいげつき》』は「庄司次郎」と記すが、『吾妻鏡』は「畠山二郎」と記す。『吾妻鏡』では鎌倉幕府の御家人は地頭職を持つのが原則なので、領家側が使用する荘園の下司職(庄司)という表現は特例の人にしか用いないものである。この日の交渉により、朝廷が任命した大将軍の本営を意味する幕府が、恒常的に存在する官僚組織に変わったのである。

⊙文治の廟堂粛清

文治の守護地頭に続き、源頼朝は平家一門や源義経に対して好意的な態度をとった朝廷の要人達を一掃する人事を実施することを奏上した。文治の廟堂粛清とよばれる事件である。頼朝の奏上には、平清盛の縁者近衛基通《もとみち》を摂政から解任すること、後白河院の側近である平親宗《ちかむね》・高階泰経《たかしなやすつね》・高階経仲《つねなか》、院近臣として知られた平知康《ともやす》・藤原章綱《まさつな》の解任など、後白河院の羽翼となる人々の解任を求めた。その後任には、藤原道長の摂関政治を理想と考えて後白河院政に否定的な右大臣九条兼実を摂政に昇格させること、有職《ゆうそく》の者や弁官をつとめた有能な公卿を重んじること、国司が欠員となっている知行国は有能な官人の給国とすることなどが記されていた。後白河院政と正面から対決する人事の要求である。朝廷は、十二月六日付で作成されたこの奏上を受理し、十二月二九日にこの奏上を受け入れた内容の除目を行った。これによって、朝廷は源頼朝の支持を受けた摂政九条兼実と後白河院の協議によって政権運営が行われるようになった。したたかな後白河院はこの時に解任された人々を一人づつ復帰させて実権を取り戻していく。しかし、後白河院は外に源頼朝の存在、内に摂関政治の復活をめざす九条兼実の存在を考慮せねばならず、その活動は大きな制約を受けることになった。しかし、一一八五(文治元)年の政治的な成功は、後白河院との長く激しい政治的な応酬の始まりであった。

義経問題の決着

⊙文治の守護・地頭問題

一一八六(文治二)年三月十二日、九条兼実が摂政に就任した。京都の政局は、後白河院政派と親鎌倉の摂政九条兼実支持派の二派に分かれることになった。後白河院の方が優勢とはいえ、朝廷内で意見がひとつにまとまる可能性が少ない状況は、鎌倉幕府に組織固めのゆとりを与えることになった。

とはいえ、新設した守護・地頭の制度に対する反発は強かった。平安時代から荘園の経営に当たってきた京都の公家や寺院は、水運の利用によって年貢輸送の経費が低く抑えられる畿内や西国で積極的な所領開発を行い、坂東では考えられない技術力の高い所領経営を行ってきた。そこに、まだ広大な未開発の土地を残す坂東の御家人たちが地頭として赴任して武力で問題解決をはかろうとすれば、訴訟を起こされて法廷闘争で敗れ、所領を失う人々が次々とあらわれた。一一八六年以後の鎌倉は、平氏追討の勝利者として過度の自信を持った御家人たちが引き起こす問題への対応に追われることになった。後白河院は、一一八五年の源義経事件の後始末で源頼朝に与えなければならなかった権限の縮小を考えていたので、事あるごとに訴訟を源頼朝に突きつけた。一方、九条兼実は源頼朝のもとに家司の源邦業《みなもとのくになり》を割愛し、鎌倉幕府の事務処理能力の向上に協力した。一方、武力から法廷へと戦いの舞台が移ると、源頼朝は獲得した権限を次第に手放していくことになった。この後白河院との交渉を通じて、大犯三箇条《だいぼんさんかじょう》を権限の中核とした守護制度、平家没官領など新たに獲得した地頭職に適用する新補率法など、守護・地頭の制度の根幹が固まっていった。源頼朝と彼が率いる鎌倉幕府の吏僚たちが、京都から次々と届けられる訴訟の山を地道に処理していく忍耐の日々を耐えぬいた結果の成果であった。

⊙奥州藤原氏の滅亡

一方、源頼朝は弟義経や平氏の残党を追捕する一件では、京都の周辺で実力行使を繰り返した。鎌倉幕府が在京させている御家人や諸国の守護は、追捕に関する情報を掴むと軍勢を動かして実力行使にでるので、畿内の治安は頼朝の管理のもとに適度に不安定化していた。後白河院は、義経が捕まらないことには内乱の終結が宣言できない苛立《いらだ》ちを隠さなかった。

訴訟と追捕の応酬は、奥州藤原氏の滅亡という予想もしない結末へと事態を押しやっていくことになった。挙兵に失敗した源義経を匿《かくま》って追捕を受けた人物として、南都の聖弘得業《しょうこうとくぎょう》の名前が朝廷に報告されている。奥州に逃れる前の潜伏先は南都の周辺だったようである。一一八七(文治三)年には、畿内を逃れた源義経が藤原秀衡を頼って平泉に落ちのびたという情報が鎌倉に伝わる。源頼朝は、藤原秀衡に対して圧力をかけ始めた。まず、後白河院に対して征夷大将軍補任の要請を強めていく。征夷大将軍は非常置の役職で、陸奥《むつ》・出羽《でわ》両国の蝦夷《えぞ》を追討するために自由に軍勢を動かすことのできる権限を持っていた。この役職に就くと、源頼朝は藤原秀衡を首領に仰ぐ蝦夷を討つという名目で、陸奥・出羽両国での軍事行動が自由に行えるようになる。後白河院が、平氏の滅亡によって源頼朝の傘下に属さない唯一の大勢力となった藤原秀衡に対する殺生与奪の権を源頼朝に与えるわけがなかった。藤原秀衡もまた、朝廷に対する貢馬は頼朝を通じて行うようにといった挑発的な言いがかりを忍従し、頼朝に奥州介入の口実を与えなかった。源義経が平泉にいることが明らかになった後も、後白河院は奥州藤原氏の追討を認めず、藤原秀衡が挑発に乗らない以上は、頼朝は我慢して状況を静観するしかなかった。この状況は、一一八七(文治三)年十月二九日に藤原秀衡が亡くなったことで動き始める。奥州藤原氏には、源義経を頼朝に引き渡すことで緊張関係を解きたいと考える後継者の泰衡と、源義経を保護して鎌倉に対する交渉の切り札にしたいと考える強硬派の忠衡《ただひら》との間に内訌《ないこう》が生じたのである。一一八九(文治五)年閏四月三〇日、藤原泰衡《やすひら》は意を決して源義経を討った。源頼朝は奥州藤原氏を討つ機会が訪れたと判断したが、後白河院は源義経の死によって内乱は終熄《しゅうそく》したと判断し、頼朝に対して奥州藤原氏を討つことを認めなかった。しかし、頼朝は千葉常胤など重代の御家人から独断となっても討つべしという強い意見が出されたので、七月十九日に奥大道《おくたいどう》を進む本隊の軍勢を進発させた。奥州合戦は、藤原国衡《くにひら》を総大将とした軍勢が阿津賀志山《あつがしやま》に築いた陣地に籠もって激しい抵抗を見せたのが唯一の激戦で、鎌倉幕府の一方的な勝利に終わった。奥州藤原氏が滅亡した後、後白河院は初めて追討を公認した。

翌一一九〇（建久《けんきゅう》元）年、源頼朝は大軍を率いて上洛し、後白河院と対面した。この時の両者の話し合いで天下泰平が確認され、朝廷は翌一一九一年に建久新制を発布した。源頼朝によって意図的に延ばされた内乱の時代は一一九〇年の頼朝上洛によって終わったのである。

内訌の始まりと蹉跌

⊙頼朝の後継問題

一一九二（建久三）年三月十三日、後白河院が崩御し、後鳥羽天皇の関白として九条兼実が政権を主導するようになった。これによって、鎌倉幕府の外に強力な敵は存在しなくなった。後三条天皇親政・白河院政・鳥羽院政・二条天皇親政・後白河院政・高倉院政（平氏政権との協調）と続いた院政の時代が終わり、摂関家主導の政治が再開したのである。後白河院に代わって政治を主導した九条兼実は、鎌倉幕府との協調を前提とした政権運営を行い、宣陽門院《せんようもんいん》のもとに集まる院政復活派を抑えていた。皮肉なことに、内乱の終結が宣言され、京都に鎌倉との協調を重んじる政権が確立したその翌年から、鎌倉幕府内部の権力抗争が表面化してくる。

源頼朝は、十代から三〇代まで伊豆国の流人として過ごしたので、その生涯、正室を迎えることがなかった。北条政子《まさこ》を正室と誤解している人も多いが、政子は頼朝の後継者頼家《よりいえ》・実朝の母として頼朝没後に権力と権威を確立するので、頼朝の在世中の役割は補佐役であった。

鎌倉幕府の中に、源頼朝の後継者が頼家であることに異議を唱える人はいない。しかし、一一八二(寿永元)年に誕生した頼家は、源頼朝と後白河院が対談して天下泰平を確認した一一九〇(建久元)年にはまだ九歳であり、後見人が必要であった。源頼朝が薨去《こうきょ》した後、誰が二代目となる頼家の後見として政権の中心に座るかが、次期政権に向けた思惑として鎌倉幕府の有力者の間に見え始めた。その一方の主役が、将軍生母の北条政子、今一方の主役が源頼朝の腹心梶原景時や比企能員《ひきよしかず》であった。前者を支持する人々は、源頼朝・北条政子夫妻と親しくして、源家を支える家として北条家に一目置いている。後者を支持する人々は、源頼朝に対して忠誠を示すので、頼朝薨去後の忠誠の対象は頼家とその外戚となる。頼家の外祖父は北条時政で揺るがないが、頼家の姻戚がどの家になるかはまったく定まっていない。中国史をみても、日本史をみても、皇帝・天皇の交代が原因となった権力抗争は普通に起きている。頼朝薨去後の政変を経て北条氏主導の時代に移行していくことを当たり前の前提と考えるのは、頼朝時代末期の先の見えない政局を見落とした誤断なのである。

⦿曽我兄弟の仇討ち

一一九三(建久四)年五月、源頼朝は富士の山麓で盛大な巻狩《まきがり》を催した。この巻狩には、長子頼家を伴い、頼家の弓馬の芸が武家の棟梁《とうりょう》たるにふさわしいものであることを御家人に示すことも目的のひとつであった。ところが、曽我祐成《そがすけなり》・時致《ときむね》兄弟は、父河津《かわづ》祐泰《すけやす》の仇討ちとして源頼朝の寵臣工藤祐経《すけつね》を巻狩の陣所で五月二八日に討ち果たした。『曽我物語』として語られる有名な仇討ち事件である。

事の発端は、工藤祐経が平氏の家人として上洛している間に、舅の伊東祐親に伊豆国伊東庄を押領されたことから、一一七六(安元《あんげん》二)年に祐経が祐親の嫡子河津祐泰を殺したことにあると『吾妻鏡』も『曽我物語』も伝える。祐泰は、曽我祐成・時致兄弟の父であり、工藤祐経殺害には仇討ちの正当性がある。しかし、富士の巻狩は源頼朝が源家の威光と後継者頼家の成長を示す儀礼として催したものであった。また、曽我時致は、工藤祐経を討った後に源頼朝の幕舎に向かって進んだので、頼朝自身が太刀を持って身構える非常事態を招いた。頼朝を祖父伊東祐親を滅ぼした仇と考えることはできるが、曽我兄弟が工藤祐経を討った時点で仇討ちの成就を宣言して事を終わらせなかったことが、この事件が単なる仇討ちなのか、大きな事件の氷山の一角なのかをわからなくしている。

⊙頼朝の疑念が招いた第二の事件

源頼朝の周辺を探っていくと、この曽我兄弟の仇討ちの巻き添えになった被害者として源範頼の名前が浮かんでくる。富士巻狩の時、範頼は留守居役として鎌倉に残っていた。事件の第一報を聞いた範頼は、北条政子を安心させるべく、私が鎌倉に居るから大丈夫ですと伝えた。この話がどのようにねじ曲げられたのか、源頼朝の耳に入った時には、頼朝が亡くなった後も私がいるから鎌倉は大丈夫ですという内容になっていた。源頼朝が刀を持って敵に身構えたのは、大庭景親の軍勢に惨敗して箱根山中を逃走した石橋山合戦(一一八〇年)以来のことである。源家にとって大事な儀式を台無しにされた上に、自らも命の危険にさらされた頼朝には、この事件が地方豪族の間で起きた仇討ちとはとても思えなかったのであろう。弟が家督を奪おうとして仕掛けた政変と、範頼に対して嫌疑をかけた。この嫌疑は、源範頼が身の潔白を訴えて書いた起請文を届けた右筆中原重能《なかはらしげやす》が、頼朝の詰問を論破して帰ってきたことから、範頼に対する嫌疑が根拠のないものであることは明らかになった。しかし、頼朝が執念深く範頼を疑い続けたことによって、範頼は次第に追いつめられていった。同年八月、範頼は伊豆国に配流となり、配流の地で誅殺された。

ところで、範頼が北条政子を安心させるために語った言葉が、なぜ頼朝を激怒させたのであろう。話の内容をすり替えた第一の容疑者は、この事件を好機として範頼排除と考えた北条政子である。源範頼は、頼朝を兄として立て、頼朝の意思の代行者として忠実に振る舞ってきた。また、木曽義仲・平氏追討の総大将として多くの御家人の信望を得ていた。「源義経」のところで詳しく書いているが、範頼は部下に多くの功績を立てさせて勝利に導いていく良将である。彼自身は無欲に振る舞っているが、影響力の及ぶ範囲は広い。範頼が頼朝の遺志に従って頼家を支えていくことは間違いないので、頼家が北条氏以外の正室を迎えた場合には障害となることが明らかであった。北条政子からみた場合、範頼はその政治的な透明性故に敵にまわるかもしれない不確定要素の高い重要人物であった。

源頼朝は弟範頼をこの事件で誅殺したが、南北朝時代の史書『保暦間記《ほうりゃくかんき》』はこの判断を誤りと指摘している。筆者も、将軍家を支えていく有力な宿老となる源家の一門を無実の罪で殺したこと、北条氏が頼朝没後に受ける処遇について納得していなかったことに気付かなかったことの二点において、頼朝は判断を誤ったと考えている。

⊙建久七年の政変

『吾妻鏡』は一一九六(建久七)年から一一九八(建久九)年の条文がないので、源頼朝の最晩年の状況はよくわからない。ただ、京都にはさまざまな情報が伝えられていて、断片的に状況を知ることができる。

建久七年の政変は、源頼朝が長女の大姫《おおひめ》を後鳥羽天皇の后として入内《じゅだい》させたいと希望したことから始まる政変である。後鳥羽天皇の外戚の地位は、摂関家が旧後白河院政派の近衛家と親鎌倉の九条家に分裂して争っているところに、権臣として台頭した村上源氏の源通親や後鳥羽天皇の後見高倉家が加わって熾烈《しれつ》な競争を行っているところに、源頼朝が新たに参入の意思を伝えた。源通親や後白河院の寵姫丹後局は、頼朝の意向に協力的な態度を示すことで、九条兼実との離間を画策しようとした。一一九五(建久六)年、源頼朝は東大寺落慶供養に参列するため上洛し、大姫入内の問題を源通親や丹後局と相談をした。九条兼実は娘の中宮任子《にんし》(後の宜秋門院《せんしゅうもんいん》)が皇子を産むことに願いを託しており、源頼朝は大姫入内に反対しない意向を示した源通親や丹後局に接近していった。同年の上洛で、源頼朝は源通親・丹後局が後鳥羽天皇を後見することを支持する約束をし、九条兼実を切り捨てる判断を下した。

翌一一九六(建久七)年十一月二三日、中宮任子は御所から退去させられ、二五日には九条兼実が三度の上表を提出した後に受理される関白退任の先例を踏まずに、いきなり解任させられた。頼朝は源通親が仕掛けた政変を支持し、九条家の失脚を傍観した。

この政変の後、後鳥羽天皇の親政は「夜の博陸（関白）」とよばれた内大臣源通親が後見として実力を持つようになり、一一九八（建久九）年正月には後鳥羽天皇から土御門《つちみかど》天皇への譲位が行われ、後鳥羽院政が成立した。土御門天皇の母は承明門院《しょうめいもんいん》源在子《ざいし》（源通親の養女）・弟順徳天皇の母は修明門院《しゅうめいもんいん》（高倉範季娘）で、政争に敗れた九条家も大姫入内問題で朝廷の権力抗争に介入した源頼朝も、何ら得ることなく、一一八五（文治元）年に創り上げた院政反対の政治体制を瓦解させる結末を招いた。後白河院という強敵がいなくなったことから、頼朝の中には朝廷を動かせると考える慢心が生まれたのであろう。鎌倉幕府の中には、それを諫めて止める人材もいなかった。源頼朝の鎌倉幕府草創の物語は、対朝廷政策の瓦解をもって終わる。『吾妻鏡』の編者は、頼朝の晩節を汚すことになるこの失敗を書き残せなかったのであろう。

⊙参考文献

安田元久『後白河上皇』（「人物叢書」吉川弘文館、一九八六年）
河内祥輔『頼朝の時代—一一八〇年代内乱史—』（「平凡社選書」、一九九〇年）
橋本義彦『源通親』（「人物叢書」吉川弘文館　一九九二年）
川合康『源平合戦の虚像を剥ぐ』（「講談社選書メチエ」、一九九六年）

永井晋『鎌倉幕府の転換点―『吾妻鏡』をよみなおす―』（NHKブックス、二〇〇〇年）
坂井孝一『曽我物語の史的研究』（吉川弘文館、二〇一四年）
永井晋『源頼政と木曽義仲』（中公新書、二〇一五年）
永井晋「源範頼の人物像」（『武蔵武士の諸相』所収　勉誠出版〔近刊〕）
入間田宣夫『藤原秀衡―義経を大将軍として国務せしむべし―』（「ミネルヴァ日本評伝選」、二〇一六年）
関幸彦編著『相模武士団』（吉川弘文館、二〇一七年〔近刊〕）

1159—89
伊予守。
鎌倉殿御代官として、木曽義仲・平氏一門追討。反頼朝の挙兵が失敗、平泉に逃れる。

無邪気すぎた英雄の悲劇

源義経

…みなもとのよしつね…

永井 晋

源義経の生涯を短くまとめると、次のようになる。義経は源義朝《よしとも》と常葉御前《ときわごぜん》の子として一一五九(平治《へいじ》元)年に誕生したが、この年に起きた平治の乱で父義朝が没落し、常葉御前は幼い子供達を連れて南都への脱出を試みたが、逃れきれないと考えて降参した。朝廷は、常葉御前の子供達に対し、僧となることを条件に助命を認めた。義経は出家して天台宗の鞍馬寺《くらまでら》に入山したが、滅びた一族の供養に生涯を捧げることには飽き足らず、下総《しもうさ》国下河辺庄高野(埼玉県杉戸町)の所領に帰る源頼政《よりまさ》の一族深栖頼重《みすよりしげ》に同行を許されて東国に下向、高野渡しで別れた後に藤原秀衡《ひでひら》の保護を求めて陸奥《むつ》国に入った。その後、兄頼朝《よりとも》の挙兵を聞いて富士川合戦(一一八〇年)に出陣した黄瀬川《きせがわ》の陣に駆けつけ、頼朝《よりとも》の弟として鎌倉幕府に属するようになる。一一八三(寿永《じゅえい》二)年には、源頼朝が平氏の本拠地であった伊勢《いせ》国に派遣した遠征軍の総大将として、都落ちに同行せずに所領に戻った伊勢平氏の残党を鎮圧、翌年正月には上洛軍を率いて美濃《みの》国に入った兄範頼《のりより》と合流して木曽義仲《きそよしなか》を討ち、続いて平氏追討の総大将として一ノ谷合戦に勝利した。その後、京都に駐留する軍勢を束ねて平氏の動きを牽制していたが、一一八五(元暦《げんりゃく》二)

年には再び平氏追討の総大将として屋島合戦・壇ノ浦合戦に勝利し、平氏を滅ぼした。しかし、この間の義経の指揮に対する御家人の不満が源頼朝のもとに伝わり始めると、頼朝は義経の独断専行を警戒するようになり、両者の関係は悪化した。頼朝と対立した義経は一一八五(文治《ぶんじ》元)年十一月に頼朝追討の挙兵を企てるが失敗し、奥州の藤原秀衡を頼って平泉に脱出した。秀衡は義経を保護したが、跡を継いだ泰衡《やすひら》は一一八九(文治五)年に源義経を討つことで源頼朝との対決を回避しようとした。

虚像と史実の間

⦿史実と虚構の入り交じる生涯

源義経は、室町時代に成立した『義経記《ぎけいき》』や江戸時代の歌舞伎「義経千本桜」などの文芸作品を通じて大衆好みの英雄に造形し直されているため、彼の伝記を書こうと個々の事実確認を始めると、史実と伝説が入り交じった判断に苦しむ事項が多くある。ここでは、史実としての源義経を語り、彼の悲劇の原因となる政治的な判断力の未熟さについて述べていきたいと考える。本書のテーマは「悪の日本史」であるが、源義経に悪の要素は見いだすことはむずかしい。むしろ、未熟な面が多すぎる故に、本人だけでなく周囲の人をも問題に巻き込んでいく「愛すべき馬鹿」というのが、彼に対する人物評となる。

木曽義仲追討

⊙伊勢国での活動

一一八三(寿永二)年十一月、源義経は兄頼朝から平氏の本拠地伊勢国に残る残党の追捕を命じられ、文官の中原親能《なかはらちかよし》とともに伊勢国に入った。義経の軍勢は、山木兼隆《やまきかねたか》の父関信兼《せきのぶかね》をはじめとした都落ちに同行せずに、本国に帰った平氏家人を鎮圧した。伊勢国に入った中原親能は、一一八〇(治承《じしょう》四)年十二月に平氏の追捕を受けて京都を脱出するまで仕えていた前大納言源雅頼《まさより》を通じて後《ご》白河院《しらかわいん》と接触し、木曽義仲追討・平氏追討に関する打ち合わせを進めていた。伊勢国に入った派遣軍は、義経が平氏の残党を鎮圧し、中原親能が鎌倉からの上洛軍派遣に関する後白河院との秘密交渉を進める役割分担を持っていた。

一一八三年の年末、源頼朝は源範頼を総大将とした上洛軍を鎌倉から進発させた。この軍勢は、範頼の率いる主力が勢多《せた》から京都に向かい、義経は宇治《うじ》を突破した後に後白河院が軟禁されている六条殿《ろくじょうでん》に直進する搦手《からめて》を率いた。この軍勢は、一一八四(元暦元)年正月二〇日に木曽義仲を滅ぼすべく攻撃を行った。

⊙隠れた失態

大手の総大将源範頼の養親高倉範季《たかくらのりすえ》は、後鳥羽《ごとば》天皇の養親もつとめた。頼朝は範頼が高倉家とのつながりから、後白河院に取り込まれることを警戒していた。範頼が率いる大手の軍勢は、勢多橋を堅守する今井兼平《いまいかねひら》の抵抗に手こずり、稲毛重成に下流を渡河させて側面にまわらせ、今井兼平を勢多橋から後退させた。その後、範頼は京都に向かって軍勢を進めたが、木曽義仲が今井兼平と最期を共にすべく残った軍勢を率いて勢多に向かったことから、大手は義仲と共に死ぬ覚悟で残った人々と激闘を重ねることになった。それと共に、範頼は義仲の退路を断つべく北国への街道を塞ぐように軍勢を展開させた。

一方、源義経は義仲の叔父志太義広《しだよしひろ》を総大将とする宇治川の陣を突破すると、退却する義仲の軍勢には目もくれず、後白河院の御所六条殿を目指して一気に北進した。義経は、六条殿の安全を確保すると配下の有力武将を伴って院参し、木曽義仲を京都から追い落としたことを報告した。

しかし、義経が宇治から退却する義仲の軍勢に対して手を打たなかったことから、義仲の武将楯《たて》親忠《ちかただ》は、宇治川から敗走する兵を二百騎の軍勢にまとめあげて京都に向かった。この軍勢は義仲との合流に成功し、東から迫る源範頼の本隊と戦うことになった。入京を急いで、宇治で分断した義仲の軍勢を放置したことは、表に出てこない義経の失態であった。

義経の行動には、このような味方に対する配慮の不足が目に付く。このことが、頼朝が範頼・義経兄弟にみせる信頼の差、御家人がこの兄弟に対して見せる人望の厚さの差となって表れてくる。

一ノ谷合戦前夜

⦿飢饉に苦しむ京都

源頼朝は、上洛軍に対して入京を厳しく制限した。この時期、西国は養和《ようわ》の飢饉《ききん》とよばれる深刻な食料不足が続いていた。飢饉の影響を受けなかった東国との物流は、戦乱のために、遮断されていた。いずれは源頼朝が支配する領域から年貢が入ってくるとしても、すぐに納入が始まるわけではなかった。養和の飢饉の悲惨な状況は、仁和寺《にんなじ》の隆暁法印《りゅうぎょうほういん》が京都の街中で目に付いた死者の額に「阿」の文字を書いて阿弥陀仏と結縁《けちえん》させ、往生させた人数が四万二三〇〇人に及んだと鴨長明《かものちょうめい》が『方丈記《ほうじょうき》』に書き残したことからうかがえる。源頼朝は、木曽義仲が北陸道から率いてきた軍勢を京都に入れたことで、京都の住民との間に食料をめぐる深刻な対立を引き起こした失敗を知っていた。京都の治安を安定化させるため、頼朝は上洛させた軍勢を京都から離す必要があった。

⦿福原旧都に戻った平氏への対応

少し時間を遡らせるが、源頼朝との全面対立を覚悟した木曽義仲は、西国で勢力の回復に成功した平氏に対して和平の提案を行い、上洛して共に源頼朝と戦うことを要請した。義仲が軍勢の通行を認めたことで、平氏は福原《ふくはら》旧都(福原京跡、元大和田泊)まで軍勢を進め、安徳《あんとく》天皇を屋島の行宮から福原旧都に迎えた。安徳天皇が近くに戻ってきたことで、後白河院は平氏に使者を送り、安徳・後鳥羽の二帝並立となっている皇統の分裂を解消するための話し合いを始めた。

この短い和平の期間の間に、源範頼・義経は義仲と共に上洛した人々に帰順を求めると共に、京都周辺の豪族には鎌倉に属するよう働きかけを行った。『雑筆要集』には、源範頼が摂津国の武士に対して追討使に参加するよう呼びかけた文書が収められている。この時に参加をした武士は、そのまま鎌倉幕府の御家人として登録されることになった。源義経も、京都周辺の武士に対して所領《しょりょう》安堵《あんど》の約束をし、追討使への参加をよびかけている。

木曽義仲を滅ぼした頃、源頼朝が実効支配する領域は奥州藤原氏とその与党の勢力圏を除く東国のほぼ全域となっていた。藤原秀衡が持つのは、奥州を管轄領域とする鎮守府将軍の軍事指揮権と、奥州藤原氏が長い期間をかけて朝廷に認めさせた下地進止権である。源頼朝が持つのは、武力によって確立した実効支配と朝廷から非常時の権限として与えられた国衙《こくが》に対する指揮権であり、後者は平時の体制に戻れば朝廷に返上する性格のものであった。この権限を、奥州藤原氏と同じように平時の権限に移行させることで、東国の地方政権として存続可能な条件を整えることが、この時期の頼朝が考えていたことと思われる。後白河院に対し、東の源氏と西の平氏と源平並立の体制を提唱するのは、まだ、全国政権の構想を持っていなかったことの証である。

このことを踏まえると、源頼朝が後白河院に対し、平氏家人が帰順・降参する場合はその場で首を落とさず、その罪科を判断した上で処罰することを進言したことの理由がわかる。後白河院と源頼朝は平氏と戦わなければならないとは考えていたが、平氏の支持基盤の切り崩しをして帰順させることを考えていた。両者の間で合意を得ている最優先の目的は、安徳天皇が上皇として帰京し、後鳥羽天皇に対して禅譲《ぜんじょう》の儀を行うことで皇位継承の乱れを修復することであった。であるにも関わらず、この合戦は平氏滅亡へと突き進んでいく。後白河院・源頼朝の意向に背いて平氏を滅ぼした源義経の戦いを、次の段階で見ていくことにしよう。

後白河院と源頼朝は、安徳天皇が上皇として京都に帰還し、後鳥羽天皇に対して禅譲の儀を行うことで分裂した皇統を統合することを目指していた。官務小槻隆職《かんむおづきたかもと》が調べたところ、在位中に殺された天皇は暗殺された崇峻《すしゅん》天皇(五九二年崩御)が最後、三種の神器《じんぎ》が伝授されなかった皇位継承は継体《けいたい》天皇即位(五〇七年)が最後ということであった。この報告により、安徳天皇のもとにある三種の神器が正当な手順を経て後鳥羽天皇に譲られないことは大きな問題であると朝廷の要人は認識していた。

後白河院は、この問題で平氏に妥協させるため、前職として朝廷の官位に復帰させること、屋島内裏のある讃岐《さぬき》国を平宗盛《むねもり》の知行国として給わることなど、平氏が上級貴族として存続していける帰順の条件を提示した。源頼朝には、平氏の勢力を削いでも、追い詰めすぎてはいけないという条件がつけられたことになる。この政治的な目的に向かって、一ノ谷合戦は始められた。

一ノ谷合戦

⦿合戦の展開

一ノ谷合戦は、一一八四(元暦元)年二月七日に起きている。源範頼は福原京の東、生田《いくた》の森に進出する大手の軍勢を率い、源義経は西木戸に回るべく山道を迂回する軍勢を率いた。後白河院はこの軍勢だけでは少なすぎると考え、摂津源氏多田行綱《ただゆきつな》に出陣を命じて福原京の北側に進出する朝廷の軍勢を率いさせた。追討使は、福原京に籠もる平氏の軍勢を三方から包囲した。平氏は大手の源範頼の軍勢の動きを知っていたが、後白河院と和平交渉を行ったので、積極的に軍勢を動かして迎え撃つことをしなかった。

主力を率いる源範頼は、生田の森で平知盛・重衡《しげひら》が率いる平氏の主力と衝突し、紅旗白旗相交わる激戦となった。『平家物語』は、源範頼が率いる大手の軍勢五万騎、源義経が率いる搦め手の軍勢を一万騎と伝える。一方、右大臣九条兼実《くじょうかねざね》のもとには、印南野《いなみの》に進出した範頼の軍勢を二、三千騎、平氏の軍勢を二万騎と伝える情報が届いていた(『玉葉《ぎょくよう》』)。追討使の軍勢が圧倒的に少ないことは確かなようで、勝敗が決しなかった大手の範頼の戦いは、善戦と評価してよいものであった。範頼が率いる大手に属した御家人は、生田の森の戦いを家の名誉として後代に語り継げる合戦にした。範頼が多くの御家人に慕われるのは、御家人たちが夢みた華々しい合戦絵巻を現実の物としたためである。

福原京の北側に回った多田行綱は、一ノ谷の城郭を攻め落とし、平野部に進出した。この戦いについては、九条兼実が聞いた公式の報告には記されているが、『吾妻鏡《あずまかがみ》』には記されていない。彼が鎌倉幕府の御家人とならなかったためである。一方で、右大臣九条兼実に情報が寄せられているのは、朝廷が派遣した軍勢として合戦に加わっていたためであろう。

⦿鵯越の虚実

『平家物語』は、一ノ谷合戦の勝敗を分けた戦場として、源義経が指揮した鵯越《ひよどりごえ》の逆落《さかお》としを大きく取り上げる。鵯越は西木戸の背後に出る道で、義経が指揮した奇襲部隊は西木戸を守る薩摩守《さつまのかみ》平忠度《ただのり》の軍勢を壊滅させた。『平家物語』はこの作戦を指揮した源義経の武勲を高く評価し、英雄と祭り上げていった。この合戦で、義経が指揮した軍勢の規模を考えてみよう。『平家物語』は、源義経が率いた搦《から》め手の軍勢を一万騎と伝える。義経は、三草山《みくさやま》合戦で前哨陣地を守る平資盛《すけもり》を破ると、義経率いる主力七千騎と、西側の塩屋口に向かう土肥《とひ》実平《さねひら》の三千騎に分けたと伝える。この数字を『玉葉』が伝える大手の源範頼の軍勢の規模と同じ縮率を合わせると、義経が実際に率いた軍勢は総数で五〇〇〇騎前後となる。義経は、三草山合戦の後にこの軍勢を搦め手主力三五〇騎と、西木戸の正面に向かう土肥実平の分遣隊一五〇騎に分けている。さらに、義経は三五〇騎の軍勢を鵯越に伴った七〇騎と、別の進路を進ませた二八〇騎に分けている。義経は、頼朝から預かった軍勢の十五パーセントしか鵯越に伴っていなかった。治承・寿永の内乱の中でも最大規模の合戦となる一ノ谷合戦で、義経は配下に置かれた御家人の大半を主戦場から外したことになる。後日、合戦の顛末《てんまつ》を知った御家人たちが不満を持つのは当然のことであろう。

　義経は、奥州藤原氏に客将として保護されていたので、自らが組織した郎党を持っていない。一ノ谷合戦に赴いた時に従えていた直属の部下のうち、頼朝の御家人が同格とみなすのは、藤原秀衡が附けた陸奥《むつ》国信夫庄司《しのぶのしょうじ》佐藤嗣信《つぐのぶ》・忠信《ただのぶ》兄弟と、亡父義朝に仕えた鎌田《かまた》政清《まさきよ》の子盛政《もりまさ》・光政《みつまさ》兄弟ぐらいであった。源頼朝の御家人たちが一目置く郎党が少ないところに、義経は一ノ谷合戦で鎌田兄弟を討死させている。奇襲であるが故に、本来なら多くの軍勢を率いる武将が自ら戦わなければならないため、軍勢を指揮する立場にいる人々の死傷率が高くなる。義経は華やかな奇襲戦を好むが、その代償は有能な人材の損失であった。作戦として奇襲の必要なことは事実であるが、一軍を率いる将が奇襲を好んで戦いを繰り返すことは、大将としての資質を問われる指揮の取り方であった。

奇襲の枠外に置かれた御家人が、部下として義経を慕うかを考えれば、否と言わざるをえないであろう。彼らは自前で合戦に必要な戦費を用意し、勲功に対する恩賞としてその対価を受け取る。一軍の将は、配下に置かれた部下の功績の総体が自らに対する評価となる。義経が計画通りに西木戸を正面から攻めなかったのは、戦いに勝ったことで不問に付されたものの、説明を求められる独断であった。

鵯越から西木戸の裏側に降りた義経の奇襲隊は、薩摩守忠度の守る西木戸を正面から攻めるよう命じられた土肥実平と挟み撃ちにし、福原旧都の西側の守りを崩した。その後、義経の軍勢は浜に進出し、安徳天皇の御座船《ござぶね》を守る水軍と生田の森に展開する平氏の主力との連絡を絶つことになる。ここに、一ノ谷の城郭を攻め落として浜に進出した多田行綱の軍勢が合流する。この場所で、安徳天皇の御座船のもとに集まろうと退いてきた平氏の武将達を討ち取ることになる。合戦は、追討使の大勝利であった。しかし、源氏の方の軍勢が少なかったことから、包囲の隙間から脱出した人々も多く、能登守《のと》教経《のりつね》の軍勢は須磨《すま》に退いて、船で屋島に向かった。『吾妻鏡』は安田義定《よしさだ》の軍勢が教経を討ったと記すが、『山槐記《さんかいき》』の記主大納言中山忠親《ただちか》は教経の首を偽物と判断している。『吾妻鏡』の編纂上の誤りとみてよい記述である。

⊙すれ違いの始まり

一ノ谷合戦によって都に迫っていた平氏の脅威は取り除くことができた。後白河院は、平重衡以下の生け捕りの人々の取り扱いをめぐって平氏と交渉に入り、併せて帰順を求める交渉を行った。

この交渉の間、追討は一時中断となったので源範頼は軍勢を率いて鎌倉に戻った。

源頼朝は、京都に駐留する軍勢の総大将として源義経を残した。それと共に、平氏の勢力圏であった備前《びぜん》・備中《びっちゅう》・備後《びんご》・播磨《はりま》・美作《みまさか》の惣追捕使《そうついぶし》に土肥実平と梶原景時を推挙し、補任が承認された。実平と景時は、この五カ国の平氏家人を掃討し、鎌倉の勢力圏に組み込んでいった。平氏追討の名目のもとに、源頼朝は着実に鎌倉幕府の勢力圏を拡大していった。畿内近国には京武者として活動した武家源氏や朝廷に武官として仕える源氏の家がいくつもあるが、源頼朝の一人勝ちに近い状況になっていた。

後白河院と平氏との和平交渉は、平知盛《とももり》をはじめとした強硬派が後白河院の提案を信用できないと拒んだことにより、決裂した。これをうけて、朝廷は追討使の派遣を決定し、源範頼が平氏追討の遠征軍を再度率いて山陽道に赴くことになった。源頼朝は今まで保留にしていた勲功賞の権利を行使し、源範頼(頼朝の弟)・平賀義信《ひらがよしのぶ》(平治の乱で頼朝の命を助けた腹心)・源広綱《ひろつな》(源頼朝が摂津源氏の棟梁《とうりょう》に推す傀儡《かいらい》)の三人を国司に推挙し、六月五日に行われた朝廷の除目で正式に国司補任が行われた。この時、源義経に対する官位授与は見送られた。この除目《じもく》で範頼と義経に与えられた待遇の差が、両者の人間関係をこじらせた。義経は範頼に対して攻撃的な態度を取るようになる。

義経は、一ノ谷合戦の勝因は自分の武略にあると思っていた。しかし、頼朝も多くの御家人も、総大将にふさわしい範頼の戦い方に満足していた。勝つために多くの御家人に報われない戦いを強いた義経と、武士と生まれたからにはかくありたいと願う合戦絵巻を展開させた範頼では、後者に人望が集まるのは必然であった。

後白河院は、独断の繰り返しで源頼朝の信頼に陰りのみえだした義経に対し、従五位下の位階と検非違使《けびいし》大夫尉《たいふのじょう》の補任を行った。源頼朝は、木曽義仲と共に上洛した武士が後白河院から官位を授けられ、後白河院に仕える院武者や京都の治安を守る京武者に引き抜かれたことを見ているので、独断で官位を授かった義経に対する警戒心を強めていった。義仲の失敗を繰り返すまいとする頼朝と、官位授与を無邪気に喜ぶ義経の意識の差は両者の人間関係が破綻する結末へと導いていく。

⊙四国遠征軍の総大将

一一八四(元暦元)年八月、源範頼の率いる山陽道遠征軍は西に向かって軍勢を進めていた。備後国までは惣追捕使梶原景時が勢力圏に組み込んでいたが、瀬戸内海の制海権はまだ平氏が握っていた。十二月には平行盛《ゆきもり》が率いる水軍が備前国の児島《こじま》を襲い、範頼の軍勢の背後を遮断しようとした。源頼朝が派遣した追討使は軍勢を配置した場所では優勢であったが、平氏は水軍を使ってその隙間を自在に動いていた。範頼は一一八三(寿永二)年の木曽義仲の西国遠征が戦えば勝つが、平氏の水軍の上陸作戦に翻弄《ほんろう》されて疲弊したのと、同じ状況に陥っていた。

義経が管轄した畿内でも、五月十四日には羽島山合戦で大井実春《さねはる》と中原親能が木曽義仲の残党志太義広を討ったが、七月七日には伊勢・伊賀に残った平氏の残党が蜂起して大内惟義《これよし》や佐々木秀義を襲った三日平氏《みっかへいし》の乱が起きていた。義経は、一方で畿内近国に残る反鎌倉の勢力を力で抑えつつ、一方で屋島を本拠地とした平宗盛に対してにらみを効かせていた。

後白河院からみると、範頼は高倉家という良き助言者を持っている上に、後に範頼とその子孫吉見家の名誉を守る賓客《ひんきゃく》となる三善重能《みよししげよし》を右筆《ゆうひつ》に抱えていた。範頼は、西国遠征のための名誉職として三河《みかわ》守を拝命したが、三河守の官位で発給した文書は西国の武士に対して追討使への参加を呼びかけるためのものが残るだけである。また、西国遠征を終えると、三河守辞任を申請している。総大将にふさわしい地位の証として、三河守の官職は必要と考えたのであろう。一方、奥州藤原氏のもとで成長した義経は、政治的には未熟な初心者であり、後白河院が仕掛けてくる手練手管に絡め取られていった。その第一歩が、源頼朝を激怒させた検非違使大夫尉補任であった。義経はこのことを武家として名誉の地位を得たと無邪気に喜んだ事後報告をしているので、源頼朝が木曽義仲を自滅させた要因になった後白河院の政略と考えて警戒していることには、考えが及んでいなかった。

最後の栄光

⊙目的から逸脱した範頼の遠征

源範頼の西海遠征軍の目的は、中国地方にいる平氏家人を帰順させ、平氏を四国に孤立させることであった。しかし、平知盛が知行国主として長年治めた長門《ながと》国は平氏に残された盤石の基盤であり、長門国に攻め込んだ遠征軍は撃退された。また、源範頼は飢饉の中で軍勢を進めたので、配下の御家人は食料不足に陥り、帰国を望むものが後を絶たなかった。範頼は周防《すおう》国府から兵粮米の提供を受けて、危機的状況を一時的に抜け出したが、根本的な解決にはなっていなかった。源頼朝に状況を報告し、鎌倉から兵粮を積んだ輸送船団を派遣してもらうことになった。その間、範頼は豊《ぶん》後国《ご》の豪族臼杵《うすき》氏・緒方《おがた》氏など九州の豪族と接触し、軍勢を渡海させるべく交渉を始めた。しかし、源頼朝の指示は九州の豪族が鎌倉に与力する姿勢を示すのであれば進攻を認めるものの、山陽道に居座って平氏に圧力をかけ続ける方を重視していた。源範頼が平氏の重臣原田種直《はらだたねなお》が治める大宰府《だざいふ》を落とすべく九州に攻め込んだと知った頼朝は、範頼の遠征軍が屋島と長門に集結する平氏の軍勢を牽制《けんせい》する役割を果たせなくなったと判断し、源義経に対して新たな遠征軍の編成をして四国に攻め込むことを命じた。義経の役割は、目的を逸脱した行動に出た範頼に代わり、屋島にいる平宗盛に圧力をかけることであった。

⦿屋島合戦

指示を受けた義経は、摂津国《せっつ》渡辺津《わたなべつ》に軍勢を集め、船団を組んで四国に渡る準備をした。この軍勢の軍奉行《いくさぶぎょう》には、梶原景時が任命されている。一一八五(元暦二)年二月十八日、嵐の中、源義経は一五〇騎ほどの奇襲部隊を率いて阿波《あわ》国勝浦に上陸、平氏家人粟田良遠《あわたよしとお》の館を襲って破り、翌十九日には屋島内裏を背後から急襲した。この時、平氏は飢饉のために軍勢を物資の集まる湊に分散させていた。さらに、伊予国で反平氏の軍勢を集めた河野通信《こうのみちのぶ》を討つため、田口教良《たぐちのりよし》の軍勢を派遣していた。手薄なところを背後から突かれた平宗盛は、安徳天皇を守って軍船に逃げ込み、戦いは浜の源氏と軍船の平氏のにらみ合いとなった。

浜に陣取る義経の軍勢は、渡辺津から伴った一五〇騎と、四国で味方につけた近藤親家《こんどうちかいえ》など阿波・

讃岐の豪族であった。平氏の側は、河野通信の軍勢を破って屋島に向かっている田口教良の軍勢と、湊に分散させた軍勢が非常事態を聞きつけて集まってくるのを待てばよいので、膠着状態《こうちゃくじょうたい》は平氏にとって有利であった。しかし、義経は謀略によって田口教良を降参させ、梶原景時が渡辺津に置いていかれた御家人達をなだめて引き連れてきた本隊と合流した。渡辺津に残された御家人たちの憤激は激しく、遠征軍はこの地で解散になってもおかしくない状況だった。梶原景時はそれをなだめて義経に合流させたので、義経は平宗盛が屋島から弟知盛のいる長門国に移動するのを追撃することにした。

屋島合戦は、義経が屋島内裏を背後から奇襲したことに始まるが、軍船に逃れた平氏の混乱が収まると戦いは膠着し、勝敗はどちらの援軍が先に到着するかにかかっていた。その勝敗を決したのは、二月二二日に到着した梶原景時が率いる渡辺津に残した追討使の本隊であった。

この合戦の後、常勝将軍を気取る義経と、追討使の解体を防ぐことに尽力した軍奉行梶原景時の人間関係は決定的に悪化した。義経は平氏を討つことに意識が集中しすぎていたので、渡辺津で御家人たちの怒りを静めるのに辛酸をなめてきた梶原景時の苦労を想像することができなかったのであろう。

その間、源範頼は豊前国に上陸して大宰府に向かって進撃、大宰府官人大蔵氏の末裔で大宰少弐を務める平氏家人原田種直の軍勢を葦屋浦《あしやうら》合戦で破り、北九州を制圧した。その後、周防国に戻って平知盛の軍勢を圧迫したので、知盛は彦島《ひこしま》に拠点を移した。この島が、平氏の最後の拠点となる。

範頼は、愚直な正面攻撃であっても、配下の御家人を華々しい会戦の場へと導いていった。勲功をたてる機会を部下に与える将軍と、部下を脇役に追いやって自らが輝く将軍では、御家人たちがどちらを慕うかは明白であった。

⊙壇ノ浦合戦

三月二四日、源範頼は海岸線に布陣して陸路を封鎖した。源義経が率いる源氏の水軍八〇〇艘は、追い詰められた彦島から出陣した平氏の水軍五〇〇艘と最後の決戦をすべく、壇ノ浦で海戦を行った。

壇ノ浦合戦の勝敗は、ふたつの点にかかっていた。ひとつは平氏の水軍にとって関門海峡の潮流が有利に働く序盤の戦いで源氏の水軍を押し切ることができるか、今ひとつは息子田口教良が源氏に降参したことから裏切りを約束していた粟田成良《あわたしげよし》が予定通り動くかであった。義経は、平氏は海流が有利に働く序盤に勝負をかけてくるとみていたので、この時間帯をしのぎ切れれば戦いは勝つと判断していた。合戦の展開を詳しく記した『平家物語』をみても、序盤は平氏の第一陣山鹿秀遠《やまがひでとお》の水軍が源氏の水軍を一方的に押している。義経は第一陣に配置した御家人たちに大きな損

❖平家一門略系図

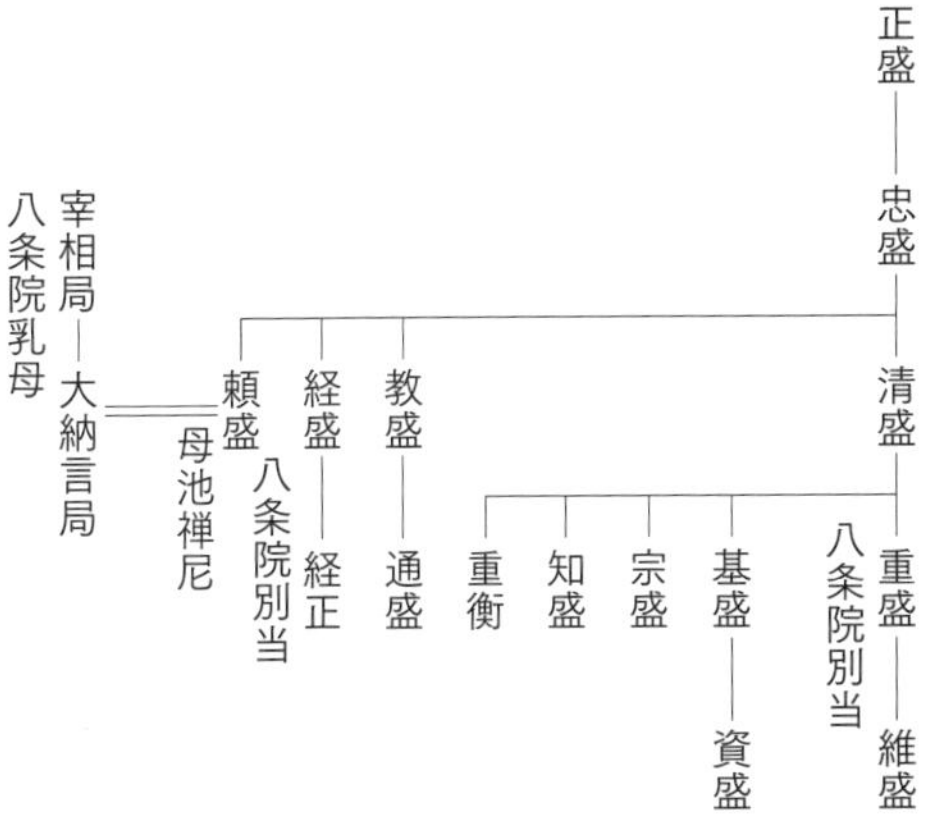

害が出ることは承知していたが、この軍勢を消耗品のように使い捨てにした。義経は前衛に配置された名前も残らない人々が大きな被害を被りながらも時間を稼いでいる間に、潮流が変わるか、平氏水軍の第二陣を陣取る粟田成良率いる四国の水軍が裏切るのを待っていた。戦いは、粟田成良が予定通りに裏切り、平氏の陣営が総崩れになったことで勝敗が決した。陸上を源範頼の軍勢に抑えられていることで逃げ場のない平氏の人々は、それぞれが思い思いの最期を迎えていった。

しかし、源義経は粟田成良から平氏水軍の布陣と作戦を伝えられていたにもかかわらず、安徳天皇の身柄確保を積極的に行った形跡がない。この遠征軍の目的は安徳天皇が上皇として還御《かんぎょ》し、後鳥羽天皇に禅譲の儀を行って皇位継承の乱れを正すことにあった。安徳天皇と三種の神器の確保は最優先であるにもかかわらず、三種の神器に対して狼藉を行おうとした武士を制止し、源氏方の武将に引き渡したのは平氏方の大納言平時忠《ときただ》であった。この意識の低さが、壇ノ浦合戦で安徳天皇入水《じゃすい》・天叢雲剣《あまのむらくものつるぎ》の海没という結末をもたらした。この結果を聞いた源範頼は、頼朝が激怒しているであろうと推測し、恐懼《きょうく》の姿勢を示した。一方、源義経は凱旋《がいせん》将軍として捕虜を率いて京都に帰還した。この二人の意識の違いが、それぞれの将来を決めていくことになる。

義経の没落

⊙壇ノ浦合戦の後始末

源範頼は壇ノ浦合戦の後も九州に残り、九州の治安回復、高麗《こうらい》に亡命した対馬《つしま》守藤原親光《ちかみつ》帰還の交渉、天叢雲剣の捜索などを行った。安徳天皇が入水したので、海没した天叢雲剣だけでも回収したいと朝廷が強く望んだためである。範頼は、後任が決まるまでこの仕事に務め、一一八五(文治元)年十月に鎌倉に帰還した。鎌倉に戻った範頼は、恐懼のあまり、源頼朝に直接説明することができず、大江広元を通じて上申を行った。範頼は、平氏追討は本来の目的を達することのできなかった失敗と考えていた。

一方、平氏の生け捕りを伴って帰京した源義経は、京都で凱旋将軍の扱いを受けた。彼には、後白河院と源頼朝が戦いの結果を知った時の困惑を理解できなかったのであろう。その上、頼朝は、西国に派遣した部下から西国の治安回復の時に行った義経の独断専行、平氏追討の中で行った傍若無人な作戦指揮に関する報告を聞き、義経に対する不信を拭いきれなくなっていた。特に、屋島合戦で義経と決定的に対立することになった梶原景時の糾弾は厳しかった。義経は、鎌倉の人々が自分をどのように見ているかを、まったく理解していなかった。その事を知らされたのは、一一八五(文治元)年五月に、平宗盛以下生け捕りの人々を鎌倉に護送した時であった。鎌倉の人々は義経が引き連れてきた生け捕りの人々を受け取ったが、義経に対しては腰越《こしごえ》から奥に入ることを認めなかった。ここで、大江広元を通じて「腰越状《こしごえじょう》」とよばれる弁明書を送ったが、もはや手遅れだった。

⦿頼朝追討宣旨と没落

京都に戻った源義経は、一一八五(文治元)年八月に源頼朝の推挙によって伊予守に補任された。これは、源頼朝が平氏追討の恩賞として給わった六人の国司を推挙する権利を使ったものであった。

頼朝は、義経との対立が不可避になったと考えたので、伊予守申請を撤回しようとしたが、後白河院は推挙取り下げの手続きが遅いとして、義経の伊予守補任を手続き通りに実行した。これは、後白河院が源義経に目をかけていることをはっきり示したもので、鎌倉殿源頼朝を中心に武家政権を創ろうとしている頼朝の許すところではなかった。義経は、後白河院の好意を拒否してでも伊予守を辞任していれば、まだ頼朝との関係修復の余地が残されたかもしれない。しかし、伊予守補任を知った頼朝は、南都の悪僧から御家人になった土佐坊昌俊《とさのぼうしょうしゅん》に対して、上洛して義経を討つことを命じた。昌俊は自らの役割が戦争を始めるための挑発の使者であり、生きては帰れないことを知っていた。頼朝に対し、自分が死んだ場合には責任を持って老母の面倒をみること、老母が暮らしに困らないように所領を給わりたいことを伝えた。頼朝が願いを聞き入れたので、昌俊は十月九日に部下を率いて上洛した。この二日後、源義経は頼朝と戦うことを決意し、朝廷に対して頼朝追討の宣旨《せんじ》を給わることを要請した。しかし、在京する御家人や、義経の遠征軍に属した御家人たちは、頼朝から義経の指示に従わないよう命じられていたので、追討宣旨を給わっても、義経のもとに人は集まらなかった。義経が孤立を意識していた十月十七日、土佐坊昌俊は源義経の館に夜討ちをかけた。義経は昌俊を退けたものの、この事件は頼朝が義経を殺す意思を示したものとして、京中の人々を震撼《しんかん》させた。

西国で軍勢を集めるため、義経は十一月三日に京都を出発して大物浦《だいもつのうら》に向かった。源範頼の養親高倉範季の子範資《のりすけ》は、在京する範頼の郎党を率いて追撃した。この軍勢の接近を知った義経の一行はここで解散し、それぞれに落ちていくことになった。この一件を知った高倉範季は、この事件は範資が独断で行ったことで自分は知らないと、子供を切り捨てても高倉家を守る報告を朝廷に上奏した。範資が率いたのは範頼の家人ではなく、平氏追討の時に範頼に配属されていた御家人なので、高倉家もまた独断で頼朝の軍勢を動かしてしまったことになる。範季は頼朝が激怒することを覚悟したが、この一件は不問にされた。

利用されつくした末路

⦿義経追捕は戦争の継続

源頼朝は、この事件を最大限に利用すべく、舅の北条時政《ときまさ》を交渉の使者として上洛させた。源頼朝は、伊豆国流人や反乱軍の総大将を経て朝廷に帰順したので、周囲でしかるべき官位を持つのは、上総国に籠居させられていた平大納言時忠の子四位少将平時家《ときいえ》や源頼朝を頼って鎌倉に下向した池《いけ》大納言頼盛《よりもり》、頼朝の従兄弟一条能保《よしやす》など、数えるほどしかいなかった。しかし、頼盛や時家は後白河院や八条院と近い宮廷貴族であり、源頼朝の意思を代弁して後白河院に譲歩を迫るような交渉はできなかった。そこで選ばれたのが、頼朝の舅という家族の立場から名代の待遇を受けることの出来る北条時政であった。後白河院が交渉役に選んだ中納言吉田経房《つねふさ》は官位を持たない北条時政を「北条丸」と呼んで見下していたが、頼朝の舅であれば、応対しないわけにはいかなかった。北条時政は、木曽義仲・平氏追討の時に給わった兵馬の権を、謀反を起こした源義経や平氏・木曽義仲残党追捕のため、源頼朝が任命権を持つ守護《しゅご》・地頭《じとう》の制度に切り替えることを朝廷に対して要求した。源頼朝は戦時下に獲得した権限を、平時の新しい名称の制度に切り替えて継続させることを要求したのである。源義経は、既に少数の部下のみをつれて潜伏しているだけなので、国単位で軍勢を組織して対応する惣追捕使のような軍事指揮権はもはや必要とされる段階ではない。しかし、源頼朝は義経を捕らえるために、全国的に追捕をする必要があると主張して日本国惣追捕使の権限を要求した。この権限に基づき、頼朝は、国単位で守護を置いている。朝廷は、頼朝から出された思いもしない厳しい要求を認めざるをえなかったので、早く義経が捕まるようにと南都《なんと》北嶺《ほくれい》の高僧に修法《すほう》を行わせ、義経を義行《よしゆき》・義顕《よしあき》と本人へのことわりもなく改名した。逃走が巧みなのか、鎌倉幕府は本気で捕まえる気がないのかは判断に苦しむところであるが、義経は藤原秀衡を頼って奥州まで逃走に成功した。

⊙義経の最期と文治の奥州合戦

源頼朝は、木曽義仲が補任されたことを先例として、奥州で自由に軍勢を動かすことのできる権限を持つ征夷大将軍《せいいたいしょうぐん》への補任を申請していた。後白河院にとって、奥州の藤原秀衡は源頼朝の武力を牽制できる最後の重要人物であり、頼朝の申請を却下していた。また、藤原秀衡は、常陸国《ひたち》の豪族佐竹《さたけ》氏を保護していた。佐竹氏は源頼朝に攻め込まれた一一八〇(治承四)年の佐竹合戦、その翌年に旧領回復のために常陸国に攻め込んだ一一八一(養和元)年の第二次佐竹合戦と二度にわたって頼朝と戦っており、平氏追討が終わっても藤原秀衡と源頼朝が歩み寄ることのできない要因のひとつをつくりだしていた。今度は、藤原秀衡が源義経を平泉に保護したのであるから、両者の関係はさらに悪化した。源頼朝は謀反人源義経を保護する藤原秀衡を併せて討つ勅許《ちょっきょ》を後白河院に申請したが、後白河院の立場から考えれば、頼朝との交渉の上で牽制の札となる藤原秀衡は守るべき存在であり、追討を認めることはなかった。義経自身は無力な存在となっていたが、後白河院・源頼朝・藤原秀衡の三者の政治的な駆け引きの中で、義経が武将として築き上げた名声は意味をもっていた。

一一八七(文治三)年十月、藤原秀衡が亡くなって嫡子泰衡が家督を継ぐと、奥州藤原氏は頼朝との戦争を回避する方針に切り替える。そのことを示すため、藤原泰衡は一一八九(文治五)年閏四月に源義経の衣川館《ころもがわたち》を襲撃し、殺害した。

しかし、源頼朝には奥州藤原氏が独立した勢力として存在することを認める意思はなく、後白河院の許可を取らずに奥州への遠征軍を派遣した。頼朝は、源義経の武略と奥州藤原氏の軍勢が結びつくことを恐れていた。また、奥州藤原氏はその経済力を示すかのごとく阿津賀志山《あつがしやま》に巨大な野戦陣地をつくり、要害の地を巧みに利用した防御の構えを示した。頼朝は、御家人たちの志気を高めるためにも、自らが正当であることを示す征夷大将軍の役職が欲しかったのであろう。しかし、源義経殺害をめぐる奥州藤原氏の内紛を知るに及んで、一一八九年七月には勝利を確信して独断で藤原泰衡討伐の軍勢を進発させた。

源義経は、木曽義仲追討・平氏追討と源頼朝の代官を務めた時期に常勝将軍としてその知名度を確立させた。しかし、彼は武人としては有能でも、政治的には無邪気すぎ、自らの立場を理解していなかった。平氏追討のために配下に置かれた部下達が不満を源頼朝に報告すると、頼朝は義経を鎌倉幕府の組織の中に入れることの危険性を理解し、義経を挑発して謀反へと追い込んでいった。頼朝は、義経が確立した知名度を最大限に利用して危険人物に仕立て上げ、朝廷に対しては守護・地頭の設置という形で本来なら追討の終了と共に返上すべき非常時の権限を鎌倉幕府の職権に変更させた。それと共に、源義経を幼少の時から保護してきた奥州藤原氏を謀反人を匿った咎《とが》で滅ぼした。義経の生涯は、無防備ともいうべき政治的な判断力の低さ故に、源頼朝に利用され尽くす結果を招いた。頼朝という兄の気質をよく理解し、幕府の宿老となっていった範頼と対比することで、義経という人物の悲劇がよくみえてくる。

⦿引用参照文献

川合康『源平合戦の虚像を剥ぐ』（「講談社選書メチエ」、一九九六年）
五味文彦『源義経』（岩波文庫　二〇〇四年）
近藤好和『源義経―後代に佳名を貽す者か―』（「ミネルヴァ日本評伝選」、二〇〇五年）
菱沼一憲『源義経の合戦と戦略』（角川選書、二〇〇五年）
永井晋「源範頼の人物像」（『武蔵武士の諸相』、勉誠出版　近刊）
入間田宣夫『藤原秀衡―義経を大将軍として国務せしむべし―』（「ミネルヴァ日本評伝選」、二〇一六年）

1157-1225
伊豆国在庁北条介の一族。時政の娘、源頼朝の夫人、頼家・実朝の母。九条頼経の後見。

北条家を守り通した鎌倉の女主

北条政子

…ほうじょうまさこ…

永井 晋

北条政子は、鎌倉幕府を開いた源頼朝《みなもとのよりとも》の夫人として二代将軍頼家《よりいえ》・三代将軍実朝《さねとも》を後見し、源頼朝の後家として四代将軍九条頼経《くじょうよりつね》が成人するまで後見したことから「尼《あま》将軍」ともよばれる人物である。北条政子が、一二〇〇（正治《しょうじ》元）年から北条泰時《やすとき》が鎌倉幕府三代執権《しっけん》に就任する一二二四（元仁《げんにん》元）年までの四半世紀、鎌倉幕府を主導した要人の一人であることは間違いがない。たしかに、源頼朝が亡くなった後の有力御家人の多くは「右大将家《うだいしょうけ》御時の例」とよんで源頼朝の時代を懐かしがり、次の時代に対する展望を持っていなかった。源頼朝の側で彼の行った政治を学んだ北条義時《よしとき》・泰時《やすとき》父子や、承久《じょうきゅう》の乱（一二二一年）の後始末を北条泰時と共に行った三浦義村・足利義氏・北条時房といった京都の政権運営のあり方を学んだ少数の人々だけが、次の時代の政権を担う展望を持っていたと考えてもよい。

この中で、源頼朝を支えて鎌倉幕府を大きくしてきた北条政子は、鎌倉幕府の外にある敵に対抗し、鎌倉幕府の中にある北条氏の敵対勢力と対決して、常に自分から見て外にある敵と戦い、勝利してきた。成長期の政権運営にあたる人物としては適材ということができた。しかし、承久の乱によって鎌倉幕府が実質的に国政を動かす最大勢力になると、外に有力な敵はいなくなった。一二二四(元仁元)年に起きた伊賀氏《いがし》事件では、北条家出身の源頼朝夫人(北条政子)と二代執権北条義時夫人(伊賀氏)が対立する北条家の内訌《ないこう》を起こし、北条家内部で処理すべき家内問題を鎌倉幕府の権力抗争にまで発展させてしまい、北条泰時・北条時房・足利義氏・三浦義村といった北条泰時政権の首脳部となる人々が伊賀氏をいかに守るかで苦慮させる失敗を犯した。北条政子に悪意はないのであろうが、北条家に対抗できる勢力は既になく、北条家の考えることが鎌倉幕府の施策として国政を動かすことになるという立場にたっていたことを理解していなかったのであろう。拡張路線を取る時代が終わっていることに気付かず、周囲に敵を探し続けた北条政子は、晩節を欠いた英雄の一人に名を連ねる結果を招いた。

北条家の娘

⦿北条家の出自

北条政子は、伊豆《いず》国の在庁北条介時家《ときいえ》の孫娘として誕生した。父時政は、北条家の庶流にあたるので、在庁としての役職を持たず、『吾妻鏡《あずまかがみ》』でも「四郎」の通称で記されている。「野津本《のつぼん》北条系図」や『尊卑分脈《そんぴぶんみゃく》』によってよく知られた北条家の系図は、北条氏が源家将軍とのつながりが強かった家であると主張するために鎌倉時代中後期に先祖を書き変えたもので、鎌倉時代中期に成立した『平家物語』の古態本『源平闘諍録《とうじょうろく》』には、北条氏は伊豆国在庁官人の家として成立したが、政子の祖父

❖『源平闘諍録』を前提とした北条系図

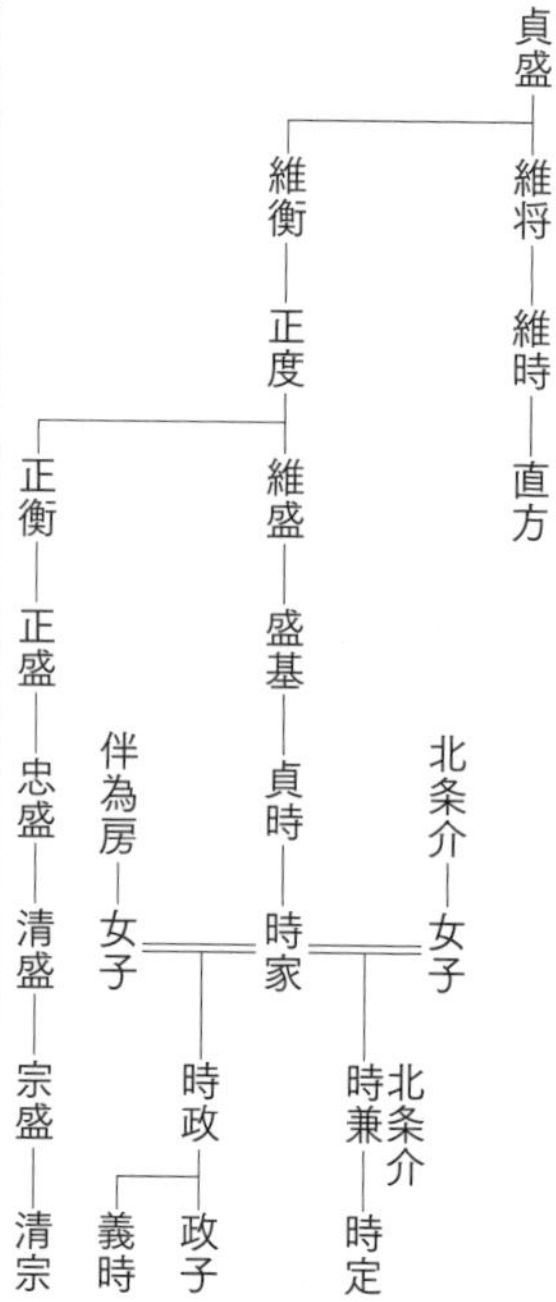

時家は伊勢平氏平貞時《さだとき》の子で、北条介の婿となって伊豆国に下向し、嫡子時包《ときかね》（時兼）をもうけたと伝える。この説は、『平家物語』の中でも、平氏滅亡の後に京都に駐留して平氏残党の追捕にあたっていた北条時政のもとに縁者が数多く訪れたが、時政は源頼朝の意向を考えて助命の訴えを泣く泣く取り次がなかったと伝える悲話とも符号する。時政が伊豆国の地方豪族であれば、このような話は出てこないので、時家が北条家の婿になったという『源平闘諍録』の記述の方が史実を伝えているのであろう。

伊豆国知行国主は、衰微する源氏の一族に対して深い同情を寄せる摂津《せっつ》源氏の源頼政《よりまさ》なので、頼朝は流人としての範囲を超える目に余る事件を起こさなければ、静かな生活を送ることができた。また、頼朝の乳母比企尼《ひきに》は、夫比企遠宗《とおむね》の所領武蔵《むさし》国比企郡を請所《うけしょ》として所領に下り、仕送りをすると共に、娘婿の安達盛長《あだちもりなが》を世話役として派遣している。頼朝が比企尼の縁者を最も信頼するのは、流人時代にみせた厚情からきている。

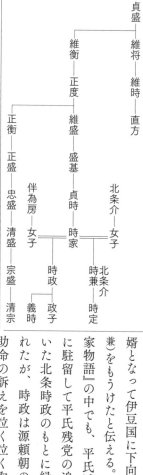

⊙北条氏に対する処遇

北条政子は源頼朝の夫人であるが、正室にはなれなかった。政子が権力を握ったのは二代将軍頼家・三代将軍実朝の母としてであり、母の立場から後見することで鎌倉幕府の政治に関わっていった。鎌倉幕府の組織を運営するためには、父北条時政・弟北条義時といった要職を占める男性との連携は必須の条件であった。その役割をよく勤めたのが、弟の北条義時である。

将軍家の外戚として権力を握ろうとする北条氏の最大の競争相手は、源頼朝が伊豆国流人時代に最も信頼を寄せた乳母比企尼の一族である。比企尼の子には木曽義仲《きそよしなか》を滅ぼした後に北陸道諸国の治安回復を託した比企朝宗《ともむね》、比企尼の甥で、娘若狭局《わかさつぼね》が二代将軍源頼家夫人となって嫡子一幡《いちまん》の母となった、比企能員《よしかず》がいる。源頼朝の腹心として二代将軍頼家の後見をつとめた侍所《さむらいどころ》別当梶《かじ》原景時《わらかげとき》なども北条氏の動きに疑念を持っていた切れ者である。これらの人々は、源頼朝が嫡子頼家を支えるべく側に置いた腹心であった。頼朝は北条政子が母親として頼家を後見すること、北条時政・義時父子には鎌倉幕府の重臣の処遇を与えることで、北条氏には十分報いたと考えていた。北条氏は伊豆国在庁官人の家であり、頼朝が重代の家人として重んじた小山氏や三浦氏、平治の乱で亡父義朝が最期を遂げるまで側を離れなかった源氏の一族平賀義信《ひらがよしのぶ》と比べると、武家としての実力は比較にならなかった。梶原景時のような明敏な頭脳の持ち主でなくても、来たるべき頼家の時代は比企氏が外戚として重んじられると予想がついていた。頼朝が頼家の側に置いた人々は源家に対する忠誠心は疑いようがないが、北条政子を頼朝の時代と同じように重んじるかと考えれば、そこには疑問符がついた。北条政子は頼朝・政子夫妻と家族ぐるみのつきあいをした小山氏・結城氏・三浦氏を中心に周囲を固め、頼朝に対する忠誠を頼家に向ける人々と対決していくことになった。

❖北条略系図

- 時政
  - 宗時
  - 政子
  - 義時
    - 泰時
    - 朝時（名越）　母・比企朝宗女
  - 時房
    - 時盛
  - 阿波局　夫・阿野全成
  - 政範　母・牧方

北条政子が妹阿波局を使って仕掛けた梶原景時事件、比企氏が阿波局を失脚させようとしてしかけた阿野全成《あのぜんじょう》事件（頼朝の弟で阿波局の夫）、一二〇三（建仁《けんにん》三）年の比企氏の乱と続く頼家政権下の政変は、まさに頼家に対して忠実だった梶原氏・比企氏と北条氏の政権掌握をめざす北条政子・北条時政とのぶつかりあいであった。源頼朝と手を結んで裏切られた前関白九条兼実《くじょうかねざね》は、梶原景時事件を聞いて、景時は源頼家の第一の郎党であるのに、対立する人々が起こした弾劾を抑えきれなかったのは源頼家の失敗であったと、日記『玉葉《ぎょくよう》』で論評している。一二〇三年の比企氏の乱も、九条兼実の弟天台座主《ざす》慈円《じえん》は彼が記した歴史書『愚管抄《ぐかんしょう》』で北条時政が私兵を動かして起こした政変と記述している。このあたり、『吾妻鏡《あずまかがみ》』が事件の内容を組み替えて記した可能性を十分に考慮しなければならない。少なくとも、京都に伝わった情報と『吾妻鏡』の記述との間に整合性がとれないところがあることは知っておこう。

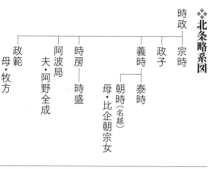

◉北条政子の政治

北条政子は、源頼家に対して忠実であった御家人たちを排除した後、父北条時政に政権を託し、将軍家の母として隠然たる実力を示しはじめた。歴史年表では年代がもっと早く記されるが、北条氏主導の執権政治は比企能員を滅ぼした一二〇三（建仁三）年九月から始まる。ただし、初期の執権政治は北条時政・政子父子、北条政子・義時姉弟が政権を主導する北条家による専制であった。執権とは、政所《まんどころ》の中で政務を主導する執権別当（類似したものに年預別当がある）を鎌倉幕府の職制の中に取り入れたものである。政子が活躍したのはこの時代で、京都で承久の乱の後始末の苦労をともにした北条泰時とその仲間達ともいうべき北条時房・足利義氏・三浦義村が主導する次の時代になると、武力をちらつかせた武断政治よりも合議による政権運営の方が安定すると考える文治政治の執権政治へと移行していく。北条政子は武断政治の人で、泰時主導の時代には過去の人となっていた。

弁論で人を動かす扇動者

⊙承久の乱の前提

承久の乱（一二二一年）は、鎌倉幕府が圧勝した内乱である。ただ、細かい事実を重ねていくと、実は鎌倉側の勝利がきわどいものであったことがわかってくる。

承久の乱にいたる政局は、一二一九（建保《けんぽう》七）年正月に源実朝が甥の公暁《くぎょう》に暗殺されたことに始まる。実朝の死に対し、後鳥羽《ごとば》院は弔問使として内蔵頭藤原忠綱《ただつな》を派遣した。この弔問使は、北条義時が地頭職《じとうしき》を持つ所領で院の寵姫《ちょうき》宮菊が武士の押妨《おうぼう》に困っていると地頭職の廃止を求める要望を伝えた。この一件が、後鳥羽院は寵姫のために地頭職廃止を要求したと北条氏によって喧伝され、御家人たちが後鳥羽院に反感を持つ原因のひとつとなっていく。これはあくまでも、北条氏側の主張であって、この段階で後鳥羽院は鎌倉幕府を倒そうなどと考えていない。後鳥羽院は、源頼朝が薨去《こうきょ》した一一九九(正治元)年には院政を始めていたが、頼朝・頼家の二代に対しては弔問使を派遣していない。実朝にのみ、わざわざ派遣しているのであるから、この弔問使は好意であって、悪意はない。鎌倉は、院が示した好意に対し、相応の返礼をするのが礼儀である。弔問使派遣に対する感謝の意の表れとして、院が困っていると伝えてきた土地の地頭職のふたつぐらい、なぜ廃止しないのかという狭量な対応こそが問題になる。表現を変えれば、好意を示した後鳥羽院に対して、実朝の時代のような好意的な対応はしないと鎌倉側は態度を改めることを伝えたことになる。

この一件によって、後鳥羽院との関係が悪化したことから、後鳥羽院側も源実朝の後継者として親王を鎌倉に派遣すると話し合ってきた一件を白紙に戻した。北条氏側が先に後鳥羽院に不快感を与えたのであるから、後鳥羽院が北条氏の困る選択肢を選んでみせるのも、当然の応酬である。親王将軍に代わって浮上したのが、四代将軍となる九条頼経の鎌倉下向である。九条家は、建久七年の政変(一一九六年)で鎌倉幕府から見殺しにされた経緯をもつが、突然舞い込んできたこの話が悪い話ではないと受諾している。

それと平行して、北条氏は源実朝の縁者として家督を継ぐ資格を有する範囲にある阿野時元《ときもと》(実朝の従兄弟)を駿河《するが》国で一方的に討ち、京都の仁和寺《にんなじ》に追捕使を派遣して禅暁《ぜんぎょう》(兄頼家の子)を東山《ひがしやま》で誅殺している。源頼朝の遠縁にあたると説明する九条頼経を将軍家に迎えるための粛清である。

この強引なやり方は、禅暁の養親三浦胤義《たねよし》に鎌倉を見限らせ、三浦氏を北条氏支持の義村と胤義に同情的な筑井氏以下の人々に分裂させることになった。源氏の名門として鎌倉幕府の宿老に列していた大内惟信《おおうちこれのぶ》(平賀義信の孫)も、将軍家の縁者が次々と抹殺されていくのを見て源家一門の将来に不安を思い、鎌倉幕府と袂《たもと》を分かつことにした。大内惟信の不安はあながち誤りではなかった。武蔵国吉見郡の本領に残った吉見氏(範頼の子孫)は、鎌倉の政局が不安定になると、謀反の嫌疑ありと主が誅殺される受難を繰り返すことになる。

三浦氏・大内氏の他にも、比企氏の乱で娘婿として比企一族と運命を共にした糟屋有季《かすやありすえ》の一族、木曽義仲の残党追捕として行われた一一八四(元暦《げんりゃく》元)年の信濃《しなの》侵攻で所領を失った仁科《にしな》氏の末裔《まつえい》仁科盛遠《もりとお》、治承・寿永の内乱では近江《おうみ》国を代表する源氏として戦ったにもかかわらず、源頼朝が側近の佐々木定綱《さだつな》を近江国守護補任に補任したことで勢力を失った山本一族など、承久の乱では、北条氏や鎌倉幕府に対して含むところを持つさまざまな人々が後鳥羽院のもとに集まった。この内乱は、源家将軍の時代にあったさまざまなことを清算するという意味で、源家将軍の時代から次の時代への切り替わりを象徴する事件となった。

⊙北条政子の名演説

北条政子・義時姉弟の政権が後鳥羽院に対して無礼という表現があたるぐらいの強硬姿勢を取り続けたことで、後鳥羽院政の中核にいる人々から北条義時を潰せという意見が強くなった。その中心にいたのが、養親として後鳥羽院を幼い時から面倒みてきた高倉家出身の乳母卿二位《きょうのにい》高倉兼子《たかくらかねこ》である。後鳥羽院と源実朝の協調によって国政の運営が行われた時代を、天台座主慈円は「女人入眼《じゅげん》の日本国(女性が最終決定をする日本国)」と表現している。その女人とは、将軍実朝の母北条政子と後鳥羽院の乳母高倉兼子である。北条政子も、上洛して高倉兼子と対面した時、自らを「辺鄙《へんぴ》の老尼《ろうに》（田舎者の年老いた尼）」と卑下している。高倉兼子は弟の中納言高倉範光《のりみつ》と共に後鳥羽院の側近として権勢を振るったので、北条政子が弟の義時と共に鎌倉幕府を主導したのとほとんど同じ権力掌握の構図をつくりあげていた。

後鳥羽院側の考えは、鎌倉幕府を揺さぶって政権を内部崩壊させることにあった。北条義時が失脚し、源実朝の時代のように院政に対して協調路線を取る人物が政権を主導すればよいという考えである。現存する北条義時追討の官宣旨案をみても、追討の対象は鎌倉幕府の政治を壟断して朝威を軽んずる北条義時であり、新たに将軍に就任した九条頼経については言及していない。将軍家を対象としないことは、鎌倉の中で政権交代が起これればよいということである。それ故、後鳥羽院は京都の周辺で威圧的な示威行動を行い、京都守護の一人大江親広《おおえちかひろ》を降参させた。今一人の京都守護伊賀光季《いがみつすえ》は上洛する時から言い含められていた気配があり、最後まで抵抗の姿勢を示して討たれている。これによって、後鳥羽院による北条義時追討は始められたことになるが、院政側は実質的な軍勢の編成を行わなかった。

一二二一（承久三）年五月十五日、朝廷は北条義時追討の官宣旨を発給すると共に、東国の有力豪族に密使を派遣した。五月十九日に、朝廷が北条義時追討の官宣旨を発給したこと、鎌倉幕府内部の切り崩しのために密使を派遣したことを知った北条政子は、御家人たちを御所に集めて歴史に残る名演説を行った。

この演説は、「これが、皆に伝える最後の言葉である」の一言に始まる。続いて、皆は源頼朝から受けた恩顧を忘れたか、鎌倉幕府が成立する前の時代に戻りたいか、後鳥羽院は寵姫に頼まれて北条義時が持つ地頭職廃止を要求したように地頭を軽んじていると、地頭職の成立によって京都の公家や権門寺院に対する自らの地位が向上したことを知る御家人たちに、よくよく考えるようにと説いた。宮廷政治をのぞき見ている都に馴れた武士であれば、政子の演説を本当にそうかと考えて首をかしげるであろうが、政治的に擦れていない坂東《ばんどう》の武士にとっては地頭職がなくなることは生活に直結する大問題であり、鎌倉幕府を守ることを誓うことになる。

ここには、大きなミス・リードがある。後鳥羽院は、朝廷に対して強硬姿勢を貫く北条義時が鎌倉幕府の主導者にふさわしくない人物であり、朝威を軽んずる奸臣《かんしん》であるから討てと命令した。後鳥羽院は、鎌倉幕府を滅ぼせとは一言も言っていないので、最も穏やかに処理するなら北条義時を隠居させて、朝廷と穏やかな交渉のできる人物を新たな執権とすれば目的を達したことになる。

北条政子は、後鳥羽院の意向が坂東の御家人に正しく伝わる前に合戦が始まるように事を急いだ。鎌倉幕府の重臣達は箱根の坂で追討使を迎え撃ち、鎌倉を守るべきだと消極的な意見を主張した。天皇(実質的には後鳥羽院であるが、書類上は天皇の名で命令が出ている)に対して刃向かうことには心理的な抵抗が強く、負けない程度に戦って、最後は話し合いに持ち込もうと考えていた。その中で、文官の三善康信《みよしやすのぶ》は上洛軍を派遣すべきだと強く主張した。京都の事情をよく知る康信は、後鳥羽院には平氏政権のように巨大な遠征軍を組織する力はないので、鎌倉の方から攻めるべきだと考えていた。

⦿勝敗を決めた甲斐源氏の対応

鎌倉幕府の方針が固まると、北条政子は北条泰時に対してすぐに出陣を命じた。通常なら、御家人達が武具と兵粮を調えて鎌倉に参集し、そこで軍勢を編成してから出陣するところであるが、政子は泰時を急がせた。泰時は、五月二二日にわずか十八騎の軍勢を率いて鎌倉を出陣している。泰時に直属する御家人や共に死ぬ覚悟で集まったわずかな仲間のみで出陣したのであろう。泰時の出陣を聞いた御家人たちが慌てて後を追いかけたので、東海道を上る軍勢は雪だるま式に膨らんでいった。しかし、彼らには十分な矢と兵粮を準備する時間がなかった。誇張はあるにしても、二〇万に膨らんだ大軍は合戦に必要な物資を十分に持っていないので、京方に粘られて対陣に持ち込まれたら、自滅することが目にみえていた。

慈光寺本《じこうじほん》『承久記』は、東山道《とうさんどう》の軍勢を率いることになった甲斐《かい》源氏のもとには京都と鎌倉の使者が到着していたので、総大将の武田信光《たけだのぶみつ》と小笠原時長《おがさわらときなが》はとりあえず軍勢を集めて西に進んではいるものの、どちらに味方するかは決めていなかったという。最終的には鎌倉の提示した恩賞の方が厚いので、美濃《みの》国に入ると京方の大内惟信の軍勢に襲いかかり、東海道を進んでくる北条泰時の軍勢を迎え討とうとしている京方の脇腹を崩す活躍をした。慈光寺本『承久記』は承久の乱のすぐ後に書かれた軍記物語で、実証主義的な観点から歴史書としての正確さを求める立場を取ると評価は落ちるかもしれないが、事件の直後に集めた生の情報を数多く収録したルポルタージュとして読むと、『吾妻鏡』編纂の過程で削除された貴重な情報が多く盛り込まれていることがわかる。

何よりも、鎌倉幕府が大将軍に任命した武田信光・小笠原時長のもとには朝廷の密使が到着していて、朝廷と幕府の両方の話を聞いた二人が態度保留のまま幕府の指示に従って軍勢を動かすふりをしていたという情報は、承久の乱の戦局そのものが変わるかもしれなかった重要な情報である。しかも、この二人は勝者に就くは武家の習いと、明らかに様子見を決め込んでいる。京都側の情報が東国に広く伝わる前に引き返せないところまで事を進めた方がよいという三善康信や北条政子の判断はまさに正しかった。

一二二一(承久三)年五月十九日、北条政子は後鳥羽院の意思をあえて誤解し、後鳥羽院が鎌倉幕府を滅ぼそうとしていると内容のすり替えを行った名演説をした。この演説によって、鎌倉幕府はぎりぎりのところで組織を維持した状態で、大軍を京都に派遣して承久の乱を勝つことができた。承久の乱で鎌倉が京都よりも優勢であることは明確になり、後鳥羽院政を解体した後に、後高倉院を中心に京都の政権を再建した北条泰時以下の在京組が武断政治から文治政治へと鎌倉幕府の政権運営のあり方を切り替えていくことになる。

その意味で、北条政子が名演説を行った日(承久三年五月十九日)は、彼女の栄光が頂点に達した日であると同事に、彼女の存在が過去の遺物になる日の始まりでもあった。

⦿参考文献
関幸彦『北条時政と北条政子』(「日本史リブレット」山川出版社、二〇〇九年)

永井晋『金沢北条氏の研究』（八木書店、二〇〇六年）
永井晋『鎌倉幕府の転換点―『吾妻鏡』をよみなおす―』（NHKブックス、二〇〇〇年）
永井晋『鎌倉源氏三代記』（吉川弘文館、二〇一〇年）
永井晋「北条義時追討宣旨（官宣旨案）から読み解く承久の乱」（『神奈川県立歴史博物館だより』二二巻六号、二〇一六年）
永村祥知『中世公武関係と承久の乱』（吉川弘文館、二〇一五年）
野村育代『北条政子―尼将軍の時代―』（「歴史ライブラリー」吉川弘文館二〇〇〇年）
安田元久『北条義時』（「人物叢書新装版」吉川弘文館、一九八五年）
渡辺保『北条政子』（「人物叢書新装版」吉川弘文館、一九八五年）

1138-1215
鎌倉時代初期の武将。源頼朝に合力し、頼朝亡きあと初代執権として幕府政治を領導した。

権謀術数にたけた辣腕の政治家
北条時政
…ほうじょうときまさ…

下山 忍

北条時政は、源《みなもとの》頼朝《よりとも》の妻政子《まさこ》の父である。伊豆国衙《いずこくが》の在庁官人をつとめる地域の有力武士であった。平治《へいじ》の乱に敗れた頼朝が伊豆の蛭ヶ小島《ひるがこじま》(現静岡県伊豆の国市)に流されると、その監視を命じられていたが、頼朝が一一八〇(治承《じしょう》四)年に挙兵するとこれをたすけた。頼朝の義父として、また有力御家人として、その後の鎌倉幕府創設に果たした役割は小さくない。

一一九九(正治《しょうじ》元)年に頼朝が死去すると、二代将軍頼家《よりいえ》の親裁を押さえるため有力御家人十三人の合議制がとられたが、時政もここに名をつらねている。一二〇〇(正治二)年には頼朝のもとで将軍独裁制を支えてきた梶原景時《かじわらかげとき》が失脚・滅亡するという事件が起きたが、これに関与している。一二〇三(建仁《けんにん》三)年には、比企能員《ひきよしかず》を謀殺して頼家の妻の実家である比企氏を滅ぼすとともに、後ろ盾を失った将軍頼家を廃して伊豆《いず》の修善寺《しゅぜんじ》に幽閉しのちに殺害した。そして、三代将軍に実朝《さねとも》を立て、自らは政所別当《まんどころべっとう》(長官)に就任して幕府の実権を握った。一二〇五(元久《げんきゅう》二)年にも武蔵《むさし》国の有力御家人畠山重忠《はたけやましげただ》を討ち滅ぼすなど権力を強化した。さらに、後妻牧の方の女婿で源氏一門の平賀朝雅《ひらがともまさ》を将軍に擁立しようと画策し、将軍実朝を排除しようとするが、これは先妻の子である政子・義時《よしとき》姉弟に阻まれて、幕府における地位を失い、伊豆に隠退しその地で寂しく亡くなった。

時政は幕府の実権を握って執権《しっけん》と呼ばれ、この地位は子の義時に継承された。その義時も、侍所《さむらいどころ》別当(長官)であった和田義盛《わだよしもり》を一二一三(建保《けんぽう》元)年に滅ぼし、政所に加えて侍所の長官を手に入れて執権の地位を固めた。これ以後、執権職は北条氏一族のあいだで世襲されるようになっていく。鎌倉幕府はまさに北条氏の主導で運営されていくが、時政はその基盤をつくった人物として評価されている。

頼朝挙兵以前の北条氏

北条時政は一一三八(保延《ほうえん》四)年に生まれた。桓武平氏《かんむへいし》である平直方《たいらのなおかた》の五代の子孫とされ、祖父時《とき》方《かた》の代より伊豆国田方郡《たがたぐん》北条に居住して「北条」を称したという。頼朝挙兵以前の北条氏については不明な点が多い。伊豆国の在庁官人であった可能性も高いが、伊豆介《すけ》の地位にあった一族の傍流ではなかったかとする見解もある。いずれにしても、鎌倉御家人でも豪族的武士の代表とされる三浦《みうら》氏・千葉《ちば》氏・小山《おやま》氏などには規模では比肩すべくもなかった。一方で、本拠を肥沃な狩野川《かのがわ》流域平野におき、国府三島にも近く伊豆から駿河に進出する地の利を生かし、流通に関与し情報にも通じた存在だったという指摘もある。こうした北条氏の規模や性格は、その後の時政の時勢の動きを見る確かな洞察力や手段を選ばない他氏排斥の動きと無関係ではないだろう。

❖北条氏・源氏関係系図（参考…北条氏研究会編『北条氏系譜人名辞典』）

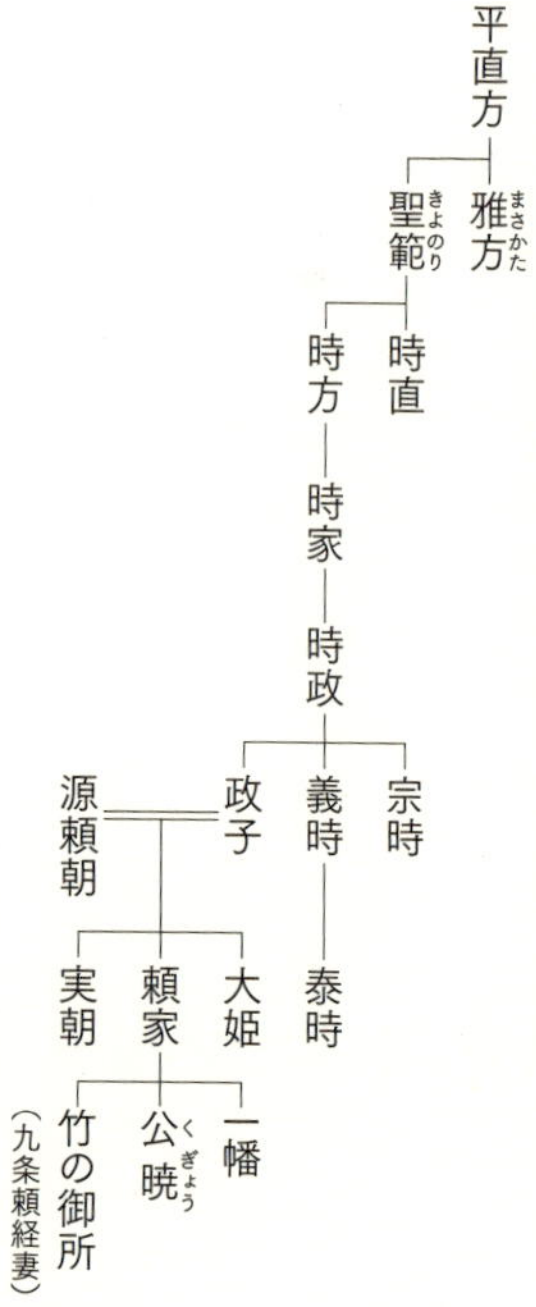

また、頼朝と政子が結ばれる際の有名なエピソードがある。時政が京都大《おお》番役《ばんやく》勤仕で留守にしている間に、頼朝と政子は恋仲となり長女大姫《おおひめ》が誕生していた。伊豆に戻った時政はこのことが平氏の耳に入ることを恐れ、政子を山木《やまき》兼隆《かねたか》に嫁がせようとした。この兼隆は、一一八〇（治承四）年の以仁王《もちひとおう》の挙兵後に源頼政《みなもとのよりまさ》にかわり平時忠《ときただ》が伊豆の知行国主となると、国守平時兼《ときかね》の目代として国衙《こくが》の支配を任されており、いわば平氏政権における伊豆の現地責任者のような存在であった。平氏全盛の世にあっては敗者で流人の頼朝よりはるかに良縁と言え、時政は政子を兼隆の館に送った。しかし、政子は「兵衛佐《ひょうえのすけ》（頼朝）ニ志殊ニ深ケレバ…兼隆ガ宿所ヲ逃出シニケリ…彼女ハ終夜伊豆山ニ尋行テ、兵衛佐ノ許ニ籠《まか》リニケリ」（『源平盛衰記《げんぺいじょうすいき》』）という行動を取った。政子は兼隆の館を抜け出して、伊豆山（現静岡県熱海《あたみ》市）にいた頼朝のもとに駆けつけたのである。この情熱的な行動に時政も二人の仲を認めざるを得なくなり、頼朝を自邸に迎えたという。時政の打算に政子の一途な愛が打ち勝つというストーリーであり、頼朝が挙兵後に真っ先に攻めるのがこの山木兼隆という非常にドラマティックな展開となるのである。しかしながら、兼隆の目代《もくだい》就任は一一八〇（治承四）年六月以降で

あり、時政の伊豆帰還はそれよりも二年ほど前の一一七八(治承二)年頃と考えられることから、時間的には整合しない。ちょっと残念ではあるが、この美談は創作の可能性も高い。

幕府創設期の活躍

頼朝挙兵は一一八〇(治承四)年八月、前述のように緒戦は山木館攻撃であり、時政は指揮をとり見事勝利に貢献した。挙兵にあたって頼朝は味方の武士一人一人に「お前だけが頼りだ」と協力を求めたが、『吾妻鏡《あずまかがみ》』には「真実の密事においては、北条殿の外、これを知る人なし」と実際は時政に別格の信頼を置いていたことが記されている。これは北条氏寄りの記述の目立つ『吾妻鏡』の潤色もあろうが、この段階において北条氏以外に依拠すべき勢力が少なかったのもまた事実であろう。よく知られているように、続く石橋山合戦では寡勢《かぜい》の頼朝方は散々に敗北し、頼朝自身が命からがら戦場を離脱し、北条氏においても時政の嫡子宗時《むねとき》が討死するなどの大きな被害を受けた。当然ながらここを戦い抜いたところにその後の北条氏の発展がある。海路安房《あわ》に渡って再起をはたした後、時政・義時《よしとき》父子はすぐに甲斐《かい》に赴いている。石橋山敗戦後の頼朝にとって甲斐源氏との連携は起死回生の戦略であった。事実その妥結により、一一八〇(治承四)年十月の富士川合戦での勝利を得ることになる。その交渉役を任された時政が頼朝から多大な信頼を得ていたことが知られよう。

以後、頼朝は平氏や木曽義仲《きそよしなか》との戦いを進めていくが、時政は戦場に派遣されることなく鎌倉を動いていない。頼朝の傍らにいて刻々変化する戦局への対応を考えていたものと思われる。その時政が千余騎の軍勢を率いて上洛したのが一一八五（文治元）年のことである。平氏滅亡後、頼朝と対立した源義経《よしつね》が不利を悟って都から離れると、その後に入京したのである。進駐軍として乗り込み、義経に与同して頼朝追討の宣旨《せんじ》を下した後白河院《ごしらかわいん》やその近臣たちを威圧しつつ、強硬な提案を示した。それは「諸国平均に守護地頭を補任し、権門勢家《けんもんせいか》の荘園や公領を論ぜず段別《たんべつ》五升の兵粮米を宛《あ》て課す」権限を頼朝に与えよというものだった。このことを伝え聞いた九条兼実《くじょうかねざね》は「およそ言語の及ぶところに非《あら》ず」（『玉葉《ぎょくよう》』）と衝撃を受けたが、この情勢下では後白河院側には拒否するすべはなく受け入れざるを得なかった。教科書等で「守護《しゅご》・地頭《じとう》の設置」とされているものがこれである。その歴史的意義からしても交渉はたやすいものだったとは思われないが、鎌倉方においてそれを任されたのが時政であったことは、先の甲斐源氏への特使の件とあわせ、その政治的交渉能力が頼朝から高く評価されていたことが分かるのである。

梶原景時の失脚

さて、頼朝のもとでは政治的能力の発揮にとどまっていた時政の「悪」が開花するのは、頼朝の死後のことである。頼朝の死去した一一九九（正治元）年、頼朝時代の寵臣《ちょうしん》でその権力を支えていた梶原景時が失脚し、翌年ひそかに京都にのぼる途中、駿河《するが》国清見関《きよみがせき》（静岡県静岡市清水区）で在地武士たちに討たれて一族もろとも滅亡した。この事件は、北条氏による他氏排斥の嚆矢《こうし》とも言われるが、頼朝死後の鎌倉にいったい何があり、時政はどう関与していたのであろうか。

『吾妻鏡』によれば、梶原景時が結城朝光《ゆうきともみつ》のことを将軍源頼家に讒言《ざんげん》したことに始まる。これは、結城朝光が頼朝の仏事において「忠臣は二君に仕えずというが、先君頼朝の逝去に際し出家遁世《とんせい》できなかったのは残念である」と言ったのだが、これを聞きとがめた景時が「二君に仕えずとは現在の将軍である頼家に叛意《ほんい》をいだくことだ」と讒言したのである。朝光が驚いて仲の良い三浦義村《よしむら》に訴えたところ、義村は「これまでも景時の讒言によって命を落としたり、役職を失ってしまったりした御家人が何人いたか分からない」と怒り、和田義盛・安達盛長《あだちもりなが》らと連携して多くの御家人を鶴岡八《つるおかはち》幡宮《まんぐう》に召集し景時を非難・弾劾《だんがい》したのである。景時を弾劾する文書には六六名の御家人が署名したという。大江広元《おおえひろもと》を介してこれを受け取った頼家は景時に陳弁《ちんべん》を求めるが景時は何も言わなかった。その後は所領の相模《さがみ》国一宮《いちのみや》（神奈川県寒川《さむかわ》町）にいったん身を寄せた後、再起を期してひそかに京都をめざしたが、その途中で討たれたのである。

　梶原景時は、相模国の武士で石橋山合戦には平氏方として参戦していたが、戦いに敗れて土肥《とい》の椙山《すぎやま》に潜んでいた頼朝を知りつつ見逃した話は有名である。その後頼朝の麾下《きか》に入るが、弁舌巧みで京都的教養をもった景時に他の東国武士にないものを感じた頼朝はこれを重用した。かといって決して文弱《ぶんじゃく》の徒《と》ではなく、一一八三（寿永二）年に頼朝の命で上総介広常《かずさのすけひろつね》を暗殺した際は、双六《すごろく》を打っている最中ににわかに盤を乗り越えて広常の首を掻《か》き切ったという。度胸があって武芸にも秀でており、頼朝の命とあらばこうした役目も厭《いと》わなかったのである。侍所の所司として御家人統制にあたったことが、御家人たちから恐れられるとともに、その反感を買ったのであろう。「讒言」というが、景時からすれば自らが収集した情報を頼朝に伝えただけのことだったかもしれない。先の結城朝光の件も、将軍独裁制を維持するために頼家の権力基盤を固めようとする側からすれば問題発言であったとも言えるのである。

頼朝の信任の厚かった景時が、その死後没落するというのは、ある意味では歴史の必然とも言えようが、この事件はそればかりでは説明できない。九条兼実の日記『玉葉』では、景時没落の原因を結城朝光についての讒言ではなく、千幡《せんまん》（実朝）擁立《ようりつ》の陰謀を頼家に告げたため、としている。新将軍擁立の陰謀となれば明らかに謀反である。景時は謀反《むほん》を察知して逆に葬られたということになる。確かに景時敗死の三年後の一二〇三（建仁三）年に実朝擁立が実現したという歴史的事実があるので荒唐無稽《こうとうむけい》な話ではない。九条兼実の弟で天台座主《ざす》の慈円《じえん》も「景時国ヲ出テ、京ノ方へ上リケル道ニテ、ウタレニケリ、（中略）鎌倉ノ本体ノ武士梶原皆ウセニケリ、コレヲバ頼家ガフカク（不覚）ニ人思ヒタルニ、ハタシテ今日カカル事出ニケリ」と『愚管抄《ぐかんしょう》』に記している。ここでいう「カカル事」とは、北条氏による頼家殺害のことであり、慈円は梶原景時滅亡との因果関係を強く指摘しているのである。慈円の指摘したように、景時は将軍独裁制を維持する上でのキーマンだったかもしれない。ここで頼家が景時を守り切れなかったことが頼家自身の敗因の一つであったとも言える。

それでは、この梶原景時追放・滅亡に時政はどう関与していたのであろうか。先に述べた六六名の御家人の景時弾劾状にも時政や義時の名前がないのをはじめ、『吾妻鏡』は時政の関与を一言半句も記していない。しかし、『吾妻鏡』は北条氏が執権・得宗《とくそう》として幕府を主導する鎌倉時代後期に編《へん》纂《さん》されており、当然ながら北条氏にとって不利な事実は隠蔽《いんぺい》されている面もあり、慎重に見ていく必要があろう。はっきりと時政の関与が考えられるのは、景時の最期である。景時は幕府追討軍の到着を待たず、駿河国の在地武士たちによって討ち取られるが、この時、在地武士たちとたまたま出くわしたなどということが信じられるだろうか。誰かの命令を受け、正確な情報をもとに待ちかまえていたと考えざるを得ない。在地武士たちの軍事指揮権はその国の守護にあったが、この時の駿河守護は北条時政であった。景時の追放に至る過程での時政の関与は不明であり、『吾妻鏡』の記述が真実であるとすれば自らは表面に出ずに景時の失脚劇を見ていたことになるが、そのとどめは自らの手で刺したのである。

比企能員の謀殺

梶原景時を葬った時政の次のターゲットは比企《ひき》氏であった。比企能員《よしかず》は頼家の乳母夫《めのと》であり、娘の若狭局《わかさのつぼね》は頼家に嫁して一幡《いちまん》を生んでいる。頼家の後継にはこの一幡がつくと思われていた。すなわちこの時の比企氏は将軍を支える存在であり、頼家が最も頼りにしていた御家人と言えた。比企氏への権力移行が着実に行われれば、北条氏は前将軍頼朝の妻を出した家柄で終わる可能性もあったのである。

こうした状況の中、たまたま一二〇三(建仁)三年八月、頼家が病気になった機会をとらえて時政は仕掛けた。政子と謀って将軍の権能を二分し、関西三八カ国の地頭職を頼家の弟千幡(実朝)、全国の守護職ならびに関東二八カ国の地頭職を嫡子の一幡に譲与させるように画策したのである。これはあからさまな頼家及び比企能員に対する挑発であった。病気から回復してこのことを聞いて驚いた頼家は、同年九月二日の朝、能員を病床に呼び時政追討について密かに相談した。しかし、この密議は北条方に洩《も》れていた。『吾妻鏡』によれば、この話はたまたま隣室にいた政子の聞くところとなり、時政に通報されたという。この話もにわかには信じがたい面もあるが、比企方の動きを知った時政の対応は早かった。大江広元に相談し、比企能員の謀殺と比企氏の討滅を画策する。『吾妻鏡』を信じれば、頼家と能員の密議を聞いた日にこれを全て実行することになるが、余りにも手はずが良すぎる。かなり前から準備を重ねていたものであろう。

九月二日の昼過ぎ、能員のもとを訪れた時政の使者が「自邸で薬師如来《やくしにょらい》の供養を行うので、ぜひおいでいただきたい」と口上を告げた。能員の子息たちは危険を察知して北条邸を訪れることに反対し、もし行くならば武装した郎党を連れて行くことを勧めた。しかし、能員は「そのようなことをすれば無用の疑いを招くだけだ」と言い、わずかな従者だけを伴って平服で出かけていった。結果的にはこの剛胆が命取りとなった。時政はそこまで読んでいたのかもしれない。北条邸を訪れた能員が廊下を通って法会《ほうえ》の部屋に向かおうとした時に、刺客《しかく》の天野遠景《あまのとおかげ》と仁田忠常《にったただつね》が物陰から飛び出して瞬時に能員を殺害した。この両名は伊豆の御家人で時政が信頼する者たちであった。時政は近くで一部始終を眺めていたという。その場から逃れ帰った従者からこのことを聞いた比企一族は、一幡の館の小御所に集まって武備を固めたが、北条義時・小山朝政・畠山重忠・和田義盛らの軍兵に攻められた。よく戦ったが衆寡敵せずに敗れ、館に火をかけ、一族のほとんどが一幡とともに自決して比企氏は滅んだ。後ろ盾を失った頼家はこの直後に将軍職を廃されて、伊豆の修善寺《しゅぜんじ》に幽閉される。そして、刺客により惨殺されるのである。

この事件は「比企能員の乱」あるいは「比企氏の乱」などと呼ばれているが、実態は北条時政によるクーデタと見ることもできる。そして、梶原景時追放事件と異なり、時政が最初から前面に出ていた。頼家の権力を奪うために比企能員を挑発し、これを謀殺して比企氏を滅ぼしたのである。能員を自邸に誘致した際も、時政は能員の方から合戦をしかけて来る展開も想定して守備を固めていたという。この辺りに時政の周到な用意と計画が察せられるのである。時政の策謀は、頼家と能員よりも数段上であった。

最後の陰謀とその結末

一二〇三(建仁三)年十月、三代将軍実朝《さねとも》の政所始めの儀が行われ、時政は大江広元と並んで政所別当(長官)となった。前将軍の義父ということに加えて、ここで政所別当という幕府の公的な地位についたことになった。これ以後、時政は単署の下文《くだしぶみ》をもって御家人たちの所領安堵《あんど》をするなど幕府の実権を握った。なお、複数の別当のうち代表して職務を行使する者は「執権別当《しっけん》」と呼ばれていたが、これに由来して時政(及び以後の北条氏)は「執権」と呼ばれることになった。

その後、時政は後妻牧の方の女婿平賀朝雅を京都守護とし、着々とその政治的基盤を拡大しつつあったが、一二〇五(元久《げんきゅう》二)年、朝雅から通報を受けた牧の方の讒訴《ざんそ》により、有力御家人畠山重忠に謀反の疑いがあるとして討ち滅ぼした。これにより、北条氏が武蔵支配を進めていく条件が整ったとも言われる。しかし、率いる軍勢も少なく戦いの準備のなかった重忠の様子から、その無実を確信した子の北条義時から時政は非難された。時政は実朝を擁立して幕府の実権を握ることに成功したのであったが、この頃から北条氏内部では、時政の後妻牧氏をめぐって、時政と義時・政子の間に不協和音が生じ、複雑な様相を呈して来たのである。そして、時政は、後妻牧の方の女婿で源氏一門の平賀朝雅を将軍に擁立するために将軍実朝を排除しようと画策するが、この陰謀が発覚すると政子や義時は時政邸にいた将軍実朝をすぐに義時邸に移した。進退窮まった時政は出家して伊豆に下向した。十年ほどの隠退生活の末、一二一五(建保三)年、寂しく亡くなった。

権謀術数を駆使して政敵を倒してきた時政であったが、最後には実子と対立してこれに敗れるという人生の結末であった。頼朝の義父、頼家・実朝の外戚という立場を最大限に生かしながら地盤を固め、他氏を排斥するとともに、時には孫の排除もいとわないその政治姿勢はマキアベリズムと呼ぶにふさわしい。父時政を排除した義時も、侍所別当(長官)であった和田義盛を一二一三(建保元)年に滅ぼし、政所に加えて侍所の長官を手に入れて執権の地位を固めた。これ以後、執権職は北条氏一族のあいだで世襲されるようになっていく。義時は父時政を政治的には葬りながらも、その政治姿勢はしっかりと継承していたのである。

⦿参考文献

安田元久『鎌倉幕府　その政権を担った人々』（新人物往来社、一九七一年）
石井進編『もののふの都　鎌倉と北条氏』「別冊歴史読本」（新人物往来社、一九九九年）
北条氏研究会編『北条一族』「別冊歴史読本」（新人物往来社、二〇〇一年）
北条氏研究会編『北条氏系譜人名辞典』（新人物往来社、二〇〇一年）
関幸彦『北条時政と北条政子』「日本史リブレット029」（山川出版社、二〇〇九年）
永井晋『鎌倉源氏三代記』（吉川弘文館、二〇一〇年）
細川重男編『鎌倉将軍執権連署列伝』（吉川弘文館、二〇一五年）
近藤成一『鎌倉幕府と朝廷』（岩波新書、二〇一六年）

1180—1239
鎌倉幕府の北条義時追討の兵を興こしたが、敗北して隠岐に流された。『新古今和歌集』を勅撰する。

公武闘諍の立役者の素顔

後鳥羽上皇

…ごとばじょうこう…

関 幸彦

鎌倉時代初期の天皇（在位一一八三—九八）、高倉《たかくら》天皇の第四皇子、安徳《あんとく》天皇を擁《よう》した平氏の西走後、祖父後白河《ごしらかわ》法皇のもとで即位、法皇没後に親政を行い、その後上皇として院政をスタート。この間、西面武士《せいめんのぶし》を設置する。公家《くげ》・王朝勢力の伸張に尽力、一二二一（承久《じょうきゅう》三）年の承久の乱では主体的役割を演じた。上皇側の軍勢は幕府側に敗北、上皇は隠岐《おき》へと流された。在島十九年にしてその地で没した。歌人としても力量を発揮《はっき》し、『新古今和歌集』を勅撰《ちょくせん》した。

以上が幾つかの教科書が指摘する後鳥羽上皇（院）についての公約数的内容だ。当然水面下で語られる内容も豊かだ。後鳥羽の一代記は別に譲るとして、その最大の歴史的役割はやはり承久の乱とのかかわりだろう。「悪」云々の側面には強烈な個性をともない〝歴史と切り結ぶ〟そんな場面がある。至尊的立場のなかで武家と対抗、自己の政治志向の実現に向け邁進《まいしん》した後鳥羽院は、その強靱《きょうじん》な精神力で歴史に大きな足跡を残すこととなった。後白河とともに、あるいはその後の建武新政の立役者後醍醐《だいご》がそうであったように、中世にあって王権のエネルギーを発揮させた人物の一人であったことは動かない。

以下では語られざる後鳥羽の側面のなかでも、承久の乱の後先《あとさき》に特化する形で話をすすめたい。

後鳥羽上皇とその時代

十二世紀末の内乱で武家の政権が誕生する。後鳥羽上皇はその内乱期に生をうけた。その即位は『明月記《めいげつき》』(藤原定家《ていか》)が語るように、神器《じんぎ》不備のなかでなされた。このことが後鳥羽の個人的資質に陰に陽に作用した。その点で承久の乱とのかかわりには、この人物を取り巻く時代性の問題が一つ。そして二つには後鳥羽上皇の個性の問題が浮上する。幕府という東国における新たな権力体の誕生は、王朝の権威なり権力の継承者たる後鳥羽にどう映じたのか。それは京都王朝という伝統と異なる存在への対峙の仕方にかかわる。抽象的な物言いが続いたが、簡略に表現すれば、後鳥羽上皇は武家の幕府に対して、どのような思惑を持ち、何故に挙兵にいたったのか。その点について掘り下げることで、〝時代と切り結ぶ〟後鳥羽院の強烈な個性を考えたい。

よく知られるように、近年の教科書では中世という時代の扉は、かつてのように必ずしも鎌倉幕府の成立からではない。十一世紀の院政《いんせい》の段階がその入り口とされている。治天《ちてん》の君たる立場で院・天皇は「至尊《しそん》」としての役割を担っていた。武士は武家・部門として王朝権力の胎内にあって秩序維持の機能を果たしていた。武門の王朝体制内での成長は、院政という政治システムのなかでは治安維持に限定された役割を期待されていた。幕府以前の院政期は源平両氏が、「至尊」を頂く公家勢力に武力で仕えるという構図だった。

白河・鳥羽両上皇の時代に、従来の摂関期の源氏に代わって平氏が台頭、その流れで清盛《きよもり》が権力を握る。後鳥羽の祖父後白河《ごしらかわ》上皇の時代のことだ。その清盛も後白河との確執のなかで決裂、これが内乱の引き金となる。治承《じしょう》・寿永《じゅえい》の乱と呼び慣わされているこの争乱で、従前とは異なる権力体が東国に誕生する。京都王朝の後白河は、清盛にも、そして頼朝にも同化されない「至尊」としてのエネルギーを保持した。治天の君たることの矜持《きょうじ》がそうさせた。王朝の胎内で成長した平氏の権力(平氏政権)は、官職的秩序を是とする形態で王朝の政治権力に参画した。その点では既存の伝統と同化する方向で清盛の政権は存立した。対して反乱という非常事態のなかで謀叛《むほん》政権からスタートした頼朝の鎌倉幕府は、当初から王朝の体制外秩序として存在した。後白河の時代が経験した内乱は単に平氏から源氏へという権力の移り代わりではない。伝統的王朝権威(至尊的権威)の枠外で成長した権力という点で、東国の政権は事情を異にした。

祖父後白河院の後継として院政を主導した後鳥羽は、そんな時代に公・武のカジ取りをすることになった。

天皇から上皇へ

一一八三(寿永二)年八月、四歳の尊成親王《たかひらしんのう》が祖父後白河の決断で即位した。平氏に擁されて西海に赴いた兄安徳《あんとく》天皇にかわり、王位に就いた。幼帝は上皇後白河の保護観察下で成長した。その後鳥羽が王たることの自覚をうながされた二つの節目があった。一つは偉大な祖父後白河の死であった。一一九二(建久《けんきゅう》三)年、後鳥羽十三歳のおりのことだ。そして次なる節目が院政をはじめた一一九八(建久九)年の時期である。この天皇から上皇への転換のなかで治天の君への方向が顕在化する。

前者の後白河院の死去は、天皇という立場のなかで鎌倉の武家と直接的なる付き合いの開始だった。後白河院という被膜《ひまく》が外され自立と決断の始まり、ということになる。そして六年後再度の転機が訪れる。すでに源在子《みなもとのありこ》との間に第一皇子為仁《ためひと》親王(のち土御門《つちみかど》天皇)が誕生、院政へのカウントダウンが始まっていた。かくして一一九八(建久九)年、後鳥羽は為仁親王に譲位した。治天の君となった後鳥羽は同年八月熊野詣《くまのもうで》を実行する。以後承久の乱の直前までに二八回を数えた。

天皇(天子)の役割はその玉体としての不動性にあった。同じく至尊ながら退位しての上皇の立場は、摂関期以来の天皇不執政の原則からは自由となる。上皇(院)という立場での主体的発信である。熊野詣もそうであろうし、さらに和歌所の設置にともなう文化事業などの営みもそうだった。有名な勅撰《ちょくせん》和歌集『新古今和歌集』の成立も、その後鳥羽上皇の和歌への情熱の所産だった。加えて、上皇となったことで、かつての後白河と同じ環境を与えられる。土御門は四歳である。かつての自身の即位と同年齢である。すべてが自己の裁断に委ねられた。そして最大の懸案は、鎌倉との付き合い方だった。

承久の乱までの二十余年間は、治天の君として「至強」たる武家の幕府を視野に入れての時間だった。後鳥羽が上皇になった翌年の一一九九(建久十)年頼朝が没した。後鳥羽とつばぜり合いを演じた東国の軍事団体の首長鎌倉殿が退場した。

挙兵に至る思惑

頼朝の死は、京都の王朝にとっても、そして後鳥羽個人にとっても大きかった。建久年間(一一九〇〜九九)は後白河ついで頼朝という二人を退場させた。治天の君=後鳥羽院の登場は、この両人の死と踵《きびす》を接するかのようであった。

武家政治の台頭の流れはすでにふれた。東国の幕府は王朝の代表後鳥羽にとって京都への対決と映じた。伝統の最大の継承者は天皇そして院(上皇)あるいは朝廷(公家)である。至尊の血脈を受けたこと自体が伝統の継承だった。これを受け継いだとき、王朝そして日本国へと同化する思惑が、自らの内に自覚され始める。武家という異物を胎内から排そうとする動きと自らの立ち位置の変化に照応するようであった。

奥山のおどろが下もふみ分けて、道ある世ぞと人に知らせむ

『新古今和歌集』に載せる有名な上皇の歌である。ここには「道ある世」への回帰が暗喩《あんゆ》されている。一二〇八(承元二)年のものだ。承久の乱の十三年ほど前の歌とされる。そこから上皇のなにがしかの意思を汲み上げるなら、「道ある世」を示すとは武家という例外状況の是正が暗喩されているともいえる。勿論、単純な恋の歌との解釈もある。が、しかし、「おどろが下」とは刺《とげ》・荊棘《いばら》から転じて公卿・貴族あるいは広く公家を指すとすれば、天が指し示す道を喪失している現状を正し、道

ある世の実現に向けてのメッセージと解されよう。治天の君たる立場での自負が漠然とながら自覚されていたのではなかったか。

王威の回復

後白河とこれに続く後鳥羽は、王威を著しく成長させた点が共通する。保元・平治の乱から承久にいたる半世紀の始発と終着に位置する両人は、王威の成長に一役も二役もかった。この間に横たわる治承・寿永の内乱は、王朝にとって異質の武家を一個の強靱な政権へと成長させた。この内乱を後白河は体験して乗り切った。後鳥羽は記憶として受け継いだ。鎌倉という例外状況を克服するために両人は東国の武家を王朝に同化させる算段を講じ続けた。その最大のそして最高の手段は官位授与であった。

後白河のライバル・頼朝は官職から距離をおくことで、鎌倉の自立を守ろうとした。そして後鳥羽の時代の実朝《さねとも》はこれに積極的に近づいた。実朝の異例とも言える官職上でのステップアップは、この武家の棟梁《とうりょう》鎌倉殿を右大臣まで昇らせた。公卿へと同化させることで武家の統合化を推進する、そんな企図があったとされる。

山はさけ海はあせな玉世なりとも君にふたごころあらめやも

この実朝の歌には〝調教〟された武家の棟梁の片鱗も垣間見られる。院(王朝)への忠節を語るこの歌には、京都からの距離の分だけ、より王朝世界への憧憬が看取できる。和歌を介して結ばれた両者にあって、至尊たることでの優位は動かない。その限りでは実朝のみに関しては、後鳥羽は王朝の胎内への武家の組み込みに成功したかに見えた。

だが、その実朝の死は、すべての状況を一変させた。京都にとっても、鎌倉にとってもである。後鳥羽院の「道ある世」への希求、それは当初からの武闘路線を志向したものではなかった。官職による武家の調教がまずはあった。一二一九（建保《けんぽう》七）年正月の実朝の死でそれは水泡に帰した。後鳥羽の挙兵はそれからわずか二年後のことである。「道ある世」への後鳥羽による力による是正がここから始まった。

武闘路線への志向

「関東」と呼称された鎌倉幕府への〝まなざし〟として、京都の王朝内部には二つの路線があった。公武協調か武闘かである。後鳥羽自身は潜在的に武闘派の要素は持っていたとしても、顕在化させるほどの状況ではなかった。実朝の死は後鳥羽に「道ある世」を覚醒させた。神器《じんぎ》なきままで即位した王の心のキズは深かった。宿命として背負った即位の弱点をどう精算するか。「神剣海ニ没シテ茲《ここ》ニ卅廻《さんじゅうかい》」（『明月記』建保元年四月二九日条）と語られているように、貴族たちの間でささやかれていた自身への宿命とどう戦うのか。伝統の継承者たることの自負は、この負の遺産を帳消しにするだけの力の誇示への希求が芽生える。後鳥羽の武闘路線による討幕への方向の背後には、このことが潜む。

そして他の選択肢、すなわち公武協調路線だ。これは武力による討幕という現状への是正主義に対し、むしろ関東の武家の存在を是認・追認する和平路線である。要は武家という例外を時代の推移のなかで認め、王権(院・天皇)を公武として共同で支える方向ということになる。例えば慈円《じえん》が主張した春日(公家)・八幡(武家)による天照(天皇・院)を支えるための共同統治＝公武合体論である。摂関家出身のこの人物は、天台座主の立場で後鳥羽上皇の相談役でもあった。その兄の九条兼実《くじょうかねざね》はかつて右大臣として頼朝も認めた有識者だった。『愚管抄《ぐかんしょう》』はその慈円の著した史論として有名なもので、

サレバ摂籙家ト武士家トヲヒトツニナシテ文武兼行シテ世ヲマモリ、君ヲウシロニマヒラスベキニナリヌルカトミユルナリ(巻七)

と記している。

だが、慈円のこの主張は後鳥羽の採るところとはならなかった。『平家物語』によれば、三種神器のうち宝剣のみは安徳天皇ともども壇《だん》ノ浦《うら》で海没、戻らなかった。このことから王家(天皇・院)の支配に必要な武力の担い手は天の意志として、武家(幕府)に移行したとの解釈がなされた。慈円による見解は、実朝亡きあとに関東に下向した自身の血脈たる九条頼経《よりつね》(兼実の孫、道家の子)も念頭にあったはずで、要は摂家《せっけ》(公家の代表)と武家が相互に王家(後鳥羽院・治天ノ君)を補完・補翼する体制を是とした。

承久の乱は、天皇(院)＝至尊から仕掛けた闘諍事件だった。鎌倉幕府の記録『吾妻鏡《あずまかがみ》』は、以下のように乱の原因を語る。

武家、天気ニ背クノ起リハ、舞女亀菊ガ申状ニヨツテ摂津国長江・倉橋両荘ノ地頭職《じとうしき》ヲ停止《ちょうじ》スベキノ由、二箇度宣旨《せんじ》ヲ下サルルノトコロ、右京兆《うきょうのすけ》(義時)諾《だく》シ申サズ……ヨツテ逆鱗《げきりん》甚シキガ故ナリト云々(承久三年五月十九日条)

右が乱勃発の引き金となった理由だった。要は、後鳥羽が寵愛《ちょうあい》する女性への肩入れで地頭職罷免を関東に要請したが、不首尾に終わり、プライドを傷つけられたから、つまり上皇側の報復という論だ。表面的にはその通りだとしても、水面下に隠された様相は、そんなに簡単なものではなかった。最後に後鳥羽院が実朝死後に武力打倒へと転換した理由を掘り下げておく。

後鳥羽と実朝

後鳥羽と実朝のそれぞれの妻は坊門家《ぼうもんけ》の出身である。その点では、妻女を介しての姻戚《いんせき》関係ということになる。その実朝の意志を推し測ることは困難なのだが、自らが武家の棟梁《とうりょう》(武王)たる立場において、頼朝的世界(官職との距離、王朝との隔壁による自立)とは温度差があった。和歌をよくした、この鎌倉殿は王威への服従を是とした。この点はすでに触れた。その上で考えるならば、日本国の王威を体現しようとした後鳥羽と東国の武威を代表した実朝には、〝文化〟を触媒としたシンクロすべき関係があった。したがって実朝が東国に君臨している限り、後鳥羽の関東への意向は円滑に進行したはずだった。後鳥羽院による実朝への〝官打ち〟という状況（後鳥羽が実朝を公卿に引き上げることで、王朝の中に引き込む）を実朝打倒の意志の表明と解する考え方もある。が、事情はむしろ逆で実朝との連携のための方策と解すべきだろう。

したがって鎌倉殿たる実朝の最大の苦悩は、王朝権力という〝文〟に根ざした伝統と協調するか、関東という〝武〟を基礎とした世界での途《みち》をさぐるかという選択にあった。頼朝と後白河の時代は内乱という事態が緩和作用を与えたが、そこから四〇の歳月のなかで二つの路線の均衡が崩れ始めた。前者の方向に進めば、後鳥羽の王朝主義にシフトするし、後者は北条を中心とした非王朝へとシフトする。頼朝のカリスマ性は、その均衡のなかでの政権運営を可能とした。しかし北条氏の成長は源家将軍のカリスマ性を不要とするほどになっていった。承久合戦は、それ故に実朝という緩衝力がなくなったことで起きた事件であった。

天皇不執政という原則からすれば院政というシステムは、治天の君の〝アクの強さ〟を前提とした政治ということができる。白河・鳥羽・後白河といずれもが強烈な個性の持ち主ということができる。後鳥羽の登場はそうした政治的世界の延長に位置した。〝アクの強さ〟において、後鳥羽は公武の君臨者たることを是とした。この方向への過信が挙兵へとつながった。

1183–1224
鎌倉幕府第3代執権。承久の乱の鎮定や御成敗式目の制定など、幕府政治の確立に尽くした。

その「悪」を探る

北条泰時

…ほうじょうやすとき…

下山 忍

北条泰時は、鎌倉幕府《かまくらばくふ》第三代執権《しっけん》である。一二二一（承久《じょうきゅう》三）年の承久の乱に際しては父義時《よしとき》の命のもとに、幕府軍を率いて京都に攻め上り、後鳥羽《ごとば》上皇方をうち破った。天皇を廃して三上皇を配流したが、これは前代未聞の政治的措置であった。泰時は乱後も京都にとどまり、初代六波羅探題《ろくはらたんだい》（北方）となる。南方は共に入京した叔父の時房《ときふさ》であった。一二二四（元久《げんきゅう》元）年に父義時が死去し、これを受けて泰時は鎌倉に戻り、あとを継いで執権となった。この時に伊賀《いが》光宗《みつむね》が妹で義時の後妻である伊賀の方と図りその所生の政村を執権に立てようとする伊賀氏の変が起こったが、北条政子《まさこ》がこれを未然に防いでいる。

泰時の執権時代は鎌倉幕府の発展期とも言われる。一二二五（嘉禄《かろく》元）に大江広元《おおえひろもと》と北条政子という幕府草創以来の重要人物が相次いで死去するが、泰時は、執権を補佐する連署《れんしょ》をおいて北条氏一族の有力者をこれにあて、ついで有力御家人や政務にすぐれた吏僚十一名を評定衆《ひょうじょうしゅう》に選んで、執権・連署とともに幕府の政務に当たらせ、合議制にもとづいて政治をおこなった。また、人心の一新を図り、幕府を頼朝創業以来の大倉の地から、四五年ぶりに宇都宮辻子《うつのみやずし》に移転したのもこの一二二五(嘉禄元)年のことであった。

さらに、一二三二(貞永《じょうえい》元)年には、御成敗式目《ごせいばいしきもく》(貞永式目)五一か条を制定して、広く御家人《ごけにん》たちに周知した。この式目は頼朝以来の先例や、道理と呼ばれた武士社会での慣習・道徳にもとづいて、守護《しゅご》や地頭《じとう》の任務と権限を定め、御家人同士や御家人と荘園領主とのあいだの紛争を公平に裁く基準を明らかにしたものである。武家の最初の整った法典となり、鎌倉幕府滅亡後も室町《むろまち》幕府によって継承され、戦国時代でも戦国大名によって制定された分国法《ぶんこくほう》の基礎となるなど後世にも大きな影響を与えた。

泰時の評判

本書『悪の日本史』の趣旨は、日本史に登場する人物の「悪の側面」、「負の側面」をあぶり出すことで、人物の全体像と歴史上の役割を立体的に明らかにするところにあるというが、執筆を依頼されてはたと困ってしまった。北条泰時のそうした「悪の側面」を語る史料がほとんどないからである。泰時の死去について『保暦間記《ほうりゃくかんき》』は「天下に惜しまない人はいない」と書き、『百練抄《ひゃくれんしょう》』は「都鄙《とひ》の貴賤は父母を失ったようだ」と書き、『五代帝王《ていおう》物語』は「心に不公平がなく、このような方は後世まで出るまい」とまで書いている。こうした評価は、後世においても変わらない。南朝の正統を主張した北畠親房《きたばたけちかふさ》でさえ『神皇正統記《じんのうしょうとうき》』で北条氏が政権を維持できたのは泰時の善政によると言っている。江戸時代の新井白石《あらいはくせき》や頼山陽《らいさんよう》も泰時を批判していない。「人物叢書《そうしょ》」の『北条泰時』を書いた上横手雅敬氏も「誰か泰時を悪《あ》し様《ざま》に言ってはいないかと期待が起こってくる」と言われているほどである。そこで、泰時の「悪」を探る前に、よく知られているいくつかのエピソードを紹介したい。

栴檀は双葉より芳し

先ずは、幼少の頃の話である。一一九二（建久《けんきゅう》三）年五月、源頼朝《みなもとのよりとも》が征夷大将軍《せいいたいしょうぐん》となったこの年に、まだ金剛《こんごう》と名乗っていた少年時代の泰時は、散歩中に多賀重行《たがしげゆき》という御家人と道ですれ違うことがあった。馬に乗っていた多賀は、泰時を若年と侮って下馬の礼をしなかった。これが後に源頼朝の知るところとなって多賀は叱責《しっせき》を受けたが、わずか十歳であった泰時は頼朝の面前で欠礼はなかったと証言して多賀をかばっている。これが『吾妻鏡《あずまかがみ》』に見える泰時に関する初見記事である。また、一二〇一（建仁《けんにん》元）年、蹴鞠《けまり》にふける二代将軍頼家《よりいえ》をいさめるが、逆に怒りをかって伊豆《いず》国で謹慎することがあった。この時泰時は十九歳、頼家は二〇歳であった。遊戯に興じる頼家とそれを分別をもって諫言する泰時とが見事なコントラストをなしているが、話はそこで終わらない。伊豆に赴いた泰時は、不作に苦しむ農民たちの姿を見て、借米証文を焼き捨てて返済の義務を免除し、用意した米や酒をふるまったという。栴檀《せんだん》は双葉《ふたば》より芳《かんば》しというが、『吾妻鏡』は人徳ある執権の若き日の姿を描いている。

文武両道

泰時は一二二一(承久《じょうきゅう》三)年の承久の乱において東海道の幕府軍を率いて上洛したが、それに先立つ一二一三(建保《けんぽう》元)年の和田合戦における活躍にも触れておかねばならないだろう。和田合戦は、北条義時の挑発に乗った有力御家人和田義盛《よしもり》が挙兵したものであるが、武略にたけた和田勢の攻撃に将軍御所が焼失するほどの激しい戦いであり、鎌倉時代、鎌倉市中を舞台とした合戦では最大規模のものであった。この戦いで泰時は、幕府軍を率いて、戦術的拠点である「中の下馬橋」を固め、由比ヶ浜《ゆひがはま》から若宮大路《わかみやおおじ》に進入しようとする和田軍の反撃を封じる役割を果たしており、武将として活躍している。

さらに、泰時は「武」だけではなく「文」にも有能であった。学問と芸能に堪能な三代将軍実朝《さねとも》の時代、近侍《きんじ》の御家人十八名を学問所番としたが、これは芸能学問に秀でた御家人が六人ずつ交代で伺《し》候《こう》し、和漢の故事を語るものであったが、泰時はその所番の筆頭に選ばれている。歌人を多く輩出する北条氏一族であるが、泰時も藤原定家《ふじわらのていか》を師とし、その撰になる『新勅撰和歌集《しんちょくせんわかしゅう》』にも三首選ばれている。

兄弟思い

泰時には多くの兄弟思いのエピソードも残されている。一二二四(元久元)年に父義時が死去し、その遺領を配分した際に、多くを弟妹に譲り自らの取り分は少なかった。伯母の北条政子がなぜそ

❖北条氏略系図（参考…北条氏研究会編『北条氏系譜人名辞典』）

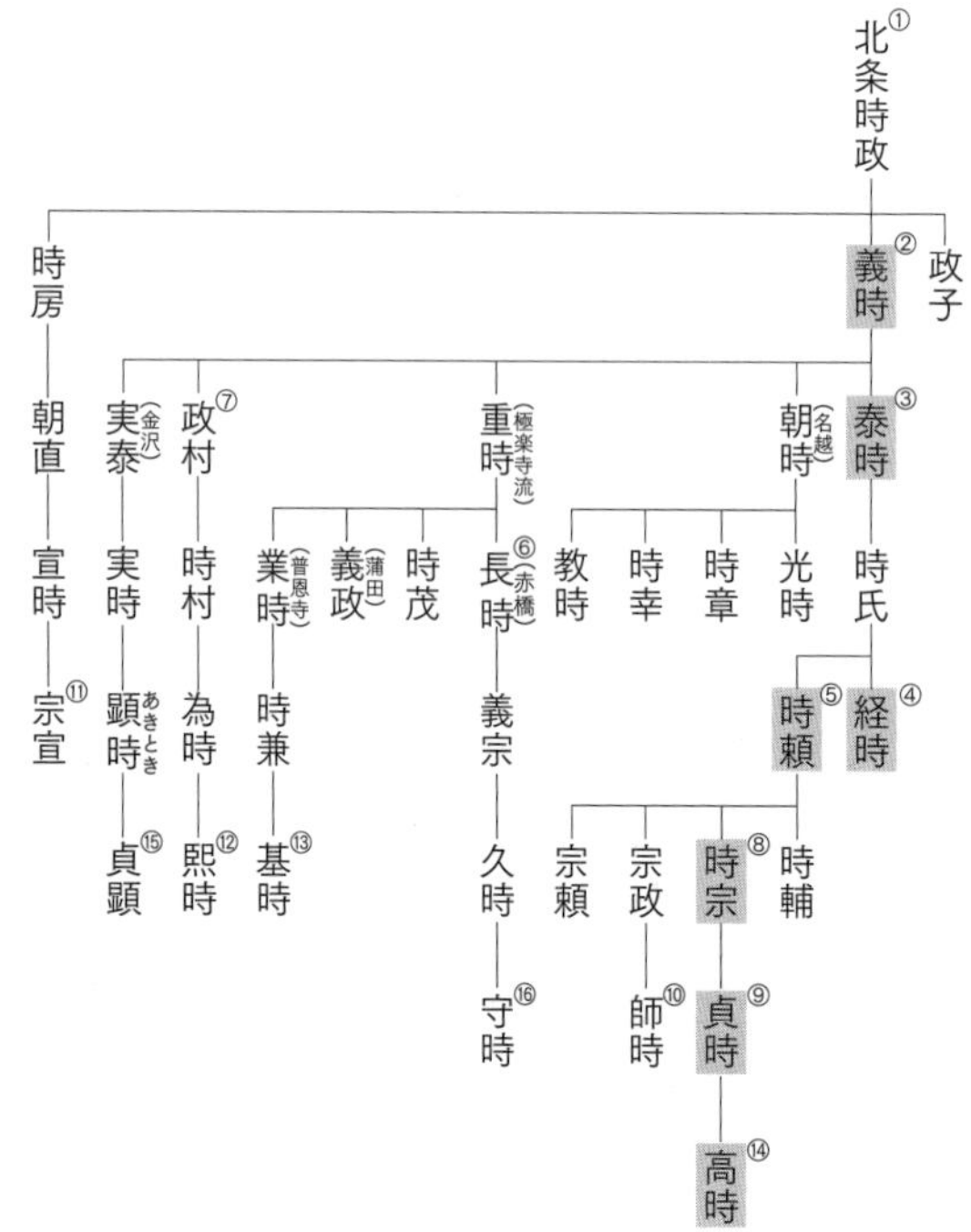

①〜⑯…執権就任順　■得宗

んなに少ないのかと尋ねると、泰時は「自分は執権の身であるので、所領には執着しません。ただ弟妹たちのことを思うのみです」と答え、政子を泣かせている。伊賀氏の変が起こったのはこの時のことであり、義時の後妻である伊賀の方が兄伊賀光宗と図り、泰時ではなく自分の生んだ弟の政村を執権に立てようとしたのである。この政変は未然に防がれ、関係者は処罰されたが、泰時は弟の政村は許している。

また、先に述べた和田合戦の時のことであるが、合戦が終了した日に戦いの殊勲者たちが将軍実朝のもとに招かれた。泰時は、和田方の勇将朝比奈《あさひな》義秀《よしひで》と戦って深い傷を負った弟朝時《ともとき》を介添《かいぞ》えしてその席に望み、その様子を見た御家人たちは感涙に咽んだという。泰時が朝時を思う話はまだある。朝時の屋敷が賊に襲撃された時、執権として評定の座にいた泰時は、取るものも取らずその場から真っ先に駆けつけたという。執権として余りに軽率で世のそしりを招くと咎められると、「目の前で兄弟を殺されることを見過ごすことこそ人のそしりを受けるものだ。朝時が敵に囲まれているのは他人から見れば小さなことであろうが、兄としての自分にとっては和田合戦や承久の乱と何ら変わるところがない」と答えたという。

『吾妻鏡』の泰時像

以上、紹介したエピソードの多くは『吾妻鏡』によっている。北条氏寄りの記述の目立つ『吾妻鏡』だが、北条氏の全員が絶賛されているわけではない。しかし、その中でも泰時は非の打ちどころのない理想的な人物として描かれている。『吾妻鏡』が成立した鎌倉時代後期には、執権政治が理想と考えられ、その確立を果たした泰時が理想の指導者として顕彰されたのかもしれない。それに加えて、『吾妻鏡』の編纂者《へんさんしゃ》や編纂意図について考察している五味文彦氏に非常に興味深い指摘がある。すなわち、鎌倉幕府の編纂物である『吾妻鏡』は十四世紀初頭に、問注所執事《もんちゅうじょしつじ》大田時連《ときつら》ら幕府吏僚層によって編纂されたと考えられるという。この大田時連自身が三善康信《みよしやすのぶ》の子孫であるが、それ以外にも、『吾妻鏡』が編纂された時期に政権中枢であった各家の祖先が顕彰されており、それらの家の成立が泰時が執権をつとめた時期にあったというのである。『吾妻鏡』編纂の時代の幕府中枢の面々の存在が前提となり、泰時を実像以上に理想化してしまったのではないか、ということである。とすれば、私たちの知る模範的な泰時像もかなり潤色されて伝えられている可能性も高いと言わねばならない。

また、先に泰時の弟朝時に対する愛情深いエピソードをあげたが、これを聞いた朝時は密かに誓状を書き、自分の子孫は泰時の子孫に無二の忠節を尽くすと感謝の言葉を述べているということも『吾妻鏡』は記している。一見、兄弟の固い絆を称える美談なのだが、側室の子ながら執権を継承した泰時と正室の子で嫡流意識の強かったという朝時との微妙な関係や、一二四六（寛元四）年の宮騒動、一二七二（文永九）年の二月騒動など泰時の子孫である得宗家と朝時の子孫である名越氏の確執・対立抗争があったという歴史的事実を踏まえて読むと、これも『吾妻鏡』にある種の作為を感じるのである。

革命家泰時

さて、泰時の「悪」を語るものではないが、歴史学以外の論者により、泰時を日本史上唯一の革命家とする論説がある。山本七平氏『日本的革命の哲学』や大澤真幸氏『日本史のなぞ』がそれである。象徴天皇制は誰が創りだしたのか、という問題関心に基づき、泰時が天皇から権力を奪取してこれを虚位に置き、同時に自らの思想に基づく御成敗式目という法律を天皇の許可も得ずに一方的に公布・施行したことによるとする。さらに御成敗式目が律令のように外国から輸入した継受法ではなく、自らの規範を条文化した日本で初めての固有法であることの意義を強調している。

御成敗式目は、よく知られているように、源頼朝以来の幕府判例や「道理」とよばれた武士社会の慣習や道徳を集大成し、幕府の裁判規範として五一か条にまとめたものである。当時の社会には、律令《りつりょう》やその系譜をひく公家法《くげほう》があり、荘園領主ごとの本所法《ほんじょほう》などがあったが、それと反する内容も自覚的に示されていた。本来は御家人を対象としたものであったが、次第に広く社会に流布することで、逆に公家法にも大きな影響を与えたことが指摘されている。泰時は御成敗式目を制定した時、「律令や朝廷の裁許などが少しも改まるものではない」とその趣旨を弟の重時に手紙で知らせている。重時は当時六波羅探題をつとめており、朝廷側への周知・説明を想定したものであったが、この法令の持つ衝撃は、あるいは泰時自身が自覚していたよりも大きかったのかもしれない。

また、御成敗式目の制定に先立つ承久の乱の意義についても、山本七平氏は、天皇から権力を奪取してこれを虚位としたとし、武士団が朝廷と正面衝突し勝利を得た最初の戦いであると指摘している。確かに歴史上、天皇の命を受けた官軍が敗れている例はほとんどない。これは、泰時というよりも父の義時であるが、追討宣旨を受けながら戦うことを決意し、積極果断にこれを討ち破ったのは空前のことであった。泰時は義時の命のもとに、これを実行したのである。戦いの後に責任を追及し、後鳥羽・順徳《じゅんとく》・土御門《つちみかど》の三上皇を配流し、後鳥羽上皇の嫡孫《ちゃくそん》にあたる仲恭《ちょうきょう》天皇を廃して別の系統にあたる後堀河《ごほりかわ》天皇を即位させたが、これも前代未聞の措置であった。

泰時の死と「悪」

泰時は一二四二(仁治《にんじ》三)年六月、六〇歳でこの世を去った。その死は前述のように多くの人たちに悼まれたが、その中で悪し様にいう人が皆無ではなかった。前関白の近衛兼経《このえかねつね》は『岡屋関白記《おかのやかんぱくき》』の中で「泰時は極重悪人であったため、その死に様は高熱で人が近づけないほどだった。これは東大寺・興福寺《こうふくじ》を焼き払った平清盛《きよもり》と同じである」と記している。何と歴史上の人物評価では全く異なる平清盛と同列に論じ、泰時を「極重悪人」と言い切っているのである。自分と子孫以外の閲覧《えつらん》を想定していない日記に書いたこととは言え、泰時への評価として大変注目される。参議平経高《つねたか》の『平戸記《へいこき》』にも「温気火のごとし」、「人もってその傍らに寄り付けず」とあり、泰時が高熱の中で亡くなったのは事実らしい。死因は赤痢とされる。

東大寺や興福寺を焼亡させた平清盛(実行は平重衡《しげひら》)の南都焼き討ちは、当時の貴族たちに大きな衝撃を与えた出来事で、清盛の死は仏罰と言われていた。しかし、泰時は承久の乱において整然と京都に進駐し、それに類する軍事行動はなかった。それでは、近衛兼経に「悪」と考えられた泰時の所行はいったい何だったのだろうか。もちろん、承久の乱や御成敗式目の制定も全く無関係ではないだろうが、それ以上に晩年の朝幕関係の悪化にあったと考えられる。

泰時は、承久の乱を引き起こした後鳥羽上皇やその子で最も協力した順徳上皇への警戒を怠らなかった。許さなかったと言ってもよい。一二三五(嘉禎《かてい》元)年、朝廷側から配流されている後鳥羽上皇と順徳上皇を都に戻してほしいという要請があったが、泰時はこれを拒否している。悲嘆に暮れた後鳥羽上皇は、四年後に配流先の隠岐《おき》で亡くなっている。また、一二四二(仁治三)年正月、十二歳の四条《しじょう》天皇が急死すると、朝廷側では順徳上皇の皇子の即位を望んだが、泰時はこれも拒否して、討幕に反対した土御門上皇の皇子を擁立した。これが後嵯峨《ごさが》天皇である。泰時が亡くなる半年前のことであった。融和的な政策の多い泰時であったが、この件だけは一切の妥協をしなかった。しかし、露骨に皇位に干渉したことに対する朝廷側の不満は強かったと思われる。そうした背景の中で、近衛兼経は泰時を「極重悪人」と呼んだのである。

後鳥羽院の祟り

また、先に挙げた『平戸記』は、泰時の死は後鳥羽上皇の祟りによるという風聞があるとも記している。後鳥羽上皇が配流先の隠岐で死去したのは、一二三九(延応《えんのう》元)年であった。三浦義村はその年、北条時房はその翌年に死去するが、こうした幕府首脳の死は後鳥羽上皇の祟りとされた。そして、三年後の一二四二(仁治三)年に泰時と続いたのであった。泰時が死去した六月十五日は、二一年前に泰時が幕府軍を率いて入京した日であった。このことも当時の人たちは単なる偶然の一致とは見てはいなかったであろう。さらに、六月には、北条義時、大江広元、そして泰時の子である時《とき》氏《うじ》・時実《ときざね》などが死去しており、幕府首脳にとっては縁起の悪い月であったと言えよう。泰時自身もそのことに苦しめられていたかもしれない。後鳥羽上皇の怨霊は人々の意識の中で猛威をふるっていたのである。

⊙参考文献
上横手雅敬『北条泰時』(吉川弘文館、一九五八年)

安田元久『鎌倉幕府－その政権を担った人々』（新人物往来社、一九七一年）
山本七平『日本的革命の哲学』（PHP研究所、一九八二年）
北条氏研究会編『北条一族』「別冊歴史読本」（新人物往来社、二〇〇〇年）
五味文彦『増補　吾妻鏡の方法』（吉川弘文館、二〇〇〇年）
関幸彦『承久の乱と後鳥羽院』（吉川弘文館、二〇一二年）
細川重男編『鎌倉将軍執権連署列伝』（吉川弘文館、二〇一五年）
大澤真幸『日本史のなぞ』（朝日新書、二〇一六年）

1251—84
鎌倉幕府第8代執権。モンゴル軍の襲来に際して、御家人を掌握して撃退に成功。円覚寺も創建。

北条時宗《ほうじょうときむね》

未曽有の国難を前に実兄を粛清

下山 忍

北条時宗は鎌倉幕府の第八代執権《しっけん》で、時頼《よりとき》の子である。父の五代執権時頼は、一二四七（宝治《ほうじ》元）年には宝治合戦によって幕府草創期からの有力御家人三浦泰村《みうらやすむら》一族を滅ぼすなど北条氏の地位を不動のものにし、独裁色を強めていった。時頼の後の執権は六代長時《ながとき》、七代政村《まさむら》と他の北条氏一門が引き継いだが、時頼は死去するまで北条氏嫡流《ちゃくりゅう》の家督として政治の実権を握っており、この地位は得宗《とくそう》と呼ばれた。この得宗の地位を継いだのが時宗である。時宗は、一二六四（文永元）年に十四歳で連署《れんじょ》に就任、さらに一二六八（文永《ぶんえい》五）年には十八歳で執権となり、幕府政治を主導することとなった。

その頃、ユーラシア大陸では、モンゴルが大帝国を形成していた。一二七一年、皇帝フビライ＝ハンは、中国を支配するために都を大都《だいと》（北京）に移し、国号を元とした。そして、それに先立つ一二六八（文永五）年、すでに服属させていた高麗《こうらい》を介して日本に国書を送り、朝貢を求めてきた。これに対して、鎌倉幕府は返書しないことを決定するとともに、西国の守護に警戒態勢を指示した。時宗が執権に就任したのはモンゴルの国書が届いた二ヶ月後のことであった。

元（モンゴル）は、返書を求めたり再度の国書を送ったりしたが、これも日本側に黙殺されたために武力侵攻を決意し、ついに一二七四（文永十一）年、高麗の軍勢もあわせた約三万の兵で対馬《つしま》・壱岐《いき》を襲撃し、さらに大挙して九州北部の博多湾に上陸した。これを文永の役という。このとき元軍の集団戦法やすぐれた兵器に対し、一騎《いっき》討ちを主とする日本軍は苦戦したが、元軍にも内部の対立などがあって退いた。早期の撤収は当初からの計画だったとの見方もある。

その後、南宋を滅ぼした元は、一二八一（弘安《こうあん》四）年、前回に数倍する約十四万の大軍で押し寄せてきた。これを弘安の役という。しかし、再度の侵攻を予期していた幕府は、九州北部を御家人に警備させる異国警固番役《いこくけいごばんやく》を強化し、博多湾岸には防塁を構築させていたので、今度は元軍もたやすく上陸できず、その間に暴風雨が起こって大損害を受けて撤退した。当時、暴風雨による元軍の大損害は偶然のものではなく、公武をあげて祈願していた神仏の加護による「神風《かみかぜ》」と信じられた。こうした神国思想はこの後の我が国の歴史にも影響を与えることになる。

時宗が三四歳の若さで死去するのは、その三年後の一二八四（弘安七）年であった。まさにその政治的生涯の大半は蒙古襲来に費やされたと言ってよい。激動の時代を生きた青年執権が抱えた課題、そして、その「悪」とは何だったのだろうか。それを見ていくことにしよう。

蒙古襲来への序曲

そもそもモンゴルが日本への交渉を開始したのは、一二六六（文永三）年にさかのぼる。この年、フビライの命を受けた黒的《こくてき》らは高麗使の案内により、朝鮮半島の合浦から巨済島《きょさいとう》まで至ったものの荒海に恐れをなして引き返している。もちろんこれは日本側の知るところではなかったが、激怒したフビライは日本招諭の徹底を命じ、一二六八(文永五)年正月、高麗使潘阜《はんぷ》が、モンゴル国書を携えて大宰府《だざいふ》にやって来た。これを受けた筑前《ちくぜん》守護少弐資能《しょうにすけよし》は直ちにこれを幕府に報告し、幕府はこれを朝廷に進めた。当時の朝廷は後嵯峨《ごさが》院政の時期であったが、院評定《いんのひょうじょう》の末、モンゴルに返書を送らないことを決定した。この決定を受けた幕府は、高麗使潘阜らを帰国させるとともに、西国の守護や御家人らにモンゴル襲来への用心を命じている。

前例のない大きな判断を迫られることになった幕府首脳部の衝撃と苦悩は想像に難くない。この時の執権は六四歳の北条政村であったが、十八歳になった連署の時宗と交代し、自らは連署となってこれを支えることになった。一五〇年に近い歴史をもつ鎌倉幕府において、執権・連署の交代はこの時をおいてほかにない。政村の高齢も執権交代の理由の一つであろうが、北条氏嫡流である得宗に権限を集中して、未曽有の国難を乗り切ろうとしたと見ることができる。

一方、モンゴルや高麗側もこれでは引き下がれなかった。一二六九(文永六)年二月、モンゴル使黒的らが対馬に来て、前年のモンゴル国書に対する返書を求め、島民二人を拉致して帰っている。九月にはこの対馬島民を送還するとともに、再び返書を要求してきた。この動きに対して、朝廷ではこれまでの方針を転換して返書を送ることにし、一二七〇(文永七)年正月に、モンゴルへの返書の草案を作り幕府に送るが、幕府はこれを押さえて返書を送らなかった。この経緯をみると、朝廷の姿勢が前年の対応から変化している点、形式的には外交権をもつ朝廷に対し幕府の判断が優先している点など興味深い内容を持っている。

日本側の一貫した黙殺に対し、モンゴル（一二七一年に国号を元とする）からのアプローチは続いた。一二七一（文永八）年九月、元使趙良弼《ちょうりょうひつ》が大宰府に来て、国書を直接国王・将軍に手渡すことを強硬に要求してきた。総勢百余人にも及ぶ使節であった。モンゴル側の意志が日本で最高権限をもつ者に伝達されていないという危惧をもったのであろう。趙良弼は翌一二七二（文永九）年五月にも再び来日して国王・将軍との直接交渉を求めるが、果たせずに一二七三（文永十）年三月まで滞在した。この執拗《しつよう》さは、失脚から再起してこのつとめを志願したという趙良弼の経歴と無関係ではないだろうが、命じたフビライの強い意志が現れていると言えよう。しかし、日本は最後まで返書を与えることはなく、趙良弼の入京も許さなかった。それに先立つ一二七二（文永九）年正月に、筑前・肥前両国の要害警

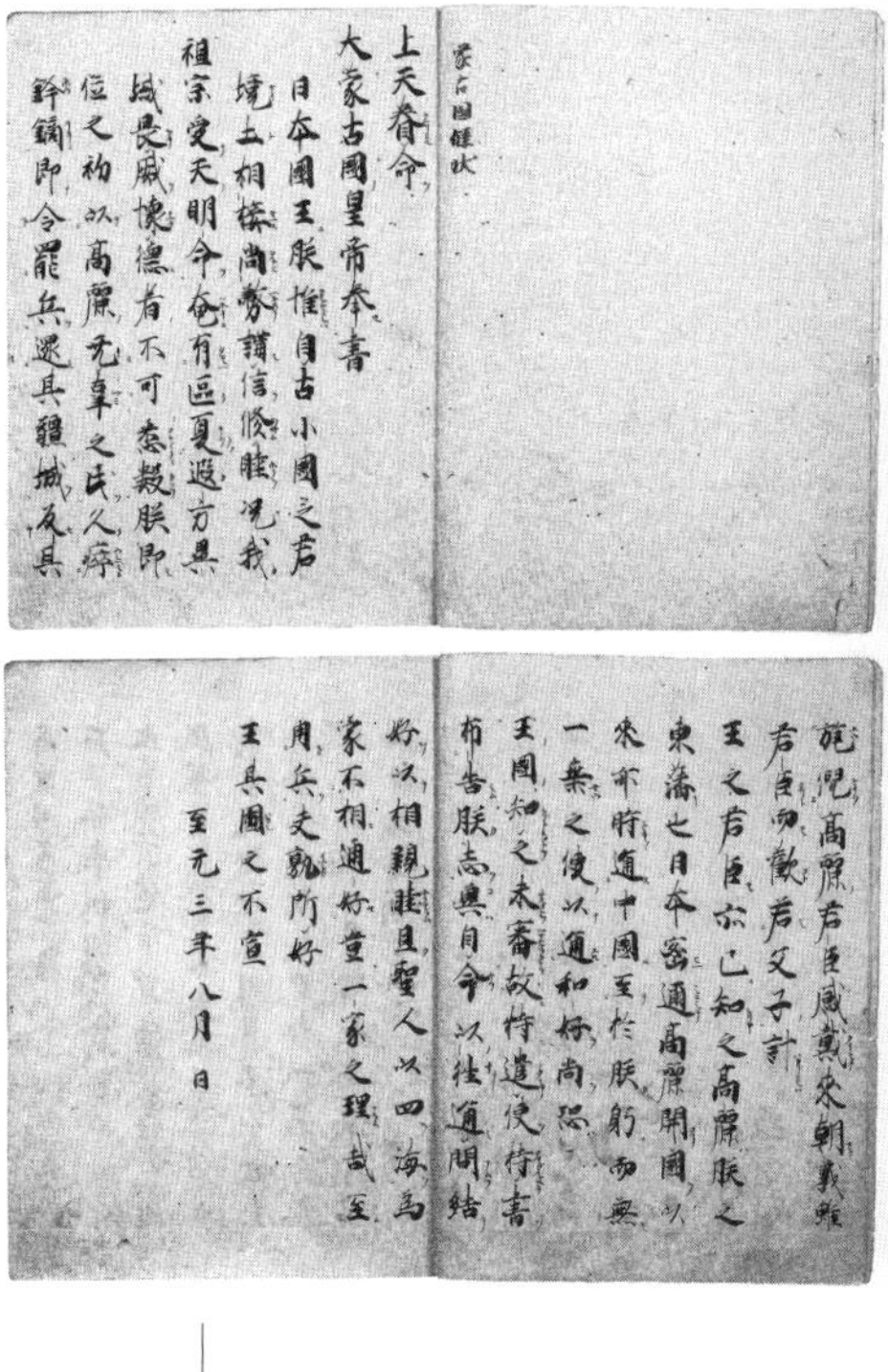
蒙古國牒状

上天眷命
大蒙古國皇帝奉書
日本國王朕惟自古小國之君
境土相接尚務講信修睦況我
祖宗受天明命奄有區夏遐方異
域畏威懷德者不可悉數朕即
位之初以高麗無辜之民久瘁
鋒鏑即令罷兵還其疆域反其
旄倪高麗君臣感戴來朝義雖
君臣而歡若父子計
王之君臣亦已知之高麗朕之
東藩也日本密邇高麗開國以
來亦時通中國至於朕躬而無
一乘之使以通和好尚恐
王國知之未審故特遣使持書
布告朕志冀自今以往通問結
好以相親睦且聖人以四海為
家不相通好豈一家之理哉以至
用兵夫孰所好
王其圖之不宣
至元三年八月　日

蒙古牒状（東大寺蔵）

固を鎮西御家人《ちんぜいごけにん》に命じているが、これが幕府の意志のあらわれであった。

二月騒動

趙良弼が大宰府で執拗な交渉を続けている中、一二七二(文永九)年二月、「二月騒動」と呼ばれる事件が起こる。先ず鎌倉で名越時章《なごえときあき》・教時《のりとき》兄弟が殺害され、ついで執権時宗の兄で六波羅《ろくはら》南方の北条時輔《ときすけ》が北方の赤橋(北条)義宗《よしむね》に討たれるという事件であった。それぞれが討たれた理由は謀反を企てたということであったが、事件後、名越時章は謀反に無関係であったとしてその討手の方が処刑され、所領も子の公時《きみとき》に引き継がれた。しかし、時章がもっていた筑後・肥後《ひご》・大隅《おおすみ》の守護職も、時輔がもっていた伯耆《ほうき》の守護職同様に取り上げられた。没収した各守護職を大友頼泰《おおともよりやす》・安達泰盛《あだちやすもり》らの有力御家人に与えることで異国警固の態勢強化を図ったとされている。

この時に粛清された名越氏は、北条義時の次男朝時《ともとき》を祖とする北条氏一門で、名越(現鎌倉市大町付近)にあった時政邸を継承したことから名越を称していた。義時の正室所生ということもあって嫡流意識が強く、しばしば得宗家と対立していた。朝時は三代執権泰時と確執があったと言われ、その子光時《みつとき》も執権職に就くことを望んでいた。一二四六(寛元《かんげん》四)年、光時は前将軍九条頼経《よりつね》を擁して五代執権時頼を打倒しようとする「宮《みや》騒動」を起こすが、敗れて出家し配流された。この時に弟の時幸《ときゆき》は自害している。「二月騒動」の時章・教時も名越光時の弟である。時章は隠忍自重していたが、教時の方は、これに先立つ一二六六(文永三)年の将軍宗尊親王《むねたかしんのう》追放にあたり、軍兵数十騎を率いて時宗を威嚇《いかく》する示威行動を起こしており、不満を隠していなかった。名越氏が将軍と結びついて得宗に対抗するという構図は、かつての宮騒動と同様であったと言える。また、二月騒動では名越兄弟の誅殺《ちゅうさつ》とともに宗尊親王側近の中御門実隆《なかみかどさねたか》が幕府方に拘禁されているが、このことは少なくとも時宗側にはそうした認識があったということを示していよう。

二月騒動は討手が処刑されるなど不可解な面もあるが、蒙古襲来という未曽有の国難を眼前にして、名越氏という反得宗勢力を一掃して時宗の権力を確立した事件であったとされている。それでは、二月騒動のもう一人の主役であった北条時輔はなぜ粛清されなければならなかったのだろうか。

北条時輔という人物

北条時輔は一二四八(宝治二)年に五代執権時頼の子として生まれた。最初の男子であり、時宗より三歳年長の兄である。但し、二人の母は異なり、時宗の母葛西殿《かさいどの》(北条重時の娘)が正室であったことから、時宗が嫡子《ちゃくし》、時輔は庶子《しょし》として扱われた。父時頼は弟の時宗を「太郎」、兄の時輔を「三郎」と呼ばせて序列を明確にしている。また、元服後の時輔は当初足利利氏《あしかがとしうじ》から偏諱《へんき》を受け、時利《ときとし》と名乗っていたが、これを「時輔」と改名したのは、正嫡時宗を「たすける」という意味を込めたとされる。そのほか時頼は儀式における待遇などについても二人に執拗に差を付けているが、これは将来起こりうる自らの後継者問題の芽を早期に摘む措置であったと言える。

時頼の死後、一二六四(文永元)年に時宗が連署になると、時輔は六波羅探題南方として上洛した。

❖北条氏略系図（参考…北条氏研究会編『北条氏系譜人名辞典』）

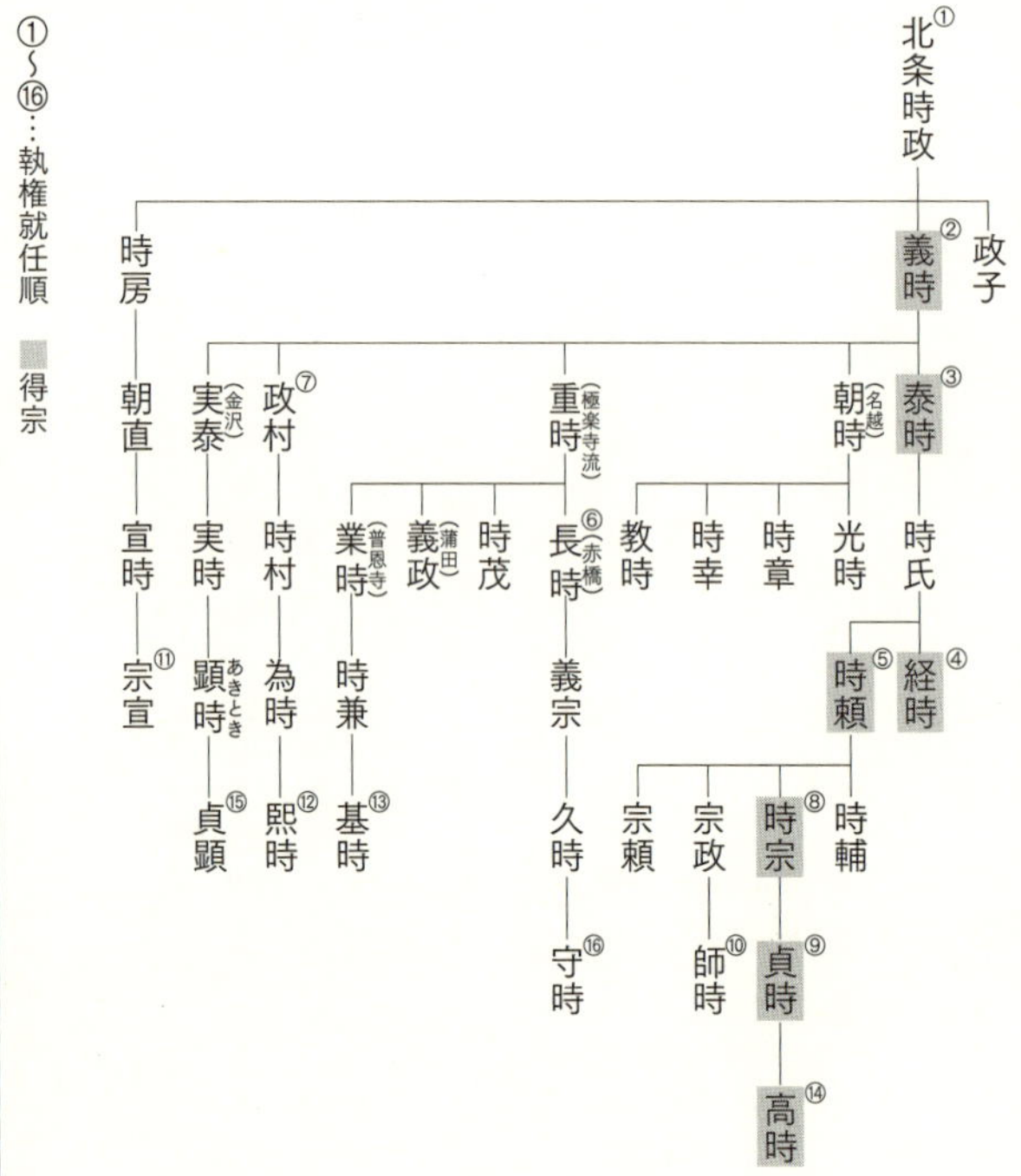

京都における幕府の拠点である六波羅探題には南方と北方があり、北方が上位とされていた。南方はこの時に時輔が着任するまで二〇年以上欠員であった。この時輔就任については、正嫡時宗の対抗馬になりうる存在を鎌倉から遠ざけたという見方もあるが、細川重男氏によれば、六波羅探題の訴訟機関としての整備拡充がこの時期に本格的に進み、探題不在であった南方を再建する必要があったという。とするならば、時頼の子にふさわしい処遇と見る方が妥当であろう。

なお、当時、六波羅探題北方は北条時茂《ときもち》が務めていた。時茂は、時頼の連署を務めた重時の子で、第六代執権長時の弟である。重時に始まり長時や時茂に継がれる家系は「極楽寺流《ごくらくじ》」と呼ばれ、北条氏一門の中でも得宗に忠誠を尽くしこれを支え続けたことで知られて

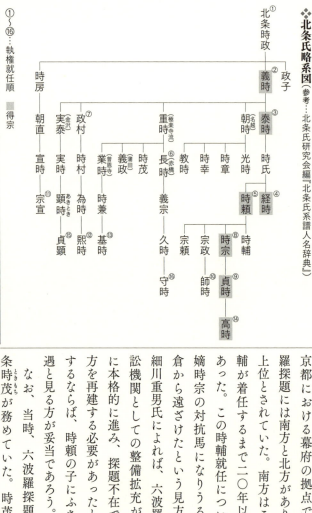

いる。この時、時茂はすでに六波羅探題を八年間務めており、年齢も二五歳と十七歳の時輔に対して年長でもあった。南方に対する北方の上位という序列とあわせ、六波羅探題の業務は事実上時茂が取り仕切っていたと思われる。ところが、一二六八(文永七)年正月に時茂が死去する。この後、一二六九(文永八)年十二月に赤橋《あかはし》(北条)義宗が六波羅探題北方に就任するまでの約二年間は、時輔がただ一人の六波羅探題であった。そして、一二七〇(文永九)年二月、時輔は着任二か月後の義宗に討たれるのである。

時輔粛清の真相

時輔が討たれた理由について、『保暦間記《ほうりゃくかんき》』では、嫡流を嗣《つ》いだ弟時宗の下風に立っていたことに不満を持っていた時輔の謀反が露見したためとする。同時に鎌倉で名越時章・教時が誅されたことも記し、時輔との同心をにおわせている。しかし、時輔と名越氏がそのような策謀を巡らしていたという証拠もなく、義宗に討たれた時の様子からも時輔が襲撃を予期していたとは思えない。時輔に不満が全くなかったとは言いきれないが、当時の武家社会では正室の地位は高く、嫡子と庶子の別ははっきりしていた。このあたりは『保暦間記』の書かれた南北朝時代ともやや様相を異にしていたかもしれない。また、先に見たように、時輔の処遇は得宗家の庶子として順当なものであり、不満を抱くほど低い扱いではなかった。多くの研究者が指摘しているように、討たれた側の時輔に原因があったのではなく、討った側の時宗の強い意志によるものであったと言えよう。

それでは、時宗はいつの時点で時輔を討つことを決断したのだろうか。六波羅探題として体よく京都に追放し、その後に義宗という討手を差し向けたという見方もあるが、前述のように、この時期の六波羅探題南方再建という意義は大きかった。それに当初から時輔を討つつもりならば、あえて六波羅探題として京都に送る必要はなく、鎌倉において粛清すればよかった。そう考えると、時宗は六波羅探題就任後のいずれかの時点で粛清を決断したと見るべきであろう。川添昭二氏は、時輔の六波羅探題南方着任後、特に北方の時茂死後の約二年間は六波羅探題が時輔色を強くし、反鎌倉的な傾向を持ち始めていたか、少なくとも時宗側からそう理解されていたのではないか、としているが、非常に重要な指摘である。

単独六波羅探題の二年間

時輔が単独の六波羅探題として活動した一二六八(文永七)年正月から一二六九(文永八)年十二月の二年間に何があったのであろうか。蒙古襲来前夜の時期であるが、筆者が注目しているのは、モンゴルの国書に対する朝廷(後嵯峨院政)の対応の変化である。先にも触れたが、一二六九(文永六)年二月のモンゴル使黒的らの対馬来航後、朝廷では一二七〇(文永七)年正月には菅原長成《すがわらのながなり》が返書を起草している。ちょうど時輔が単独で六波羅の執務を始めた時期と一致する。そして、一二七一(文永八)年九月の元使趙良弼の筑前今津来航を受け、十月の院評定で返書を決定しているのである。朝廷の姿勢は、明らかに一二六八(文永五)年の時とは変化していた。

この時に京都における幕府側の代表であった時輔が、朝廷側にどのように対応したかを直接的に示す史料はない。しかし、こうした朝廷側の動きを制御できなかったことは武力衝突(蒙古襲来)のリスクを冒しても返書不要とする時宗の意向に添うものでなかったことは間違いない。返書を決定した院評定の二か月後にあたる一二七一(文永八)年十二月には、時宗は信頼する「極楽寺流」の赤橋(北条)義宗を六波羅探題北方として京都に送るのである。ここから推測すると、この時の義宗の任務は、時輔の対応を是正し、朝廷側に幕府の意向を強く伝えることにあったと思われる。その二か月後に時輔が討たれていることから考えると、時輔の排除という選択肢はかなり強く意識されていたか、それ自体を目的として事前に準備されていたものかもしれない。

時輔が討たれた二日後の二月十七日に、危篤であった後嵯峨上皇が亡くなるが、このことも当時の朝廷側の人たちにはある種の感慨をもって受け止められたのではなかったろうか。『保暦間記』は、二月騒動で時輔は討たれずに京都から吉野に逃れたとする生存説も載せ、『勘仲記《かんちゅうき》』(摂関家《せっかんけ》の執事を務めた勘解由小路《かでのこうじ》兼仲《かねなか》の日記)は、一二七四(文永十一)年十月の蒙古襲来の記事によせて、北条時定とともに時輔が攻め上ってくるという風聞も記している。これらは歴史的事実としては信じがたいものであるが、当時の京都における時輔の存在感の大きさを感じ取ることができるのである。

時宗の「悪」

時宗は、父時頼の政治姿勢に学び、学識豊かな金沢実時や安達泰盛の補佐を受け、禅の修行を通して人格を形成した。謹厳実直であり、喜怒の情を表に出さず、功業におごることがなかったという。禅の師である蘭渓道隆《らんけいどうりゅう》、兀庵普寧《ごったんふねい》、大休正念《だいきゅうしょうねん》、無学祖元《むがくそげん》らがいずれも南宋からの渡来僧であったことから、時宗のモンゴル(元)に関する情報は、ある種のバイアスがかかっていたと言えるかもしれない。緊迫するモンゴル問題と対峙する上で、幕府内の意見を統一するとともに、朝廷側にも歩調をあわせてもらう必要があった。

　そのために、時宗は得宗に権力を一元化するための強い決意を形で示した。細川重男氏は時宗による「武威の発動」という文脈の中でこれを読み解こうとしている。逡巡せずに、潜在的な政敵を武力で葬り去ることによって、皆を畏怖させ従わせるのである。名越氏よりも庶兄時輔の方が他に与える影響が大きかったであろう。時宗の意に反する者はたとえ肉親でも容赦なく粛清されるということを示したのである。この「兄殺し」も厭《いと》わぬ非情さ・苛烈さは、周囲に大きな衝撃を与え、モンゴル撃退への時宗の指導力・求心力を高めたことであろう。「兄殺し」という大きな「悪」を逡巡《しゅんじゅん》せず、果断に実行した時宗がそのことについてどう考えていたかは分からない。しかし、時宗が日頃から深く禅に帰依《きえ》し、一二八二(弘安五)年に文永・弘安の役の戦死者を供養するために円覚寺《えんがくじ》を創建したところにその一端は垣間見える気もするのである。

⊙参考文献

安田元久『鎌倉幕府　その政権を担った人々』(新人物往来社、一九七一年)
奥富敬之『北条時宗』(角川選書、二〇〇〇年)

北条氏研究会編『北条時宗の謎』（新人物往来社、二〇〇〇年）
川添昭二『北条時宗』（吉川弘文館、二〇〇一年）
北条氏研究会編『北条一族』「別冊歴史読本」（新人物往来社、二〇〇一年）
北条氏研究会編『北条氏系譜人名辞典』（新人物往来社、二〇〇一年）
細川重男『鎌倉北条氏の神話と歴史―権威と権力―』（日本史史料研究会、二〇〇七年）
細川重男『北条氏と鎌倉幕府』（講談社選書メチエ、二〇一一年）
細川重男編『鎌倉将軍執権連署列伝』（吉川弘文館、二〇一五年）

1288－1339
鎌倉幕府を倒し、建武の新政を成し遂げたが、わずか2年ほどで崩壊した。

聖帝から驕慢な帝へ　自ら秩序を破壊する天皇

後醍醐天皇

…ごだいごてんのう…

角田朋彦

鎌倉時代後期、花園《はなぞの》天皇の譲位を受けて第九六代天皇となる。一三二四（正中《しょうちゅう》元）年・一三三一（元弘元）年と二度にわたり倒幕計画を立てるが失敗し、隠岐島《おきのしま》に配流となった。しかし、一三三三（元弘三）年五月に鎌倉幕府が滅ぶと、「建武《けんむ》の新政」とよばれる親政を開始する。そこで次々と新たな政策を打ち出すが、性急な政策にかえって人臣が離れていくことになり、足利尊氏《あしかがたかうじ》の離反を受けて一三三六（建武三）年には吉野へ逃れ、南北朝の対立を招くことになった。その後も京都に戻ることはなく、一三三九（暦応《りゃくおう》二・延元《えんげん》四）年に吉野で崩御《ほうぎょ》した。

予定になかった即位

後醍醐天皇が即位したのは、一三一八（文保二）年、三一歳の時であった。ただし、後醍醐の即位には様々な事情があった。

まず当時の天皇家の状況をおさらいしておこう。鎌倉時代の半ばから、後嵯峨《ごさが》天皇の子後深草《ごふかくさ》天皇に始まる持明院統《じみょういんとう》と、その弟亀山《かめやま》天皇に始まる大覚寺統《だいかくじとう》の二流に分かれていた。後嵯峨上皇が後深草の皇位を剥奪《はくだつ》して亀山に与えたところから複雑になっていったのであるが、その後は亀山・後宇多《ごうだ》と大覚寺統から二代続き、そして伏見《ふしみ》・後伏見と持明院統が二代続いた。

後伏見天皇の跡は大覚寺統の後二条天皇が継いだ。これは、伏見・後伏見と持明院統が二代続いたことに対し、大覚寺統が幕府に抗議したことで実現したものであった。しかし、この後二条天皇が即位後わずか七年、二四歳で急に崩御してしまった。そのため、天皇の位は東宮《とうぐう》であった持明院統の花園天皇へ引き継がれたが、花園天皇の東宮を誰にするかが問題となった。大覚寺統・持明院統それぞれが交互に出すよう幕府から働きかけがあったため、大覚寺統の正統であった後二条天皇の皇子が東宮になるのが本来はもっともふさわしかった。しかし、皇子の邦良《くによし》がまだ九歳だったこともあり、両統の調整の中で後二条天皇の異母弟である尊治《たかはる》が東宮に選ばれたのであった。そして、一三一八(文保二)年に大覚寺統側からの幕府への働きかけもあり、花園天皇からの譲位が行われ、後醍醐天皇が誕生した。この時、後醍醐は三一歳であり、若くして天皇に即位している時代では、異例ともいえる年齢での即位であった。その上、あくまでも大覚寺統としては後二条天皇の子邦良が成長するまでの中継ぎであり、後醍醐天皇は一代限りの即位という条件付きでもあった。

それでも、後醍醐天皇の即位にあたっては、好意的に迎えられている。厳しい批判

❖天皇家略系図

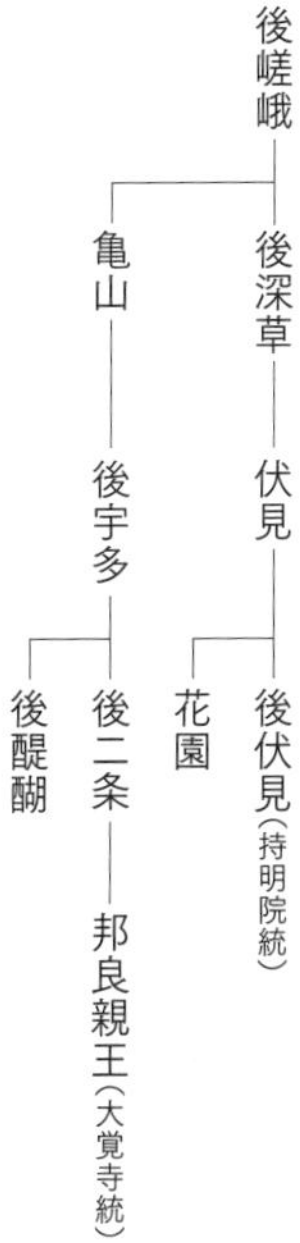

を随所に見せる『太平記』も「誠に天に受けたる聖主、地に奉ぜる明君なりと、その徳を称じ、その化《か》に誇らぬ者は無かりけり」（巻一）と述べている。これは『太平記』だからというわけではなく、後醍醐に譲位した花園天皇も自身の日記『花園天皇宸記』で「春宮《とうぐう》は和漢の才を兼ね、年歯《ねんし》父の如し、誠に道理然るべし」（文保元年三月三〇日条）と、九歳も年上となる新たな天皇を高く評価していた。

こうして新たな天皇として迎えられた後醍醐であったが、一代限りの中継ぎという立場がその後のあり方に影響したのはまちがいない。即位当初は、治天《ちてん》の君であった父後宇多上皇による院政が行われていた。しかし、一三二一（元亨《げんこう》元）年に後宇多上皇が治天の君の地位を退き後醍醐天皇の親政が行われることで、徐々に後醍醐は討幕へと動き出すことになっていった。

秩序を壊す倒幕計画

後醍醐天皇の親政が始まって三年。一三二四（正中元）年六月に父後宇多上皇が崩御すると、九月には倒幕計画にむけて動き出している。その計画を組み立てるのは、おもに「無礼講」とよばれる酒宴の席であった。その様子を『太平記』（巻一）は次のように記している。

その交会遊宴《こうかいゆうえん》の体、見聞耳目《けんもんじぼく》を驚かせり、献盃の次第、上下を云わず、男は烏帽子《えぼし》を脱いで髻《もとどり》を放ち、法師は衣を着ずして白衣《びゃくえ》になり、年十七八なる女の、眄形優《みめかたちゆう》に、膚《はだえ》殊に清らかなるを二十余人、褊《すずし》の単計《ひとえばかり》を着せて、酌を取らせければ、雪の膚すき通りて、大液の芙蓉《ふよう》新たに水を出でたるに異ならず、山海の珍物を尽くし、旨酒《ししゅ》泉の如くに湛えて、遊び戯れ舞い歌う、その間には只東夷《とうい》を亡ぼすべき企ての外は他事なし。

正中の変と呼ばれるこの時の計画は、ここに参加していた土岐頼員《ときよりかず》から六波羅探題に漏れてしまったため、行動に移す前に関係者が討たれたり捕らえられたりして、失敗に終わっている。

さて、この「無礼講」については、花園天皇も日記に書き残しているので、普通に繰り返し行われていたようである。参加者は、後醍醐天皇の周辺の公家や僧侶、さらには武家も集まっていた。この時代は厳密な身分制の社会であったため、本来ならばこのような場はありえないものであった。このようなあり方を革新的と評価する面もあるが、天皇自らあるべき姿を破壊していく様子は、やはり疑問に思わざるをえないだろう。

後醍醐天皇は親政を開始すると、日野資朝《ひのすけとも》や日野俊基《としもと》ら下級の公家を登用して政治改革に邁進したとされている。しかし、そこで登用された彼らは、この正中の変の首謀者として鎌倉へ送られている。いわば、スケープゴートにされているのである。

そもそも、後醍醐天皇による倒幕計画は、皇位継承問題に関して幕府の干渉を取り除くためになされた部分が大きい。花園天皇から後醍醐天皇に譲位されるとき、十年を目安にして持明院統と大覚寺統が交互に天皇位に即くようにと、幕府から申し入れがなされていた。いわゆる文保の和談とよばれるものである。しかし、約束の十年が目前に迫ってきたとき、後醍醐天皇は約束そのものをなかったものにしようとしたと考えられている。しかも、自身の系統は一代限りで、自分の子孫に天皇位を譲ることはできなかったのである。後醍醐天皇による倒幕計画は、鎌倉幕府による政治に対するものというよりは、自身が天皇であり続けたいという自己の欲求によるものであったのである。

時勢を逸脱した建武の新政

一三二四(正中元)年の倒幕計画に失敗した後醍醐天皇は、再び一三三一(元弘元)年に討幕を計画した。しかし、この計画も吉田定房《さだふさ》の密告により失敗に終わっている。この時、後醍醐天皇は三種の神器を奉じて御所から脱出し、笠置山《かさぎやま》に立て籠《こ》もった。後醍醐天皇の抵抗はひと月ほど続いたが、結局、幕府側に捕らえられ、隠岐の島に流罪となっている。さらに文保の和談の原則にしたがい、天皇の位が持明院統の量仁《かずひと》親王に移り(光厳天皇)、大覚寺統の邦良親王の子康仁《やすひと》親王が東宮となった。これによって後醍醐天皇の望みは潰《つい》えたかにみえた。しかし、各地についた討幕の火の手は止むことがなかった。そして、一三三三(元弘三)年五月、足利尊氏が六波羅探題を攻め、新田義貞《にったよしさだ》が鎌倉を攻め、鎌倉幕府は滅亡したのであった。

鎌倉幕府が滅亡したことで、再び後醍醐天皇は京都に迎えられた。その間、後醍醐天皇は、光厳天皇を廃帝にすること、正慶《しょうきょう》の元号を元弘に戻すこと、光厳天皇による官爵を剥奪することなど、すべてを光厳天皇即位以前の状態に戻すことを命じている。つまり、光厳天皇の世はなかったことにしたのであり、自身の世が続いていることを明確にしたのであった。

京都に戻った後醍醐天皇は、次々に政策を打ち出している。特徴的なところでは、六月十五日に、所領の承認はすべて後醍醐天皇の綸旨《りんじ》によるものとする、いわゆる「個別安堵法」を出している。これは、鎌倉幕府による判決や安堵、あるいは内戦の中で出された護良《もりよし》親王の令旨《りょうじ》をすべて否定したものであった。そのため、綸旨を求める武士が京都に殺到して大混乱となっている。そのためか、翌七月二三日には、その段階で知行している領主の権利を公式に認め、所領の安堵《あんど》は各国の国司が行うことなどを決めた「諸国平均安堵法」を発布している。この政策についてはいろいろな評価があるが、一応は六月十五日の法令を撤回したものといえ、後醍醐天皇による親政の方針の一つの挫折といってよいだろう。『梅松論《ばいしょうろん》』が「綸言朝《りんげんあした》に変じ暮《くれ》に改まりし程に、諸人の浮沈、掌《たなごころ》を返すが如し」と述べているのは、こうした政策の一貫性のなさであった。

鎌倉時代の後期、元《げん》が襲来する事件が相次いであり、その後も元の脅威に対する備えが続いていた。さらに、後醍醐天皇による倒幕計画以後、全国的に戦乱状態のなかにあった。そのような現状を鑑みれば、まず行うべきは戦後処理をどのようにするか、疲弊した国の現状回復を如何にすべきか、であろう。しかし、その点には目もくれず、自身の存在を誇示するような政策を打ち出すことは、明らかに失政・悪政というべきであろう。この年の九月には所領関係の訴訟を処理する雑訴決断所が設置され、天皇の権限が狭められることになった。

しかし、後醍醐天皇による悪政は、次々に行われていく。年が明けて建武元年と改元される一三三四年のこと、正月十二日には大内裏の造営計画が発表された。京都の大内裏は一二一九（承久元)年の承久の乱で焼失して以来、再建されていなかったもので、後醍醐天皇は自身の世に必要であると造営を計画したものであった。だが、これも疲弊した世の中では必要のないものである。『太平記』も「大内裏作らるべしとて昔より今に至るまで、我が朝《ちょう》にはいまだ用いざる紙銭《しせん》を作り、諸国の地頭・御家人の所領に課役を懸けらるる条、神慮にも違い驕誇《きょうこ》の端《はし》とも成りぬと、眉を顰《ひそ》むる智臣も多かりけり」と批判している。あまりにも荒れた世の中のことを考えたものではなかったのである。

その後も、後醍醐天皇の自身の存在を誇示した政策は続く。正月二九日には元号を建武に改元するが、これも先例を無視したもので、さらに不吉な年号であるとの批判が公卿から出されたが、後醍醐天皇が強行したものであった。五月三日には徳政令が発布された。この徳政令は、承久の乱以後の鎌倉幕府が出した判決を否定したものであった。年末の十二月十七日には、八省の長官を全員交代させる新人事を実施している。この時は、別格の扱いであった左右大臣を、位階的に低い兵部卿や民部卿にするなど、位階や官職、あるいは家格などを完全に無視した異例の人事であった。

こうした後醍醐天皇による実態を踏まえない政策は、多くの批判を浴びることとなった。この後醍醐天皇の態度について、『梅松論』は「今の例は昔の新義なり、朕が新義は未来の先例たるべしとて、新たなる勅裁漸々きこえけり」と述べているが、これは後醍醐天皇の思い・姿勢を端的に表現したものであろう。しかし、こうした姿勢で行った失政・悪政が、多くの人心が離れる基となったのであった。鎌倉幕府の否定はいいにしても、内乱で疲弊した諸国の様子を踏まえた戦後処理の政策を行っていれば、違った歴史になっていたであろう。

南北朝の対立

翌一三三五(建武二)年には、北条残党やその与党らによる蜂起が相次いで起こることとなり、七月には最大の事件である北条時行の乱が勃発した。これを鎮圧するため足利尊氏が鎌倉に下向したのであるが、結果的には、これが南北朝の対立の引き金となっていく。帰京命令に従わず抵抗する姿勢を見せた足利尊氏に対して、後醍醐天皇は新田義貞に足利尊氏の追討を命じる。これを迎え撃ち、一旦は京都に入った尊氏であったが、摂津《せっつ》国瀬川河原合戦で楠木正成《くすのきまさしげ》・新田義貞らに敗れ、海路を伝って九州に落ちていった。九州で態勢を建て直した足利尊氏は、六月に持明院統の光厳上皇を奉じて入京する。さらに八月十五日には、足利尊氏が奏請《そうせい》して、後伏見上皇の皇子で光厳上皇の弟である豊仁《とよひと》親王が光明天皇として即位することとなった。そして十一月七日、足利尊氏が「建武式目」十七か条を定めて、ここに足利氏による政権が成立したのである。

これに対し比叡山に逃れていた後醍醐天皇は、十一月に京都へ戻り、光明天皇に三種の神器を渡したものの、のちにこれが偽物であったと主張する。そして十二月二一日に京都を脱出して大和国吉野へ遷って南朝を樹立し、ここに六〇年にわたって繰り広げられる南北朝の対立が開始されたのであった。

こののち、後醍醐天皇は京都に戻ることができず、一三三九(延元四・暦応二)年八月十六日、賀名《あの》生《う》の行宮《あんぐう》で崩御している。五二歳であった。『太平記』は後醍醐天皇の遺言として「玉骨《ぎょくこつ》はたとい南山の苔に埋もるとも、魂魄《こんぱく》は常に北闕《ほっけつ》の天を望まんと思う、もし命を背き義を軽んぜば、君も継体の君にあらず、臣も忠烈の臣にあらじ」という言葉を載せている。この言葉にも、後醍醐天皇の極めて自己主張の強い性格が表れていると言っていいだろう。

後醍醐天皇は、その登場は聖主として迎えられたのであったが、自身の天皇位にこだわる姿勢や、現状を顧みずに自身の存在を誇示するような失政・悪政が、さらなる混乱を招くことになったのであった。

1305−58
後醍醐天皇の建武の新政に反し、武家政権としての室町幕府を樹立した。

天下のためには弟も息子も追討対象に
足利尊氏
…あしかがたかうじ…

角田朋彦

一三〇五（嘉元《かげん》三）年、足利貞氏《あしかがさだうじ》と側室上杉清子《うえすぎきよこ》との間に生まれる。室町幕府初代将軍。兄高義《たかよし》（父貞氏・母正室北条顕時《あきとき》娘）がいたが早逝したため、高氏が家督を継いだ。一三三三（元弘《げんこう》三）年五月には京都六波羅探題《ろくはらたんだい》を滅ぼし、鎌倉幕府の滅亡に大きな役割を果たした。この時の戦功で後醍醐《ごだいご》天皇から「尊」の字を拝領し、尊氏と名乗るようになる。一三三五（建武《けんむ》二）年の北条時行《ときゆき》の乱で鎌倉に下向したことを機に後醍醐天皇と対立。翌一三三六（建武三）年には持明院統《じみょういんとう》の光明《こうみょう》天皇を推戴した。十一月には「建武式目」十七か条を制定して幕府の施政方針を定め、一三三八（暦応《れきおう》元）年には征夷大将軍に任じられ、名実共に武家の棟梁《とうりょう》となった。その後は、南朝との対立や幕府内部の争いに心を砕き、一三五八（延文《えんぶん》三）年に五四歳で没している。

政治は弟直義に任せる

一三三六（建武三）年二月、鎌倉から上洛した足利尊氏は、摂津《せっつ》国瀬川河原合戦で楠木正成《くすのきまさしげ》・新田義《にったよし》貞《さだ》らの軍勢に敗れて、海路で九州へ落ちていった。その後、九州で態勢を立て直した足利尊氏は、四月三日に博多を発って東上を開始した。五月二五日には摂津国兵庫・湊川《みなとがわ》で楠木正成・新田義貞らの軍勢と合戦となり、楠木正成・正季《まさすえ》兄弟を自害に追い込んでいる。そして、持明院統の光厳《こうごん》上皇を奉じて六月十四日に入京を果たしている。さらに、八月十五日には後伏見《ごふしみ》上皇の皇子・豊仁《とよひと》親王(光厳上皇の弟)を光明天皇として即位させた。こうして足利尊氏は、持明院統の天皇を推戴することに成功し、後醍醐天皇と対峙することの大義名分を得たのであった。

さて、光明天皇を即位させた日の二日後、八月十七日に足利尊氏は、「(自分は)早く遁世《とんせい》・出家したいから仏道心《ぶつどうしん》を賜りたい」「今生の果報は直義《ただよし》に賜って、直義を安穏に守って欲しい」(常盤山文庫所蔵文書)という内容の願文を清水寺に奉納している。この時点では、まだ後醍醐天皇は三種の神器《じんぎ》を保持したまま比叡山延暦寺《ひえいざんえんりゃくじ》に籠もっていた。その後醍醐天皇を護衛する新田義貞らの軍勢も残っていた。持明院統の天皇を推戴したといっても、まだ平和を獲得したわけではなかった。そのような中で足利尊氏は、自身は出家して仏門に入り、政治など今生のすべては弟直義に任せたいとの意志を表明しているのである。もっとも尊氏は、例えば北条時行の乱を鎮圧した後、後醍醐天皇の帰京命令を聞かずに「建長寺へ御入り候て、すでに御出家候はんと仰せ候」(『太平記』。実際には『梅松論』の記す浄光明寺に入っている)という状態になるなど、たびたび出家することをほのめかせているので、どこまで本心だったかはわからない。ただし、十一月に制定した「建武式目」の作成も直義が中心だったことなどを考えあわせると、実際に政務を直義に任せることを考えていたのかもしれない。

観応の擾乱で師直を失う

南朝方の主だった戦力、楠木正成・正行《まさつら》、名和長年《なわながとし》、北畠顕家《きたばたけあきいえ》、新田義貞・義顕《よしあき》らが相次いで亡くなると北朝側の優位は動かなくなり、幕府のシステムも徐々に形作られるようになってくる。それは、足利尊氏が将軍として存在し、弟直義が副将軍の立場で政務を主体的に執り、さらに高師《こうのもろ》直《なお》が執事として尊氏の命令を実行する役割を担っていた。しかし、この体制も次第にほころびを見せるようになってくる。『太平記』ではその発端を師直の驕慢《きょうまん》な態度や、それを非難する直義の部下たちとの対立に求めている。そのまま信じることはできないにしても、直義派と師直派との対立が根底にあったことは確かであろう。

対立が表面化したのは、一三四九(貞和五年)閏六月のことであった。足利直義と高師直との間が不和となり、京都市中が騒がしくなっている。この時直義は、師直の執事職を罷免している。これに対して師直は、八月十三日に直義を襲撃している。直義は尊氏邸に逃げ込み、尊氏が仲裁をする格好となった。その条件が、直義の政務を停止すること、替わりに鎌倉にいる義詮《よしあきら》を上洛させ政務を担当させること、師直の讒言《ざんげん》を仕組んだ直義派の上杉重能・畠山直宗を配流にすること、などであった。そして十月には義詮が上洛し、直義に代わって政務を執るようになり、ひとまずの静謐《せいひつ》を見るようになっている(鎌倉には替わって義詮の弟基氏が下っている)。

しかし、その一年後、再び対立が表面化する。十月二八日に尊氏と師直は足利直冬《ただふゆ》追討と称して出陣する。その隙を突いて直義も京都を脱出し、南朝に和議を申し入れてこれを認められている。

直義の寝返りを聞いた尊氏・師直は備前国福岡から京都へ戻ることになった。その途中、一三五一(観応《かんおう》二)年二月十七日、摂津国打出浜《うちではま》で尊氏方と直義方とが合戦となり、直義方の勝利で決着を迎えた。この時の講和条件として高師直・師泰《もろやす》兄弟の出家などがあったが、師直・師泰は京都に戻る途中、二月二六日に摂津国武庫川で上杉重能《しげよし》の養子能憲《よしのり》によって殺害されてしまっている。

こうして繰り広げられた争いを観応の擾乱《じょうらん》とよんでいるが、ここで執事であった高師直が排除され、将軍尊氏のもとで政務を執る嫡子義詮、そしてそれを後見する直義の体制が作られることになる。しかしこれも半年後には破綻してしまい、兄弟による骨肉の争いを繰り広げる展開になっていく。

観応の擾乱で弟直義を追討

一三五一(観応二)年八月、政務担当の足利義詮と後見人である足利直義との不和が表面化し、直義が京都を脱出して北陸道へ向かい、さらに関東へと下向していった。これに対して足利尊氏は十月に南朝へ和睦を申し入れ、これが認められて南朝から直義追討の命令を受けている。また、この講和によって南朝の後村上天皇は、北朝の崇光《すこう》天皇を廃し、さらに年号を南朝年号の正平に統一している。これを正平の一統とよんでいる。

そして年末には駿河《するが》国薩埵山《さったやま》などで合戦が行われ、年が明けた一三五二(正平七)年正月五日、尊氏は直義と和解して鎌倉に入っている。しばらく直義は幽閉されていたようであるが、二月二六日に急死してしまった。この日が前年に討たれた高師直の命日であったこともあり、さまざまな憶測を呼んだようである。『太平記』では「俄《にわか》に黄疸《おうだん》と云う病に犯されて、はかなくならせ給いぬと、よそには披露《ひろう》ありながら、実は鴆《ちん》(毒の一種)に犯されて、逝去《せいきょ》し給いけるとぞささやきける」と毒殺説も流れた様子が描かれている。

しかし、実はこの前日、義詮に替わって鎌倉に下向していた基氏の元服式が行われていたのであった。基氏は尊氏の実子であるが、鎌倉下向にさいして直義の養子になっている。このような関係から、直義も基氏の元服式に何らかの形で参加したものと考えられる。そして、それを見届けての病死であったのであろう。尊氏も静謐を取り戻すために直義追討という形をとったが、命まで奪おうとは考えていなかったように見受けられる。

いずれにしても、一三三六(建武三)年、光明天皇を即位させた直後は、自身は仏門に入ってこの世を直義に任せたいと願っていた尊氏であったが、それもままならなかった。幕府の成立過程で生じた決裂の中で、尊氏は実の弟直義の追討に向かい、結果的に病死であったとしても死に追いやってしまったのであった。

認めなかった子直冬の追討

足利尊氏にはもう一人、史料などで確認でき活躍する子息がいた。それが足利直冬《ただふゆ》である。直冬の母親は出自不明の越前局《えちぜんのつぼね》とされ、「古《いにし》へ、将軍の忍びて一夜《ひとよ》通い給いたりし越前局と申す女房の腹より出で来たりし人」(『太平記』)といわれている。幼少期は鎌倉の東勝寺で喝食《かつじき》となって過ごし、長じてから京都に上ったとされている。しかし、足利尊氏に面会を求めても許されることはなく、しばらく玄恵《げんえ》法印のもとで勉強を学びながら過ごしていたようである。ようやく玄恵法印を通して、当時子どもがいなかった直義に引き合わせ、直義の養子となっている。

一三四八(貞和四)年、紀伊方面の南朝方追討のため、直冬は右兵衛佐《うひょうえのすけ》に任じられて「討手の大将軍」として派遣された。この時の一連の合戦では大きな戦功を挙げたが、尊氏らからはあまり評価されなかったらしい。こうした時の尊氏らの対応が、のちに直冬が尊氏・義詮らとの対立を生む遠因となっていったようである。

一三四九(貞和五)年四月には、直冬は長門探題《ながとたんだい》に任じられて下向していくことになる。この直冬の長門派遣については、直義の師直への対抗策とする説、東国における鎌倉府のような機関の西国版を構想していたとする説、単に京都から直冬を遠ざけようとしたなど、いくつかの説が出されている。いずれにしても、これ以降、直冬の活躍の場は西国となっていった。一三五〇(観応元)年十月には、直冬が独自の動きを取っていたこともあり、尊氏・師直らが直冬追討に出発している。ただし、これは直義が南朝と和睦したこともあり、直冬追討を果たせずに終わっている。

また、一連の観応の擾乱の中で、直冬も翻弄《ほんろう》されている。一三五一(観応二)年二月に高師直が排除されて直義が政界に復帰すると、三月には直義の申請によって直冬は尊氏から九州探題に任じられた。しかしそれも束の間、尊氏と直義の対立が顕在化し正平の一統が成立すると、南朝方の懐良《かねよし》親王がいた征西府に対して直冬追討の命令が下されている。そのため、正平の一統が破綻した後も、直冬は九州で孤立せざるを得ない状態に陥っていた。

こうした中で、再び尊氏・義詮との対立が生じたのは、一三五二(文和元)年以降のことである。九州で孤立した直冬は長門国豊田城に拠っていった。十一月には吉良満貞《みつさだ》や石塔頼房《いしどうよりふさ》らを頼り、南朝方に帰順している。そして、所領の対応から反尊氏派となっていた山名氏らに担がれることになり、一三五四(文和三)年十二月には京都へ迫り、翌年正月二二日に入京を果たしている。この時の様子を『太平記』は「直冬朝臣この七八箇年、継母《けいぼ》の讒《ざん》によってかなたこなた漂泊《ひょうはく》し給いつるが、多年の蟄懐《ちっかい》一時に開けて、今天下の武士に仰がれ給えば、ただ年に再び花さく木の、その根枯れるはいまだ知らず、春風三月、一城《いちびょう》の人皆狂するに異ならず」と評している。「継母の讒」というのは尊氏の正室赤橋登子《あかはしとうこ》の讒言《ざんげん》という意味だろうが、それによってあちこちを放浪していたものの、この入京によって多年の不満が一気に晴れたとしている。ただし、天下の武士が直冬を仰ぐのは、春の花が咲くわずかな期間に、町の人々が遊び狂うのと同じだと、批判的な視線も忘れてはいない。

この時、尊氏・義詮らは後光厳天皇を奉じて近江国まで逃亡している。ちなみに、後光厳天皇は一三五三(文和二)年六月には美濃《みの》国まで逃れており、一年半のうちに二度も京都を脱出しなければならない目に遭っている。

直冬らによる京都占拠は二か月ほど続いた。しかし、一三五五(文和四)年三月に尊氏・義詮が上洛し、洛中で激戦が繰り広げられた。その結果、直冬らは敗れて石清水八幡宮へ敗走している。その後の直冬は、芳しい戦果を挙げることはできなかった。一三六二(貞治元)年六月には、備後《びんご》国の一宮・吉備津彦《きびつひこ》神社の社家である宮下野入道を懐柔する作戦に失敗し合戦を遂げたのであるが、その時の様子を『太平記』は「直冬朝臣、宮《みや》入道と合戦をする事その数を知らず、しかりと雖《いえど》も、直冬朝臣、一度もいまだ打ち勝ち給いたる事なかりければ、云い甲斐なしと思う者やしたりけん」という状態だったと記し、さらに「直冬は　いかなる神の罰にてか　宮にはさのみ怖《お》ぢて逃ぐらん」という落書の歌が札に書かれて、道辻《みちつじ》に立てられたことを記している。そして、直冬は一三六六(貞治五)年を最後に歴史上から姿を消すことになり、その晩年をどのように過ごしたのか、没年がいつなのかなど、消息は不明となっている。

足利尊氏は、一三五八(延文三)年、九州の懐良親王ら南朝軍を追討する計画を立てていたものの病に罹《かか》ってしまい、四月三〇日に五四歳で没している。足利氏による幕府という組織を作り上げ確立させるために、これに対立するものは親・兄弟でも追討しなければならないのは世の常・世の習いとはいえ、尊氏も実の弟である直義、実の子である直冬と対峙し追討することで幕府という組織を守ったのであった。対立する実弟・実子を追討することで、尊氏—義詮—義満と、足利家の当主が将軍となって組織を差配する体制を作り上げたのであった。

1358－1408
守護大名や朝廷も抑え、絶大な権力をふるった室町幕府第3代将軍。

京都王朝を接収した室町幕府の代表

足利義満
…あしかがよしみつ…

関 幸彦

室町《むろまち》幕府三代将軍。一三六八（応安《おうあん》元）年将軍になり、有力守護を抑え、幕府権力を確立した立役者として知られる。花の御所を京都室町に造り、太政大臣となり、公家社会にも君臨、明徳《めいとく》年間には南北朝の合一を実現、その後、一三九四（応永《おうえい》元）年将軍職を子義持《よしもち》に譲る。その翌年出家。京都の北山に鹿苑寺金閣を建立、北山文化を体現した。

教科書レベルでの足利義満に関してのおおよその説明は右のようになろうか。右の説明文のなかに「花の御所」「南北朝合一」そして「北山文化」「金閣」と義満を語るキーワードがほぼ散りばめられている。「　」に付した内容はいずれも歴史的名辞として知られているものだが、この人物がなした最大の歴史的な意義は、やはり「京都王朝の接収」を可能にしたことであった。公家と対抗し得るまでに成長した中世武家の完成された政治形態を義満に求めることは、広く支持されているようだ。

義満に与えられる形容句「天皇になろうとした将軍」に象徴化されるように、剛腕の義満は公武統合の新たな秩序の創出者だった。

以下、このあたりの内容について少し検討しておこう。

東アジアの情勢

足利幕府の始祖尊氏《たかうじ》そして二代義詮《よしあきら》の時代は南北朝の動乱のさなかにあり、幕府権力は安定期ではなかった。その南北朝期を主題とした軍記『太平記』は義詮の死去と義満の後継を以て「中夏無為」で擱筆《かくひつ》の形式をとっている。幼少の義満が足利氏三代を継いだおりは、半世紀におよぶ動乱が終わりをむかえつつあった。東奔西走した尊氏・義詮の時代をへて、新しい秩序が構築される段階だった。義満は、父祖の基盤をさらに強固なものに組み換える使命が課せられていた。義満の時代は、東アジアでも新しい秩序が生まれた。

中国で明《みん》王朝が一三六八年に誕生した。この年、義満は十三歳で将軍職に就任する。その二十数年後の一三九二年に朝鮮では李朝朝鮮が建国される。義満が南北朝を合一した年である。義満の将軍譲位はこの二年後のことだから、中国・朝鮮方面での新たなる王朝の登場は義満の将軍期間とほぼ重なる。日明貿易の始まりも義満の強い意志で実現するわけで、外と内の秩序形成に義満は大きく貢献した。

「室町殿」の誕生

将軍義満は、自己の存立基盤の弱さを自覚しつつ成長した。義満が十五歳となった一三七二(応安五・文中元《ぶんちゅう》)年には、自身の花押《かおう》を用い、政治的自立を志向するようになる。国内の政治秩序の安定には強大な権力を手中にする必要があった。義満は自己とそれを取りまく勢力の再整備を手がけた。「御馬廻《おうままわり》」と呼ばれた直属の親衛隊の創設である。後に「奉公衆」として編成される将軍直属の軍事力だ。これら直属軍を創出することで、有力守護と対抗させ、突出した守護の出現を防ぐことがはかられた。

義満のこの「パワー・オブ・バランス」ともいうべき政策は、執事・管領《かんれい》の中枢勢力にも向けられる。当初は細川頼之の領導による将軍補佐の体制も、義満の自立とともに頼之の専横を許さず、これを牽制する勢力を育てることで巧みに側近者たちの人事をコントロールした。競合関係を演出することで将軍の指導性を維持しつづける義満流の戦略といえる。

一三七八(永和《えいわ》四)年、義満は父義詮から譲られた三条坊門邸から北小路室町の新邸に移った。この新邸は「花の御所」といわれた。同年権大納言・右大将に任ぜられ、公家社会への参入をはたした義満にとって、この移転は京都に君臨するための象徴的できごとだった。公家権力者の集住する室町「花の御所」への移転は王朝京都での君臨という点でも、義満流の演出がはたらいていた。

守護大名への戦略

室町体制の維持・発展に向かっての義満の強固な意志は幕閣内部の人事に限らず、守護大名へも向けられた。幕府による守護の統制は権力の生命線でもあった。「守護大名の連合政権」としばしば指摘されるように、守護大名勢力との確執は室町体制のアキレス腱だ。自己の権力への敵対勢力を払拭すべく、義満は外様の守護勢力の削減につとめた。ここでも対立する勢力間の反目を煽りながら、義満の権力拡大に利するという戦略を駆使した。

義満は一三八七(嘉慶《かきょう》元・元中《げんちゅう》四)年、美濃《みの》・尾張《おわり》・伊勢《いせ》三か国の守護・土岐頼康《ときよりやす》の死去を契機に、一族間の内紛を誘発させ、一族の康行《やすゆき》を滅ぼし勢力を削減した(美濃の乱)。四年後の一三九一(明徳二)年には山陰方面に強大な勢力を誇った山名氏清《やまなうじきよ》を滅ぼして(明徳の乱)、つづいて一三九九(応永六)年、周防《すおう》・長門《ながと》方面を基盤とした外様有力守護大名大内《おおうち》氏の勢力を削減した(応永の乱)。大内義弘《よしひろ》は父弘世《ひろよ》以来版図を広げ、明徳の乱での功績で和泉《いずみ》・紀伊《きい》をふくむ六か国を領するようになった守護大名だった。東国の鎌倉公方《くぼう》足利満兼《みつかね》と呼応しようとしたこともあり、義満は三万の軍勢でこれを滅ぼした。

将軍権力の強化をはかる義満にとって、守護大名が領国支配を広げることは好ましいことではなかった。任国の領国化を進める守護に対しては、これを挑発して滅ぼすことが意図された。対武家・守護大名に対しての義満の戦略、それは武力を辞さない〝力の均衡策〟ともよぶべき方向で臨むことであった。それは右に見たように、武力の行使という直接的行為として表面化することもあったが、以下で示すように「諸国遊覧」という武的権威(武威《ぶい》)の示威を通じて、自らの演出をはかることもあった。

「富士遊覧」と義満

義満は自身のなした行為を、その行為にともない生ずる結果と影響を冷静にながめる眼力をもっていた。演出効果を計算できる器量の人でもある。権力を維持するためのデモンストレーション、それが義満の遠隔地への遊覧の旅である。一三八五（至徳《しとく》二・元中二）年以来、数度におよんだ。下図はその大略を地図に示したものだ。

ここには宗教上の参詣行為もあったが、そのついでに守護大名を歴訪し、かれらとの情誼《じょうぎ》関係を深め、「室町殿《むろまちどの》」の武威を浸透させる狙いも当然ふくまれていた。自らの存在を義満は誇示し、政治的求心性を高める。それは可視的作用（目に見える形）でその権威を高める効果につながった。地図中にはないが、一三九三（明徳四）年の義満の伊勢参詣は諸国遊覧の掉尾《ちょうび》を飾るものだった。南北朝合一にともなう王朝の統合で武権の力を明確に示そうとしたものだった。伊勢の地は南朝の忠臣北畠《きたばたけ》一族の拠点でもあり、伊勢歴訪のおりに、この北畠一族の顕泰《あきやす》は義満を迎えている。これに対し、義満は

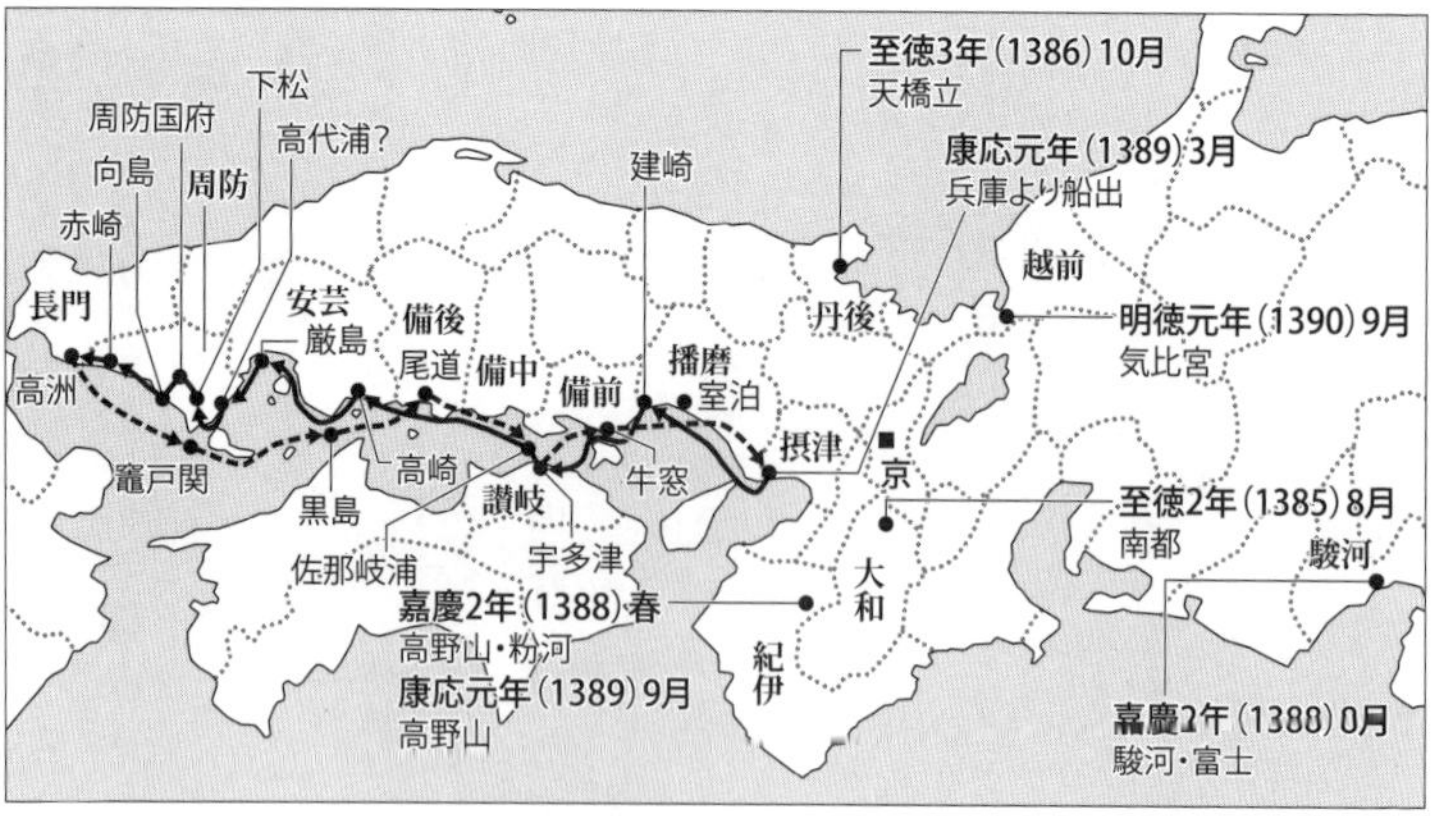

義満の諸国遊覧（新田一郎『「太平記」の時代』講談社 学術文庫より）

顕泰の子親能《ちかよし》に自身の「満」の字を与え、満泰《みつやす》と改名させている。南朝の中心勢力北畠氏もこうした形で義満の支配に服することとなった。

東は駿河《するが》から西は周防にいたる全国遊覧により、諸国守護に対する義満の威信は当然高まり、「室町殿」として君臨する立場が鮮明となってゆくが、とりわけ南北朝合一後の伊勢参詣は懸案であった南朝を接収することにより、武家の京都王朝への圧倒的優位を示すことになった。その京都王朝に対し、義満の戦略はどうであったのか。

義満の公家戦略

武家出身の義満の真骨頂は、公家世界との媒介者たることを自認したところにあった。いわば公武統合の象徴としての立ち位置を志向したことだ。この先例なき状況を創り出したところに卓越した義満の力量があった。かつて後醍醐《ごだいご》天皇を称して「異形の王権」と呼称した研究者がいた。それは後醍醐が実現しようとした王権は天皇の側から公武統合をはかろうとした個性の強さに由来した。同じく義満の場合には武家の側から公武の統合を志向したわけで、そのはるかなる射程には天皇・院をもふくんでいた。「天皇になろうとした将軍」とささやかれた義満にとって、それは先例なき世界を創出することにつながっていた。

視点を変えれば、足利氏が京都という王朝の拠点に幕府権力の基盤を構築したことが、そうした義満の個人的資質を育んだともいえよう。かつての鎌倉幕府は、東国世界を背負ったところから出発した。そのために王朝的官職秩序への〃消極的〃参加という形態で、自己の存在を維持した。執権《しっけん》北条《ほうじょう》氏がその実力とは別に、公卿的世界と距離をおき、王朝的官職秩序とは異なる体制で王朝との住み分けをなした。そのことを武権の未熟さ云々と評することも可能だが、鎌倉と京という地理上の距離が権力の形態を規定したこともまた事実である。

室町幕府の場合、当初から京都と同居する形で権力を構築することになった。尊氏が「建武式目」(一三三六年)において「鎌倉元ノゴトク柳営《りゅうえい》タルベキカ、他所タルベキカ否ヤノ事」との諮問《しもん》的言説があったように、政権創立者にとっても鎌倉か京都かの選択は悩ましいところであった。三代の義満の場合、誕生から京都とともにあった。武家に属しながら京に身を置く義満にとって、公家的世界は所与《しょよ》のものだった。官職的秩序への参入も、尊氏・義詮とは異なる尺度を有していたに相違ない。九歳で従五位下に叙され、十六歳で参議左中将となり公卿に列し、五年後の一三七八(永和四・天授《てんじゅ》四)年には権大納言、その三年後に従一位・内大臣と順調すぎる昇進を重ねた。

父祖ともども正二位権大納言という公卿にありながら、朝政への参与はなかった。だが、義満は公卿としての実質的職務をこなしながら、公家社会で「臈《ろう》を積む」経験を持った。このことの差異は大きい。公家社会での作法・故実をふまえ、王朝世界を知悉《ちしつ》していたことは京都公家世界への〃切り込み〃を容易にした。これを側面から後見した人物もいた。摂関家の二条良基《にじょうよしもと》である。有職《ゆうそく》家、歌人、文人として知られるこの人物は「大樹(将軍)扶持《ふじ》の人」とも称され、義満にとって欠かせない相談役だった。

義満が内大臣に就任した一三八一(永徳《えいとく》元・弘和《こうわ》元)年、指摘されているように、これを機に武家様の花押とは別に公家様も用い始める。そして、さらにその数年後には公家様のみを用いるに至ったという。このあたりに義満が公家世界へと自らをシフトさせる意志の表明が看取されよう。

公卿としての義満は、一三八三(永徳三・弘和四)年には皇族・摂関などの三后(太皇太后・皇太后・皇后)に准ずる「准三后」の宣下を受けるまでになった。そして、一三九四(応永元)年には太政大臣となる。武家による王朝の接収が実現した。けれども、一方では、公家にとって義満を伝統の王朝的秩序に取り込めるとの見方も可能であり、義満の力を利用しつつ内乱期の京都世界の再構築がはかられたとの解釈もできる。とりわけ、二条良基のような後見の存在は大きかった。だが、この良基も一三八八(嘉慶二・元中五)年に没したことで、義満の行動は摂関以上の家格、すなわち王家(皇室)と肩を並べる関係をも模索するようになる。

先例や秩序の打破を「悪」の行為と数えるならば、義満の「範《のり》」を超えた新しい方向は「悪」の体現に相違あるまい。右に見た公家世界とのかかわりの延長に王家との同化を構想する方向が顕在化することになる(子息義嗣《よしつぐ》を還俗《げんぞく》させ、皇位継承者に据えようとする)。

「北山殿」

京都世界での統合をはたした義満の最大の懸案は、以前にもふれたように吉野(南朝)の存在だった。将軍時代の最後の仕事とでもいうべきものが南朝との和議であった。南朝が衰微の極に達し、美濃の乱や明徳の乱をへて、義満の権力が確立した段階の一三九二(明徳三)年、南北朝合一が実現した。合一の条件は、①後亀山《ごかめやま》天皇から後小松《ごこまつ》天皇への譲位、②今後の皇位は両統迭立《てつりつ》、③諸国国衙《こくが》は大覚寺統が、長講堂領は持明院統が管轄というものであった。けれどもほとんどが空文と帰し、皇統は北朝系が継承するところとなった。

義満は南北朝合一をはたした二年後、将軍職を子の義持に譲った。三七歳のときだった。この時期、太政大臣の地位にあったが、翌年の一三九五(応永六)年には出家して法名を道義《どうぎ》と名乗ることになる。かつての「室町殿」は義持に譲り、「北山殿」(京都北西の金閣)として義満はこの地に移り、政界に君臨することになる。「北山殿」の呼称には世俗を超越した義満の立場が象徴化されている。ちなみに室町前期の文化を「北山文化」と呼称するが、それも公武統合をはたした義満が政治的世界に加え、文化的にも大きな影響をおよぼしたことによる。

義満と「日本国王」

以上、〝内〟なる国内での義満を語ってきたが、最後に〝外〟すなわち対外関係を通じて考えてみよう。すでにふれたが、義満が義詮にかわり将軍を継いだ時期は明王朝が成立する段階だった。わが国の対外関係史をふり返ると理解できるように、七世紀から八世紀における隋《ずい》・唐《とう》との大陸間交渉以後、国家間交渉は断絶していた。平安末期に平氏政権下での日宋《にっそう》貿易はあったものの、正式な形でのものではなかった。鎌倉期には十三世紀に元寇《げんこう》という戦争状態があって、南北朝期には倭寇《わこう》という形での非公式な交易はあったものの、平和裡な交易交渉は課題であった。日明両国にとって分裂から統合が進み、その気運がみなぎっていた。

一四〇一(応永八)年、義満は「日本准三后道義」の「表文」を中国に送り、翌年、明使が来朝し「日本国王源道義」の詔書が与えられた。「日本国王」の称号は中国皇帝への臣従を意味し、義満自身も名を棄てて実を取る方針から「国王」号を是とした。ここに、日明間に公的な貿易「勘合貿易」が開始されることになった。明皇帝に対し、義満自ら「臣」となることでの公益実現には、天皇の存在は無視されることになる。律令国家以来、少なくとも形式上は外交権は天皇にあった。けれども、義満による「日本国王」の呼称はその先例を逸脱したもので、外交に関しても、義満は剛腕を発揮することとなった。

義満の罪と罰

日明貿易の実現から七年後の一四〇八(応永十五)年、義満は没した。五一歳であった。唐突に過ぎたその死後には当然ながら反動もあった。四代将軍義持は強い父義満の呪縛《じゅばく》から解放されるかのようにその路線を変更した。まず外交である。日本を属国とみなす明との外交について、義満はこれを是としたが、義持はこれを屈辱として、一四一一(応永十八)年に勘合貿易を中断、その数年後には国交を絶った。中華システムへの積極的参入により別種の権威を築くことで、権威の飛躍を試みた義満と異なる方向を打ち出そうとした。さらに国内政治に目を転ずれば義持は父の居所であった「北山殿」さらには「室町殿」からの離脱を決意する。前者は将軍退位後の王朝公家を併合する象徴だったし、後者は将軍たる立場で武家に君臨するための拠点だった。とりわけ「室町殿」は公家権門の集住する「上京《かみきょう》」に位置していた。義持は「北山殿」とこの「室町殿」(=花の御所)を離れ、祖父以来の三条坊門邸へと移り住むこととなる。いわば〝強い父〟との訣別《けつべつ》である。また、朝廷からの義満への「太上天皇」の称もこれを辞することで、自らの意志を貫こうとした。

義持によるこうした路線の変更によって義満以前への回帰がめざされたことになる。あくなき権威への希求をめざした義満は、武門・武家の立場での権力を越えた世界にも踏み込んだ「異形の将軍」だった。祖父尊氏の死の年に誕生した義満は幼少の頃、一時戦乱をさけ播磨《はりま》へと避難した経験もあったが、京都につつまれ成長した戦争を知らない将軍だった。東奔西走の父義詮の後ろ姿を記憶にとどめた義満は武家の安定に向けて種々の政策を断行した。公武権力の統合の実現という未曽有の方向は、義満の個人的力量に負うところも大きく、それ故に武家的伝統への回帰を選択した義持は非凡なる父から解放されることを自己の課題とした。四代義持の反動的心情の内奥にはこうしたことが潜んでいたに相違ない。

武門の範を越えた義満の罪は、子の義持による反動の罰を与えることにより、揺り返しの時代をむかえることになる。

1394−1441
室町幕府第6代将軍。将軍権力の専制化を狙った政治は「万人恐怖」と呼ばれた。

なぜ恐怖の世を生み出したのか

足利義教

…あしかがよしのり…

下川雅弘

室町幕府《むろまちばくふ》の六代将軍足利義教は、三代将軍義満《よしみつ》の子で、四代将軍義持《よしもち》の同母弟である。五代将軍義量《よしかず》に後継がなく、義教の将軍就任はくじ引きで決められた。教科書などでは、将軍権力の強化をねらって、専制的な恐怖政治をおこなった人物として紹介されている。また、こうした政治手法に反感を抱く鎌倉公方《かまくらくぼう》足利持氏《もちうじ》を討ち滅ぼした永享《えいきょう》の乱は、義教の事績としてとくに取り上げられることが多い。さらに、義教はその後も有力守護を弾圧したため、播磨《はりま》守護の赤松満祐《あかまつみつすけ》によって殺害され、この嘉吉《かきつ》の変をきっかけに、将軍の権威が大きく揺らいでいったと説明される。なお、義持が朝貢形式に反対して一時中断した日明貿易を、義教が再開させたことについても触れられることがある。

義教の悪事と悪評

一四三七(永享《えいきょう》九)年十一月一日以来、足利義教の正室正親町三条尹子《おおぎまちさんじょうただこ》が心身を病み、狐憑《きつねつ》きと思われていたところ、同月六日に室町殿に祗候《しこう》する女中の密通事件が発覚し、関係者たちが処罰された。伏見宮貞成親王《ふしみのみやさだふさ》の『看聞《かんもん》日記』同日条には、「上様(尹子)御絶入も天狗の所行なり、(中略)種々の事ども託宣《たくせん》す、所詮《しょせん》悪将軍のよし申すと云々」と記されており、これらの原因は「悪将軍」義教にあるとされている。同じく貞成は義教についていくつかの悪評を書き残しているが、一四三五年二月、山門騒乱に関する箝口令《かんこうれい》に反した煎物《せんじもの》商人を、義教が路頭で斬首した際に、「万人恐怖、言うなかれ、言うなかれ」と記したことは、なかでもとくに有名である。

恐怖の世を現出させた義教には、彼の異常性を示すエピソードがいくつも伝えられている。たとえば東坊城益長《ひがしぼうじょうますなが》は、一四三〇(永享二)年十一月、義教の直衣始《のうしはじめ》の儀式中に微笑しただけで、所領没収の処分を受けており、一四三三年六月には、前摂政《せっしょう》一条兼良《いちじょうかねよし》の門前で催されていた闘鶏の賑《にぎ》わいにより、行列の通行を妨げられたことに怒った義教が、洛中からすべての鶏を追放するよう命じたという。また、同年十月に奉公衆《ほうこうしゅう》の黒田高光《くろだたかみつ》が、義教に献上する梅の枝一本を運送中に折ったため、関係した八名が処罰(うち二人は切腹)され、一四三五年九月、義教の伊勢参宮に従った御前奉行進士《しんし》某は、道中で供した料理がまずいとして京都へ追い返され、後に赦免《しゃめん》を信じて出仕したところを斬首されたのである。こうした事例は枚挙に遑《いとま》がないが、つぎに紹介する日野《ひの》(裏松)義資《よしすけ》に関連したいくつかの事件は、義教の恐怖政治をもっとも象徴する出来事の一つといえよう。

室町殿は三代将軍足利義満以来の佳例《かれい》により、日野家出身の女性を正室に迎えていたが、亡兄で四代将軍の足利義持の正室日野栄子《えいこ》に押し切られ、義教もまた彼女の姪にあたる日野宗子《むねこ》を正室にするとともに、宗子の妹重子《しげこ》を側室とした。ところが、一四三一(永享三)年七月の栄子死去の直前に、義教は宗子を退けて、新たに正親町三条尹子を正室としたのである。ところで、これ以前の一四二八（正長《しょうちょう》元）年五月、義教が宗子の兄日野義資の近江《おうみ》日野牧代官職を、彼の叔父で困窮を訴える烏丸豊光《からすまるとよみつ》に与えたところ、栄子がこれに強く反発したため、義資は籠居《ろうきょ》処分を受けていた。こうした状況が続くなか、一四三四年二月に側室の重子が後の七代将軍足利義勝《よしかつ》を産むと、多くの公家・僧侶らが兄義資邸にも参賀に訪れた。これに対して義教は、あらかじめ義資邸に見張りを忍ばせると、義資に祝意を表した六十余名全員を厳罰に処したのである。これについて貞成は、日記に「天魔《てんま》の所行か」と綴《つづ》っている。さらに、同年六月、義資邸に賊が押し入り彼が殺害されると、これを義教による暗殺ではないかと漏《も》らした高倉永藤が、薩摩硫黄島《さつまいおうじま》へ流された。中山定親《なかやまさだちか》の日記『薩戒記《さっかいき》』の六月十二日条には、「左相府殿（義教）政務の後、事に遭うの輩、すでに数多に及ぶ」として、これまでに義教により処罰された計八〇人（武家を除く）の名が列記されている。

以上のとおり、義教の治世が人びとから万人恐怖と捉えられたことに疑いようはなく、彼が極度の癇癪持《かんしゃくも》ちであったことも確実である。ただし、たとえば義資への執拗《しつよう》な譴責《けんせき》が、日野家の影響力排除を狙ったものであるように、義教の悪行の裏には、彼の明確な政治的意図が存在している場合も多い。そこで、「悪」と評価される義教の事績を、彼の異常性をできるだけ差し引いて検証することにより、恐怖の世を生み出していった義教本来の理念や政治的背景について考えてみたい。

神に選ばれた自負

一四二五(応永《おうえい》三二)年二月、五代将軍足利義量が十九歳で早世すると、父で前将軍の義持が室町殿として政務を執ることとなる。その義持自身も、一四二八年正月に重体に陥るが、「たとえ自分が後継者を決めても、重臣たちの支持がなければ意味がない」(『建内記《けんないき》』正月十八日条)、「もし実子がいたとしても、後継者は決めなかっただろう」(『満済准后日記《まんさいじゅごうにっき》』正月十七日条)として、次期将軍指名を拒んだ。そこで、護持僧《ごじそう》の満済は、後継者を義持の四人の兄弟からくじ引きで選定する方法を提案する。義持もこれに応じたため、管領畠山《かんれいはたけやま》満家が石清水八幡宮《いわしみずはちまんぐう》の神前でくじを引き、義持死去の当日、諸大名が集まるなかでくじが開封され、天台座主《ざす》の青蓮院義円《しょうれんいんぎえん》(後に還俗《げんぞく》して義宣《よしのぶ》を経て義教と改名)が六代将軍に選ばれた。『建内記』正月十九日条が、「神慮《しんりょ》により武家一味して用い申す武将のうえは、公家また叡慮《えいりょ》相違なく、太平と言うべし」と記すとおり、神の意志と有力守護たちの一致した推戴《すいたい》により、義教は室町殿としての正統性を得たのである。当時の将軍権力とは、重臣たちの力の均衡の上にのみ、ようやく安定しうる性格のものであった。

このような経緯で室町殿となった義教は、自分は神に選ばれたという自負にもとづき権力の伸張を図ると同時に、支持基盤なく将軍職に就いたことから、自ら政治的手腕を発揮することで、自己の力量を証明してみせなければならなかった。正長改元(一四二八年)や永享改元(一四二九年)を実現し、伏見宮貞成親王の皇子を践祚《せんそ》させ(後花園《ごはなぞの》天皇の擁立)、義持正室の日野栄子の死去とともに、義持期の三条坊門御所から義満期の室町御所(花の御所)に移徙《いし》したことなどは、先述した日野家の影響力からの脱却も含めて、政権初期の義教によるリーダーシップのアピールであった。

義教はこれらの政策と同時に、幕府の訴訟制度についても奉行人を拡充して将軍親裁を目指し、裁判の迅速化や公正化への意欲を示した。また、重臣たちによる全会一致が原則の評定会議を重視した義持に対して、義教は満済の差配のもとに、管領斯波義淳《しばよしあつ》・畠山満家・山名時熙《やまなときひろ》を中心とした重臣たちから個別に意見を求める方式(大名意見制)に、幕府の政策決定システムを改めていった。さらに、室町殿の慶事に太刀・馬・折紙などを進上する贈答儀礼として、公家や門跡《もんぜき》などが室町第を訪れる御礼参賀や、室町殿を自邸や寺院などに招く御成《おなり》を拡大化する。これは権力基盤の弱い義教の権威を高めるために、満済らが仕掛け人となって企図したものであった。

重臣たちと満済の死

一四三三(永享五)年七月、比叡山延暦寺《ひえいざんえんりゃくじ》の僧たちが、修造費の横領や不当な高利貸活動を理由に同じく山徒の光聚院猷秀《こうじゅいんゆうしゅう》の罪を追及するとともに、義教の近習赤松満政と山門奉行の飯尾為種《いのおためたね》が猷秀と結託し不正を働いているとして強訴した。当初はこれに不快感を示した義教であったが、重臣たちの説得により、猷秀と為種を形ばかりの流罪とすることでいったんは落着する。

けれども、これまで何度も身を挺して義教を諫《いさ》めてきた穏健派の畠山満家が同年九月に死去すると、山門が再び行動を起こしたため、義教は管領細川持之や満済の制止をよそに、軍事的な手段でこれに対抗する姿勢を示した。翌一四三四(永享六)年になると、鎌倉公方足利持氏と山門が連携を企てているとの風聞を耳にした義教は、山門領の差し押さえや坂本への攻撃を命じる。十二月には持之が進めていた山門との和平工作により、首謀者の金輪院《こんりんいん》弁澄《べんちょう》・月輪院《がつりんいん》慶賢《けいけん》・乗蓮坊《じょうれんぼう》兼珍《けんちん》らが上洛して義教との対面を果たし、事態は終息に向かうかに見えたが、兼珍が自殺を図ると、翌年二月に持之が弁澄・慶賢を逮捕し処刑したため、山徒二四名が根本中堂《こんぽんちゅうどう》を焼いて自害した（以上、永享の山門騒乱）。義教の箝口令を無視した煎物商人が首を刎ねられたのはこのときである。

この間、一四三三年九月の畠山満家だけでなく、十二月には前管領の斯波義淳が死去し、翌一四三四年六月に山名時熙が遣明船《けんみんせん》の硫黄着服疑惑により失脚（翌年七月没）、さらに翌一四三五年六月、義教がもっとも信頼を寄せ、さまざまな諮問に応じてきた満済が、ついにこの世を去ってしまう。永享の山門騒乱は、まさにこうした状況下における出来事であった。また、些細なことで義教が激怒し、ことさら重い処分を科す事例が急増するのも、これまで義教の強硬策を阻止してきた重臣たちや、彼らの意見を巧みに調整してきた満済が死没するこの頃から、とくに顕著になっていく傾向である。義教より年齢も若い管領細川持之といったわずかな重臣だけでは、従来の大名意見制は有効な機能を発揮しなくなり、義教が恐怖の世へと突き進む素地が固められていったと考えられる。

義教・持氏双方の異常性

四代将軍足利義持の時代から、室町幕府と鎌倉府との間には対立が続いていた。義持が嫡子義量を失うと、鎌倉公方足利持氏は自分こそが後継者としてふさわしいと考えていたため、くじ引きにより義教が選ばれても、持氏は義教を将軍として認めようとせず、義教の力によって改元された永享年号さえ、鎌倉府ではしばらく使用されなかった。一方の幕府では重臣たちの間で意見が分かれたものの、一四二九(正長二)年以来、義教は持氏への軍事行動もやむなしとの対抗姿勢を示していたため、ついに折れた持氏は、義教の将軍就任祝いの使者として二階堂盛秀《にかいどうもりひで》の派遣を決定した。一四三一(永享三)年三月には使者盛秀が上洛したにもかかわらず、義教は対面を拒否し続ける。これに対して管領斯波義淳が命がけで義教を説得したため、同年七月にようやく対面は実現し、これにより持氏も永享年号を受け入れた。

ところが、一四三二(永享四)年九月に義教は富士見物を名目に、大名たちを引き連れて駿河《するが》まで下向した。これは持氏を威嚇《いかく》するために強行されたデモンストレーションである。その後しばらくは平静さを保っていた持氏も、一四三四年三月、鶴岡八幡宮《つるがおかはちまんぐう》に血書願文を捧げ、怨敵《おんてき》義教を呪詛《じゅそ》させた。一四三六年に両者が一触即発の事態となった際には、関東管領上杉憲実《うえすぎのりざね》が主君持氏を抑えて何とか衝突が回避されたものの、一四三八年六月、持氏が幕府に無断で嫡子《ちゃくし》賢王丸《けんおうまる》の元服の儀を鶴岡八幡宮で挙行し、彼に義久《よしひさ》を名乗らせると、先例に従って将軍義教に偏諱《へんき》を求めるべきとの意見が無視された憲実は、八月に鎌倉を出奔して上野《こうずけ》に下ったため、持氏は憲実の討伐に乗り出した。これに対して義教は、錦御旗《にしきのみはた》と治罰綸旨《ちばつりんじ》の下賜を後花園天皇に要請し、持氏追討軍を派遣して、十一月には鎌倉府の主力を討ち果たした。憲実は持氏・義久の助命を求めたが、義教はかたくなにこれを許さず、翌年二月、ついに憲実は彼らを攻撃して自害に追い込んだ(以上、永享の乱)。

なお、一四四〇年三月に、持氏遺児の安王丸《やすおうまる》・春王丸《はるおうまる》を擁して挙兵した結城氏朝《ゆうきうじとも》も、翌一四四一（嘉吉元）年四月には鎮圧され、遺児たちは翌月美濃で惨殺された（以上、結城合戦）。

幕府との協調路線を主張し続ける関東管領を敵に回した鎌倉公方持氏と、自分を諫めてくれる重臣たちをすでに失っていた将軍義教の衝突は、避けようのない宿命であったといえよう。鎌倉公方に異常な執念を抱き続けた義教と、将軍に常軌を逸した対抗心を燃やし続けた持氏という両者の強烈な個性が、永享の乱という悲劇的な結末をもたらしたのである。

守護の粛清と近習の重用

永享の乱を乗り切った室町幕府は、鎌倉公方足利持氏という共通の敵を滅ぼしたことで、かえって重臣たちの結束力が失われ、将軍義教の暴走にも歯止めがかからなくなっていく。一四四〇（永享十二）年五月、義教は大和《やまと》の陣中で、若狭《わかさ》・丹後《たんご》・三河《みかわ》守護の一色義貫《いっしきよしつら》と伊勢守護の土岐持頼《ときもちより》を謀殺した。義貫は持氏の残党を三河にかくまったため、武田信栄《たけだのぶひで》によって討たれ、若狭は信栄に、丹後は甥の一色教親《のりちか》に、三河は細川持常《ほそかわもちつね》に与えられる。持頼については理由が定かでないものの、たびたび義教の命に従わないことがあり、伊勢《いせ》長野《ながの》によって自殺に追い込まれ、遺領の伊勢半国も一色教親が得ることとなった。一色教親・武田信栄・細川持常はいずれも将軍の近習であり、義教には有力守護を滅ぼして、新たに近習たちを取り立てようとする政治的意図があった。

義教は将軍就任時より、有力守護の家督相続に介入して、大名勢力の削減を図ろうとする政策を遂行していた。一四二八(応永三五)年には山名時熙の重病にともない、時熙が推す持豊《もちとよ》ではなく、持熙《もちひろ》を惣領にしようと義教は企《たくら》んだが、この件は時熙の病状快復により失敗に終わった。また、一四三三(永享五年)、斯波義淳が死去する直前、義教は後継候補の弟持有ではなく、僧籍にいた別の弟を還俗《げんぞく》させ義郷《よしさと》として家督を継がせている。一色義貫や土岐持頼の事例も、こうした義教の対守護政策の延長上にはあるものの、義貫・持頼という軍事面で義教に尽くしてきた功労者を死に追いやったことは、有力守護らに激しい動揺を与えていったのである。

そもそも足利将軍家は体制として軍事力を有力守護に依存していたため、義教は将軍直轄軍としての奉公衆の再編・強化を目指していた。有力な奉公衆は将軍近習となったが、赤松家惣領で播磨守護の赤松満祐に対抗するかのように、播磨守を与えられていた赤松満政《みつまさ》が、一四三四(永享六)年頃から義教の近習として権勢を誇るようになり、将軍権力の専制化に重要な役割を演じていく。永享の山門騒乱の際に、山徒たちから名指しで不正を告発された人物こそ、この赤松満政であったが、ここでも彼は咎められることなく生き延び、むしろその政治的立場を固めていくのである。

また、公家衆のなかにも、立身出世のため義教に媚びへつらう者たちがいた。義教の正室尹子の兄である正親町三条実雅《さねまさ》は、当時義教の寵愛をほしいままにしていた将軍側近公家衆の一人で、『看聞日記』永享五年十二月二八日条では、「当時権門上様(尹子)親昵、室町殿(義教)の寵愛無双、傍若無人なり」と評されている。永享の乱や結城合戦での勝利といった慶事の続く義教晩年は、こうした戦勝ムードを利用した実雅らによって、室町殿に対する贈答儀礼の機会が急激に増やされていく。

義教がむしろこうした贈答の一部を抑制する志向性を持っていたにもかかわらず、実雅らはときに勝手に将軍の心中を忖度《そんたく》し、御礼参賀の日程や献上品の数量・内容までを人びとに指南して、自身の存在感を高めていくのである。

嘉吉の変という幕切れ

一四四一（嘉吉元）年六月、赤松満祐の子教康《のりやす》は、結城合戦の勝利などの祝賀として義教を自邸に招き、将軍の暗殺を決行する（嘉吉の変）。この頃、諸敵退治を名目として、贈答儀礼をともなう将軍御成が諸権門の邸宅で連日催されており、義教に事件を疑う余地はなかったものと思われる。同席していた管領細川持之・畠山持永《もちなが》・山名持豊らが即座にその場から退散するなか、公家衆でただ一人居合わせた正親町三条実雅は、義教に進上された礼物の太刀を手に防戦した。

赤松惣領家については、以前から「恐怖千万、世上も物言あり、赤松の身上と云々、播州、作州《さくしゅう》借り召さるべきのよし、仰せらるると云々」（『看聞日記』永享九年二月九日条）といった噂があったが、前年三月には、義教が赤松満祐の弟義雅の所領を没収して、満祐・赤松貞村《さだむら》・細川持賢《もちかた》に分与する出来事があり、満祐は惣領家にとって大切な摂津小屋野の地が、庶家の貞村に与えられたことに猛抗議し、六月から病気を理由に家臣の屋敷に引きこもり、幕府への出仕をボイコットしていた。このため満祐は義教暗殺の現場にはいなかったが、事件後すぐに京都から逃れた教康と途中で合流し、ともに播磨へ下国した。また、『建内記』嘉吉元年九月二四日条には、赤松庶家を支持して、惣領家勢力の削減を狙っていた義教が、播磨を競望する貞村に応じようとしていたとの浮説《ふせつ》が記されている。

伏見宮貞成親王は、「所詮、赤松討たるべき御企て露顕《ろけん》の間、遮《さえぎ》りて討ち申すと云々、自業自得の果て、無力の事か、将軍かくのごとき犬死に、古来その例を聞かざることなり」(『看聞日記』嘉吉元年六月二四日条)と書き残しており、恐怖の世をもたらした義教に対していっさい同情を寄せていない。赤松惣領家による将軍暗殺の直接の原因は、以上のような義教による対守護政策の失敗に求められるが、こうして人びとを震撼《しんかん》させた義教の恐怖政治には、あまりにもあっけない終止符が打たれたのである。

⊙**参考文献**

今谷明『籤引き将軍足利義教』(講談社、二〇〇三年)

金子拓『中世武家政権と政治秩序』(吉川弘文館、一九九八年)

呉座勇一『戦争の日本中世史—「下剋上」は本当にあったのか』(新潮社、二〇一四年)

斎木一馬「恐怖の世—嘉吉の変の背景」(『戦乱と人物』吉川弘文館、一九六八年)

桜井英治『日本の歴史一二　室町人の精神』(講談社、二〇〇一年)

下川雅弘「足利義教晩年の贈答儀礼」(『駒沢女子大学研究紀要』一六、二〇〇九年)

森茂暁「赤松満政小考—足利義教政権の一特質」(『福岡大學人文論叢』四二—三、二〇一〇年)

森茂暁『室町幕府崩壊—将軍義教の野望と挫折』(角川学芸出版、二〇一一年)

盛本昌広『贈答と宴会の中世』(吉川弘文館、二〇〇八年)

1440–96
室町幕府第8代将軍足利義政の妻。応仁の乱の原因をつくった強欲な悪女というイメージが今なお強い。

仕立てられた悪女の実像に迫る

日野富子

…ひのとみこ…

下川雅弘

足利将軍の妻を多く輩出した公家《くげ》日野氏《ひのし》出身の富子《とみこ》は、八代将軍足利義政《あしかがよしまさ》の正室で、九代将軍義尚《よしひさ》(義熙《よしひろ》)の生母である。教科書などでは、義政が弟足利義視《よしみ》を跡継ぎと定めていたにもかかわらず、富子が義尚を生んだことから、子を立てようとする富子との間に対立が生じ、将軍家に家督争いがおこったと説明されている。また、幕府の実権を握ろうと争っていた細川勝元《ほそかわかつもと》と山名宗全《やまなそうぜん》(持豊《もちとよ》)が、それぞれ義視と義尚を支持したために対立が激化し、応仁《おうにん》の乱に発展したと解説されることも多い。なお、教科書では触れられないものの、解説書や辞書類などの中には、高利貸・米商売・新関《しんせき》設置などにより自己の蓄財を進めたことが、富子への悪評につながったとの見解を示しているものもある。

悪女とされてきた富子

日野富子といえば、日本史上における悪女として、その名が知られてきた人物の一人である。こうした彼女のイメージを定着させたのは、つぎに紹介する二つの史料がおもな原因と考えられる。

まず一つめとして、応仁の乱を題材とした十六世紀前半の成立とされる軍記『応仁記』から、「若君誕生の事」の場面を意訳により提示する。

若君義尚が誕生すると、富子は「どうにかしてこの子を将軍にしたい」との思いが強くなり、義視に不幸が起こらないかと願った。こうした富子の気持ちこそが、応仁の乱の原因なのである。富子は山名宗全の威勢を頼って義尚の擁立を実現しようと考え、宗全に書状を遣わした。これに対して宗全は、「細川勝元が義視の後見として父のように振る舞っているのは、我々にとって都合が悪いでしょう。また、勝元は私の婿でありながら、山名の宿敵である赤松政則《あかまつまさのり》を取り立てたのも許しがたいことです。私が御台様《みだいさま》の命に従って若君をお預かりし、畠山義就《はたけやまよしひろ》を取り立てて畠山政長を追い詰めれば、勝元は政長に味方するでしょうから、同罪として赤松以下一味の者どもを追い払いましょう」と、富子に返事を送った。

『応仁記』では、富子が義尚を将軍にしたいという一心で、宗全に義視の排斥を頼んだことが、宗全と勝元との対立を引き起こし、応仁の乱に発展したとの物語が描かれている。富子はまさに応仁の乱の元凶とされており、これが後世の悪女像につながるのである。つぎにもう一つ、興福寺大《こうふくじだい》乗院門跡《じょういんもんぜき》である尋尊《じんそん》の日記『大乗院寺社雑事記』から、一四七七(文明九)年七月二九日の記事の一部を引用する。

御台一天御計いのあいだ、料足どもその数知らず御所持し、陣中大名・小名、利平をもってこれを借用す。ただ一天下の料足は、この御方にこれあるように見おわんぬ。近日また米倉の事、これを仰せ付けらる。御商いあるべきの由御支度、大儀の米どもなりと云々。畠山左衛門佐《さえもんのすけ》、先日千貫借用申す。

応仁の乱が一応の終息をみせる直前の幕府の状況として、尋尊は「富子が天下を執り仕切っているため、世の中の金銭は富子のもとに集中している。これらを資本に富子は抗争中の大名たちに利息を取って金銭を貸し付け、また、米蔵を設置して米商売を行うことにより、さらなる利益を得ようとしている」と、富子の利殖活動を否定的に捉えている。特に「畠山左衛門佐、先日千貫借用申す」という記述については、従来、畠山左衛門佐が西軍の畠山義就に比定され(実際の義就は右衛門佐である)、富子が、東軍の庇護により義尚を東幕府の将軍に擁立できたにもかかわらず、敵方の有力武将である義就に千貫もの軍資金を貸し付けたのは、私利私欲に走った富子の「死の商人」ともいうべき振る舞いであると非難されてきた。

以上のようにこれら二つの史料は、わが子を将軍にしたいという私情により応仁の乱を引き起こし、なりふり構わぬ不正蓄財により私腹を肥やした強欲な女性という富子像の形成に、もっとも大きな影響を与えてきたといえる。ところがその後、『応仁記』の成立背景とその虚構性が明らかにされ、また、富子の兄日野勝光《かつみつ》と尋尊の間にはわだかまりが存在し、『大乗院寺社雑事記』の日野氏に対する評価には、尋尊の主観が多く含まれていることが指摘されるようになり、こうした史料に依拠した富子の悪女像もかなり見直されている。

そこで、八代将軍義政の妻かつ九代将軍義尚の母であり、十代将軍義材《よしき》（義稙《よしたね》）や十一代将軍義遐《よしとお》（義澄《よしずみ》）の擁立にも関与した富子という女性が、室町の安定期から戦国の混乱期へと移り変わる足利将軍家においてどのような役割を担っていたのか、その実像を可能な限り客観的に描いていきたい。

日野重子の介入と義政の近習政治

一四五五（康正《こうしょう》元）八月、二〇歳の将軍足利義政は、十六歳の日野富子を正室とした。三代将軍足利義満《よしみつ》以来の先例により、将軍家の正室は日野氏より迎えられていたが、六代将軍足利義教は、日野氏の影響力を排除するため正親町三条尹子《おおぎまちさんじょうただこ》を正室とし、富子の祖父日野義資《よしすけ》を死に追いやったとされている。ただし、義政の母は義教側室で義資妹の日野重子《しげこ》であり、富子にとっては大叔母に当たる。将軍生母としての重子により日野氏の地位回復が図られ、日野氏出身者を足利将軍家に嫁がせるという先例が、ようやく復活したのである。

一四四九（文安《ぶんあん》六）年にはすでに元服していた将軍義政であるが、その初政は義政の乳母で愛妾ともされる今参局《いままいりのつぼね》らの介入を許していた。一四五九（長禄《ちょうろく》三）年正月、重子の讒言《ざんげん》により、今参局の近江《おうみ》沖の島への流罪《るざい》が決定される。今参局の呪詛《じゅそ》によって、富子の第一子が流産（あるいは死産）したというのが、その罪状であった。今参局は配流先に向かう途中で自害している。なお、今参局失脚

日野氏略系図（丸数字は将軍就任順）

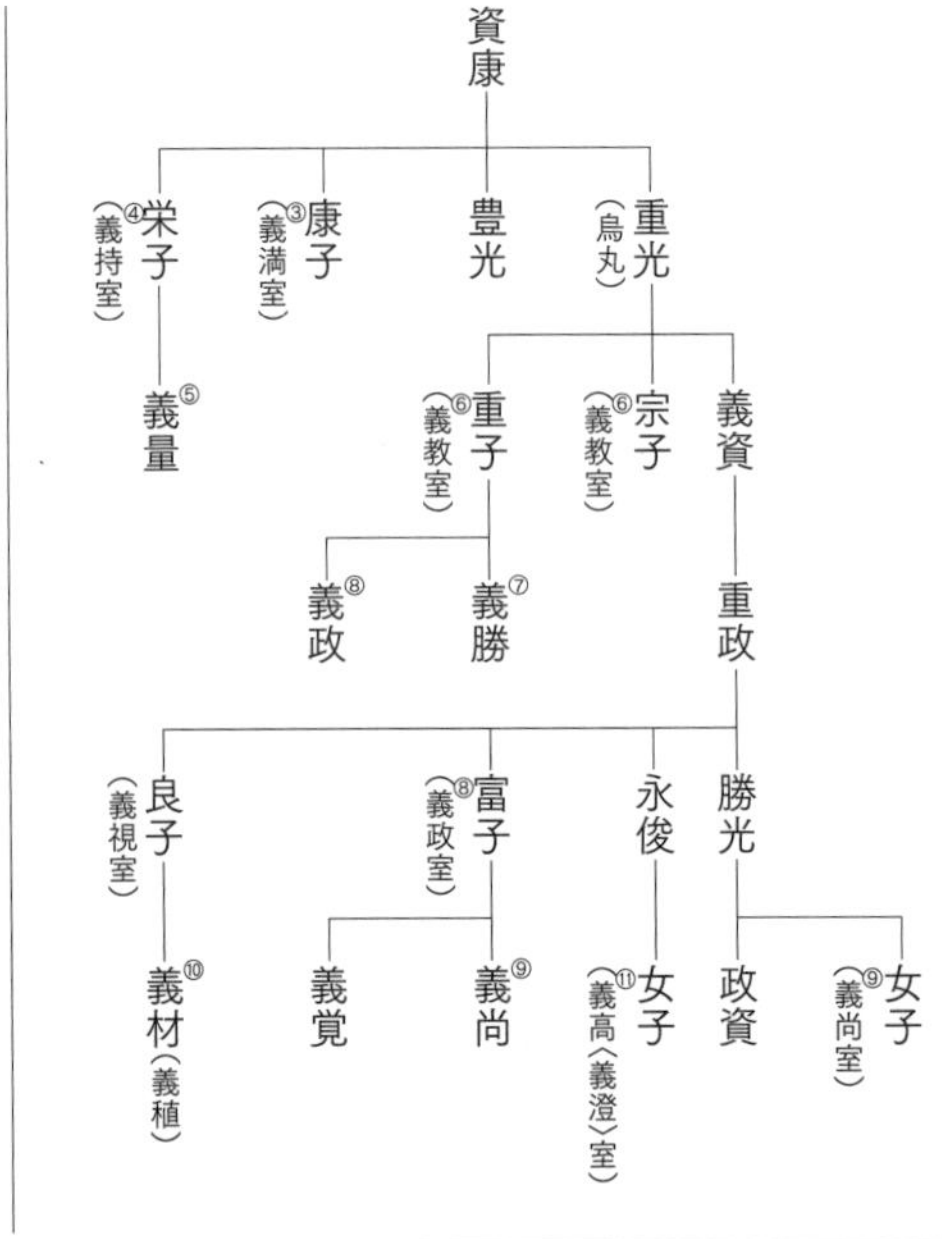

の翌月には、義政の女子を産んでいた側室たちも、呪詛に関わったとして追放されたのである。重子主導による一連の出来事は、義政の女房組織の大改造であり、こうして正室である富子と日野氏の立場は安定していった。

同年末には、幕府の財政管理や将軍家子女の養育を担当することもある政所執事《まんどころしつじ》の役割を、将軍近習の伊勢貞親《いせさだちか》が実質的に果たし始める。「室町殿御父」(『康富記《やすとみき》』嘉吉《かきつ》三年八月三〇日条)とも称された貞親は、幕府財政の立て直しに尽力するとともに、軍事部門においても戦功の披露や大名間の意見調整などに携わるようになっていく。今参局を失った頃の義政は、有力大名たちに意見を求める政治ではなく、貞親のような近習たちを重用する幕政運営を選択したのである。

一四六三(寛正《かんしょう》四)年八月、将軍の生母として大きな影響力を持っていた重子が死去すると、将軍の正室である富子が重子の役割を引き継いでいく。一四六四(寛正五)年四月、糺《ただす》河原で義政主催の盛大な勧進猿楽《かんじんさるがく》が興行されると、富子は大勢の従者を引き連れてこれを見物し、群衆たちにその存在を知らしめた。

富子は大乱の原因にあらず

一四六四(寛正五)年十二月、義政は将軍継嗣を前提として弟である浄土寺義尋《じょうどじぎじん》を還俗《げんぞく》させ、義視と名乗らせた。一四六五年五月には、義政・富子夫妻の主導により、富子の妹日野良子《よしこ》と義視との婚約が成立し、七月に義視と良子は夫婦となっている。同年十一月に富子は男子(後の義尚)を産んでおり、富子が義視を敵視していたとは考えがたい。一四六六(文正《ぶんしょう》元)年七月には、義視と良子の間にも男子(後の義材)が誕生している。自身または妹が産んだ子が将軍に就くことにより、これまで維持してきた外戚としての日野氏の立場を守ることこそが、富子の将来構想であったと思われる。義尚を将軍にするために義視の排斥を企てたという『応仁記』の富子像は、こうしたことからも虚構といえそうである。

近年の研究では、この頃の義政はかつての義満による大御所《おおごしょ》政治のように、義視に将軍職を譲った後も幕政に関与し続け、義尚の成長後に彼を将軍とする計画を抱いていたのではないかとの説が提唱されている。たしかに義尚誕生後も、義視は着実に官位昇進を遂げており、彼の将軍就任が目前であったと考えられることから、義政がそうした構想を持っていたとしても不思議ではない。義政が義視を還俗させた理由について、かつてはわが子の誕生を諦めたためと捉えられていたが、そ

西軍(西幕府)	東軍(東幕府)
	足利義視 (1467.6-8　東軍総大将)
足利義視 (1468.11-　西幕府将軍)	足利義政 (-1473.12　東幕府将軍)
	足利義尚 (1473.12-　東幕府将軍)
山名宗全	細川勝元
斯波義廉	斯波義敏
畠山義就	畠山政長
土岐成頼	赤松政則
大内政弘	

❖応仁の乱の主な対立関係

もそも義政はまだ若く、またすでに数名の女子には恵まれており、これは俗説に過ぎないと考えられよう。なお、義政・富子夫妻は、一四六八(応仁二)年にも男子(後の醍醐寺座主《だいごじざす》義覚《ぎかく》)をもうけている。

さて、これ以前より管領家《かんれいけ》である斯波氏《しばし》と畠山氏では、これ以前よりそれぞれ家督問題が起こっていた。斯波氏の当主義敏《よしとし》は、一四五九(長禄《ちょうろく》三)年に家臣に敗れて周防《すおう》の大内氏のもとに落ち延びており、その後渋川氏《しぶかわし》から養子として迎えられた義廉《よしかど》が、斯波氏の家督となっていた。また、畠山氏の当主義就は、一四六〇年に義政によって京都を追われ、あらたに家督となった政長は、細川勝元の後押しにより、一四六四(寛正五)年には管領に就任することとなる。

ところで、一四六三(寛正四)年に日野重子が没したことはすでに述べたが、これに伴う恩赦が伊勢貞親の主導で実施された。逼塞《ひっそく》していた斯波義敏や畠山義就もこのとき許されたため、あらたな混乱を生んだ。義政の将軍続投を願っていた貞親は、義尚の乳父としての立場から、義視の将軍就任に反対であった。これに対して山名宗全は、宿敵赤松政則を支援する将軍近習らと対立しており、義政の政界引退と義視の将軍就任を願っていた。一四六六(文正元)年七月、貞親をはじめとする近習たちは、斯波氏の家督を宗全と提携する斯波義廉から、義敏に戻すよう義政に要求して、これが受け入れられる。ところが、九月には宗全らと義視の連携を危惧した貞親が「義視には謀反の疑いがある」と義政に讒言し、義視が宗全や細川勝元を頼って無実を訴えたため、勝元の主導により貞親の追放が決議され、義敏らも没落することとなった（文正の政変）。

もともと勝元と宗全は協調関係にあったが、勝元の指導力がこれ以上高まることを快く思わない宗全は、畠山義就に上洛を促し、畠山政長を庇護する勝元と袂を分かつこととなる。一四六七（文正二）年正月、義政が管領職を政長から斯波義廉に交替させると、両畠山氏は上御霊社《かみごりょうしゃ》で衝突し、宗全が軍事支援した義就が勝利する。同（応仁元）年五月には、勝元方の東軍が宗全方の西軍を攻撃し、応仁の乱という全面戦争へと発展してしまう。六月、義政が勝元に将軍旗を与えたことで東軍が幕府軍となり、義視が総大将に擁立されるが、西軍の要請を受けた大内政弘《まさひろ》が八月に上洛すると、義視は伊勢に出奔《しゅっぽん》した。翌一四六八（応仁二）年閏十月、義政が貞親を復帰させたため、翌十一月に義視は西軍に同調し、西幕府の将軍として担がれることとなる。

以上のように、応仁の乱の発端は伊勢貞親ら将軍近習の暗躍にあり、直接の原因は山名宗全が細川勝元との対決を覚悟の上、畠山義就の支援に踏み切ったことであろう。『大乗院寺社雑事記』の記主尋尊は貞親の愛妾《あいしょう》を乱の原因としており（文明《ぶんめい》四年八月五日条）、軍記『文正記』では彼女を「魔女」と糾弾している。その真偽はともかくとして、貞親の愛妾が同時代史料でも批判されているのに対し、富子を乱の原因とする史料は、『応仁記』以外には存在しない。そもそも宗全は義視を将軍に擁立したいと願っており、義視も東軍が幕府軍となった一四六七年の六月から二箇月程度の間のみ宗全と敵対しているが、結局は西幕府の将軍となっている。富子が宗全を頼って義視の排除を企てたという『応仁記』の叙述は、史実とあまりにかけ離れているのである。ただし、義尚の庇護者である貞親が文正の政変で失脚した際に、動揺した富子が宗全に申し開きをしようとした徴証や、義視が東軍の総大将として担がれたとき、これを警戒した兄日野勝光《かつみつ》とともに富子が宗全に近づこうとした事実は、たしかに認められる。けれども、富子も義尚も東軍(東幕府)を支援した義政と乱中にわたって行動をともにしており、大乱の原因を富子に求めることは、やはり間違いなく事実誤認である。

礼銭による和平工作

一四七三(文明五)年三月に山名宗全が、五月に細川勝元が相次いで他界すると、同年十二月、足利義尚が元服して東幕府の将軍となった。ただし、政務は引き続き義政が担当して、日野勝光がこれを補佐する体制がとられる。翌一四七四年四月には、宗全の孫山名政豊《まさとよ》と勝元の子細川政元《まさもと》が会談し、両氏間のみの単独講和が成立した。勝光らはこの後、いまだ和睦に応じない西軍(西幕府)の諸将との和平工作を図っていくこととなる。

一四七四(文明六)年閏五月、勝光は畠山義就が二千百貫文の礼銭を納めることを条件に、東軍との和解を図ろうとしたが不調に終わった。一四七六年六月に勝光が死去すると、富子がその役割を引き継ぐこととなる。富子は妹良子の姻戚関係を利用して、足利義視との交渉を進めたと考えられ、同年十二月には義視から義政のもとへ、自身が西軍についたことを釈明する誓文が届けられ、富子がこれを禁裏に披露している。一四七七年閏正月、義視は三千疋の礼銭を富子に約束し、同年五月に大内政弘がこれを肩代わりした。同時に政弘自身も義政への取り成しの礼銭として、五千疋を富子に納めている。

同年九月にはおそらく政弘の尽力により、ようやく義就が京都から撤兵した。とはいえ義就はただちに河内で政長方との戦闘を始めている。十一月、政弘は降参して帰国し、義視は土岐成頼《ときしげより》とともに美濃へ向かった。また、畠山義統《よしむね》をはじめとする西軍の諸将は、正式な和解のないまま本国に下っていった。こうして京都を戦場とする応仁の乱は、事実上終結したのである。敵方に礼銭を納入させることで和平を斡旋《あっせん》するという富子が用いた手法は、将軍家にとってけっして珍しい方策ではなかった。こうした手段を駆使することで、結果として和平を実現させた富子には、いま少し正当な評価がなされてもよかろう。

さて、ここであらためて注目したいのが、冒頭で紹介した「畠山左衛門佐、先日千貫借用申す」という尋尊の記述である。これにより富子には「敵対する西軍の主力畠山義就にさえ、利息のためなら戦費を貸し付ける強欲な女性」との悪評がつきまとうことになったのであるが、そもそも義就の官途は右衛門佐であるので、こうした評価は基本的に成り立たない。左衛門佐という官途を信じれば、この人物は西軍の畠山義統《よしむね》ということになる。こうした人物比定に加え、これが大乱終結の年(一四七七年)の七月の記事であることから、近年は「富子が和平工作の一環として義統に千貫文を提供したことにより、義就の退陣が実現したのではないか」とのあらたな解釈が支持を得ていた。ところが最近、尋尊が『大乗院寺社雑事記』において畠山左衛門督政長を、しばしば誤って左衛門佐と記していることが指摘され、「富子から千貫文を借用したのは東軍の政長であろう」という新説も提唱されている。先にみたように和平交渉のための礼銭は敵方から納入されており、また、その後の一四八六(文明十八)年に義就が幕府からようやく赦免された際にも、三万疋の礼銭は義就によって義政と義尚に進上されているので、千貫文の礼銭が富子から敵方の義統に贈られるとは考えにくい。新説のとおり左衛門佐が政長であるならば、「和平に応じようとしない義就の姿勢をみた富子が、当面必要となる軍事費用として、味方の政長に千貫文を貸し与えた」といった解釈が、妥当なところではなかろうか。

富子の経済活動とその評価

富子の夫である義政といえば、政務に無関心で文化に生きた趣味人といったイメージが強いかもしれない。けれども、実際の義政はつねに幕政に関与し続けようとしており、何度も隠退を表明しながら、ついに生涯にわたって政治的権限のいくつかは絶対に手放すことがなかった。その一方で、気まぐれに政治的意欲を失うこともたびたびあり、こうした父に不満をつのらせた義尚も、生活がすさんで奇行に走ることが多かった。富子は幕政補佐役としての兄勝光の立場を、彼の没後は全面的に背負うこととなった。夫義政と子義尚の不足を、富子が肩代わりせざるを得ない事態が繰り返されたのである。

こうした状況の中、富子は軍事的な和平交渉から公家や寺社の所領回復訴訟までを、しばしば引き受けることがあったが、そのため彼女のもとには自ずと礼銭や取次銭が集まってきた。これは富子による政治介入の結果といった個別的な性質によるものではなく、室町幕府が構造上の問題として抱えていた贈与依存体制によるものであった。とはいえ富子が自身のもとに蓄積される資本により、高利貸や米商売といった利殖活動を展開したことは、事実として認められる側面がある。ただし富子のこうした活動については、彼女の優れた経済感覚によるものだと好意的に捉える解釈も存在する。

しかも富子は、こうして手にした多くの財を、朝廷への援助に惜しげもなく費やしている。たとえば、一四七八(文明十)年には後土御門《ごつちみかど》天皇妹の入寺費用の負担を申し出ており、一四八〇年にも皇子である勝仁親王宣下の不足経費として、二万疋を立て替えている。また、一四七八年正月、富子が関銭の徴収を目的として、京都の七口に悪名高い新関を設置したのは、応仁の乱で焼亡した内裏《だいり》修造費用を捻出するためであり、翌一四七九年十二月には土御門内裏が完成している。これまで幕府が果たしてきた朝廷支援という重要な役割を、富子がその才覚を発揮して一身に請け負っており、同時代の公家日記などをみる限りにおいては、富子への好意的な記事が目立っている。不正蓄財により私腹を肥やした強欲な女性といった富子のイメージは、さすがに払拭してもよさそうである。

ただし、内裏完成後の一四八〇(文明十二)年、幕府が再び関所を立てたため、新関撤廃をスローガンとする土一揆《つちいっき》が蜂起した。富子による恩恵を受けた天皇や公家たちが、彼女に感謝の眼差しを向けるのは当然であるが、庶民にとって新関は迷惑以外の何ものでもなかった。こうした一般の人びとの視点からは、富子は私利私欲に走った悪女としか映らなかったのである。

二人の将軍擁立と富子

一四八七(文明十九)年五月、義政は堀越公方である兄足利政知《まさとも》の次男を上洛させると、かつて政知が院主を務めた天龍寺香厳院《てんりゅうじきょうごんいん》にこの子を入れて、清晃《せいこう》と名乗らせた。将軍候補としての資格を有する清晃は、日野氏との縁戚関係がなかったため、以前から将軍外戚としての日野氏の立場を第一に考えていた富子は、妹良子と足利義視の間の子である義材に接近しようとした。同一四八七(長享元)年八月には、義視とともに美濃に下っていた義材が、富子の推挙により朝廷から従五位下・左馬頭を与えられている。

一四八九(長享三)年三月、六角《ろっかく》征伐のため近江鈎《おうみまがり》に出陣していた義尚が、二五歳の若さで病死する。富子は人目も憚らずに泣き叫んだという。義尚の後継者については、細川政元が父の敵である義視を警戒して清晃を支持したのに対し、富子と畠山政長は義材を推した。四月には義視・義材父子が美濃から上洛し、小川御所で富子と対面したが、義政が自ら執政すると言い出したため、義材の後継決定は見送られる。ところが、翌一四九〇(延徳《えんとく》二)年正月、ついに義政が亡くなり、富子も剃髪《ていはつ》した。これによって義材が後継候補となり、父義視が政務を代行し始める。同年四月、かつては義政や義尚も居住し、久しく富子の邸宅となっていた小川御所を、富子がもとの所有者である政元に返却しようとした。けれども、政元がこの申し出を断ったため、富子はなぜか清晃に小川御所を与えてしまう。これを快く思わない義視が小川御所を破壊したため、義視・義材父子と富子の間には確執が生じることとなった。気まずい雰囲気が漂うまま、七月には義材(後に義尹《よしただ》・義稙と改名)が十代将軍に就任すると、伊勢貞親の子貞宗がこれに抗議して隠居する。ところが、十月に母良子が、翌一四九一年正月に父義視が相次いで他界したため、義材は窮地に立たされていった。

さて、一四九〇年には畠山義就も没していたため、畠山政長は義就の子基家《もといえ》(後に義豊と改名)の征伐を義材に要請した。一四九三(明応《めいおう》二)年二月、義材・政長軍が河内に出陣して基家を攻撃し始めると、同年四月、京都で細川政元が突如挙兵し、清晃を十一代将軍に擁立してしまう(明応の政変)。清晃は義遐(後に義高・義澄と改名)と名乗った。閏四月に政長は自害し、義材は幽閉されたが六月には逃亡する。清晃擁立には政元だけでなく、伊勢貞宗の関与が疑われており、また、富子が政元支持に回ったことが、政変の成功に大きな影響を与えたと考えられている。

その後の富子は政治の表舞台から退くものの、一四九六(明応五)年五月に死去するまで、「御台」と尊称されている。富子は義政の正室となって以来四十余年にわたり、足利将軍家の枢要であり続けたのである。ところで晩年の富子が、日野氏の血を引く義材を見捨てて、縁戚関係のない清晃を支援した理由については、小川御所をめぐる問題以外まったく明らかではない。ただ、義材が日野氏の女性を妻に迎えていないのに対し、富子の死後ではあるものの、義高《よしたか》(清晃)は一五〇一(文亀《ぶんき》元)年に富子の姪を正室としている。彼女は足利将軍家に嫁いだ最後の日野氏出身者となる。

⦿参考文献

家永遵嗣「再論・軍記『応仁記』と応仁の乱」(学習院大学文学部史学科編『増補歴史遊学』、山川出版社、二〇一一年)
家永遵嗣「足利義視と文正元年の政変」(『学習院大学文学部研究年報』六一、二〇一四年)
石田晴男『戦争の日本史九　応仁・文明の乱』(吉川弘文館、二〇〇八年)
呉座勇一『応仁の乱—戦国時代を生んだ大乱』(中央公論新社、二〇一六年)
桜井英治『日本の歴史一二　室町人の精神』(講談社、二〇〇一年)
田端泰子『女人政治の中世—北条政子と日野富子』(講談社、一九九六年)
田端泰子『日本史リブレット人〇四〇　足利義政と日野富子—夫婦で担った室町将軍家』(山川出版社、二〇一一年)
永原慶二『日本の歴史一〇　下剋上の時代』(中央公論社、一九六五年)
山田康弘『足利義稙—戦国に生きた不屈の大将軍』(戎光祥出版、二〇一六年)

1537—97
室町幕府第15代将軍。1568年、織田信長に擁立されて、将軍職に就いた。やがて信長打倒を企てる。

天下人信長に〈悪公方〉の烙印を押された最後の室町将軍

足利義昭

…あしかがよしあき…

鍛代敏雄

高等学校の日本史教科書では、織田信長《おだのぶなが》の統一政権の節に義昭が登場する。一五六八(永禄十一《えいろく》)年、畿内《きない》を追われていた義昭(十三代将軍義輝《よしてる》の弟)を擁立《ようりつ》し入京した信長は、義昭を十五代室町《むろまち》将軍に就任させ、全国統一の第一歩を踏み出した。しかし一五七三(天正《てんしょう》元)年、将軍権力の復活を目指して敵対した義昭を京都から追放して室町幕府を滅ぼした、と書かれている。

義昭は、一五三七(天文《てんぶん》六)年十一月三日、十二代室町将軍足利義晴《よしはる》の次男として京都で生まれた。同世代の天下人をながめると、豊臣秀吉《とよとみひでよし》は同年生まれ、信長は三歳年長、徳川家康《とくがわいえやす》は五つ下である。なお宗教界の巨人、本願寺顕如《ほんがんじけんにょ》は六歳下になる。中世から近世への移行期、十六世紀における激動の大河に乗じた人物の一人だった。

さらに日本史の辞典類から、いま少し詳しく足利義昭の生涯を概観しておこう。

母は摂関家《せっかんけ》の近衛尚通《このえひさみち》の娘で、兄義輝(将軍在位一五四六〜六五)とは一歳違いの同母兄弟である。一五四二年十一月、近衛尚通の子稙家《たねいえ》の猶子となり、近衛家から興福寺別当《こうふくじべっとう》一乗院に入室して覚慶《かくけい》と号し、一五六二(永禄五)年一乗院門跡《もんぜき》となる。一五六五年五月十九日、三好《みよし》三人衆・松永久秀《まつながひさひで》らによって上京の将軍邸で兄義輝が暗殺され、自身は一乗院内に幽閉された。だが七月二八日に脱出、近江甲賀郡《おうみこうがぐん》の和田惟政《わだこれまさ》の居館に匿《かくま》われた。直後に幕府再興を上杉謙信《うえすぎけんしん》に表明し上洛を命じた。翌年二月還俗《げんぞく》して義秋《よしあき》を名乗る。一九六八年四月、朝倉義景《あさくらよしかげ》の一乗谷城《いちじょうだにじょう》において元服、義昭と改名した。同年七月岐阜《ぎふ》に赴き、九月信長に奉じられて上洛、十月十八日、十五代将軍に就任(在位一五六八〜七三)した。幕府奉公衆《ほうこうしゅう》や畿内の大名小名・国衆《くにしゅう》を配下に随え、次第に信長と対立、一五七二(元亀《げんき》三)年五月には武田信玄《たけだしんげん》と盟約を結び、七月謙信にたいし信玄との講和を促した。本願寺顕如・武田信玄・朝倉義景・浅井長政《あざいながまさ》らを鳩合《きゅうごう》し、信長包囲網を築いた。一五七三(天正元)年四月挙兵するも、いったん信長と講和、七月一日槇島城《まきのしまじょう》で再挙するが、十八日には降伏。三好義継《よしつぐ》の河内《かわち》国若江城《わかえじょう》から紀《き》伊《い》国由良《ゆら》を経て、一五七六年、毛利氏を頼って備後《びんご》国鞆浦《とものうら》に移った。その後も、毛利・上杉・本願寺などに働きかけて、幕府再興を図った。一五八二年六月の本能寺《ほんのうじ》の変後、秀吉は義昭の猶子と将軍職をのぞんだが、義昭は拒絶する。島津氏に秀吉との講和を奨勧する

❖足利将軍家略系図

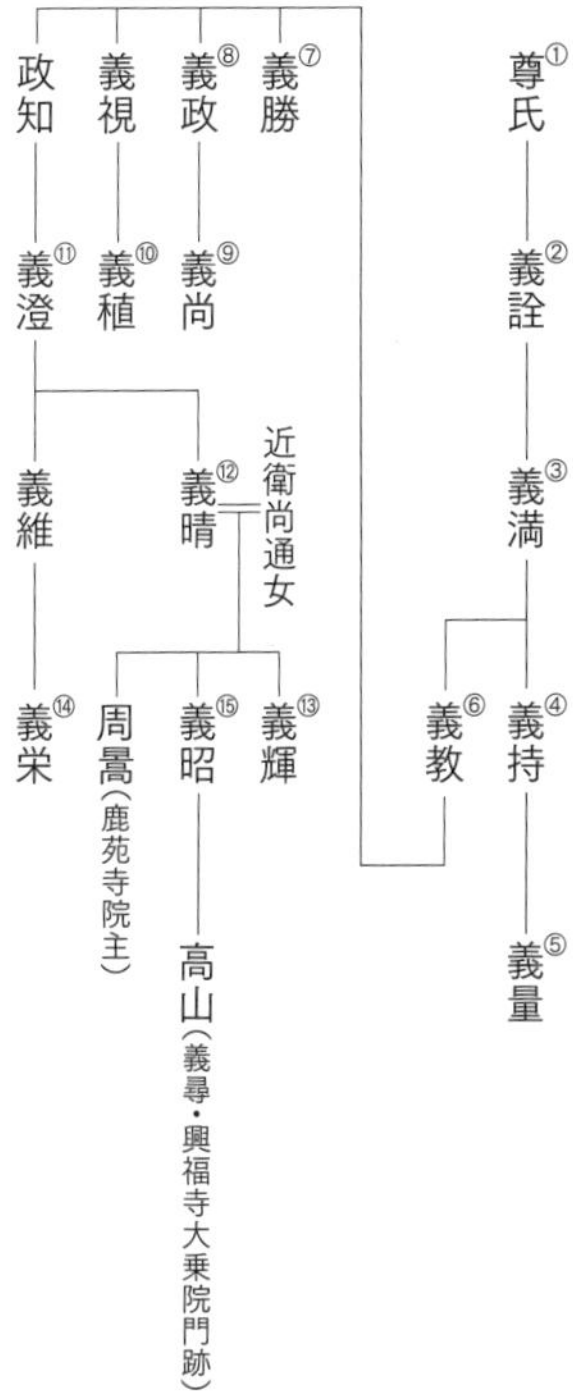

など、将軍のごとき和平工作をおこなう。一五八八年正月に帰京をはたし槙島に居住、出家して昌山道林と称した。将軍職を正式に退いてから、秀吉から一万石を給与され、朝鮮出兵では名護屋《なごや》城《じょう》まで従っている。一五九七(慶長《けいちょう》二)年八月二八日、大坂で没した。享年六一。なお翌年には秀吉が亡くなる。秀吉と同時代を生きた、最後の室町将軍だった。

将軍家再興

足利義昭が十五代将軍に就いた翌一五六九(永禄十二)年正月四日から五日にかけて、三好三人衆(長逸《ながやす》・宗渭《そうい》・石成友通《いわなりともみち》)が洛中に攻め込み、義昭を本圀寺《ほんこくじ》に包囲した。翌六日、三好義継・池田勝正・伊《い》丹忠親《たみただちか》らが救援して撃退、十日に岐阜から信長が駆けつけたが、すでに三人衆の軍勢は退却していた。信長上洛直後の正月十四日付けで、室町幕府殿中掟《でんちゅうおきて》が制定された(「仁和寺《にんなじ》文書」「毛利家文書」『織田信長文書の研究』一四二号)。信長が日下《にっか》に署判《しょはん》して定め、義昭が袖判《そではん》(花押《かおう》)を据えて承認したものである。十四日付けの本文は九ヶ条で、十六日付けの「追加」が七ヶ条ある。内容を要約し列挙しておこう(便宜、【A文書】と略記)。

〈本文〉

①義昭に日常的に奉公する連中(部屋衆《へやしゅう》・定詰《じょうづめ》衆・同朋《どうぼう》衆ら)は従来通りに仕える

②公家《くげ》衆・御供《おとも》衆・申次《もうしつぎ》は義昭の御用にしたがって参勤する

③番衆(宿直役《とのいやく》)は直に祗候《しこう》する

④奉公人が殿中の御縁に勝手に昇ることは番衆が阻止し、見逃したら落度となる
⑤訴訟について再度の提訴は停止する
⑥義昭は奉行衆の意見状の通り決裁する
⑦訴訟裁決の式日は従来通りとする
⑧当番の殿中申次役を差し置いて、ことある毎に別人が披露してはいけない
⑨門跡坊官や山門衆徒、医師や陰陽師《おんみょうじ》がみだりに祗候してはいけないが、ただし、足軽《あしがる》や猿楽《さるがく》は召されたら参勤してよい
〈追加〉
⑩寺社領や公家領の押領《おうりょう》(略奪)を停止
⑪訴訟について、提訴の代行請負《うけおい》は停止
⑫喧嘩《けんか》・口論、具足懸《ぐそくがけ》などの合力《ごうりき》は法度《はっと》に任せ成敗すること
⑬理不尽な課役の催促は停止
⑭直訴《じきそ》の停止
⑮訴訟は奉行人を通して行うこと
⑯現在所有されている土地については、契約証文を確認した上で、「下知《げち》」(保障の裁許)すること
主に〈本文〉は、将軍側近の出仕・参勤・祗候といった殿中の規約と、訴訟・裁判、裁許にかかわる条文にわけられる。また〈追加〉は、幕府再興の直後において、寺社や公家の荘園が武士に押領され

ていた現状を踏まえて、それを停止させ、裁判や課税にたいする幕府内の決まり事を再確認するものであった。従来、足利義昭の将軍権力をコントロールするために、信長が抑止力を発揮したといわれてきた。しかし内容を精緻《せいち》にみれば、実はそうではなく、殿中における将軍の作法と執務を改めて周知させるものであったと考えられる。この殿中掟が出された後、正月二七日から、信長は将軍義昭を庇護するために京都の二条に新しい邸宅（御所）の造営を開始する。義昭の公儀による幕府再興・天下静謐《せいひつ》を急いだ点は明白である。義昭本人も、将軍らしさをアピールすべく、二月七日、大友宗麟《おおともそうりん》にたいして、毛利元就《もうりもとなり》との講和を勧告している。大名間の和議工作は将軍の権能だった。信長を父と慕い、副将軍の就任をのぞんだ義昭と信長は、はじめは唇歯輔車《しんしほしゃ》の関係だったとおもわれる。

二頭対立

ところが、はやくも同年八月以降、信長の伊勢《いせ》国攻略をめぐって、義昭と対立する。十月十一日、信長は伊勢国司の北畠具教《きたばたけとものり》を降伏させ、京都に凱旋したが、すぐに岐阜《ぎふ》に帰国して公務を放擲《ほうてき》した。この暗雲の状況を晴らすために、一五七〇（永禄十三）年正月二三日付けで足利義昭・織田信長の間で条書（「石川武美記念図書館成簣堂文庫所蔵文書」『織田信長の古文書』三〇号）が策定された。日乗朝山《にちじょうちょうざん》と明智《あけち》光秀《みつひで》に宛て、信長の「天下布武」の朱印が捺された五ヶ条の袖に義昭が将軍としては稀有《けう》な「義昭宝」の黒印を据えたものである。内容を検証しよう（便宜、【B文書】と略記）。

①義昭が御内書《ごないしょ》（書状形式の将軍の公文書）を諸国へ出す場合は信長に内容を見せ、信長の副状《そえじょう》（御内書に添える側近の書状）を付すこと

②これまでの義昭の下知（裁許）は破棄し、思案の上、あらためて定めること

③公儀（幕府）への忠節奉公にたいする褒美《ほうび》・恩賞に関し、幕府に土地がなければ、信長の分国内の土地を、義昭の命で与えること

④天下（京都の執政）について、信長に委任されたからには、誰にたいしても信長の判断をもって成敗すること

⑤天下静謐のために、禁中《きんちゅう》（朝廷）への奉公を油断なく勤めること

先の殿中掟【A文書】とは異なる内容である。将軍義昭の公権を抑制することが目的だった。将軍の面目は残しながらも、信長の天下が宣告された密約だった。さらに同二三日付けで信長は、北畠具教・徳川家康・浅井長政・三好義継・松永久秀らの同盟大名をはじめ、傘下の畿内国衆、諸国の大名らにたいし、内裏修理と将軍奉公、天下静謐を大義とする二月中旬の上洛を催促した。

天下・公儀に従わない越前一乗谷《えちぜんいちじょうだに》の朝倉義景を討つために、四月二〇日信長は京都を発った。正親町《おおぎまち》天皇は、この兵革を理由に、同二三日、元亀《げんき》と改元した。元亀の争乱の幕開けだ。近江小谷《おうみおだに》城《じょう》の浅井長政と六角承禎《ろっかくじょうてい》が共同して反旗を翻した。六月、小谷城を攻撃、二八日の姉川《あねがわ》の合戦は周知の通りである。ところが、九月、大坂本願寺の顕如が三好三人衆と結んで挙兵、呼応した浅井・朝倉軍も近江坂本に陣幕を張った。八月三〇日三人衆への将軍親征のため、大坂本願寺対岸の摂津《せっつ》

中島《なかじま》に本陣をおいていた義昭は、信長とともに急いで帰洛した。結局十二月にいたって、正親町天皇の叡慮《えいりょ》と義昭の仲介により、信長と義景の和議が成立、危局を凌《しの》いだ信長は岐阜に帰国する。

翌一五七一(元亀二)年、義昭は密かに信長包囲網を形成すべく、朝倉・浅井・六角・三好三人衆・甲斐武田・本願寺と通じた。信長の戦闘は、主に近江浅井方と伊勢長島一向一揆《いっこういっき》に向いた。信長軍は五月に伊勢で敗北するが、九月十二日には浅井方に味方した延暦寺《えんりゃくじ》を焼き討ちし、鬱憤《うっぷん》をはらした。

義昭弾劾状

一五七二(元亀三)年、義昭と信長は隔絶した。義昭は本願寺顕如と連携して、諸大名と内通、東国では武田信玄の軍事行動を誘導し、信長包囲陣を狭めていった。八月、義昭は信玄に命じて、信長と本願寺との講和調停に成功、信長の軍事行動を牽制した。信長は、信玄の上洛を待つ義昭にたいし、翌一五七三年正月、異見書(『尋憲記《じんけんき》』元亀四年二月二二日条『織田信長の古文書四二号、従来は元亀三年九月説、近年の元亀四年正月説に従う)を発した。義昭を叱責《しっせき》・糾弾するための十七ヶ条にもおよぶ弾劾状だ(便宜、【C文書】と略記)。百姓にいたるまで「あ(悪)しき御所」(悪公方《あくくぼう》)と呼ばれていると、義昭の悪事をあげつらった。以前の条目と関連づけて意訳しながら整理しておこう。

①朝廷のことを忘却し、大切にしていない(【B文書】⑤)

②信長の副状も得ず、諸国へ馬などを所望し内密に御用を仰せ付けて「外聞」(面目)を失った(【B文書】①)

③諸大名の奉公について忠節も考慮せず御恩《ごおん》の褒賞に公平性を欠いた(【B文書】③)

④御物（所蔵品）を隠匿《いんとく》しているとの世間の噂があり、また御所を移す準備をしているようだが、新御所の造営は信長の徒労となること
⑤賀茂社《かもしゃ》領の係争について、神社の土地を「勘落《かんらく》」（没収）するようなことがあってはならない（【A文書】追加⑩）
⑥信長の親しき者どもを「疎略《そりゃく》」（ぞんざいな扱い）にしたこと
⑦公儀奉公にたいする扶持《ふち》の仲介を拒絶し、信長が「面目」を失ったこと（【B文書】③）
⑧幕府御料所の代官職をめぐる訴訟に関し、信長の取次を考慮しなかったこと
⑨喧嘩で殺害された武士の女房が預けた家財・質物類を没収したことから、世上で将軍の「欲得」といわれていること（【A文書】追加⑫）
⑩不吉な元亀年号の改元について、朝廷に経費を献上せず申請もしなかった点は、天下（禁中）のためにならない（【B文書】⑤）
⑪勘気の公家にたいし、信長の赦免要求を拒否しながら礼金をとって出仕を許した点は、信長の「外聞笑止」（恥辱）である
⑫他国から献上の金銀（「礼金」）を公金とせず隠匿したこと
⑬買物の支払いのための土地（地子銭《じしせん》の課税地）を押領したこと
⑭御蔵米の売却で公方自らが商売して「外聞」を失ったこと
⑮宿直《とのい》の若衆の扶持加増をめぐって、代官職や不法な課税で「天下の褒貶《ほうへん》」（京都の評判）の悪さは論

外である（【A文書】追加⑬）

⑯「上様」（義昭）が金銀を蓄財し、御所を脱出し、京都を捨てると見られていること

⑰我欲にふけって「理非」（道理）も「外聞」も無視しているとの風評、下層の土民・百姓にいたるまで「悪しき御所」（悪公方）との陰口がある点を自省すべきである。

「公方様へ信長より条々」ではじまるこの弾劾状（【C文書】）は、一五七〇年の【B文書】が密約の条規だった点と大きく異なり、巷間《こうかん》に流布され、信長の天下が広く世上に喧伝された異見書だった。なかには細々としたクレームもあるけれども、これ以前に義昭と信長のあいだで契約した規定にたいする違反が列挙された。たとえば、【C文書】の②や⑫については、毛利輝元に与えた官途《かんと》に関し、一五七〇（永禄十三）年の「右衛門督《うえもんのかみ》」の際には、義昭の御内書と信長の副状が出された。けれどもその後の毛利家中への官途授与に信長がかかわっていなかった点が明らかになった。このような任官叙位には礼金が上納されることが恒例であった。信長の叱責へのこだわりは、「外聞」の多用に見て取れる。すなわち将軍としての資質、振舞《ふるまい》の無礼、不作法をしつこく諫言している。将軍失格の烙印《らくいん》を押したようなものだ。

一五七三（元亀四年七月二八日、天正に改元）年三月、義昭は浅井・朝倉・武田に親書を送り、信長に抗した。御所の二条城の堀を掘るために人夫を徴発、兵粮・弾薬を集めて防禦を固めた。本願寺顕如に挙兵を命じ、一向一揆の蜂起を促した。また義昭は三好義継・松永久秀と同盟を結び、三月七日、信長と断交した。岐阜城の信長は、義昭の籠城の覚悟を知って講和を求めて上洛、四月三日から翌

日にかけて上京の焼き討ちを決行、二条城を攻め囲んだ。同七日、ようやく義昭も承諾して無条件の和議が成立した。二七日付けで、幕府方に提出された柴田勝家《しばたかついえ》・佐久間信盛《さくまのぶもり》ら信長宿老《しゅくろう》の起請《きしょう》文《もん》には公儀・信長間の和平と書かれ、翌日の義昭側近衆の起請文には「信長に対し逆心」なし、と見える。

しかしながら、七月三日、二条城を近臣の伊勢貞興《いせさだおき》・三淵藤英《みつぶちふじひで》に守備させ、義昭は宇治《うじ》の槙島城に四千余の兵力で立て籠った。信長は十三日付けで毛利輝元《てるもと》に書状を遣わした。信玄の病死、朝倉・三好両氏の弱体に触れ、義昭が「天下」を捨て置いたので、上洛して将軍家のことを議定している、とある。同十六日から槙島城を攻撃、十八日、義昭は二歳の若君(のち興福寺大乗院門跡義尋《ぎじん》)を人質に差し出して退去し河内若江城に移った。七月十九日に将軍職を退いた。ここに二三五年も続いた足利将軍家の幕府は滅亡したのである。

それでもなお、毛利輝元・小早川隆景《こばやかわたかかげ》・吉川元春《きっかわもとはる》に援軍を求め、幕府再興を図った。義昭の帰京をめぐる信長方と輝元方との交渉は決裂、十一月五日、義昭は堺に移動し、同九日には紀伊国由良の興国寺に逗留した。さらに一五七六(天正四)年二月八日、由良から備後国鞆《とも》に移った。なお本能寺の変で信長が横死《おうし》すると、「天命のがれがたく自滅」と、鹿児島の島津義久《しまづよしひさ》に語り、上洛の支援を頼んでいる。義昭が帰京を果たすのは一五八七(天正十五)年七月、天下は太閤《たいこう》秀吉の掌中にあった。

である。

将軍義昭の虚と実

義昭は信長の傀儡《かいらい》である、とながらく見なされてきた。一般によく知られた通説だ。義昭を奉じて上洛した信長がはじめから実権を掌握し、先に紹介した一五六九年の【A文書】によって義昭の手足を縛った。だから傀儡将軍に過ぎず、幕府の再興も形式的なものだったと説明されていたのである。

ところが、近年この考え方に修正が迫られている。すでに述べた通り、【B文書】の①にたいする【C文書】の②の諫言のように、信長の副状を添付することなく、幕府内で独自に意思決定がなされ、上杉・武田間、毛利・大友間の和平工作や、官位授与といった将軍権威を発揮したのである。義昭政権の存在意義があらためて評価されている。

将軍に就いた義昭は、信長を「御父」と呼び、副将軍や管領斯波氏《かんれいしばし》の家督、桐紋《きりもん》の下賜などの褒賞《ほうしょう》をおこなった。信長も、二条御所を新造して、将軍義昭を守護した。しかし、上洛の翌年十月に、両者は突然不和となった。伊勢国司北畠氏との和議と継嗣問題が原因のようだ。その翌一五七〇年に【B文書】の内規が密約された。①の副状に加えて、②では義昭の裁許が無効にされてしまった。さらに④で、義昭は信長に天下・公儀の全権を委任したと見なされる。たしかに【B文書】によって、信長の天下静謐の成敗権が誓約されたことは疑いない。だが、それでもなお在京する将軍義昭にたいして、信長朱印状による文書発給から見て、幕府の奉行人奉書を補完しながら、信長は管領・副将軍の立場を思慮した上で執政した、と指摘されている。将軍権威をまったく排除したところの、独立した織田政権を構築していたわけではなかったのである。義昭は信長からの申請を受けて審議し奉行人奉書を発給し、信長は義昭の下知にしたがって文書を出していた。戦国期の将軍と大内義興《よしおき》や六角定頼《さだより》の執政とよく似た、相互補完かつ協調的な二重政権説が有力視されている。

義昭は将軍権威をもって大名間の和平調停交渉をおこないながら、次第に反信長包囲網を構築していった。いわば〈主君押込〉の状況に追い込まれてもなお、将軍の矜持《きょうじ》を忘れることはなかった。殺害された十三代将軍、実兄の義輝と同じように、将軍親政を理想としていたに違いない。備後に移っても上洛に固執し、幕府再興を誓って渉外し続けた執念は尋常でない。決して萎縮しない、強靱な〈将軍心性〉をうかがい知ることができるのである。

⦿主要参考文献

奥野高広『足利義昭』(「人物叢書55」吉川弘文館、一九六〇年)
同『織田信長文書の研究』(吉川弘文館、一九六九年)
藤木久志編『織田政権の研究』(「戦国大名論集17」吉川弘文館、一九八五年)
神田千里『織田信長』(ちくま新書、二〇一四年)
久野雅司編著『足利義昭』(「シリーズ・室町幕府の研究2」戎光祥出版、二〇一五年)
山本博文・堀新・曽根勇二編『織田信長の古文書』(柏書房、二〇一六年)

1398–1439
室町時代の鎌倉公方。関東に勢力をはり、幕府と対抗した。1438年の永享の乱で関東管領と幕府軍に敗れた。

室町幕府を挑発した野心の鎌倉公方

足利持氏

…あしかがもちうじ…

渡邊大門

足利持氏の人物像

足利持氏といえば、後述する永享《えいきょう》の乱の張本人として著名な人物である。並々ならぬ室町幕府への対抗心を露《あら》わにし、その「野心」こそが悪として捉えられてきた。もう少し詳しく、持氏の経歴をたどってみよう。

一三九八（応永五）年、足利持氏は満兼《みつかね》の子として誕生した。幼名は幸王丸《こうおうまる》。一四〇九（応永十六）年七月に父の満兼が亡くなったため、同年九月に後継者として家督を継いだ。まだ十二歳という幼い当主の誕生だった。同年十二月に元服して「持氏」と名乗るが、これは将軍・足利義持の偏諱《へんき》を与えられたものである。

一四一三（応永十九）年三月、十五歳になった持氏は判始《はんはじめ》（はじめて花押《かおう》を定める儀式）を行う。持氏は花押を持つことにより、鎌倉公方《かまくらくぼう》として

❖鎌倉公方家略系図

- 尊氏
  - 義詮
  - 基氏（鎌倉公方）
    - 氏満
      - 満兼
        - 持氏
          - 義久
          - 春王丸
          - 安王丸
          - 成氏（古河公方）
      - 満直（篠川公方）
      - 満隆
      - 満貞（稲村公方）

正式に認められた。ところが、持氏の前途には、苦難が待ち受けていたのである。

持氏が後継者となった翌一四一〇(応永十七)年九月には、山内家の上杉憲定《うえすぎのりさだ》が関東管領《かんれい》を務めていた。翌年一月になると憲定は職を辞任し(『鎌倉大日記』)、一四一三年の十二月に亡くなった。後継者となったのが、犬懸家《いぬがけけ》の上杉氏憲《うじのり》(禅秀《ぜんしゅう》。以下、禅秀で統一)である。一四一〇年十月の時点で、禅秀が関東管領職に就いていた史料を確認できる(「鎌倉市立図書館所蔵文書」)。

禅秀の生年は不明であるが、おおむね四〇代であったと考えられている。持氏よりも二〇歳以上年長の禅秀が関東管領になったことは、ある意味で不幸であった。のちに二人は対決姿勢を強め、ついに激突する。それどころか、持氏は室町幕府をたびたび挑発し、ついに交戦に及ぶ。その過程にはいかなる事情があったのだろうか。

上杉禅秀の乱への道

一四一三(応永二〇)年、陸奥《むつ》国の二階堂氏《にかいどうし》から鎌倉府に報告があり、伊達持宗《だてもちむね》が大仏城《だいぶつじょう》(福島市)に拠《よ》り反乱を起こしたことが判明した。持氏は畠山国詮《はたけやまくにあき》を大将として、持宗の討伐を命じた。結果、同年十二月に持宗は万策が尽き、持氏の前に屈した。

陸奥と出羽《でわ》は関東分国であったが、応永年間の初期の頃には、満直《みつなお》・満貞《みつさだ》(持氏の叔父)が代官として篠川《ささがわ》(福島県郡山市)と稲村《いなむら》(福島県須賀川《すかがわ》市)に派遣されていた。にもかかわらず、この二人が鎮圧に動いた形跡はない。また、結城白河氏《ゆうきしらかわし》にも出陣を命じたのであるが、参戦しなかった。

これは持氏の影響力の低下を示しているのかもしれないが、以降、徐々に持氏は関東管領の上杉禅秀と対立するようになる。

一四一五年(応永二二)年四月、持氏は鎌倉府の評定《ひょうじょう》の場において、常陸《ひたち》国の住人である越幡六郎《おばた》が病気を理由に出仕を怠ったため、所領を没収したうえで追放した。ところが、越幡六郎は禅秀の家人《けにん》であり、のちにそのことが問題となった。禅秀は処分の撤回を要請するが、それは受け入れられなかった。

立腹した禅秀は同年五月に関東管領職を辞任し、持氏もそれを認めた。『喜連川判鑑《きれつがわはんかがみ》』によると、越幡六郎には誰かの讒言《ざんげん》があったとされており、持氏があえて禅秀を挑発したのではないかとの意見もある。代わりに関東管領職に就いたのは、禅秀と対立関係にある山内家の憲基《のりもと》であった。

禅秀の決起

上杉禅秀の乱が勃発したのは、一四一三(応永二三)年十月二日の夜のことである。乱が起こった理由については、『鎌倉大草紙』に次のように書かれている。

持氏は政道《せいどう》(国を治めること。政治のやり方)が悪いがゆえ、人々の心が離れていた。禅秀はたびたび忠言したが、それは受け入れられなかった。禅秀は、やがて謀反人があらわれることを危惧した。そこで、禅秀は満隆《みつたか》(持氏の叔父)を擁立《ようりつ》し、持氏の「不義の御政道」を正すべく、諸氏に決起することを呼び掛けたのである。

禅秀の言い分に拠《よ》れば、足利家以外の者に主導権を握られるより、足利家の一族が取って代わるほうがよいと考えたという。満隆は野心家と言われており、持氏の異母弟・持仲《もちなか》とともに決起を決意した。決起には四代将軍・足利義持の異母弟・義嗣《よしつぐ》も加わっていた。義嗣は義持とそりが合わず、禅秀らと結託し、将軍職を狙ったのだ。

同年八月以降、禅秀は病気と称して出仕しなくなった。その後、禅秀の書状とともに満隆の決起を促す回文《かいぶん》が諸氏のもとに送られた。結果、禅秀のもとには、下総《しもうさ》の千葉《ちば》兼胤《かねたね》、上野《こうずけ》の岩松《いわまつ》満純《みつずみ》、下野《しもつけ》の那須《なす》資之《すけゆき》、宇都宮《うつのみや》持綱《もちつな》、常陸の佐竹《さたけ》(山入)与義《ともよし》、小田《おだ》治朝《はるとも》、大掾《だいじょう》満幹《みつもと》、陸奥の篠川御所の足利満直、白河満朝《みつとも》らが呼び掛けに応じ、そのほか多くの武将たちが同心したという。

満直は禅秀に加担したが、稲村御所の満貞は距離を置いた。のちに満貞は、持氏に従って行動することになる。

一四二三(応永二三)年十月二日の夜、足利満隆と持仲が鎌倉の保寿院《ほうじゅいん》で挙兵し、禅秀が持氏の御所を襲撃した。持氏は酒に酔っており、近臣が禅秀の謀反を告げても信じられない様子だった。とにかく持氏は御所を脱出し、関東管領・上杉憲基《のりもと》のいる佐介《さすけ》(鎌倉市)へと逃れた。一方の憲基も禅秀が謀反したことを知っており、持氏を迎え入れた。

同年十月六日、禅秀方の軍勢は持氏方の上杉氏方を討ち破り、佐介へと乱入し国清寺《こくしょうじ》に放火した。

国清寺の火は憲基邸へと燃え移り、憲基は持氏とともに西を目指している。そして、小田原を経て駿河《するが》の大森館(静岡県裾野市《すそのし》)へ入り、のちに同じく瀬名へ移り、今川氏の庇護を受けることになった。一方の禅秀と満隆は鎌倉を支配下に収め、満隆は自ら公方と称したのである。なお、憲基は途中で持氏とはぐれ、越後《えちご》に落ち延びていた。

持氏の反撃

駿河に落ち着いた持氏はどうなったのか。同年十月二九日、幕府は駿河守護の今川氏、越後守護の上杉氏に対して、持氏を支援するように要請した。その理由は、持氏の烏帽子親《えぼしおや》が義持であったからだという(『看聞日記《かんもんにっき》』)。幕府の意をうけて、今川範政《のりまさ》は持氏に与《くみ》するよう諸将に伝え、謀反に同心した者は、所領を没収すると通達した。

同年十二月二三日、持氏は範政とともに駿河を発つと、翌年には小田原の戦いで勝利を得て、さらに相模国へと入った。この一報を受けた禅秀方の武将は寝返り、次々と持氏のもとに走った。

一四一七(応永二四)年一月十日、追い詰められた禅秀、満隆、持仲は雪下御坊《ゆきのしたごぼう》で揃って自害して果てた。同年四月二八日、持氏は修築された大蔵の御所に入った。禅秀に与した義嗣は、京都の神護寺《じんごじ》で捕縛され、一四一八(応永二五)年一月二四日に殺害されたのである。

禅秀の反乱について、幕府はどう思っていたのだろうか。実は、禅秀の子息・憲顕《のりあき》は禅秀軍から離れ、京都に逃れていた。それどころか、のちに幕府から扶持《ふち》を受けている。幕府による乱の対応もやや遅かった。

以上の幕府の対応については、次のような意見がある（田辺：二〇〇二）。

幕府は鎌倉府内の抗争が、反幕府の行動をとる鎌倉府の力を削ぐと静観していた。ところが時間の経過とともに、、反乱者が鎌倉を支配したままではまずいと考えるようになった。そこで、幕府は関東武士らに持氏に寝返るように勧め、禅秀らに反乱者を押し付け、事態の終結を図ろうとした。憲顕が京都へと逃れ、扶持を与えられたのは、その代償であったという。


このように見ると、戦いそのものが幕府によるシナリオどおりであったかのような印象を受ける。いずれにしても、『鎌倉大草紙』に描かれた持氏の評価はいささか悪辣《あくらつ》すぎるようで、少し割り引いて考える必要があろう。

上杉憲実の登場

❖上杉氏関係図

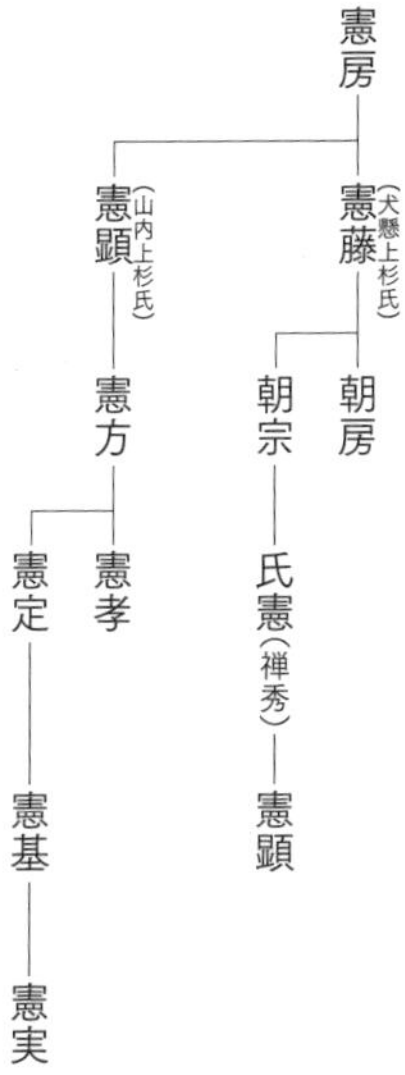

上杉禅秀の乱後、持氏に近侍して貢献した憲基は、持氏から伊豆・上野両国の闕所《けっしょ》分の支配を認められた。持氏にとって、憲基の存在は重要だったのだろう。しかし、一四一八（応永二五）年一月四日、憲基は二七歳の若さで亡くなってしまう。その跡を継ぎ、関東管領職に就いたのが養子の憲《のり》

実《ざね》である。では、憲実とは、いかなる人物なのか。

憲実の生年は明らかではなく、没年月日についても諸説ある。憲実の父は房方《ふさかた》であり、越後国で三男として誕生した。幼名は孔雀丸《くじゃくまる》。一四六六(文正《ぶんしょう》元)年に五七歳で亡くなったこと(『大内氏実録』)、一四二四(応永三一)年に判始を行ったことを考慮すると(『鎌倉大日記』)、一四一〇(応永十七)年誕生説が有力視されている。

一四一八年に憲基が亡くなると、憲実はその猶子となった。翌年、憲実は伊豆・上野領国の守護職を与えられ、ほぼ同じ頃に関東管領職に就いたのではないかと指摘されている。当時、憲実はまだ十歳であった。実際に史料上で関東管領職に就いたのは、翌年に確認することができる(「鹿王院《ろくおういん》文書」)。

当時、持氏は憲実より一回り年齢的に年長であり、独裁的な政治を行った。おまけに幼い憲実は花押すら持たず、軍忠状に署判《しょはん》を加えることができなかった。先述のとおり、憲実が花押を持ったのは、判始を行った一四二四(応永三一)年のことである。

持氏と京都扶持衆

上杉禅秀の乱の傷跡は大きく、持氏は反抗した態度をとる東国の諸勢力への対応を迫られていた。一四二三(応永三〇)年以降、室町幕府の扶持《ふち》を受ける東国の諸勢力は京都扶持衆と呼ばれるようになった。そのうち宇都宮、佐竹(山入)、常陸大掾、小栗《おぐり》、真壁、那須、結城白河、桃井《ももい》の各氏などは、上杉禅秀の乱で反持氏の対応をした面々だった。

一四一八(応永二五)年五月、桃井、小栗両氏の陰謀が発覚し、四年後には宇都宮氏が加わって謀反を起こした。鎌倉府は軍勢を繰り出したが、討伐には至らなかった。同年閏十月、佐竹(山入)氏が鎌倉府の軍勢に敗れ自害すると、翌年五月に持氏は自ら軍勢を率い、小栗、宇都宮、桃井氏らを討伐した。

このように持氏は反対勢力を次々と粛清したのであるが、義持は黙っていなかった。義持は今川氏に持氏の討伐を命じたが、一四二三(応永三〇)年十一月に持氏が使者を上洛させ、義持に謝罪したので、翌年二月に両者は和解しことなきを得た。しかし、義持が亡くなり、義教が後継者となると、再び鎌倉府と室町幕府の関係は悪化する。

義教の将軍職就任

一四二八(応永三五)年一月、病により義持が亡くなった。しかし、義持は後継者を定めなかったため、籤《くじ》により新将軍が選出された。その新将軍が義宣《よしのぶ》(義教《よしのり》。以下、義教で統一)である。『喜連川判鑑』によると、義持は持氏を猶子とすることを約束したというが、これは退けられたといわれている。

一四二八(正長《しょうちょう》元)年五月、持氏が上洛するとの風聞が流れた。憲実はこれを諫止《かんし》しようとして、上野の新田氏が鎌倉に攻め込むと嘘を言った。持氏は上洛を取りやめたが、これが憲実との確執の遠因となった。両者の幕府に対する考え方には、大きな隔たりがあったようである。

翌年三月、鎌倉府は京都に使者を遣わし、義教の将軍職就任を祝おうとした。しかし、義教が将軍宣下《せんげ》を受けてから半年も過ぎており、披露は叶わなかった。同じ頃、陸奥国の足利満直が鎌倉府を打倒したいと幕府に申請してきた。重臣らの意見は二つに割れたが、義教はこれを認めると回答した(『満済准后日記《まんさいじゅんごうにっき》』)。鎌倉府と幕府との関係がよくないのは明らかであった(結局、満直は出陣せず)。

一四二九(正長二)年に改元が行われ永享《えいきょう》に改められたが、持氏は相変わらず正長を使い続けた。これはまさしく幕府への反抗の証であった。持氏が永享年号を用いたのは、永享三年からであった。この間、憲実は新年号を使わなかった謝罪として二階堂盛秀《にかいどうもりひで》を幕府に派遣したが、義教は満直への配慮もあって面会に至らなかった。その後、周囲の重臣らの説得により、ようやく面会に応じたのである。

持氏の不穏な動き

以後も持氏の不穏な動きは続く。永享四年、義教は富士を遊覧したいとの意向を示したが、憲実は来年以降の延期を進言した。理由は義教が関東に攻め込むとの噂が広まっており、万が一の事態になることを恐れたからであった。結局、同年九月に義教は富士遊覧を決行し、何事もなく京に戻った。

一四三四(永享六)年三月、持氏は鶴岡八幡宮《つるおかはちまんぐう》に願文《がんもん》を奉納した(「鶴岡八幡宮文書」)。内容は関東における重責を担うため、武運長久などを願うオーソドックスなものであるが、文面には「呪咀《じゅそ》の怨敵《おんてき》を未兆にはらい」という文言が含まれている。この「呪咀の怨敵」こそが義教であり、持氏が打倒幕府を願っていた証左とされている。

実は持氏は延暦寺と通じて、義教を呪咀していたという、おまけに持氏は延暦寺から上洛を勧められていた。同年十月、今川氏から幕府に対して、持氏に野心がある旨が報告された。以降、持氏は与党を形成するため、各地の国衆らを味方に引き入れようとするが、ことは幕府に知られており不首尾に終わった。一方、憲実は幕府との関係改善に腐心したため、かえって持氏との関係が徐々に悪化するのである。

一四三六(永享八)年、信濃《しなの》の村上頼清《よりきよ》は守護の小笠原氏と領土問題で対立し、持氏に出兵の要請を行った。信濃は幕府の管轄下にあり、小笠原氏は幕府と近しい関係にあった。そこで、頼清は小笠原氏に対抗すべく、持氏を頼ったのであるが、憲実は「京都(=幕府)への不義」であると持氏を諫めた。結果、持氏は憲実の諫言《かんげん》を無視したので、憲実は自軍を率いて鎌倉府の軍勢の信濃侵攻を食い止めた。

翌一四三七(永享九)年四月、再び持氏は信濃に侵攻しようとしたが、これは憲実を討伐するものとの噂が流れた。これにより憲実のもとには、恩顧の武将たちが馳せ参じ、持氏と一触即発の事態となった。同年六月、持氏は憲実と話の場を作り、二ヵ月後に憲実が関東管領の座に留まることで表面的に関係を繕《つくろ》った。

この間、憲実は子息を領国の上野へと逃がしているので、実際は関係改善はならなかったとみるべきであろう。また、信濃では小笠原氏が村上氏に勝利を得、幕府は憲実の存在を高く評価するに至った。結果、持氏と憲実の距離はさらに離れたのである。

永享の乱はじまる

一四三八(永享十)年六月、持氏の嫡男・賢王丸《けんおうまる》の元服が鶴岡八幡宮で執り行われ、「義久《よしひさ》」と名乗らせた。これまでの例でいうと、将軍家から「義」の字以外を与えられて名乗るのが通例であったが(今回のケースなら「教」)、持氏はそれを破ったのである。例のごとく、憲実の諫言に耳を貸さなかった。おまけに将軍家が名乗る「義」の字を用いることにより、将軍職を狙っているとの印象を与えたのである。

一方の義教も、なかなかの策略家である。義教は憲実を利用し、同時に陸奥の満直を支持することにより、持氏を討伐しようとした。こうして永享の乱がはじまる。

同年八月、持氏が憲実を討伐するとの噂が流れ、憲実は領国の上野を目指して落ち延びた。ただし、持氏への反撃は自制していた。事態を予測した幕府は、同年七月にすでに諸将に憲実に味方するよう命じ、翌八月には上杉教朝《のりとも》を大将にして持氏討伐軍を派遣した。その際、花園《はなぞの》天皇は持氏の討伐を正当化する綸旨《りんじ》と錦《にしき》の御旗《みはた》を幕府に与えた。錦の御旗は、幕府方に与した満直が賜った。

その後、上野国内では憲実と持氏方の一色《いっしき》軍が交戦し、相模《さがみ》国内では持氏と幕府軍が激しく戦った。しかし、持氏方からは離反する武将が続出し、劣勢に追い込まれた一色軍は相模の持氏軍と合流する。憲実と幕府が優位に立ったのだ。

同年十月になると、鎌倉の留守を預かっていた三浦氏が、突如として持氏から離反した。十一月には三浦氏が鎌倉に放火し、持氏の嫡子・義久は報国寺に逃げ込んだ。三浦氏は持氏の命により、先例にならって鎌倉を警護したが、それ以前に相模守護を更迭され、一色氏が相模守護に就任したことを快く思っていなかった。こうして持氏はごくわずかな近臣らを除くと、多くは憲実や幕府に寝返ったので、窮地に陥ったのである。

持氏の最期

敗色濃くなった持氏は鎌倉の浄智寺《じょうちじ》に入り、その後、永安寺《えいあんじ》へと移った。同年十一月四日に武蔵の称名寺《しょうみょうじ》に入ると、出家して道継《どうけい》と号し、再び永安寺に戻った。その間、称名寺では持氏に従った近臣たちが切腹を命じられた。

同年十一月二七日、持氏は常陸《ひたち》の鹿島実幹《かしまさねもと》に宛てて感状を送った(「常陸遺文《いぶん》」)。内容は、憲実の謀反により、思いがけず幕府と対立することになり、味方までもが離反したのは諦めきれないとある。おそらく幕府や憲実からすれば、謀反を起こしたのは持氏の方であると言いたくなったに違いない。これが、持氏の最後の書状である。

憲実は幕府から、持氏を自害させるようたびたび要請を受けていた。しかし、憲実はこれまで持氏と確執があったが、あえて赦免《しゃめん》を乞うたという(『看聞日記』)。憲実の懇願は、幕府が以後の災いとなるとのことで却下された。それどころか翌一四三九(永享十一)年閏一月、義教は憲実の行動に不信感を抱いたので使者を派遣した。同時に信濃の小笠原政康《まさやす》に出陣を要請し、永安寺と報国寺を攻撃するよう命じた。両寺には、それぞれ持氏と義久がいた。

同年二月十日、義教の強い叱責を受けた憲実は、自ら兵を率いて永安寺に攻め込んだ。持氏は自らの手で子息と娘を殺し、その後自ら寺を放火し自害したという。持氏の妻も焼死した。また、近臣と叔父の稲村御所の満貞も自害して果てた。同年二月二八日、持氏の嫡男・義久は報国寺で切腹した。

こうして永享の乱は終結し、義教は関東支配を展開する。なお、憲実は持氏を死に追いやったことを後悔し、同年末頃までに出家して伊豆の国清寺に入った。一四四〇(永享十二)年には持氏の残党がその遺児である春王丸《はるおうまる》・安王丸《あんおうまる》を擁立して挙兵するが、一四四一(嘉吉《かきつ》元)年に敗北する(結城合戦《ゆうきがっせん》)。

持氏の悪とは

持氏の場合は、いささか事情が複雑である。鎌倉府は関東の押さえとして室町幕府が置いたものである。やがて両者は対立的な構図を持つようになり、しかも稲村御所、篠川御所といった東北の出先機関でさえも、敵意を見せるようになった。関東の諸勢力は、必ずしも鎌倉府に従順であるとは言えず、それは関東管領でさえも同じだった。

こうした政治的な状況下において、持氏は野心を剥き出しにして幕府に対抗するが、それを押さえようとしたのが関東管領の上杉憲実であった。持氏は鎌倉府の絶対的権力を確立するため、幕府に挑戦的な態度を取り続けたが、結局は失敗に終わった。
持氏の行動は「悪」と考えるべきか難しいところであるが、特に義教という個性の強い権力者を相手にして戦うことは、自らの身を守るために必要な方策だったのかもしれない。しかし、最後に裏切りに遭ったのは、不本意だったのかもしれない。

◉主要参考文献

田辺久子『関東公方足利氏四代　基氏・氏満・満兼・持氏』（吉川弘文館、二〇〇二年）
山田邦明『敗者の日本史8　享徳の乱と太田道灌』（吉川弘文館、二〇一四年）
小国浩久『動乱の東国史5　鎌倉府と室町幕府』（吉川弘文館、二〇一三年）

1432–1519
室町幕府政所執事伊勢氏の一族で、伊豆を手中に収め、のち相模にも領土を広げた戦国大名。

本当に悪辣な謀将だったのか

伊勢宗瑞

…いせそうずい…

渡邊大門

人物像

伊勢宗瑞とは、かつて「北条早雲《ほうじょうそううん》」と称された人物である。従前、早雲は一介の素浪人から大名にまでのし上がったとされ、その出自《しゅつじ》についても、山城《やましろ》（京都府）、大和《やまと》（奈良県）、備中《びっちゅう》（岡山県）といった諸説が提示されてきた。いわば謎の人物である。

最近の研究によると、出自について新しい見解が提示され、早雲は室町幕府の政所執事《まんどころしつじ》を務める伊勢氏の一族であることが明らかにされた。早雲は備中国荏原荘《えばらのしょう》（岡山県井原市）に本拠を置く伊勢盛定《もりさだ》の次男で、もとの名を盛時《もりとき》という。出家して宗瑞と名乗った。実は、早雲自身が「北条早雲」と名乗ったことはなく、それは軍記物語などの俗称に過ぎない。以下、本稿では北条早雲でなく、正しいとされる伊勢宗瑞を用いることとしたい。

宗瑞の名前や出自については明らかにされたが、残念なことに誕生年は未だに確定していない。長らく一四三二（永享《えいきょう》四）年説が支持されてきたが、最近では一四五六（康正《こうしょう》二）年説が有力視されている。ただ、いずれの説を採るにしても、年代的な矛盾が指摘されているので、定説に至っていないのが実情だ。

　とはいえ、関東に縁もゆかりもない宗瑞が、疾風怒濤《しっぷうどとう》のごとく伊豆《いず》、相模《さがみ》を支配下に収めたのは事実である。検地《けんち》の実施や「早雲寺殿廿一箇条《にじゅういっかじょう》」を定めるなど、戦国大名の先駆的な存在として高く評価されている。一方、戦国大名の例に漏れず、宗瑞は謀略により上位権力（堀越公方《ほりこしくぼう》・足利茶々丸《あしかがちゃちゃまる》など）を排除するなど、「悪」と評価される一面も見ることができる。

　本稿では、主に一四九三（明応《めいおう》二）年に足利茶々丸を襲撃した事件、一四九五（明応四）年に大森定頼《さだより》（藤頼《ふじより》は誤り）を討ち取った事件を取り上げ、宗瑞の「悪」について考えることにしたい。

宗瑞の関東進出

　一四七六（文明《ぶんめい》八）年、宗瑞は将軍・足利義尚《よしひさ》の申次《もうしつぎ》として、はじめて史上に登場する。当時、宗瑞と関わることになる今川氏は、遠江《とおとうみ》の守護《しゅご》・斯波氏《しばし》と敵対関係にあった。一四七六年二月、今川義忠《よしただ》は斯波氏に与《くみ》した横地氏《よこじ》を金寿城《きんすじょう》に攻め、駿河に戻る途中で、横地氏らの残党に襲撃されて落命する。享年四一。今川家は、当時まだ六歳の龍王丸《たつおうまる》（のちの氏親《うじちか》）を残すのみとなり、家中は大いに動揺することになる。

　義忠の没後、今川家中は家督相続をめぐって混乱した。義忠の従兄弟・小鹿範満《おしかのりみつ》が今川家の家督を狙い、家臣たちを扇動していた。思いがけない範満の行動に、義忠の妻・北川殿《きたがわどの》（宗瑞の姉または妹）と龍

❖伊勢宗瑞関係図

盛定 ― 盛時（早雲）（宗瑞） ― 氏綱
　　 ― 北川殿
　　　　 ＝ 今川義忠 ― 氏親（龍王丸）

王丸は窮地に陥る。この二人の危機を救ったのが、ほかならぬ宗瑞であった。宗瑞は調停役として家督紛争に介入し、無事に問題を解決したのである。

その概要とは、おおむね次のようになろう。『今川記』などによると、今川家の家督紛争に際して、北川殿は宗瑞に調停を依頼したという。宗瑞は扇谷上杉氏《おうぎがやつうえすぎし》の家宰《かさい》・太田道灌《おおたどうかん》と面会し、二人が中心となり調停をまとめたといわれている。宗瑞の提示した調停案は、次のようなものであった。

①義忠の後継者には龍王丸を据《す》える。

②龍王丸が成人するまでは、範満が後見役を務める。

近年の研究によると、ことの経緯については室町幕府の意向があったと指摘されている。宗瑞は幕府(実質的には細川政元《ほそかわまさもと》)の指示を受け、父・盛定の代理として駿河《するが》に下向したというのだ。当時、幕府は関東管領《かんれい》の上杉氏を危険視していた。範満の母は上杉政憲《まさのり》の娘だったので、幕府は範満が今川家の家督を継ぐのには反対していたのだ。また、扇谷上杉家の定正《さだまさ》は伊豆の守護を務める山内上《やまのうち》杉氏に対抗すべく、今川家の家督問題に介入し、範満を支援するため大田道灌を派遣した。

一方、義忠は応仁の乱で東軍の斯波氏と対立し、幕府に敵対していた。もともと幕府は、義忠を警戒していたのである。義忠の没後、右記の事情から範満が今川家の家督を継ぐとまずくなるので、幕府は義忠の嫡男《ちゃくなん》・龍王丸の支援に動いた。つまり、宗瑞の行動は幕府の意向を伝達するもので、それゆえスムーズに解決したというのだ。これまで宗瑞の類まれなる能力が発揮されたと考えられてきたが、そうではないようである。

宗瑞は妹の北川殿が駿河の今川義忠のもとに嫁いでいたので、その縁を頼って関東に下ったという。その間の事情については、詳しくわかっていない。下向の時期は一四五七(長禄《ちょうろく》元)年をはじめ諸説あるが、実際は一四八六(文明十八)年に太田道灌が謀殺された前後の時期が有力視されている。先述した今川家の家督をめぐる調停は、一時的な下向にすぎなかったのだ。

一時期、宗瑞は従兄弟の子といわれる大道寺盛昌《だいどうじもりまさ》とともに、石脇城《いしわきじょう》(焼津市)に在城していたことが分かっている(「江梨鈴木文書」)。一四八三年〜八六年の間は京都の大徳寺で、春甫宗熈《しゅんぽそうき》のもとで修行をしていたことも明らかになった。

興国城主になる

その後、龍王丸は立派に成人したが、範満は約束を守らず、後見人としての立場を放棄しなかった。一四八七(長享《ちょうきょう》元年・文明十九)年、ついに宗瑞は範満の討伐に乗り出す。その理由には範満を支えていた、道灌の死も一つのきっかけとなった。同年十一月、宗瑞は見事に範満を討ち果たした。

範満の死により、龍王丸は盤石の体制となる。宗瑞は軍功により興国寺城《こうこくじ》(沼津市)主となり、駿河国富士郡の富士下方十二郷を所領として与えられた。興国寺城は駿河と伊豆の国境という、重要な地点に位置していた。つまり、宗瑞には、堀越公方に与《くみ》する駿河衆に対する抑えを期待されたといわれている。

堀越公方のこと

ここで堀越公方について触れておこう。関東では一四五四(享徳《きょうとく》三)年に享徳の乱が勃発し、一四八三(文明《ぶんめい》十四)年まで混乱が続いた。宗瑞の生涯を語るうえで、享徳の乱は重要である。では、享徳の乱とは、どのような争いだったのか。

一四三八(永享十)年の永享の乱により、鎌倉公方の足利持氏が自害した。その後、しばらく鎌倉公方は空席が続いたが、一四四九(宝徳《ほうとく》元)年に持氏の遺児・成氏《しげうじ》(幼名・永寿丸)が就任した(のちの古河《こが》公方)。当時、関東管領には山内上杉氏の憲忠《のりただ》が就いていたが、必ずしも成氏との関係は良くなかった。やがて、成氏は憲忠だけでなく、扇谷上杉氏の顕房《よりふさ》とも対立する。

一四五四(享徳三)年十二月、成氏は憲忠を自分の御所に招いて謀殺する。これが享徳の乱のはじまりである。憲忠のあとには、弟の房顕《ふさあき》が関東管領職に就いた。成氏は下総古河に拠り古河公方と称し、利根川より東側を支配する。西側部分は上総《かずさ》、安房《あわ》を除き、上杉氏が支配するところとなった。

一四五八(長禄二)年、幕府は成氏を討伐すべく、義政が従兄の足利政知《まさとも》を関東に派遣した。しかし、結果は大敗。鎌倉にすら入ることができなかった政知は、伊豆の堀越に本拠を定め、以後は堀越公方と称されるようになる。

一四八二(文明十四)年、幕府は古河公方の成氏と和解した。これにより、堀越公方の政知は成氏に関東の支配権を譲渡し、伊豆一国の領有権だけを認められた。政知は幕府から見捨てられた形になり、不満だけが残ることになったのだ。

一四九一（延徳《えんとく》三）年四月、政知は無念のうちに堀越御所で亡くなった。享年五七。その跡を継いだのが、子息の茶々丸なのである。

宗瑞の伊豆襲撃

一四九一（延徳三）年七月、堀越公方に就任した茶々丸は、継母の円満院《えんまんいん》と異母弟の潤童子丸《じゅんどうじまる》を謀殺した。それだけでなく、有力な家臣を殺害するなどし、かえって茶々丸の求心性は急速に失われた。一連の事件により、伊豆の内乱状態の情報が幕府に伝わった。幕府は伊豆の状況に対して、強い危機感を抱いた。

この頃、中央政界ではどのような動きがあったのか。一四九三（明応二）年、細川政元はときの将軍・足利義材《よしき》（義稙《よしたね》）を追放し、政知の次男・香厳院清晃《こうごんいんせいこう》（のちの足利義澄《よしずみ》）の擁立に成功する。これが明応の政変である。

政変の直後、義澄の命により、政元、伊勢盛定は、宗瑞に堀越公方の足利茶々丸と家臣の犬懸上《いぬがけ》杉氏の討伐を命じた。義澄にとって茶々丸は、母と弟を殺した仇敵《きゅうてき》であった。当時、興国寺城主であった宗瑞は、秘密裏に葛山《かつらやま》氏や富士大宮司《だいぐうし》氏を調略し、堀越公方の襲撃を画策していたという。

一四九三（明応二）年十月、宗瑞は伊豆国へ攻め込んで、茶々丸を堀越御所から追放した。この戦いをもって、戦国時代の始まりとする研究者もいる。

後世の軍記物語には、宗瑞の電光石火ぶりが鮮やかに描かれている。宗瑞は自らが率いる二〇〇の軍勢に加え、今川氏親から三〇〇の兵を借りていたという。総勢五〇〇の兵は、清水港から十艘の船で駿河湾を渡海し、西伊豆の海岸に着岸した。そこから陸路で堀越御所を目指し、火を放つなどして襲撃した。やっとの思いで逃げ出した茶々丸は、伊豆韮山《にらやま》の願成就院《がんじょうじゅいん》で観念して自害したという。

しかし、茶々丸が自害したという説は、現在では誤りであるとされている。実際は茶々丸は生き残っており、家臣の関戸《せきど》氏や国人《こくじん》の狩野《かの》氏、土井《どい》氏らの激しい抵抗により、宗瑞は苦戦を強いられたという。両者の戦いは、一四九五(明応四)年二月の段階でも継続していた(「伊東文書」)。同年になって、茶々丸は宗瑞により伊豆を追放され、伊豆諸島(大島ヵ)に逃亡する(『勝山記』)。

加えて、宗瑞の戦闘準備はかなり以前から進められており、駿河の土豪の多くは宗瑞の伊豆襲撃に従ったという。おそらく、宗瑞は早い段階において、幕府の意向を踏まえて彼らへの調略を行っていたのであろう。

一四九六(明応五)年以降、茶々丸は家中に紛争が総じていた甲斐《かい》の武田《たけだ》氏を頼ったという。一四九八(明応七)年八月、茶々丸は切腹したというが、甲斐国内であったという説と伊豆深根城《ふかねじょう》とする説がある。茶々丸の没落により、宗瑞は伊豆韮山に本拠を定め、一四九九(明応八)年頃までには伊豆の制圧を完了する。

これまでの説によると、伊豆制圧という私欲を満たすために、堀越公方の茶々丸を襲撃して追放するという、あたかも宗瑞の謀略によるものと理解されてきた。しかし、実際には幕府との連携により、周到に計画された襲撃であったことが判明した。つまり、襲撃は宗瑞自身の判断によるものではなく、幕府の意向を受けてということになろう。

宗瑞の小田原城襲撃の経緯

堀越公方と同時並行して、宗瑞は小田原城主《おだわらじょうしゅ》の大森定頼（藤頼は誤り。後述）の攻略に着手していた。大森氏は駿河郡に本拠を持ち、のちに鎌倉公方に仕えて、伊豆、相模に勢力圏を拡大した。小田原城は、大森氏の本拠である。小田原は伊豆と駿河の国境付近にあり、まさしく境目の重要な地点であった。

宗瑞による小田原城の攻撃についても、従来説が改められている点が多い。そもそもが宗瑞による征服欲によるものではなく、先述した幕府つまり細川政元の意向を汲んでの軍事行動であると指摘されている。一四九三（明応二）年の明応の政変により、足利義澄が新将軍となり、義材は京都から越中に逃亡し、越後守護の上杉房実《ふさざね》の庇護下にあった。

また、房実の子息が伊豆守護の顕定であったので、伊豆に攻め込んだ宗瑞とは当然ながら敵対関係にあった。つまり、宗瑞は政元と同じく「反義材派」であり、それゆえ小田原城に攻め込んだということになろう。そして、大森氏は山内上杉氏に与同していたのだから、宗瑞と対立する必然性があったのだ。

ところで、後世に成った『北条五代記』などによると、一四九四（明応三）年八月に大森氏頼《うじより》が亡くなったあとに次男・藤頼があとを継いだとあるので、宗瑞は藤頼と戦ったと考えられてきた。しかし、近年の研究によると、「大森系図」(乗光寺所蔵)の記載に基づき、藤頼ではなく氏頼の嫡男の子息・定頼が正しいと指摘されている。

従来説に見る小田原城攻撃

従来説によると、宗瑞の小田原城攻撃の予兆が次のように描かれている。『北条記』によると、宗瑞は鼠《ねずみ》が大きな二本の杉の木を根元から食い倒し、やがて鼠が虎へと変貌する霊夢を見たと記されている。鼠とは子年《ねどし》生まれの宗瑞であり、二本の杉の木とは扇谷・山内の両上杉家のことである。小田原城の襲撃を予兆させる霊夢といえよう。

一四九五(明応四)年に宗瑞は小田原城を攻撃するが、『北条記』には次のとおり、その経過が書かれている。宗瑞はたびたび大森藤頼(定頼。以下同じ)に対し、贈物をしていたという。当初、藤頼は意図を図りかねて警戒していたが、やがて親しい間柄になったという。

そんなある日、宗瑞は藤頼に対し、鹿狩りをしたいので、大森氏の領内に勢子《せこ》(狩猟で鳥獣を狩り出したり、逃げるのを防ぐ人夫)を入れさせてほしいと依頼した。藤頼は何ら疑うことなく、申し出を快く許可した。これが宗瑞の狙いだった。

宗瑞は屈強な武将たちを勢子に仕立て上げると、次々に大森氏の領内へと送り込んだ。その日の夜、宗瑞の軍勢は、千頭の牛の角に松明《たいまつ》を灯し、小田原城へと進軍した。これに呼応するかのように、潜んでいた勢子（実は宗瑞の軍勢）が鬨《とき》の声を上げて城下に火を放ったのである。

あまりに突然なことに、大森方では数万の軍勢が押し寄せたと勘違いした。千頭の牛の松明がそのように見えたのだろう。大森方は大混乱に陥り、藤頼は這《は》う這《は》うの体で小田原城から逃げ出した。宗瑞はほとんど戦うことなくして、小田原城を手に入れたのである。策士と言っても過言ではないであろう。

一連の『北条記』の記述によって、宗瑞が霊夢により軍事行動を起こしたことと、それが下剋上《げこくじょう》という当時の風潮に倣ったものであるように伝わった。しかも、「謀将」の名にふさわしい謀略によって、小田原城を入手するという劇的なものであった。小田原城奪還劇は、宗瑞の「悪」の一面をあらわしているといえるかもしれない。

実際の小田原城襲撃

一次史料によっては、右に示したような劇的な攻略は確認できない。そもそも一四九五年に小田原城が落城したのかも疑問視されている。

一四九六（明応五）年に推定される上杉顕定書状（「宇津江氏所蔵文書」）によると、宗瑞が相模西部に侵攻した際、顕定は古河公方・足利政氏を奉じて交戦に及んだという。顕定は扇谷上杉朝昌《ともまさ》、太田資康《すけやす》、大森式部少輔《しきぶしょうすけ》（定頼ヵ）、長尾景春《ながおかげはる》、三浦義同《みうらよしあつ》らを降《くだ》し、宗瑞の弟・弥次郎らが籠る「要害を自落」させ（逃亡させたとの意味か）、数多くの首を獲ったというのである。

この「要害」とは小田原城ではないかと考えられている。大森式部少輔が定頼であるとすれば、そもそも宗瑞と定頼は味方だったことになる。『妙法寺記』(『勝山記』)にも、同年七月に宗瑞の弟・弥次郎が大敗したことが記されている。その記述とは、右の顕定との交戦を指すものと推測される。

その後、定頼は宗瑞のもとを離れ、山内上杉方に与した。そうした事情から定頼は宗瑞に攻撃され、小田原城の落城後には、三浦義同の岡崎に逃れたというのである。ちなみに義同は上杉(三浦)高救《たかひら》と大森氏頼の娘との間にできた子供で、のちに子がなかった三浦時高《ときたか》の養子になった。義同ものちに宗瑞によって滅ぼされる。

右の検討結果を考慮すれば、そもそも一四九五年に小田原城が落城したという説そのものが見直されなくてはならない。宗瑞は足利茶々丸の激しい抵抗に遭い、意外なほど抵抗を強いられたが、それは大森氏に対しても同じであった。やはり、野心を剥き出しにした宗瑞の「悪」の姿は、今一度見直される必要がある。

宗瑞、相模制圧へ

伊豆を制圧した宗瑞であったが、未だ戦国大名としての姿は見いだせない。一五〇四(永正《えいしょう》元)年八月、宗瑞は今川氏親の配下として、遠江に侵攻した。同年九月、宗瑞は氏親とともに扇谷家の上杉朝良《ともよし》に与し、武蔵立河原《むさしたちかわのはら》で山内家の上杉顕定を討ち破った。こうして宗瑞は相模中央部へと侵攻した。

同年九月、宗瑞は江ノ島に制札を掲げているが(「岩本院文書」)、ほぼ同じ頃に氏親も鶴岡八幡宮に禁制を与えているので(「鶴岡八幡宮文書」)、やはり宗瑞は氏親の配下にあったとみるべきかもしれない。翌月、宗瑞は伊豆へと戻る。

戦いに敗れた顕定は、越後の山内家の上杉房能《ふさよし》を頼り、再び朝良に戦いを挑んだ。同年十二月、越後の上杉勢は相模へ侵攻し、顕定方の諸城は次々と落城に追い込まれた。こうして一五〇五(永正二)年三月、朝良は顕定に降伏し、いったん両上杉氏の抗争は幕を閉じるのである。

一五〇六(永正三)年になると、古河公方・足利政氏と嫡男・高基《たかもと》の抗争が勃発し、武蔵・相模は戦場と化した(永正の乱)。一五〇九(永正六)年七月、顕定は越後の長尾為景《ためかげ》を討伐するため出陣する。このとき宗瑞は為景に与し戦うが、朝良の家臣の上田《うえだ》政盛《まさもり》が裏切るなど事態は有利に動いた。しかし、権現山《ごんげんやま》の戦いで政盛が敗れ、また宗瑞方の住吉城が三浦義同・義意《よしおき》父子に攻略されるなど、宗瑞は苦戦を強いられた。

一五一二(永正九)年八月、再び宗瑞は攻勢に出る。宗瑞は義同の籠る岡崎城の攻略に成功し、住吉城に敗走せしめた。こうして宗瑞は悲願であった鎌倉に入り、二十余年もの歳月を要して、相模を支配に収めたのである。

その後も義同の抵抗は続いたものの、一五一六(永正十三)年に宗瑞が義同の三崎城を落とし、ついに三浦氏は滅亡した。宗瑞が子息の氏綱に家督を譲ったのは、その二年後の一五一八年のことである。その翌年、宗瑞は波乱の生涯を終えたのである。

宗瑞の悪とは

これまで宗瑞は一介の素浪人と考えられており、まったくの裸一貫から戦国大名へのし上がってきたと考えられてきた。それゆえ、小田原城襲撃の逸話のように、宗瑞は権謀術数を用いる悪辣《あくらつ》な人物のイメージがあった。しかし、近年の研究により、出自などについて誤りが指摘されたのは先述のとおりである。

同時に宗瑞の伊豆、相模の制圧に関しても、宗瑞の謀略ぶりが強調されるが、一次史料では確認できない。そもそも宗瑞の戦いは私欲による領土拡大ではなく、幕府の意向を汲んだものであり、そこに複雑な関東の政治情勢が絡んでいた。しかも、事実関係についても、見直しが進んでいる。

つまり、宗瑞を小説などで描かれるように、謀将ととらえるのはやや不適切であり、見直されるべきであると思う。

⊙主要参考文献

下山治久『北条早雲と家臣団』（有隣新書、一九九八年）
湯山学『伊勢宗瑞と戦国関東の幕開け』（戎光祥出版、二〇一六年）
黒田基樹『戦国北条氏五代』（戎光祥出版、二〇一二年）

1521–73
甲斐・信濃を領有し、越後の上杉謙信と川中島で激突。のち上洛を図るも病没。

父を追放し嫡男を自害させた戦国の雄
武田信玄
…たけだしんげん…

渡邊大門

武田信玄の人物像

武田信玄（初名・晴信《はるのぶ》）といえば、人気の高い戦国大名の一人である。NHK大河ドラマでもおなじみの人物だ。改めて、信玄の経歴を確認しておこう。

信玄が誕生したのは、一五二一（大永《だいえい》元）年十一月三日である。父は信虎《のぶとら》、母は大井信達《おおいのぶさと》の娘である。幼名は太郎で、一五三六（天文《てんぶん》五）年に元服して晴信《はるのぶ》と名乗った。同時に、公家《くげ》の三条《さんじょう》公頼《きみより》の娘を妻とした。ちなみに晴信という名は、ときの将軍・足利義晴の偏諱《へんき》を与えられたものだ。信玄とは法名《ほうみょう》であり、一五五九（永禄《えいろく》二）年に出家している。

信玄が台頭するきっかけとなったのは、本稿で取り上げる一五四一（天文十）年における父・信虎の追放である。信玄は父に代わり武田家の家督を継承し、周辺諸国へと侵攻する。なかでも上杉謙信《うえすぎけんしん》とたびたび交戦した川中島《かわなかじま》の戦いでは、幾多の名勝負を繰り広げた。信玄は謙信だけでなく、北条《ほうじょう》、今川《いまがわ》、織田《おだ》、徳川《とくがわ》といった諸大名とも覇を競った。しかし、一五七三（天正《てんしょう》元）年四月十二日、上洛を目指す途中で、信濃駒場《しなのこまば》（長野県阿智村）で病没した。享年五三。

では、信玄という人物は、どのように評価されているのだろうか。信玄は和歌や連歌などの教養に優れており、禅学、儒学、兵学にも通じていたという。一五四七(天文十六)年には、分国法として著名な「甲州法度之次第《こうしゅうはっとのしだい》」を制定している。信玄堤《しんげんづつみ》で知られるような治水工事をはじめ、交通路や城下町の整備、新田《しんでん》開発など善政を敷いたといわれている。

評判の高い信玄にして、その生涯には汚点がある。一つは、先述した天文十年の父・信虎の追放である。もう一つは、一五六七(永禄十)年八月、信玄が嫡男の義信《よしのぶ》に自害を命じた一件である。ともに未だ真相について不明な点が多い。以下、信玄の「悪」の一面である、二つの事件について考えてみたい。

父・信虎のこと

武田晴信(信玄。以下、信玄で統一)の父・信虎は、実に謎多い人物である。信虎は、甲斐国守護・信縄《のぶつな》の長男として誕生した。初名は、信直《のぶなお》(以下、信虎で統一)という。信虎と名を改めたのは、一五二一(大永元)年のことである。生年は一四九四(明応《めいおう》三)年とされてきたが、一四九八(明応七)年説もある。信虎が家督を継いだのは、一五〇七(永正四)年のことであった。

信縄から信虎への家督継承は円滑に進まず、信虎は油川信恵《あぶらかわのぶさと》(信縄の弟)と家督の座をめぐって争う。信虎が信恵を倒し、勝利を得たのは翌一五〇八(永正五)年十月のことである。引き続き信虎は都留《つる》郡に本拠を置く小山田《おやまだ》氏を攻撃するが、一五一〇(永正七)年に姉を小山田信有《のぶあり》に嫁がせることにより和を結んだ。

ところで、信虎が最初に本拠を置いた石和《いさわ》(笛吹市《ふえふきし》)は、平地という事情もあり、たびたび水害があったという。加えて平地では、敵からの攻撃に弱い。一五一九(永正十六)年、信虎は躑躅ヶ崎《つつじがさき》(甲府市《こうふ》)に本拠を移した。そして、城下に家臣を集住させ、城下町を形成した。これが、現在の甲府の原型である。

信虎は一五三二(天文元)年までに甲斐国内の敵対勢力を撃退し、統一を完了した。甲斐国内では印判状を用い、領国の支配体制を堅固なものにした。いうなれば、武田氏の中興の祖というべき人物でもある。

その勢いで、一五二七(大永七)年に信濃佐久《さく》郡へ、一五三六(天文五)年に今川氏の家督争いに乗じて駿河《するが》へとそれぞれ出兵した。その後、信虎は今川義元《よしもと》に娘を嫁がせ、さらに一五四〇(天文九)年には諏訪頼重《すわよりしげ》に娘を嫁がせ、婚姻を通じて同盟関係を結んだ。

後述するとおり、一五四一(天文十)年に武田氏の家臣は信玄を擁立し、信虎を駿河今川氏のもとへ追放した。その後の信虎は悲惨な運命をたどった。一五六三(永禄七)年、上洛した信虎は将軍足利義輝《よしてる》の相伴衆《しょうばんしゅう》となり、最期は信濃高遠《たかとお》で八一歳の生涯を終える。ついに故国の土は踏めなかった。

信虎の評価

近年、専門家の間では信虎を評価する声も高いが、相変わらず一般的には悪評のほうが有名である。『甲陽軍鑑《こうようぐんかん》』によると、信虎はかわいがっていた猿を家臣に殺され、家臣を手討ちにしたと書かれている。同史料では、これを称して「ひとかたならぬ狂気の人」と信虎の人間性を低く評価している。

それだけではない。信虎追放事件を記す後世の史料には、「余りに悪行を成らせ候間」（『勝山記《かつやまき》』）、「信虎平生悪逆無道なり。国中の人民、牛馬、畜類とも愁《うれ》い悩む」（『塩山向嶽禅菴小年代記《えんざんこうがくぜんあんしょうねんだいき》』）と口を揃えて評価は手厳しい。ただ、こうした史料は、後世に都合よく書き換えられた可能性を否定できない。信玄が信虎を追放し、自らが武田家の家督を継いだことを正当化しようとした可能性もある。

甲斐統一を成し遂げ、支配権を確立した名君・信虎。悪逆無道で「狂気の人」と称された信虎。果たしていずれの人物像が実像に近いのであろうか。その鍵を握るのが、信玄による「信虎追放事件」である。

信虎は悪人だったのか

一五四一（天文十）年六月十四日、信濃国から帰国した信虎は、娘婿である今川義元と面会するため駿河国に赴いた。ところが、信玄は甲斐と駿河の国境を封鎖し、信虎が帰国できないようにした。行き場を失った信虎は、義元のもとでの生活を余儀なくされる。こうして信玄は譜代の家臣の支持を受け、父の代わりに武田家の当主の座に着くのである。これが、信虎追放事件の概略である。

信虎が追放された理由は、おおむね次の五つに集約される。

❶信虎が悪逆無道であったため、領国支配に失敗した。

❷今川義元と信玄による共謀。
❸信虎と信玄の合意に基づき義元を謀ろうとした。
❹信虎のワンマン体制に反対し、信玄と家臣が結託して謀反を起こした。
❺対外政策をめぐって、信虎と家臣団が対立した。

もっとも理由が明快な❶説を検討することにしよう。『勝山記』には、「この年(天文十年)六月十四日に武田大夫様(信玄)、親の信虎を駿河国へ押し越し御申し候、(中略)信虎出家めされ候て駿河に御座候」とある。

この記事によると、追放された信虎は、駿河で出家したらしい。しかし、実際に信虎が出家したのは、復権を断念した一五四三(天文十二)年頃といわれている。追放された理由は、先に触れたとおり、信虎の「悪行」であった。信虎が出家をしたというのは、甲斐での復権を断念したということになろう。

同じく『塩山向嶽禅菴小年代記』には、「辛丑《かのえうし》(天文十年)六月中旬(信虎が)駿府に行く。晴信、万民の愁《うれ》いを済まさんと欲し、足軽を河内境(甲斐と駿河を結ぶ街道)に出し、その帰り道を断ち、(信玄が)即位して国を保つ」とある。道が封鎖されたので、信虎は甲斐に帰れなくなった。

すでに述べたとおり、信虎は悪逆無道の人物であったため、信玄が民衆らの期待に応えて、信虎を放逐したということになろう。このあとに続けて、甲斐の民衆は大いに喜んだと記されている。つまり、信玄が悪政を行った信虎を追放し、自らが後継者となることを正当化するための記述ということになろうか。

　悪行説は非常にわかりやすいが、その反面あまりに理由が単純すぎて、かえって真実味に欠ける側面がある。信虎追放の理由を民衆の感情に押し付けた印象が強い。信玄が民衆の期待に応えて、追放したというストーリーである。それは、信玄の正当性を担保するための後世の配慮のように思える。

　他の説はどうか。❷説は『甲陽軍鑑』に記載されているが、いささか現実味に欠けるところである。そもそも信虎は嫡男の信玄を嫌悪しており、次男の信繁《のぶしげ》に家督を継がせようとしていたという。信玄は廃嫡《はいちゃく》の危機にあったというのである。❷説には、親子不和の逸話が影響しているのかもしれない。❸説は『甲斐国志《かいこくし》』に載せる説であるが、その後の情勢を勘案すると、決して首肯できるものではない。義元を陥れようとするならば、すぐに駿河に攻め込むなり、あるいはのちに信虎の帰還を認めるなり、何らかの措置をするはずである。❷❸のような陰謀説は、創作性が高いように感じられてならない。

その他の説の検証

　その点で、❹❺の説は、現実性の高い見解であると考えられる。

　そもそも信虎配下の国人たちは、それぞれが自立性が高く、決して完全な支配下にあったわけではない。いうなれば緩やかな同盟関係といえよう。つまり、信虎の態度如何によっては、離反する可能性が高かったのである。

同時代において、家臣が当主とは別人(兄弟や子息)を擁立し、当主を追放する例は少なからずあった。家中における家臣団の意向なりは、かなり尊重されたのである。一般的に、新しい当主を定めるときは、家臣の合意が必要であった。家臣の意見に反して、違う当主が擁立されると、家中が二分し対立することも珍しくなかったのだ。

当時、信虎は拡大策を採用しており、国人たちは従軍を余儀なくされた。その軍事的な負担は、当然国人の肩に重くのしかかってくる。同時に、信虎による棟別銭《むなべちせん》(家屋にかかる税金)の賦課なども、国人にとって不満の種であった。一般的に、当主が国人・家臣らの信頼を失うと、たちまち窮地に陥ることもたびたびあった。

そう考えると、信玄が単に「父憎し」という思いから単独で行動を起こすことは考えにくい。いかに姻戚関係にあるとはいえ、義元と結託するのも現実的ではないであろう。信玄の一存では、決めかねる重大な問題であった。

やはり、信虎に不満を持つ国人・家臣らの突き上げにより、信玄が父を追放せざるを得なかったというのが実情ではなかったか。実際には、信玄が国人・家臣に推戴され、父を今川家に追いやったといえよう。

ところが、信虎の追放劇は、信玄にとって生涯の汚点となった。ライバル・上杉謙信が弥彦《いやひこ》神社や武水別《たけみずわけ》神社に捧げた願文には、信玄が実父の信虎を追放したことが人倫に背くことであると記され、手厳しく非難された。信玄には信虎を追放した理由があったに違いないが、それは一切考慮されなかったのだ。

しかし、信虎を追放することによって、武田家中はいっそう連帯感を強め、さらに発展を遂げたのである。これを信玄の「悪」と評価するには、いささか検討を要する問題であるといえる。

信玄の嫡男・義信とは

武田信玄にまつわる事件の中で、未だ神秘のベールに包まれているのが、武田義信《よしのぶ》謀叛事件である。義信は一五三八（天文七）年に信玄の嫡男《ちゃくなん》として誕生した。母は、正室の三条夫人である。一五五二（天文二一）年十二月には、甲駿相《こうすんそう》三国同盟（今川、北条、武田の三家の同盟）の一環として、今川義元の娘を妻として迎えた。

❖武田信玄関係系図

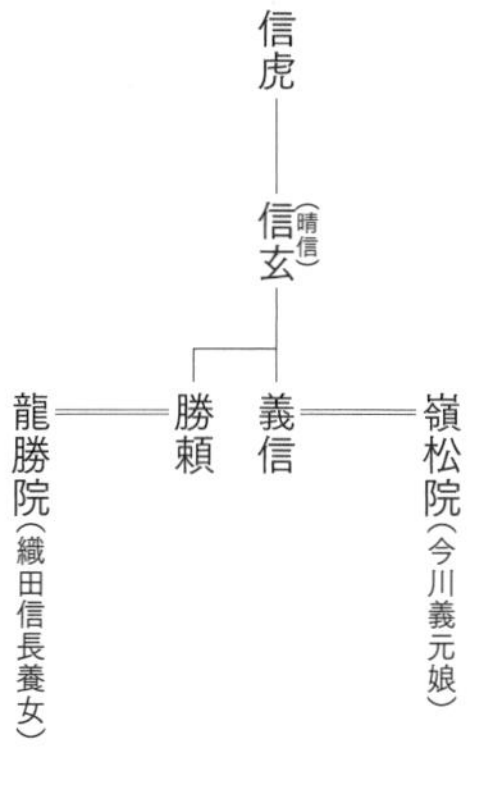

義信の前半生は順調であった。一五五三（天文二二）年に将軍・足利義輝から「義」を与えられ「義信」と名乗ると、一五五八（永《えい》禄《ろく》元）年一月に父・信玄の推挙によって、将軍から准三管領に任じられた。

翌一五五九（永禄二）年になると、川中島の戦いの和睦について、信玄・義信の連名宛で将軍から御内書《ごないしょ》を与えられた（『大館記紙背文書』）。以上の流れから、義信が信玄の後継者であることは、誰の目にも明らかであったといえよう。

しかし、一五六〇(永禄三)年の桶狭間《おけはざま》合戦において、義父の今川義元が横死したことは暗い影を落とした。それだけではない。戦略をめぐっても、親子の意見は相違した。永禄四年の第四次川中島合戦において、武田軍は上杉軍の奇襲攻撃を受けた。その際、信玄は徹底抗戦に臨んだが、義信は態勢を立て直すため、いったん陣を引くことを提案した。親子の間の関係には、少しずつ綻《ほころ》びが生じていたようだ。

謀反事件の勃発

そうした状況下で武田義信謀叛事件が勃発したのである。以下、事件の概要を確認しておこう。

一五六五(永禄八)年十月、義信は突如として飯富虎昌《おぶとらまさ》を中心とする家臣と共謀し、信玄に謀叛を起こす計画を立てた。しかし、この計画は、虎昌の弟昌景《まさかげ》(山県《やまがた》昌景)の密告によって、信玄の知るところとなった。

この事件は、『甲陽軍鑑』の記述によって一五六四(永禄七)年七月とされてきたが、最近の研究では一五六五(永禄八)年十月が正しいと指摘されている。同年六月には義信が甲斐二宮(美和《みわ》神社)に三千疋《びき》を寄進しており、年代的に矛盾するのだ(「美和神社文書」)。永禄七年七月に事件が起こっていれば、寄進する余裕などないはずである。したがって、永禄七年七月の説は、『甲陽軍鑑』の誤りとされている。

事件の結果、虎昌は切腹を命じられ、義信直属の家臣は国外追放処分となっている。虎昌が首謀者であったことは間違いなく、十月二三日の段階で死を命じられたことが確認できる（「尊経閣文庫《そんけいかくぶんこ》所蔵文書」）。こうして義信の家臣団は解体され、孤立無援の状況に陥ったのである。

肝心の義信は、とりあえず甲府にある東光寺に幽閉された。では、なぜ義信は謀叛を画策したのであろうか。それは、単に川中島合戦における、作戦上の対立だったのか。ほかにも理由があったのだろうか。

事件の真相を考える

理由について考えられるのは、まず信玄が西進策（信濃・飛驒《ひだ》への出兵）に路線を転換したのに対し、義信は北進策にこだわっていたのではないか、という指摘である。その後の展開を考えると、信玄は積極的に西進することにより、上洛を企図していたのかもしれない。

たしかに、信玄は西進を企図したのか、子息の勝頼《かつより》を諏訪氏の養子に送り込み、信濃国高遠城主としている。北の難敵である上杉謙信よりも、中小領主の多い信濃・飛驒方面が攻略しやすかったのかもしれない。事実、信玄の作戦は目論み通りに進む。

同じ頃、義信にとって、それ以上に衝撃的なことが起こった。

一五六五（永禄八）年九月、義信の異母弟・勝頼と織田信長《のぶなが》の養女（龍勝院）との婚姻が決定したのである（『甲陽軍鑑』）。勝頼は側室《そくしつ》の子で、諏訪氏の家督を継いでいた。また、いうまでもなく、信長は義信の義父である義元を殺した張本人である。義信は、自身の立場が足元から崩れる予感がしたに違いない。

当時、信長は美濃斎藤氏《みのさいとうし》と交戦しており、西進する武田氏と友好関係を結ぶことを得策と考えた。信玄は凋落《ちょうらく》の様相を見せている今川氏に見切りをつけ、逆に興隆しつつあった織田氏と連携することが有利であると考えたのであろう。今後のことを見据えて、両者の思惑は一致したのである。

そのように考えると、義信が動揺したのも無理からぬところである。自分に変わって、勝頼が当主の座に就く可能性も出てきたのである。実際に義信が信玄に叛旗を翻したのは、勝頼の婚姻が進んでいる最中であった。義信の謀叛から一ヵ月後の十一月、勝頼の婚儀の式は何事もなかったように高遠城で執り行われた。

義信の死

そして、その二年後の一五六七(永禄十)年八月、義信は信玄により、自害を命じられた(『甲陽軍鑑』)。義信自害直前、信玄は家臣に命じて、忠誠を誓う血判の起請文《きしょうもん》を提出させている(「生島足島《いくしまたるしま》神社文書」)。たとえ血のつながっている親子であっても、裏切りは許さないという、信玄の強い決意を読み取ることができよう。

こうして義信を自害に追い込むことにより、信玄は自らの権力を家臣に誇示し、磐石《ばんじゃく》の体制を築いた。家中における反対勢力の粛清は、逆に家中引き締めの良い機会となる。当時としては、決して珍しいことではなかった。

義信の自害は、妻である嶺松院《れいしょういん》との離縁を意味することとなった。義信の死後、嶺松院は今川氏のもとに返されている。これにより、ただささえ弱体化していた今川氏は、ますます厳しい状況に追い込まれるのである。

この一連の出来事によって、甲駿相三国同盟の一角は崩壊したといってもよいであろう。こうして信玄は自らの意に沿った西進策を着々と進めるのである。そして、もう一方の同盟相手である北条氏とも、やがて手切れをするのである。

信玄の悪とは

父・信虎を追放し、嫡男・義信を追放したことは、信玄にとって人生の汚点になったといわれている。ただ、戦国社会一般に言えることであるが、それは歓迎すべきものではないにしても、決して珍しいことではなかった。

織田信長にしても弟の信勝《のぶかつ》(信行《のぶゆき》)を死に追いやっているし、徳川家康《いえやす》も嫡男の信康《のぶやす》に自害を命じた。それぞれ事情は違うにしても、たとえ兄弟や息子であれ処分を強行しなければ、自分だけではなく家が滅亡に瀕するという、危機意識のあらわれであることは共通していると考えてよい。

すでに触れたとおり、一見して戦国大名は強大な権力を保持しているように思えるが、それは家臣の協力があって成り立つものだ。織田信長や大内義隆《よしたか》が配下の者に襲撃されたように、ときに残酷な裏切りに遭うこともあった。したがって、戦国大名は絶えず家臣の動きに目を光らせ、家中引き締めを行う必要に追われていた。

とはいえ、近世に至ると儒学《じゅがく》が人々の間に享受され、親に対する不孝や子殺しは容認されなかった。それゆえ、後世に編纂された諸書では、儒学の影響を強く受け、信玄の行為を強く非難する傾向が強いようである。

つまり、信玄の行ったことは「悪」なのかもしれないが、ある意味で戦国時代に共通したできごとであり、当時の状況から止むを得ない措置だったといえるのかもしれない。

⊙主要参考文献

笹本正治『武田信玄』(ミネルヴァ書房、二〇〇五年)

柴辻俊六『信玄の戦略　組織、合戦、領国経営』(中公新書、二〇〇六年)

柴辻俊六『甲斐武田一族』(新人物往来社、二〇〇五年)

鈴木将典『戦国大名武田氏の戦争と内政』(星海社新書、二〇一六年)

1530–78
越後春日山城を本拠に、関東各地を転戦した。武田信玄との川中島の戦いは有名。

同盟相手を裏切った「義将」

上杉謙信

…うえすぎけんしん…

小川雄

上杉謙信（謙信は「景虎《かげとら》」「政虎《まさとら》」「輝虎《てるとら》」の順に改名したが、叙述の都合から「謙信」で統一する）は、一般に「義将《ぎしょう》」として評価されることが多い。甲斐《かい》武田《たけだ》氏《し》や相模《さがみ》北条《ほうじょう》氏に圧迫される諸勢力の要望に応じて、北信《しな》濃《の》や関東を転戦した印象が強いのだろう。しかし、同盟関係にあった勢力からみて、謙信は誠実な提携相手とは言い難い存在であった。

本来、上杉謙信の名字は「長尾《ながお》」であり、越後守護《えちごしゅご》上杉氏の守護代をつとめた府中長尾氏の後継者だった。しかし、越後上杉氏の宗家《そうけ》は、一五五〇（天文《てんぶん》十九）年に定実が死去したことで断絶しており、謙信は実質的な越後国主として存立するようになった。

行き詰まった関東出兵

上杉謙信は、関東管領の山内《やまのうち》上杉憲政《のりまさ》に要請されて、一五五二（天文二一）年から関東動乱への介入を開始した。もともと、越後上杉氏は戦国時代の序盤から中盤にかけて、山内上杉氏を支援すべく、関東出兵を繰り返していた。つまり、謙信は越後上杉氏の事実上の後継者として、関東出兵と山内上杉氏支援を再開させたのである。

とくに一五六〇（永禄《えいろく》三）年から翌年にかけての関東出兵において、上杉謙信は上野国《こうずけ》から相模国まで縦断して、北条氏を本拠の小田原城《おだわら》に追い詰めている。また、謙信は小田原城の包囲を解いた後、一五六一（永禄四）年閏三月に鎌倉で上杉憲政《のりまさ》から山内上杉氏の家督や関東管領《かんれい》の地位を譲渡されている。ある意味で、山内上杉氏と越後上杉氏が、合同を遂げたことになる。

なお、上杉謙信が関東管領に就任したことは、一五三八（天文七）年の国府台合戦《こうのだいがっせん》で小弓公方足利《おゆみくぼうあしかが》義明《よしあき》を討滅した功績により、山内上杉氏に代わって、古河公方《こがくぼう》足利晴氏《はるうじ》から関東管領に補任されたと称していた北条氏の立場を否定するものであった。さらに謙信は、北条方の古河公方足利義氏《よしうじ》（晴氏嫡子）を下総関宿城《しもうさせきやどじょう》（当時の公方家本拠）から退去させ、義氏の庶兄藤氏《しょけいふじうじ》（晴氏長男）を擁立《ようりつ》した。つまり、謙信は公方（古河公方）・管領《かんれい》（山内上杉氏）を中心とする関東の政治秩序を再編しようとしたのである。

しかし、やがて北条方の反攻が進捗して、足利藤氏が身柄を拘束されるなど、上杉謙信の戦略は綻びを生じさせていった。とくに一五六六（永禄九）年二月に下総臼井城《うすいじょう》をめぐる攻防で、謙信が北条方に大敗すると、与党勢力を糾合する求心力も著しく低下した。

そもそも、上杉謙信の関東出兵は、関東の大名・国衆を与同させ、その協力を得ることで成り立っていた。こうした上杉方与党は、北条氏の領国拡大に対抗するうえで、謙信の軍事力を頼りとしていたが、臼井合戦の敗退は謙信の武威を低下させた。そのため、上杉方の諸勢力には、あるいは北条方に帰順し、あるいは謙信以外の結集核を見出そうとするなど、路線転換によって、存立の維持をはかる動向が目立つようになった。

なお、上杉謙信は一五五九(永禄二)年に上洛して、将軍足利義輝《よしてる》から関東問題の解決を委ねられており、さらに山内上杉氏・関東管領の継承を経て、謙信は義輝の「輝」字を拝領し、実名を「輝虎」に改めていた。もともと、関東管領の任免権は、足利将軍家のものであり、謙信は将軍義輝の支持を取り付け、古河公方による管領補任を主張する北条氏に対抗する正統性を確保しようとしていた。

ところが、一五六五(永禄八)年に足利義輝が河内三好氏に襲撃されて横死《おうし》すると、弟の義昭《よしあき》が将軍家継承運動を展開し、上杉謙信にも畿内出兵を要請して、さらに北条氏・武田氏との停戦まで求めるようになった。

このように、上杉謙信の関東出兵は、戦況・大義名分の両面から、継続が困難となりつつあった。

三国同盟の崩壊をめぐる上杉謙信の外交

北条氏の反攻は、甲斐武田氏・駿河今川氏との三国同盟に支えられたものであった。

とくに武田氏は、以前から北信地域で上杉氏と対戦しており、一五六一(永禄四)年九月に信濃国川中島《かわなかじま》で上杉方と激戦に及び(第四次川中島合戦)、甚大な打撃を蒙りながら、同年中から上野国にも攻勢を拡大して、上杉謙信が関東に出陣する経路を圧迫するようになった。

ところが、今川氏については、一五六〇(永禄三)年五月の桶狭間《おけはざま》合戦にて今川義元《よしもと》が敗死したことで、領国支配を不安定化させていった。とくに翌年四月の岡崎松平《おかざきまつだいら》氏(徳川氏)の離反を経て、今川氏は三河国衆《くにしゅう》の反抗を抑制できなくなり、一五六三（永禄六）年後半には遠江《とおとうみ》国衆にも相次いで離反される事態に直面した。

そのため、武田氏は対上杉氏戦争を遂行するうえで、領国南方の周縁が動揺している状況を看過しえず、自ら東海地域に進出して、動乱を収拾する機会を窺うようになった。これは、実質的に今川氏の領国支配を否定する動きであり、今川氏・武田氏の関係は緊張を孕《はら》んだ。さらに一五六五（永禄八）年十月に武田家中で信玄・義信父子の内訌《ないこう》が勃発して、今川義元の息女を妻とする義信が幽閉されたことは、武田氏・今川氏の緊張をより深刻化させた。

そこで、今川氏真《うじざね》（義元後継）は武田氏の牽制をはかり、一五六七（永禄十）年十二月に上杉謙信と同盟を結んでいる。武田氏が東海方面に侵攻した場合に、上杉氏が越後国から信濃国に出兵するという内容であった。こうした今川氏の外交は、武田氏との同盟を直ちに破棄するものではなかったが、武田方から背信行為とみなされる危険性を包含していた。

実際、武田氏は永禄十一年十二月に駿河《するが》国に侵攻して、今川氏真は武田氏の攻勢に対抗できず、本拠の駿府《すんぷ》から遠江懸川《かけがわ》城に退避したが、懸川城も武田氏と提携する三河徳川氏の軍勢によって攻囲された。そして、武田氏はこの今川氏との開戦について、北条氏に理解を求めようとして、今川氏が上杉氏と同盟を結んだ経緯を指摘している。結果的に、今川氏・上杉氏の同盟は、武田氏が今川氏に対する不信感を抱き、南下を決断する契機となったのである。

その一方で、上杉謙信は武田方に通じた村上本庄氏を討つために、同年十月から下越《かえつ》方面に在陣しており、降雪も相俟《ま》って信濃国出兵を実行しなかった。故意に今川氏との盟約を反故にしたわけではないが、三国同盟に対して、崩壊に至る楔を打ち込みつつ、今川氏領国の崩壊を実質的に座視したことになる。

そもそも、上杉謙信は以前から今川氏の仇敵たる織田信長《おだのぶなが》・徳川家康《いえやす》との通信関係を成立させていた。信長を仲介者とする武田・徳川両氏の今川氏領国分割協定について、謙信が関知していたわけではなかったものの、氏真にとって、謙信は信頼すべき提携相手ではなかったのである。

越相同盟と甲越和与

今川氏の窮地を辛うじて緩和したのは、北条氏の参戦であった。北条氏は一五六七(永禄十)年十一月に武田氏・今川氏の同盟継続交渉を仲介していたが、武田氏の同盟破棄によって面子《めんつ》を潰されたと考え、武田氏が主張する今川氏領国侵攻の正当性を承認せず、武田氏と断交して、今川氏を救援するために駿河国に出兵したのである。

さらに北条氏は、武田氏の挟撃をはかって、一五六八(永禄十一)年十二月のうちに上杉謙信に同盟交渉を打診した。謙信にとっては、軍事的な行き詰まりを外交で打開する機会の到来であり、やはり同月中に交渉開始に同意し、北条方に同盟の条件を提示している。

一五六九(永禄十二)年に入ると、上杉氏・北条氏の交渉が進展して、三月に両氏は起請文《きしょうもん》を交換して、領土確定の合意などを経て、六月に越相《えつそう》同盟(越後国・相模国の同盟)が成立することになった。

なお、この交渉の過程で、上杉謙信は三月に徳川家康に懸川城攻囲の中止を勧めた模様である。そして、家康は武田信玄の反対を無視し、五月に懸川城を開城させ、今川氏真の身柄を北条氏に引き渡している。謙信としては、氏真を救済することで、北条方から譲歩を引き出そうとしたのであり、徳川氏との通信関係を活用した局面でもあった。

但し、上杉謙信は北条氏との同盟交渉と並行して、前年に将軍任官を果たした足利義昭と織田信長の仲介により、武田氏とも和睦交渉を進めており、一五六九(永禄十二)年五月に甲越和与《こうえつわよ》(甲斐国・越後国の和睦)を成立させた。これによって、武田氏はある程度の余裕を確保して、九月に西上野から北条氏領国に侵入し、武蔵国《むさし》・相模国を縦断して、十月上旬に北条氏本拠の小田原城まで進出して城下に放火したうえで、三増峠《みませ》にて北条方の追撃を退けて甲斐国《かい》に凱旋《がいせん》した。

また、上杉謙信は同年十一月に上野国沼田《ぬまた》に出馬し、北条方に西上野(武田氏領国)への出兵を期待させたが、北条氏康《うじやす》・氏政《うじまさ》父子が同陣しなかったことを理由として、翌年正月に下野国に進軍して佐野《さの》氏を攻撃した。佐野氏は一五六九年まで北条方に従属しており、越相同盟の成立に伴って決定された上杉方帰属を拒否して討伐されたのである。

このように、上杉謙信は北条氏と同盟を結びながら、武田氏とも和睦を成立させ、北条氏が求める武田氏領国侵攻を履行しようとしなかった。武田氏の今川氏領国を座視したことは不可抗力だったかもしれないが、越相同盟・甲越和与の二重締結は明らかな背信行為であった。

北条氏政と武田信玄を怒らせた上杉謙信の不実

北条氏は佐野氏に上杉方への帰服を指示し、上杉謙信は一五七〇（元亀《げんき》元）年（改元は四月だが、煩瑣となるために統一する）三月までに上野国に戻ったが、この時期に上杉・北条両氏は養子縁組を実現させた。越相同盟の交渉段階から、上杉謙信は北条氏政（当主）の子息を養子に迎え、同盟の証とする案を提示しており、一五六九（永禄十二）年六月に氏政の次男国増丸を謙信の養子とする合意が成立した。しかし、謙信はすでに甥の景勝《かげかつ》（姉仙桃院《せんとういん》の子息）を養子としており、氏政子息との養子縁組は北条方から人質を取って優位に立つための方便であった。それでも、関東管領職や上野国（山内上杉氏本国）の相続などについて、北条方に一縷《いちる》の期待を抱かせようとする意味もあったとみられる。

もっとも、北条氏政は上杉謙信の不実な態度に不信感を抱いた模様であり、やがて国増丸を差し出すことに難色を示すようになった。そのため、北条方は養子を国増丸から氏康（前当主）の子息三郎に変更することを提案し、謙信も一五七〇（元亀元）年二月までに承認した。もともと、上杉方との交渉を主導してきたのは氏康であり、謙信への不信感を募らせる氏政を抑えつつ、上杉氏との対武田氏共同戦線を実現させようとしたのであろう。

その後、上杉謙信は四月に沼田城で三郎との対面を果たし、同月中に三郎を帯同して越後国に帰国し、本拠の春日山城《かすがやまじょう》で祝言を執行して、三郎に自己の初名「景虎」を与えた。また、もう一人の謙信養子である景勝は、後に初名の「顕景《あきかげ》」を「景勝」に改めている。本来、長尾氏歴代は実名の下部に「景」字を配置しており（能景《よしかげ》・為景《ためかげ》・晴景《はるかげ》など）、上部に「景」字を配置するのは一族・被官であった。

つまり、「顕景」から「景勝」への改名は、景勝・景虎を対等に扱う謙信の意志表示だったとみられる。北条氏の期待を増幅させようとする懐柔策だろう。

ところが、武田氏は上杉謙信の帰国に乗じ、五月から北条氏領国に対する攻勢に出て、翌年二月までに駿河深沢城を攻略しており、北条方は駿河国で確保していた勢力圏をほぼ喪失した。この間に、武蔵国御嶽《みたけ》の平沢氏は北条方から武田方に転向し、武蔵国内にまで武田氏の勢力が及ぶ事態となった。

そこで、北条氏は武田方を牽制すべく、上杉謙信に信濃国への出陣を再三要請したが、謙信の対応は依然として鈍かった。たしかに、一五七〇(元亀元)年七月に武田氏との和睦を破棄したものの、武田氏領国への侵攻は実行しなかったのである。

上杉謙信は本国の国衆本庄氏を調略されるなど、一五六八(永禄十一)年までに武田方に追い詰められつつあり、三国同盟の崩壊によって窮地を脱するという経緯を辿っていた。そのトラウマから、謙信は武田氏との戦争を再度積極的に遂行する意志を欠いた模様である。

そして、こうした状況を前提として、北条氏政は一五七一(元亀二)年四月頃から武田氏との同盟回復交渉を秘密裡に開始するようになった。元来、氏政は武田信玄の息女黄梅院《おうばいいん》を正室として、嫡子の氏直などをもうけていたが、武田氏との開戦に伴い、黄梅院を離縁して、甲斐国に送還していた。結局、黄梅院は一五六九(永禄十二)年六月に夭折したが、そこまでの犠牲を払って、上杉氏との同盟を成立させながら、謙信が不誠実な態度に終始していることに業を煮やしたのである。

また、北条氏康が一五七〇(元亀元)年八月頃より重病に陥っており、氏政の行動を制御できなくなっていたことも、越相同盟の維持にとって不利に作用した。さらに翌年十月三日に氏康が死去して、氏政のもとに権力が一元化されたことは、北条氏の外交転換に拍車をかけた。そして、同年十二月には、北条氏は武田氏との甲相同盟(甲斐国・相模国の同盟)を復活させ、上杉氏に断交を通告している。

なお、上杉氏も同時期に再度の和睦を武田氏に打診したが、武田氏から手酷く拒絶されていた。謙信が一方的に甲越和与を放棄したこと、その際に武田方の使僧を殺害したことによって、武田氏は謙信をまったく信頼しなくなったのである。

上杉謙信を見限った関東の大名・国衆

越相同盟の成立・破綻は、関東における上杉謙信の求心力を一層低下させる結果を招いた。もともと、臼井合戦の敗退を機に、謙信の武威は陰りをみせていたが、さらに北条氏と同盟を結んだことで、謙信は反北条氏で共同歩調をとってきた与党勢力からの信頼も損ねたのである。

上杉謙信もこうしたリスクを理解しており、一五六九(永禄十二)年二月の段階で、同盟関係にある安房里見氏《あわさとみし》に対して、北条方との同盟に応じるとしても、与党勢力の同意を不可欠とする意向を伝達していた。つまり、謙信は与党勢力との関係を維持しつつ、越相同盟を成立させようとしたのである。

また、北条方との交渉において、上杉謙信が提示した条件には、常陸佐竹氏《ひたちさたけし》のもとに身を寄せていた太田資正《おおたすけまさ》を本領の武蔵国岩付《いわつき》に復帰させること、北条方に本拠の関宿城を攻撃されていた梁田晴助《やなだはるすけ》を赦免することなども含まれていた。このように、謙信は越相同盟の正当化をはかって、北条方から与党勢力の存立保証という譲歩を引き出そうとしていた。

しかし、上杉謙信の「配慮」とは裏腹に、関東の大名・国衆は独自の動向をみせるようになった。とくに安房里見氏は、一五六九(永禄十二)年八月に上杉氏との同盟を解消して、武田氏と同盟を結び、対北条氏戦争を継続した。上杉謙信と違い、里見氏は一五六七(永禄十)年八月の三船山合戦で北条氏に勝利しており、戦意を高めていたのである。また、常陸佐竹氏も一五七〇(元亀元)年四月頃から上杉氏との連絡を絶ち、常陸国の江戸《えど》氏・大掾《だいじょう》氏・真壁《まかべ》氏、下野国の宇都宮《うつのみや》氏・小山《おやま》氏なども同調した。

そして、これらの与党勢力の離反は、太田資正・梶原政景《かじわらまさかげ》父子の周旋が大きく作用しており、謙信は資正を「天罰者」などと非難した。資正父子は上杉氏・北条氏の和睦による本領復帰に期待せず、反北条氏陣営において、上杉氏に次ぐ有力者だった里見氏・佐竹氏を中核としながら、北条氏に対抗していく態勢をつくろうとしたのである。

その後、甲相同盟の復活、越相同盟の破綻を経て、上杉謙信は里見氏・佐竹氏や太田資正との和解を望んだが、提携関係の回復は容易ではなかった。そして、一五七四(天正二)年閏十一月に関宿梁田氏の救援に失敗したことを機として、関東における上杉謙信の勢力圏は、ほぼ東上野のみに限定されるようになった。
こうした状況のもとで、里見氏は一五七七(天正五)年十一月に北条氏と和睦を結んだが、佐竹氏は北関東の大名・国衆との互助関係を強めながら、北条方との対峙を継続していった。すなわち、越相同盟の成立・破綻を経て、北関東の諸勢力は上杉謙信の軍事介入に依存せず、「集団的安全保障」によって存立を保持するという方策を確保していたのである。

⦿参考文献

市村高男『東国の戦国合戦』(吉川弘文館、二〇〇九年)
今福匡『上杉景虎』(宮帯出版、二〇一一年)
黒田基樹『戦国関東の覇権戦争』(洋泉社、二〇一一年)
細田大樹「越相同盟崩壊後の房総里見氏—対甲斐武田氏「外交」の検討を通じて—」(佐藤博信編『中世東国の政治と経済』岩田書院、二〇一六年)
丸島和洋「甲越和与の発掘と越相同盟」(『戦国遺文月報』武田氏編第六巻、二〇〇六年)

1497–1571
戦国大名。大内氏が陶晴賢に滅ぼされると、1555年、晴賢を厳島の戦いで破り、中国地方に覇を唱えた。

粛清の〈悪事〉で公儀を創造した戦国大名

毛利元就

…もうりもとなり…

鍛代敏雄

高等学校の日本史教科書の多くは、中世の最末期に「戦国大名の登場」の節を設けている。十六世紀半ば頃の日本列島の地図を掲載して、大名分国の所在地に家名を明示する。その本文には、中国地方における大名の盛衰の記述として、七ヵ国の守護であった大内《おおうち》氏《し》が重臣陶晴賢《すえはるかた》の謀叛で倒され、四年後に安芸国人《あきこくじん》の毛利元就が陶氏を討って、山陰の戦国大名尼子《あまご》氏と激戦を繰り返した、と書かれている。

元就の生涯

まずは日本史の事典類を参照しながら、元就の生涯を概観しておきたい。

安芸国の国衆《くにしゅう》・毛利弘元《ひろもと》の次男として、一四九七（明応《めいおう》六）年三月十四日に生まれる。生母は毛利家重臣・福原広俊《ひろとし》の娘である。幼名は松寿丸《まつじゅまる》、仮名《けみょう》（通称）は少輔次郎《しょうのすけじろう》。一五〇〇年、家督を嫡男興《おき》元《もと》に譲った父弘元にしたがい、四歳にして多治比猿掛城《たじひさるがけじょう》に移った。一五〇六（永正《えいしょう》三）年父が没し、一五一六年兄興元が亡くなり、嗣子幸松丸《ししこうまつまる》が毛利家を継いだ。十五歳で元服した元就は、庶家の多治比殿と呼ばれ、翌年十月、安芸国有田城外の合戦で守護家の武田元繁《たけだもとしげ》を討ち、初陣にして戦功をあげる。ついで、壬生城《みぶじょう》や坂城を陥落させ、さらに尼子経久《つねひさ》を後援して西条鏡山城《さいじょうかがみやまじょう》を攻略した。ところが、その凱旋《がいせん》の直後、一五二三(大永《だいえい》三)年七月十五日、家督の幸松丸が急死した。同二七日、毛利家重臣十五人衆が連署し、家中の合意によって元就が家督を継ぎ、翌八月十日に吉田郡山に入城し、宗家《そうけ》を継いだ。

一五二四年、大内義興《よしおき》軍は安芸銀山城《かなやまじょう》を攻めるが、尼子氏とともに銀山城を支援し、大内義隆《よしたか》の陣営を襲撃して破る。しかし翌年には尼子氏との同盟を断ち切って、大内氏の麾下《きか》に入った。義興の命にしたがい、一五二七年には尼子経久軍と備後《びんご》国内で合戦、その後、安芸高松城《たかまつじょう》の熊谷《くまがい》氏や甲立五竜城《こうたちごりゅうじょう》の宍戸《ししど》氏、また備後国の山内氏ら有力国衆と同盟や姻戚関係を結び、勢力を伸張させた。一五三三(天文《てんぶん》二)年、従五位下に叙され、右馬頭《うまのかみ》に任官した(一五六〇年には陸奥守《むつのかみ》の受領《ずりょう》を得る)。

一五三七年、大内義隆の居城山口に嫡子隆元《たかもと》(「隆」は義隆の偏諱《へんき》)を人質として送った。幕府将軍家の

❖毛利氏略系図

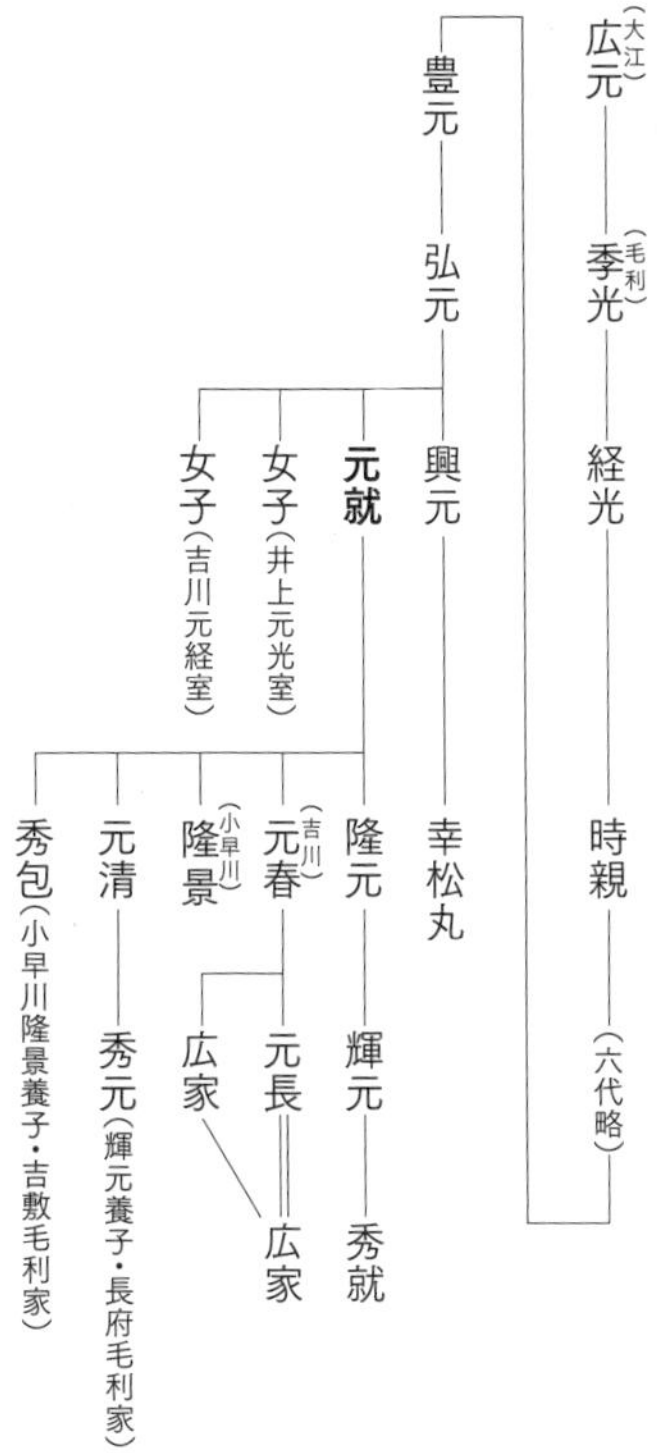

命に服して、大内氏への旗幟《はたじるし》を鮮明にした。一五四〇年九月、尼子晴久《はるひさ》は石見路《いわみじ》より安芸に進軍、兵三万をもって吉田郡山城《よしだこおりやまじょう》を包囲、諸所で合戦、大内氏の援軍、陶隆房《たかふさ》(のち晴賢)の一万の兵が吉田に到着し、翌年正月、尼子軍を撃退した。主家大内義隆との交渉により、一五四一年には三男隆《たか》景《かげ》が竹原小早川《こばやかわ》氏の後継と決まる(実際の家督継承は一五五〇年)。翌年二月、大内義隆に従軍し出雲《いずも》に侵攻、尼子晴久軍と合戦、次年には富田城《とだじょう》を攻撃するが落とせず、五月には撤兵した。敗戦の責任もあって、妻妙玖《みょうきゅう》の死の翌一五四六(天文十五)年、五〇歳の元就は家督を隆元に譲る。ただし実権は掌握していた。一五四七年には、吉川興経《きっかわおきつね》と起請文《きしょうもん》をかわして次男元春《もとはる》を入嗣させ、その三年後には興経父子を殺害した。さらに毛利家中においては、同一五五〇年に譜代の重臣井上党を誅伐して家臣団を統制、戦国大名としての「公儀」(『毛利家文書』三九八号、以下号数のみを記す)を名実ともに内外に宣言した。翌年八月、陶晴賢が大内義隆をクーデタで謀殺すると、一時は陶氏に味方し、いっぽう安芸の国人領主たちの結集をはかった。尼子晴久とは主に備後で合戦を繰り返し、領国の拡張を目指した。一五五四年五月、陶氏と断行、安芸から周防《すおう》にかけて陶氏との合戦は一進一退、ついに一五五五(弘治《こうじ》元)年、厳島《いつくしま》の合戦で陶軍に勝利し、十月一日晴賢を討った。その二年後、大内義《よし》長《なが》(大友義鎮《おおともよししげ》の弟)を長府《ちょうふ》で滅ぼし、周防・長門《ながと》の両国を加え、さらに石見国までも制圧、安芸・備後とともに五ヵ国の「大守」となった。

主に山陽は隆景、山陰は元春と、家督の隆元を支える毛利両川体制が構築された。いよいよ石見国を争う尼子晴久、豊前《ぶぜん》国門司《もじ》や筑前《ちくぜん》国を競う大友義鎮といった、大大名との領国争奪戦争へと突入していった。幕府は隆元を安芸国守護に任じ、将軍義輝《よしてる》が芸・雲の和平を周旋したが、元就は拒否している。一五六〇年(永禄《えいろく》三)年、尼子晴久が没し義久《よしひさ》が継承、二年後、元就は大軍をもって出雲へ侵攻した。いっぽう大友氏との講和を一五六三年三月に受け入れた。ところが同年八月、出雲転戦中の家督隆元が急逝、元就は孫の輝元《てるもと》を後見することになった。なおこの年、元就は石見《いわみ》銀山を朝廷に献上している。さらに尼子氏の居城・出雲月山《がっさん》富田城を攻略、翌一五六五年四月、富田城を総攻撃、一五六六年十一月宿敵・尼子氏を降伏させた。二年後、河野氏を支援して伊予《いよ》を征圧、北九州へ出兵、元就は長府に本陣を置いた。一五六九(永禄十二)年三月、幕府を再興した織田信長《おだのぶなが》と交渉、大友氏との和平を約束するが、講和に至らなかった。尼子旧臣の出雲進出、大友水軍の周防侵攻、能島《のしま》村上水軍の離反、備前国の浦上《うらがみ》氏の挙兵などがおこって、筑前からの撤退を余儀なくされた。一五七〇(元亀《げんき》元)年九月、元就は病に罹り、吉田城に臥せった。尼子氏再興をはかった出雲新山城《しんやまじょう》の勝久《かつひさ》を制圧する最中、翌一五七一(元亀二)年六月十四日、吉田城で病没した。享年七五。法名は日頼洞春《にちらいとうしゅん》大居士、墓は吉田郡山の洞春寺跡にある。

元就が回顧した悪事

元就は筆まめだった。とくに子息たちに遺訓《いくん》をしたためた。なかでも興味深い文章は、戦国大名になるための条件だ。『毛利家文書』からその言葉を抽出してみよう。

①「弓矢の儀」(合戦・武略)

②「家中の儀」（家督・親族衆の「当家」〈主家〉と庶流家内の秩序、譜代・外様との主従契約）
③「世上の儀」（文徳による国と民の政道）

これらの三つの柱を骨格に、公権力を構想していたことがわかる。元就の場合、家督を継承する際にイレギュラーだった。そして譜代《ふだい》の国衆たちの個々の独立性や連判状にみられるような一揆的な連帯が強固だった。だから、このようないわば家中のヨコの関係に配慮しながら、主従制的な支配権の確立に腐心しなければならなかった。そこで②の「家中の儀」にかかわって、元就は武闘の覚悟を決意した。すなわち〈家中粛清〉、譜代の重臣井上一党の粛清である。

十月二三日付けの隆景に宛てた元就自筆書状（五七六号）のなかで、元就は次のように述べている（意訳）。

四十年近くに及ぶ井上党の横暴は、口惜しいながらも必死に堪忍してきた。主人として家臣を失うことは手足を切られるようなもので、「わる（悪）き事の最上」である。良くない点でこれに過ぎるものはない。しかし、井上党の振舞をこのまま放置しておけば、毛利家の禍根となるから、「誅伐《ちゅうばつ》」は遁《のが》れがたいと決断した。

元就は、家臣の粛清を悪事であると回顧した。右に続けて、小早川家に入嗣した隆景にたいし、親類・被官衆の比類のない馳走《ちそう》・奉公、家中統率の評判をたいそう褒《ほ》めている。さらの次にように述懐する。

主人が家臣を生害《しょうがい》させることは、主人に「器用」（器量）がないからである。器用があればそのようなことは起こらない。よく心得ておくがよい。兄興元、嗣子幸松丸の死後、井上党らの非道な行為を全面的に受け止めなければならなかった。このままでは嫡男隆元の代に毛利家は絶えてしまう。だから誅伐といった「大曲事《おおくせごと》」（道理に合わない大きな過誤）に至ってしまった。それも主人の器量のなさによる。祖父豊元、父弘元はひとりとして成敗していない。私には彼らのような家督の威厳がないからである。

元就は、このように自身の真情を隆景に吐露している。家臣の粛清は〈最上の悪事〉であると、回顧した。井上党を粛清した具体的な軍事行動については精確に伝える史料がない。ただ井上一門を例にした別の文章を借りれば、二、三〇〇の家臣をもち、五〇〇から一〇〇〇の兵力を抱える大身の武将を粛清したことは間違いだったとある。元就の趣旨、誅伐にいたった罪状書が残されている。（天文十九年）八月四日付けで、毛利隆元夫人（尾崎御局）に宛てた毛利元就書状（三九八号）や「井上衆罪状書」（三九九号）によって、粛清の理由を探っておこう。

A 毛利家への不奉公

・評定会議などの召喚に応じないこと
・恒例行事に参加しないこと
・元就の許可を得ず隠居と称して規定の軍役などを勤めないこと

・給恩地を公に相続させず、公儀への奉公を疎かにしたこと
・国役としての段銭《たんせん》・段別米《たんべつ》を公儀に納めないこと(奉行人がおそれて催促できない状況にあった)
・城郭などの公儀の普請《ふしん》を務めないこと

B　土地の押領《おうりょう》(略奪)
・毛利家が代官を置く「公領」(御料所＝蔵入の直轄地)の支配を妨げたこと
・他の家臣の所領を押領したこと
・寺社領を押領したこと

C　検断《けんだん》(裁判・訴訟・具足懸《ぐそくがけ》)の非道
・喧嘩成敗《けんかせいばい》に依怙贔屓《えこひいき》したこと
・妻敵討《めがたきうち》への報復のこと
・具足懸(自力による検断・報復＝「雅意狼藉《がいろうぜき》」)のこと

D　儀礼的な秩序や風紀の紊乱《びんらん》
・家中の家格に規定された席次を乱したこと

これらを書き上げて、井上党は家中および分国内における民百姓、商人らの障碍《しょうがい》となっており、このような井上党と縁を結ぶ家中の迎合は、毛利家にとって「未来一大事」となる。兄興元死後三十数年以上にわたる井上元兼《もとかね》の家中にたいする振舞や「心持」からすれば粛清致し方なし、といった主意が書かれている。右の後文では、「御屋形様《おやかたさま》」(主人の大内義隆)への扶助を願うことについて、大内

氏の合戦の状況に鑑みて延引した、と見える。結局、井上党「討果」の事後報告をもって許諾を得たのである。

井上一門の粛清の直後、家臣団から起請文を提出させた。天文十九年七月二〇日付け、福原貞俊《さだとし》以下二三八名の家中起請文(四〇一号)がそれである。主な内容を挙げておこう。

・上意を軽視した井上党の誅伐に全面的に賛同すること
・毛利家の家中成敗に遵奉《じゅんぽう》すること
・家臣間の喧嘩は「殿様」(隆元)の下知に服従、合力・具足懸を禁止すること
・軍役奉公に忠節を尽くすこと
・嫉妬《しっと》による権力闘争は「上様」(元就)と家中として訓誡すること
・家臣間の私情・私憤を措いて「公儀」の礼を第一に尽くすこと
・合戦における具足不装着は所領没収とすること
・「上様」の褒美《ほうび》閑却にたいしては年寄から上申すること

起請文は、神仏を媒介に人と人とが誓約し合意を形成するものである。この起請契約を見ると、元就・隆元の両国主にたいし主従関係をあらたに強固ならしめ、毛利氏の「公儀」を周知徹底させて、国家の基盤を構築したことがはっきりとわかる。井上党の誅伐以前の元就自筆書状を眺めると、軍役をまっとうしない家臣の存在が知られ、主従の固い「心持」が構築されていなかった状況が垣間見られる。家中統制にかかわる、粛清の実効力を推し量ることができるだろう。

さらになお、輝元の代にいたっても、一六〇五(慶長十)年、キリシタン改宗を拒否し、萩城《はぎじょう》の築城を遅延させた熊谷元直《もとなお》の誅伐についての罪状書(一二七九号)や家臣八二〇人の起請文(一二八四号)を見れば、井上党粛清の罪状書と先の起請文が重く受け継がれ、毛利家「公儀」における最重要の「置《お》目《め》」(規範)となっていたことがわかるのである。

戦国大名元就の人と政治

日本国の国王は天皇、宗教上の「日本国主」は天照大神《あまてらすおおみかみ》と認知されていた。「大樹」と呼ばれた将軍の権力は「公儀」と称された。守護の多くは「大守」ないしは「太守」といわれ、戦国大名の多くも「大守」だが、とくに「国家」の分国を支配する「国主」と見なされた。

東国からみると、相模北条、安房里見、上総《かずさ》武田、甲斐武田、駿河今川、近江六角、越前朝倉などの諸氏で史料を確かめることができる。もっとも秀吉の海賊停止令《かいぞくちょうじれい》や江戸幕府の武家諸法度《ぶけしょはっと》(元《げん》和令《なれい》)にも「国主」と記されており、戦国・織豊・徳川前期にいたるまで、分国の大名は国主と考えられていたのである。

毛利氏の場合をみると、たとえば、一五五七(弘治三)年と推定される吉川元春・小早川隆景宛ての毛利隆元書状(六五六号)は、家中は「洞《うつろ》」(同族衆)と「他家」(国衆)に大きく分かれ、分国が治められていること。毛利家は「五ヶ国の大守」に成長したこと。「国家」を治める「器用」「器量人」(家督に相応しい人格・資質)である元就の後見により隆元が家督を「取操《とりあつかい》」(執行)することなど、毛利両川に約束した自筆の手紙である。ちなみに毛利家の相談役・策雲玄龍《さくうんげんりゅう》(吉田興禅寺《こうぜんじ》住持)が「古来国家」を支配すべき人物の徳論を述べているが(『山口県史　史料編中世四』三五一頁)、禅僧らの国家観の影響があったものとおもわれる。

また伊達《だて》・北条・今川氏らの大名家と同じように、毛利氏も自らの権力を「公儀」と称した。もともと主に戦国期の将軍権力を指し示す言葉だったが、戦国大名は自主独立した分国を領有する公儀を主張したのである。伊達天文の乱を征した直後の晴宗は一五四九(天文十八)年に「公儀」を宣言したが、元就の場合も、翌一五五〇年、先に述べた井上衆の罪状書に見られる(三九八、三九九号)。すなわち、所領相続の不正による「公儀」(毛利家)への不奉公を批判した。家臣団の起請文(四〇一号)にも、「公儀」を第一義に考えることが誓約された。ここに毛利家の公儀が約束されたのである。この公儀は、輝元の代にいたっても不易であり、一五七二(元亀三)年の掟書(四〇四号)や一六〇五(慶長十)年の熊谷元直罪状書(一二八四号)に等しく「公儀」に従属すべし、と見える。

ところで、元就が戦国の世を語った好個の史料がある。今は「くたりはてたる世中」(まったく零落し、終末的な世の中)(四一三号)だから、真っ正直な古武士然とした態度ではなく、「武略・計略・調略」が必要だと、隆元に訓示した。五〇歳の元就は、尼子氏攻略の敗戦の自責と家中の刷新のために、嫡男隆元に家督を譲った。しかし、実権を譲り渡したわけではなく、先の策雲玄龍書状に書かれた通り、「大殿」の元就が「若殿」の隆元の施政をほとんどコントロールしていた。小田原北条氏康《ほうじょううじやす》と氏政《まさ》父子の関係に見える「二御屋形《ふたおやかた》」のような体制だったのであろう。ちょうどその頃、毛利家庶流の一門で、興元・幸松丸・元就前期の家宰《かさい》といわれ、元就を家督に推挙した長老・志道広良《しじひろよし》に自筆の書状(五八七号)を送った。元就は自身「元来無器用者」により家臣に厭《あ》きられた。隆元の場合は珍しさ故に、家中の者共に心遣いして厭きられないようにしてもらいたい。わたしの場合、先例のないほど合戦が多かった。万人に扶持《ふち》・不足のないようにはできず、「虚言」ともいわれたように遺恨をのこした。これからは隆元を輔弼し、「異見」(忠告)してもらいたい、と志道広良に願った。元就が実権を掌握していたこともあってか、事実、隆元の振舞は元就の眼には「山口かゝり」(大内氏のように文事・文芸に耽ること)と映り、戦国の乱世を生き残れないと案じていた。隆元自身、後世にいたっても才覚のなさを歎き、父の武功の失墜を畏れ、いつでも嫡男の幸鶴丸《こうつるまる》(輝元)に家督を譲る覚悟であると語っている(六四六号)。

そこで、〈三矢の教え〉のエピソードとして人口に膾炙《かいしゃ》する、一五五七(弘治《こうじ》三)年十一月二五日付けで隆元・元春・隆景に宛てた元就教訓状(四〇五号)を見よう。「三人心持之事」の前文ではじまる教訓状は、毛利の名字を子々孫々まで伝えることが主眼で、そのためには三兄弟が団結して家中を統治することが訓戒されている。隆元には兄としてよりも親心をもって二人の弟に応対すること、またこれ以上、家中の家臣を失わないように諭した。自分には「健気」(勇敢)や「胴骨」(胆力)はない。智恵才覚があるわけではない。正直・正路者でもない。とくに神仏に守護されているわけでもない。ただし、毎朝、日輪を拝み、念仏を十篇唱える。後生《ごしょう》のみならず今生《こんじょう》の利益を願う。なお厳島信仰に心懸け、大明神の加護を受けるべしと、三兄弟に勧告した。その後も、自筆の書状をもって、隆元・元春・隆景らにくどいほど、念入りに訓示を繰り返した。とくに「心持」(心の持ち方、心掛け、気立て、心の有り様)にこだわった。三兄弟の一致した心持ち、家中の心待ち、上下万民の心持ち等など。国をおもい、民をおもう共同の心性、共通理解の大切さを教え諭した。隆元にはとりわけ、治国の要諦《ようてい》は賞罰の分別、時に堪忍《かんにん》、道理と筋目、そして談合にあると教示する。なお、元就を治療する医師・曲直瀬道三《まなせどうさん》(正盛)の一五六七(永禄十)年九ヶ条意見書(八六四号)にある「下民御憐愍《ごれんびん》の文徳」の徳治主義は、天道思想に裏打ちされたものだ。さらに、隆元の不行跡については遠慮なく進言すること、隆元の器量を信じ硬骨につとめること、元就の意見に反対の場合は再度談合を求めること、合意の形成を重視した(六四九号)。子息の個々に宛てた元就自筆書状の多くは『毛利家文書』に収められている。文末に「この状すなわちこの方へ返し給うべく候」「御心得候いて返し給うべく候」(五七六号)と見える。読んで納得したら、この手紙を元就のもとに返送するように書き置いたのである。「内々」の意を下達する、まさに元就の密書だった。

毛利元就は、家臣の粛清という「悪事」を断行した。用意周到に準備した上で、一気呵成《いっきかせい》に成敗した。戦国大名の道を歩み始めた元就は、人々の「心持」に常に配慮しながら、用心深く入念にことを運んだ。いつも負の状況をイメージし、なお豊かな構想力を発揮した、類い希なる戦国武将ということができる。

⊙主要参考文献

渡辺世祐監修・三卿伝編纂所編『毛利元就卿伝』(マツノ書店、一九八四年)

藤木久志編『毛利氏の研究　戦国大名論集14』（吉川弘文館、一九八四年）
岸田裕之『毛利元就』（ミネルヴァ書房、二〇一四年）
鍛代敏雄『戦国大名の正体』（中公新書、二〇一五年）

1534–82
尾張の戦国大名。1560年桶狭間で今川氏を破って、以後各地を併合。1582年本能寺で明智光秀に襲われ、自害。

足利将軍家の秩序を破壊した 織田信長

…おだのぶなが…

小川 雄

戦国時代の足利将軍家

織田信長の生涯において、とくに「悪」の表現に相応《ふさわ》しい事績をあげるとすれば、それは足利《あしかが》将軍家を中心とする政治秩序を否定したことであろう。ある意味で、一五七〇年代以降の動乱は、足利将軍家に代わって、新しい秩序を創出しようとする信長の政治路線に対する反作用として進行したものであった。

たしかに、織田信長のこうした試みは、後に豊臣関白家《とよとみかんぱくけ》・徳川将軍家《とくがわしょうぐんけ》の成立として結実した。しかし、足利将軍家による反対勢力の結集も招いており、信長はその克服を果たせないうちに、本能《ほんのう》寺《じ》の変によって斃れることになった。

但し、織田信長が積極的に足利将軍家を打倒して、新政権の樹立を志向したとする理解は妥当ではない。本来、信長は足利将軍家を護持する立場にあったが、将軍家の側から、信長との協調を放棄したのが実態だった。すなわち、信長は既存の秩序に挑戦したのではなく、その護持と再興に失敗したのである。

なお、織田信長は尾張国《おわり》を統一する過程で、主筋《しゅすじ》の清洲《きよす》織田氏を討滅し、尾張国守護《しゅご》の斯波氏《しばし》を追放した。しかし、これらの「下剋上」の実態は、清洲織田氏や斯波氏から切り捨てられたことに反撃した結果でもあった。とくに斯波氏は、清洲織田氏の「下剋上」によって一旦没落し、信長に庇護されて存立を保ちながら、駿河《するが》今川氏に内通して追放されるという経緯を辿っている。このように、尾張時代から、信長が積極的に上位権力を打倒したことはなかった点に留意しながら、足利将軍家との関係を読み解くべきである。

ところで、足利将軍家の否定については、織田信長よりも前に、三好長慶《みよしながよし》という先行者が存在した。本来、三好長慶は管領細川氏《かんれいほそかわし》の被官《ひかん》であったが、やがて主君の細川晴元《はるもと》と対立するようになり、その晴元を支持して敵対してきた将軍足利義輝《よしてる》を一五五三(天文《てんもん》二二)年に京都から退去させた。さらに長慶は、従来の畿内の実力者(細川政元《まさもと》・高国《たかくに》など)と異なり、代替の将軍を擁立せずに京都周辺を支配する体制を構築した。こうした長慶の権力について、「三好政権」と表現する論者も存在する。

但し、三好長慶は一五五八(永禄元)年に足利義輝と和睦して、義輝を京都に復帰させており、以後は義輝を補弼《ほひつ》しながら、京都や畿内一帯の支配にあたった。後の織田信長と同じく、長慶も足利将軍家と徹底的に対立することを躊躇《ちゅうちょ》したのである。

このように、足利将軍家を中心とする政治秩序は、応仁《おうにん》の乱や明応《めいおう》の政変を経て、動揺を繰り返しながらも、戦国時代の終盤まで維持されていた。各地の戦国大名は、動乱に適応して、領国・家中をそれなりに自己完結した「国家」として運営していたが、それでも「国家」の存立保持と矛盾しない範囲で、足利将軍家を尊重していた。つまり、足利将軍家との関係は、将軍による和平調停や栄典授与など、ある程度の実利を齎《もたら》しており、諸大名は足利将軍家の秩序が継続することを望んだのである。

足利義輝と織田信長

織田信長と足利将軍家の関係は、一五五九(永禄二)年二月に上洛して、足利義輝に拝謁したことを出発点とする。これは、前年の義輝帰京に対応した行動だった模様であり、同時期に越後国の長《なが》尾景虎《おかげとら》(上杉謙信《うえすぎけんしん》)と、美濃《みの》国の斎藤高政《さいとうたかまさ》(一色義龍《いっしきよしたつ》)も上洛して、義輝から恩典を授与されていた。

なお、織田信長と長尾景虎・斎藤高政は、いずれも旧来の守護ではなく、実力で領国を支配する新興大名だった。つまり、足利義輝はこうした新興勢力を与党に取り込み、京都復帰後の政権運営(及び三好長慶との協調)を安定させることを望んだのである。また、新興大名の側も、足利将軍家と結び付き、実力で勝ち取った立場に正統性を帯びさせようとする志向性を有していた。

但し、織田信長は尾張国の情勢不安によって、数日で在京を切り上げ、尾張国に帰国することを余儀なくされ、長尾景虎・斎藤高政のように、足利義輝から具体的な栄典を拝受するには至らなかった。

ところで、上洛した三大名のうち、斎藤高政は織田信長の義兄(正室の兄)であったが、高政が一五五五(弘治元)年四月に父の道三《どうさん》を討滅した際に、信長が道三の陣営に加担した経緯から、高政・信長は敵対関係となっていた。その一方で、足利義輝は在京中の斎藤高政に相伴衆《しょうばんしゅう》の格式と「義」

字(将軍家の通字)を授与し、さらに義龍(高政)が土岐氏《ときし》(美濃国守護)を排除した領国支配を正当化するために、名字を「一色」(足利氏庶流)に改めると、一五六一(永禄四)年二月に「左京大夫」に任官させて「一色」名字を公認した。

このように、足利義輝は織田信長の接近を受け容れながらも、一五五九(永禄二)年前後の段階では、信長の仇敵であった斎藤高政(一色義龍)の実力をより高く評価しており、数々の栄典を与えて厚遇したのである。

足利義昭の将軍家継承

足利義輝は一五六五(永禄八)年五月に河内三好氏の御所包囲に徹底抗戦して討死した。前年七月に三好長慶が死去したことに伴い、年少の当主義継のもとで河内三好氏は統制不全に陥り、疑心暗鬼にかられ、義輝の排斥を強行したのである。

しかし、足利義輝の弟義昭《よしあき》(事件当時は興福寺一乗院門跡)は、三好氏の監視下から脱出し、近江国矢島《やじま》を拠点として、将軍家の継承をはかり、与党勢力を糾合しようとした。そして、こうした義昭の活動を支持して、出兵の意向を表明したのが織田信長・一色義棟《よしむね》(斎藤龍興《たつおき》、義龍《よしたつ》嫡子《ちゃくし》)・徳川家康(当時は「松平《まつだいら》」名字)の三大名だった。なお、永禄八年当時も、織田氏・一色氏は依然として敵対関係にあったが、義昭の将軍家相続を支持する姿勢は一致していたのである。

その一方で、阿波《あわ》三好氏(当主は長慶の甥長治《ながはる》)や三好三人衆は、足利義栄《よしひで》(義輝・義昭の従兄弟)の擁立をはかるようになった。これによって、義昭・義栄という二人の将軍候補が対峙する状況が現出した。一五六六(永禄九)年七月には、織田氏・一色氏が和睦して、徳川氏などと共同で、足利義昭を矢島から上洛させる計画が立ち上がった。ところが、織田信長が同年八月末に美濃国に出陣すると、一色氏はこれを敵対行為と認識し、閏八月八日に河野島で織田方と交戦して敗退させた。また、義昭も同時期に義栄陣営の攻勢に圧迫され、矢島から退去して、まず若狭《わかさ》武田氏、次いで越前《えちぜん》朝倉《あさくら》氏を頼った。

なお、一色氏は同盟関係にあった甲斐《かい》武田氏に宛てた書状で、この和睦破綻に関する責任を織田信長に転嫁したうえで、「信長は天下の笑い物となった」と評している。一色氏にとっても、義昭上洛計画の流産は不本意な展開であり、その責任を世間から非難されることを避けようとしたのである。

その後、織田信長は一五六七(永禄十)年八月頃に一色氏を美濃国から没落させ、居城を一色氏本拠の稲葉山《いなばやま》(後に「岐阜《ぎふ》」に改称)に移転し、濃尾地域の政治的統合を達成した。これによって、信長を中心とする義昭上洛計画が再始動することになった。

そして、一五六八(永禄十一)年九月に織田信長は畿内に出兵して、義栄政権(同年二月に将軍任官)を打倒したうえで、十月に足利義昭の将軍任官を実現させた。また、三好氏勢力(河内三好氏・阿波三好氏・三好三人衆などの総称として用いる)のうち、三好義継《よしつぐ》(河内家当主)・松永久秀《まつながひさひで》(河内家重臣)は、すでに義昭陣営に帰服しており、義栄与党の阿波三好氏・三好三人衆と対戦していたことも、義昭・信長の軍事行動を容易にした。

但し、阿波三好氏・三好三人衆は畿内から撤退しつつも、四国で反攻の機会を窺っており、かつて足利義昭を保護した朝倉氏も、若狭武田氏の内訌《ないこう》への対応をめぐり、義昭政権との関係を緊張させていった。そのため、一五六九（永禄十二）年八月の段階で、京都の政僧朝山日乗《あさやまにちじょう》は、安芸毛利氏に対して、来年には阿波三好氏・越前朝倉氏が討伐されることになる、という見込みを提示していた。

義昭政権の動揺

一五七〇（元亀《げんき》元）年（改元は四月だが、煩瑣となるために統一する）に入ると、織田信長は正月に足利義昭に五箇条の条書を提示し、義昭の承認を得ている。この条書のうち、とくに第四条は、「天下の儀」は信長に委任され、その成敗について、信長は将軍の上意を必要としないと規定している。そのため、信長の目的は、義昭から実権を剥奪して傀儡化《かいらいか》することだったとする論説が多かった時期もあった。

但し、近年の研究では、義昭政権の崩壊に至るまで、織田信長による政務の専断という状況は成立していなかったことが指摘されている。条書の内容は、義昭政権の敵性勢力を平定していくうえで、信長の裁量拡大を求めたものとして理解すべきであろう。

ところが、足利義昭と織田信長は、元亀三年までに苦況に陥ることになった。

織田信長は一五七〇（元亀元）年四月に義昭政権の与党大名も動員して越前国に出兵したが、小谷《おだに》浅井氏《あざいし》が離反したために撤退を余儀無くされた。その後、信長は六月に近江国姉川《あねがわ》で朝倉氏《あさくらし》・浅井氏の連合軍に勝利したものの、決定打を与えるには至らなかった。

また、足利義昭・織田信長は九月に摂津国《せっつ》に出陣して、四国から上陸していた阿波三好氏・三好三人衆と野田・福島で対戦したが、その最中に本願寺教団が反義昭・信長陣営に加入し、朝倉・浅井連合軍も京都に迫った。結局、義昭・信長は十一月から十二月にかけて、各勢力と一旦和睦し、辛うじて窮地を脱することができた。

もっとも、一五七一(元亀二)年五月には、三好義継・松永久秀が義昭政権から離反し、阿波三好氏・三好三人衆との提携を回復する事態となった。さらに八月の白井河原合戦で、義昭から摂津国の統率を委ねられていた和田惟政《これまさ》が敗死して、義昭陣営の劣勢はより深まった。

こうした状況のもとで、織田信長は一五七二(元亀三)年九月に異見十七箇条を提示し、足利義昭の施政方針を批判した。信長は現状の苦況を義昭の失政によるものと認識して、義昭に自省を促そうとしたのである。

足利義昭・織田信長の訣別

一五七二(元亀三)年十月に武田信玄《しんげん》が徳川氏領国の遠江・三河両国に侵攻すると、織田信長は徳川方に援軍を派遣し、足利義昭も家康宛てに御内書(武田氏追討令か)を発給して激励した。徳川氏は織田氏の同盟相手であるとともに、義昭政権の与党大名でもあり、義昭・信長は協調して、徳川氏を援護しようとしたのである。

しかし、足利義昭は一五七三(元亀四)年二月に織田信長との訣別に転じ、京都に迫りつつあった三好氏勢力と提携した。前年十二月に三方《みかた》ヶ原《がはら》合戦で織田・徳川連合軍が武田信玄に大敗を喫して、織田氏本国の美濃国でも国衆の離反が相次いだことから、義昭は仇敵の三好氏勢力と和解してでも、信長との共倒れを回避しようとしたのである。

ところが、足利義昭の判断は結果的に誤っていた。つまり、武田信玄が重病に陥り、武田氏の軍事行動が鈍化したことで、織田信長は窮地を脱したのである。そのため、足利義昭は信長の攻勢に直面し、四月に信長と和睦している。

但し、一旦破綻した信頼関係の修復は困難であって、同年七月に足利義昭は再び織田信長に敵対し、槙島城《まきしまじょう》に籠もって三好氏勢力と提携した。近江国で信長が朝倉・浅井連合軍と対峙している状況に乗じたのである。さらに武田氏がいずれ攻勢を再開して、織田氏領国は遠からず崩壊すると見通していた模様である。信玄はすでに四月十二日に死去していたが、義昭は武田氏の秘匿《ひとく》に幻惑されたことになる。

結局、織田信長は近江国から転進して、七月十八日に槙島城を攻略し、足利義昭は河内国若江《かわちわかえ》の三好義継のもとに逃れた。また、信長は同月中に朝廷に資金を提供して、かねて懸案となっていた「天正《てんしょう》」への改元を実現した。改元を遅滞させていた義昭の器量不足を世間に印象付け、その義昭の追放を正当化しようとしたのである。

その後、同年十一月に安芸毛利氏《あきもうりし》が調停に入り、足利義昭は若江から和泉国堺《いずみ》《さかい》に移って、織田方と和睦を交渉している。信長は確信を持って義昭を追放したわけではなく、義昭の復権も選択肢に入れていたのである。

但し、交渉は妥結に至らず、足利義昭は十一月中に紀伊国由良《きいゆら》に移り、反織田氏勢力を糾合するようになった。この段階で、朝倉氏・浅井氏・河内三好氏などは滅亡し、松永久秀は織田方に降服していたが、武田氏・阿波三好氏・本願寺教団は健在であり、義昭が政権回復を果たす可能性もそれなりに存在した。

その一方で、織田信長は槙島城攻略の際に人質としていた足利義昭の子息義尋《ぎじん》を擁立するようになった。当時、義尋は幼児であったが、その成長を待って、将軍に任官させる構想であった。つまり、信長は義昭を排除しながらも、足利将軍家を護持する姿勢は継続したのである。そのため、義昭政権の与党大名であった安芸毛利氏・越後上杉氏・遠江徳川氏などは、義昭の追放を容認して、信長との同盟関係を維持している。

もっとも、徳川家康については、一五七四(天正二)年頃まで足利義昭との連絡を維持していたことを確認できる。当時、信長の忠実な盟友とみなされている家康ですら、武田氏との戦争を遂行するうえで、織田氏の軍事支援を必要としていたに過ぎず、義昭追放を積極的には支持していなかったのである。

足利将軍家と織田政権の対決

一五七五(天正三)年四月に織田信長は阿波三好氏の勢力を畿内から一掃し、次いで五月に三河国《みかわ》長篠《ながしの》で徳川氏と連合して武田勝頼《かつより》(信玄後継)に大勝した。また、八月に越前国を占拠していた本願寺門徒を制圧して、十月に本願寺教団との和睦を成立させた。

さらに織田信長は、同年十一月に右近衛大将に任官した。右近衛大将には、かつて源頼朝《みなもとのよりとも》が征夷大将軍《せいいたいしょうぐん》に先行して任官した由緒があり、織田氏を将軍とする武家政権の成立に向けた布石であった。つまり、信長は一連の戦勝によって、足利将軍家を護持する姿勢を放棄したのである。また、朝廷も足利将軍家の秩序に見切りをつけて、信長に新秩序の創出を求めたのであろう。

しかし、この織田信長の路線転換は、足利義昭の巻き返しも招いている。足利義昭はまず上杉謙信に働きかけ、十二月までに京都復帰に協力する意思を確認した。そのうえで、義昭は一五七六(天正四)年二月に由良から備後国鞆《びんごとも》に移って、毛利氏を自陣営に引き入れることに成功した。そして、こうした状況を前提として、本願寺教団は四月に義昭陣営に再加入した。また、武田氏はすでに前年十月に上杉氏と和睦しており、「信長包囲網」はより強力に再編されることになった。

このように、毛利氏・上杉氏が足利義昭の陣営に転じて、織田信長との対決を選択したことは、①信長による足利将軍家の全否定、②織田氏領国の拡大によって生じた競合関係が相乗した結果であった。

元来、毛利氏の場合は阿波三好氏、上杉氏の場合は甲斐武田氏を共通の敵として、織田氏と遠交近攻の原則に基づく友好関係を成立させていたものの、織田氏の領国拡大が、中国・北陸まで及ぶと、むしろ競合関係が目立つようになった。また、毛利氏と上杉氏は、足利義昭の追放は容認できても、織田信長による新秩序に参入する意思は無く、足利義昭はその隙に乗じたのである。

その一方で、徳川家康については、対武田氏戦争の遂行を優先して、むしろ織田信長に従属する姿勢を深めていった。すなわち、領国の保全という観点から、毛利氏・上杉氏は織田氏との敵対を選択し、徳川氏は織田氏の新政権を支持したことになる。

織田信長の死と足利義昭の帰京

一五七六(天正四)年以降の戦争において、織田信長はしばしば苦境に陥ったが、一五八〇(天正八)年閏三月に本願寺教団と和解して、一五八二(天正十)年三月に武田氏を討滅した。また、毛利氏と上杉氏も、織田方の攻勢に追い詰められていった。

このように、織田信長は一五八二年までに義昭与党の制圧を達成しつつあったが、同年六月に明《あけ》智《ち》光秀《みつひで》の謀叛によって横死した(本能寺の変)。なお、この政変の直前に、朝廷は信長に三職(征夷大将軍・関白《かんぱく》・太政大臣《だいじょうだいじん》)のいずれかに任官するように勧めていた。つまり、朝廷は織田方が圧倒的優勢を取り戻した状況を観望して、足利将軍家に代わり、織田政権が確立したことを世間に印象付ける官職の提供を申し出たのである。

織田信長の死後、羽柴秀吉《はしばひでよし》・柴田勝家《しばたかついえ》・丹羽長秀《にわながひで》などの重臣は、清洲《きよす》会議を経て、三法師《さんほうし》(信長嫡《ちゃく》孫《そん》)を新当主に擁立し、織田政権を護持しようとした。この清洲会議体制の織田氏は、足利義昭との和解をはかり、義昭が帰京することを容認し、徳川家康も同意していた。織田氏の家中では、信長死後も政権を維持する方法論として、足利将軍家との対立状態を解消することで、義昭による敵性勢力の結集を抑制しようとしたのである。

その後、織田氏は内訌《ないこう》に陥り、足利義昭の帰京は遅延したものの、やがて政権を掌握した羽柴秀吉は一五八七(天正十五)年十二月頃に義昭の帰京を実現させた。この時期には、義昭も政権回復の意思を失っており、准三后《じゅんさんぐう》などの高い格式を与えられつつ、一五九六年(慶長《けいちょう》元)八月に死去するまで余生を過ごしている。

⦿**主要参考文献**

天野忠幸『三好一族と織田信長』(戎光祥出版、二〇一六年)

金子拓『織田信長〈天下人〉の実像』(講談社、二〇一四年)

木下聡編『美濃斎藤氏』(岩田書院、二〇一四年)

久野雅司編『足利義昭』(戎光祥出版、二〇一五年)

柴裕之「足利義昭政権と武田信玄—元亀争乱の展開再考—」(『日本歴史』第八一七号、二〇一六年)

山田康弘『戦国時代の足利将軍』(吉川弘文館、二〇一一年)

1537–98
信長に仕えて頭角をあらわし、信長亡きあと、政局の主導権を奪取、大坂城を築き、1590年には天下統一を実現した。

「無慈悲」に粛清を繰り返した天下人
羽柴秀吉
…はしば ひでよし…

小川 雄

朱元璋と羽柴秀吉

羽柴秀吉（「豊臣《とよとみ》」は名字ではなく、姓であるため、本稿では「羽柴」名字で統一する）は、一五九〇年代初頭に日本国内の政治的統合を達成し、さらに東ユーラシア地域の国際秩序を改変すべく、明《みん》を主敵とする対外戦争（文禄・慶長《ぶんろくけいちょう》の役）を遂行した。

その明を十四世紀中頃に建国した朱元璋《しゅげんしょう》（洪武帝《こうぶてい》）は、羽柴秀吉と幾つかの共通点を有した。流浪の境遇から卓越した才覚で立身したこと、容貌が特異であったこと、糟糠《そうこう》の妻を有すること（秀吉の北政所《きたのまんどころ》、朱元璋の馬皇后《まこうごう》）などである。さらに朱元璋と秀吉は、凄惨な粛清《しゅくせい》事件を繰り返したことも共通点としていた。

朱元璋は皇帝に即位すると、軍閥《ぐんばつ》の寄合所帯という状況の克服や、皇帝独裁体制の確立を志向して、たびたび功臣の粛清をおこなった。とくに胡惟庸《こいよう》（左丞相《さじょうしょう》）と藍玉《らんぎょく》（大将軍）の粛清については、数万人の連座者を出すことになった。また、最初期から軍事面で朱元璋を補佐した徐達の最期についても、実質的な毒殺とする伝承がある。そして、こうした度重なる粛清劇が、朱元璋の死後に靖《せい》南《なん》の変〈燕王朱棣《えんおうしゅてい》〈永楽帝《えいらくてい》〉が朱允炆《いんぶん》〈建文帝《けんぶんてい》〉を討滅して簒奪《さんだつ》〉に繋がったとする評価すらある。

羽柴秀吉がおこなった一連の粛清は、朱元璋と比較すると、はるかに規模は小さかった。それでも、秀吉の死後、関ヶ原合戦《せきがはらかっせん》と大坂両陣を経て、羽柴氏が政権を失い、後継者の秀頼《ひでより》が滅亡する一因となったとみられることは共通しているだろう。

なお、羽柴秀吉による粛清の過酷さは、織田信長《おだのぶなが》・徳川家康《とくかわいえやす》と比較することでより顕著となる。織田信長の場合、たしかに重臣の林秀貞《はやしひでさだ》や佐久間信盛《さくまのぶもり》を追放したが、謀叛・内通に対する報復を別とすれば、処刑に及んだ事例はさほど多くない。苛烈なイメージとは裏腹に、信長は粛清について、秀吉よりもある程度抑制的だったのである。

また、徳川家康の場合も、たびたび粛清事件〈大久保長安《おおくぼながやす》一族など〉を起こしたが、重臣級の処刑は羽柴秀吉ほどの頻度ではなかった。秀吉の粛清を権力者特有の酷薄さが露呈した普遍的な事象とみなし、その異常性を過小評価すべきではない。

無論、朱元璋の粛清に相応の合理性が存在したように、羽柴秀吉の粛清についても、ある程度の理由付けは可能である。しかし、主従関係が主君の「慈悲」を主柱とすることを鑑みるならば、秀吉の「無慈悲」が、羽柴家中の主従関係に浅からぬ瑕疵《かし》を与えるものであったことは否めないだろう。

神子田正治・尾藤知宣の誅殺

羽柴秀吉による功臣の粛清は、まず国内平定戦争の過程で、軍事的失態を対象として始まった。

その最初の事例は、一五八四（天正十二）年の小牧《こまき》の陣《じん》（織田信雄《のぶかつ》・徳川家康との対戦）であった。この戦役の主戦場は尾張《おわり》国北部であり、羽柴方は楽田《がくでん》、織田・徳川方は小牧山を中心に陣地群を構築して対峙したが、二重堀砦の守備に参加していた神子田正治《みこだまさはる》は、織田方の強襲に苦戦したところ、秀吉に譴責《けんせき》され、さらに抗弁して追放された。

次いで、一五八六（天正十四）年の九州遠征（薩摩島津《さつましまづ》氏との対戦）でも、日向《ひゅうが》方面から進軍した羽柴秀長《ひでなが》（秀吉弟）の軍監《ぐんかん》をつとめた尾藤知宣《びとうとものぶ》が、島津方との根白坂《ねじろざか》合戦で判断を誤って改易《かいえき》された。この合戦において、羽柴方の宮部継潤《みやべけいじゅん》が危機に陥ったところ、知宣は救援に消極的な意見を具申し、友軍を見殺しにしかけたことで追及されたのである。

また、失脚後の神子田正治・尾藤知宣は、流浪の境遇に身を落とし、正治は九州遠征、正宣は小田原の陣（一五九〇〈天正十八〉年）に際して、羽柴秀吉のもとに出頭して、赦免《しゃめん》を嘆願したところ、かえって秀吉の逆鱗《げきりん》に触れて誅殺《ちゅうさつ》されたと伝えられる。さらに処刑の方法も、正治・知宣の尊厳を蹂躙《じゅうりん》するものであったという。

そもそも、神子田正治と尾藤知宣は、いずれも羽柴秀吉が長浜《ながはま》城主時代（一五七三〈天正元〉年以降）に黄母衣衆《きぼろしゅう》に登用して、戦歴を重ねるとともに、軍事指揮官として立身させた存在であった。山鹿《やまが》素行《そこう》の『武家事紀《ぶけじき》』は、正治・知宣に戸田勝隆《とだかつたか》・宮田喜八郎《みやたきはちろう》を加えた四人について、織田氏に仕えていた時期の秀吉家臣において、とくに勇士と並び称された存在だったと評価している。

このうち、宮田喜八郎は一五七八（天正六）年頃に播磨三木《はりまみき》城の攻囲戦で討死したが、戸田勝隆は一五八七(天正十五)年に南伊予《いよ》の領域支配を委ねられた。神子田正治と尾藤知宣も、失脚していなければ、勝隆と同様に、羽柴氏の地方支配を支える大名に取り立てられうる存在だった。

しかし、神子田正治・尾藤知宣は、羽柴秀吉から軍事的実績を認められて登用された存在であるため、秀吉から軍事的に無能と判断された場合、ひとたまりもなく地位を喪失することになったのである。

仙石秀久と神子田正治・尾藤知宣の相違

神子田正治・尾藤知宣と違い、軍事的失態によって失脚しながら、復権を遂げた事例として、仙《せん》石秀久《ごくひでひさ》をあげることができる。

仙石秀久の場合は、神子田正治と尾藤知宣と同じく、軍事指揮官として戦歴を重ね、一五八二(天正十)年頃から淡路《あわじ》国の経略を委ねられるとともに、長宗我部元親《ちょうそがべもとちか》の攻勢に抵抗する讃岐国衆の支援を担当し、一五八五(天正十三)年の四国平定後に讃岐国の支配を委ねられた。秀吉家臣の中でも、秀吉の弟秀長に次いで、早期から一方面の指揮を任され、一国の統治権を付与された部類に入る。

しかし、一五八六(天正十四)年の九州遠征に際し、仙石秀久は長宗我部元親・十河存保《そごうまさやす》(三好義堅《みよしよしかた》)の軍勢を帯同し、羽柴秀吉の本軍に先行して九州に上陸したところ、戸次川《へつぎがわ》合戦で島津方に大敗を喫した。さらにこの合戦は、守勢を指示していた秀吉の命令に背いて強行したものであり、長宗我信《のぶ》親《ちか》(元親嫡子)・十河存保などの戦死者を出す結果になった。

こうした仙石秀久の軍事的失敗は、神子田正治・尾藤知宣よりもはるかに深刻なものであった。しかし、仙石秀久の処分は改易にとどまっており、剰《あまつさ》え小田原の陣（相模北条氏《さがみほうじょうし》との対戦）に参戦して復権し、信濃小諸《しなのこもろ》城主に取り立てられている。『改撰仙石家譜《かいせんせんごくかふ》』によると、仙石秀久は改易後も京都で隠棲《いんせい》しており、羽柴秀吉の出陣情報に接すると、旧臣を糾合して手勢を編成し、また北条方の要害などを偵察したうえで、徳川家康の取りなしによって、秀吉に参陣を申し出たとされる。後世の記録であり、多分に潤色を含むとしても、秀久が機会を捉え、積極的に挽回の意思を示すことで、秀吉の信認を取り戻し、社会復帰を果たしたという大筋は事実だろう。

そして、この仙石秀久の復活劇と比較すると、神子田正治・尾藤知宣が処刑された理由も、ある程度合理的に説明できる。つまり、秀久と違い、正治・知宣の両人は、挽回の努力を払わずに地位の回復を求め、秀吉の怒りを増幅させたのである。

たしかに、羽柴秀吉は軍事的失態に厳格であったが、仙石秀久・神子田正治・尾藤知宣の三者とも、失態そのものを理由として、即座に処刑されることはなかった。むしろ、その後の態度によって、秀久は復権を認められ、正治・知宣は誅殺の対象となったのである。

このように、羽柴秀吉は軍事的失態を犯した家臣の地位を剥奪《はくだつ》しつつも、長年培ってきた情誼《じょうぎ》を容易《たやす》く捨て去れなかったのか、あるいは人材確保の難しさを理解していたのか、再登用の可能性を全否定してはいなかった。少なくとも、一五九〇年代までの秀吉は、それなりのバランス感覚を持って、粛清をおこなっていたと評価すべきかもしれない。

千利休はなぜ切腹に至ったのか?

羽柴秀吉による粛清事件としては、千利休《せんのりきゅう》(宗易《そうえき》)の切腹もよく知られている。

千利休は堺商人を出自とする茶人であり、織田信長・羽柴秀吉のもとで茶頭をつとめ、とくに秀吉から重用された。また、当時の茶湯は、談合や信頼形成の場として活用されており、利休は秀吉から政治的役割も求められた。こうした利休の存在感は、秀吉の弟秀長が「内々の儀は宗易(千利休)、公儀の事は宰相《さいしょう》(秀長)存じ候」と述懐するほどであった。

しかし、一五九一(天正十九)年閏正月頃に千利休は羽柴秀吉の勘気《かんき》を蒙り、二月十三日に京都から堺へ追放され、やがて京都屋敷に召し返され、同月二八日に秀吉の命令によって切腹した。自身の木像を製作して、大徳寺《だいとくじ》に納めたことが増長とみなされた結果であった。

この千利休の切腹については、朝尾直弘氏の論説の影響から、豊臣政権の地方支配をめぐる路線対立(集権派・分権派)を淵源《えんげん》としており、集権派領袖《りょうしゅう》格《かく》の石田三成《いしだみつなり》が木像問題を口実として、分権派に属する千利休を追い落とした、というストーリーで説明されることが多かった時期もある。しかし、路線対立と利休切腹の関連付けは、桑田忠親氏が批判を投げかけたように、実証性が乏しく、結論を先行させた印象が強い。官僚(三成)にとって、文化人(利休)の政治参加は望ましい事象ではない、という先入観も作用していたとみられる。

現実には、千利休の切腹について、とくに政治的な対立構図が存在したとは考え難い。利休が後代に茶人として神聖化されたことから、木像製作のような些細《ささい》な問題によって粛清されるはずがないと捉え、重大な理由を見出そうとする傾向が生じたのである。

先入観を排するならば、千利休の破滅は、その栄達のあり方から理解すべきである。

そもそも、千利休の茶湯は、創造性の高さを特徴としていた。すなわち、創作茶器をより前面に押し出し、名物茶器の価値を相対的に下げ、名物を所持せずとも茶を楽しめる「開《ひら》かれた茶湯」を演出したのである。そして、利休がこうした志向性を明確にした時期は、基本的に羽柴秀吉の政権掌握以降であった。つまり、利休の「独創」は、秀吉という後援者の存在によって可能となっていたのである。

このように、千利休の茶人としての地位は、羽柴秀吉の権力に依存したものであり、その秀吉との関係が破綻すれば、即座に失われる脆《もろ》い構造でしかなかった。そのうえで、神子田正治・尾藤知宣に対する秀吉の厳格さを鑑みれば、木像制作は些細な問題ではなく、許し難い増長だったのであろう。

なお、千利休に先行して、高弟の山上宗二《やまのうえそうじ》も、一五九〇（天正十八）年に小田原陣中で誅殺されていた。宗二も利休同様に茶頭として羽柴秀吉に仕えながら、出奔して北条氏のもとに身を寄せており、包囲された小田原城から脱出して、秀吉のもとに出頭したところ、処刑を執行されたのである。この宗二の場合も、神子田正治・尾藤知宣の粛清と同じく、失脚後の態度が秀吉の怒りを助長したとみられる。

関白秀次一家の滅亡

羽柴秀吉がおこなった粛清のうち、とくに凄惨な事件は、甥にあたる羽柴秀次《ひでつぐ》とその妻子の滅亡であった。

羽柴秀次は秀吉の姉瑞龍院《ずいりゅういん》の子息であって、三好康長《やすなが》(阿波《あわ》三好氏一門)の養子となったこともあるが、短期間で「羽柴」名字に復し、一門大名として育成された。一五九〇(天正十八)年には、尾張国を中心とする領国を与えられ、翌年には、九戸政実《くのへまさざね》の乱(陸奥《むつ》南部氏《なんぶし》の内訌《ないこう》)に対応して陸奥国に出陣し、徳川家康に補佐されながら、奥羽の仕置を総括した。

ところが、羽柴秀吉の嫡子《ちゃくし》鶴松《つるまつ》が一五九一(天正十九)年八月に夭折《ようせつ》すると、秀次は同年十二月に秀吉から関白職を譲渡された。つまり、秀次の立場は、羽柴氏の次世代を支える一門から、秀吉の後継者に転じたのである。しかし、一五九三(文禄二)年八月に秀吉に次男秀頼《ひでより》が誕生して、秀次が秀吉後継となる前提条件が崩れた。

それでも、羽柴秀吉は秀次を排斥する意思を持っておらず、一五九五(文禄四)年正月には、明《みん》との和平交渉が遅延している状況のもとで、秀次に朝鮮出兵の指揮を委ねることも計画していた。そもそも、軍事指揮権の移譲は、権力継承の重要な階梯《かいてい》である。老年の秀吉は、秀頼の成熟を見届けることが困難であると自覚しており、秀次に対して、秀頼が成人するまでの中継ぎの役割を期待し、権力継承を続行しようとしたのであろう。

しかし、同年七月に入ると、羽柴秀次の謀叛疑惑が浮上し、秀次は精神的負荷に堪えかねて、八日に京都から高野山《こうやさん》に退去した。自身を支えるべき立場にあった実弟の秀保《ひでやす》(大和《やまと》郡《こおり》山城《やま》主)が四月に急死していたことも、秀次の疑心暗鬼を増幅したとみられる。

その一方で、羽柴秀吉は秀次に高野山における蟄居《ちっきょ》を命じ、秀次の出奔《しゅっぽん》を追認することで、事態を収拾しようとした。しかしながら、秀次は七月十五日に切腹を遂げることになった。この自害については、秀吉の命令によるものではなく、秀次が謀叛疑惑を晴らそうとして、憤死《ふんし》同然に自害したという説も提示されている。

この後、羽柴秀吉は秀次の謀叛疑惑を真実と説明する方向に転じた。一連の「配慮」が、秀次の短慮によって無為となったため、謀叛を肯定して、政権の不手際を糊塗しつつ、後継者を秀頼に変更することを正当化しようとする苦肉の策であったとみられる。

さらに八月二日には、羽柴秀次の妻子三十余人が、三条河原で処刑された。その凄惨さは、朝廷において、死穢《しわえ》が懸念されるほどだった。こうして、秀次の血統を根絶したことは、秀頼の秀吉後継としての立場を確立させたが、次世代の羽柴氏一門層を薄くする措置でもあった。

秀次事件の連座者

羽柴秀吉は秀次の切腹に先行して、一五九五(文禄四)年七月十三日に秀次附家臣の熊谷直之《くまがいなおゆき》・粟野《あわの》秀用《ひでもち》・白井成定《しらいなりさだ》を自害させている。また、秀次の切腹と同日には、木村常陸介《きたむらすけ》（山城淀城主《やましろよど》）も自害した。この四人は、秀次補弼《ほひつ》の失敗について、とくに責任が重いとみなされ、死による贖罪《しょくざい》を求められたのである。

さらに羽柴秀次の切腹は、犠牲者をより拡大させることになった。

秀次附家臣のうち、一柳可遊《ひとつやなぎかゆう》（伊勢桑名城主）は徳川家康、服部一忠《はっとりかずただ》（伊勢松坂城主《まつざか》）は上杉景勝《うえすぎかげかつ》、渡瀬繁詮《わたせしげあき》（遠江横須賀城主《とおとうみよこすか》）は佐竹義宣《さたけよしのぶ》、明石則実《あかしのりざね》（但馬豊岡城主《たじまとよおか》）は小早川隆景《こばやかわたかかげ》、羽田正親《はねだまさちか》（大和松山城主《まつやま》）は堀秀治《ほりひではる》、前野長康《まえのながやす》（但馬出石城主《いずし》）は中村一氏《なかむらかずうじ》に身柄を預けられ、いずれも後に成敗された。木村常陸介・熊谷直之・粟野秀用・白井成定と比較し、相対的に責任は軽いと判断され、まず蟄居を命じられたものの、秀次切腹を経て、謀叛疑惑が真実として扱われたことで、処分を死罪に切り換えられたのだろう。

なお、粛清は羽柴秀吉の側近にも及び、木下吉隆《きのしたよしたか》が薩摩島津氏に預けられ、事件から三年後の一五九八（慶長《けいちょう》三）年に自害している。吉隆の場合は、秀吉側近として、秀次との情報伝達を仲介する立場にあり、秀吉・秀次の意思疎通が失敗した責任を負わされた模様である。

ところで、羽柴秀次に連座した譜代衆のうち、前野長康は蜂須賀正勝と同時期に秀吉配下となった最古参の重臣であり、牢人時代の山内一豊《やまうちかずとよ》（遠江掛川城主《かけがわ》。後に土佐国主《とさ》）を扶助したこともあったと伝わっている。その長康の粛清は、事件の凄惨さを際立たせたであろう。

また、譜代衆を多数処分したことは、羽柴氏の権力基盤と家中の結束に有形無形の打撃を与え、羽柴氏が秀吉死後に短期間で政権を喪失する一因になったとみられる。

⊙主要参考文献

朝尾直弘『豊臣・徳川の政治権力』（岩波書店、二〇〇四年）

桑田忠親『千利休』（中央公論社、一九八一年）

檀上寛『明の太祖朱元璋』（白帝社、一九九四年）

中野等『文禄・慶長の役』（吉川弘文館、二〇〇八年）

堀越祐一『豊臣政権の権力構造』（吉川弘文館、二〇一六年）

矢部健太郎『関白秀次の切腹』（KADOKAWA、二〇一六年）

矢部良明『茶人豊臣秀吉』（角川書店、二〇〇二年）

山本博文『サムライの掟』（中央公論新社、二〇〇一年）

【執筆者略歴】（掲載順）

遠山 美都男（とおやま　みつお）
一九五七年、東京都生まれ。一九八五年、学習院大学大学院人文科学研究科史学専攻博士後期課程中退。現在、学習院大学・立教大学・日本大学各非常勤講師。主要著書：『蘇我氏四代』『天武天皇の企て』『天平の三皇女』『敗者の日本史一　大化改新と蘇我氏』など。

松尾 光（まつお　ひかる）
一九四八年、東京都生まれ。一九七五年、学習院大学大学院博士課程終了。博士（史学）。現在、早稲田大学非常勤講師、奈良県立万葉文化館研究顧問。主要著書：『白鳳天平時代の研究』『万葉集とその時代』『古代の社会と人物』『現代語訳魏志倭人伝』など。

繁田 信一（しげたしんいち）
一九六八年、東京都生まれ。神奈川大学大学院歴史民俗資料学研究科修了。博士（歴史民俗資料学）。現在、神奈川大学日本常民文化研究所特別研究員、東海大学文学部非常勤講師。主要著書：『陰陽師と貴族社会』『庶民たちの平安京』『紫式部の父親たち』『かぐや姫の結婚』『王朝貴族のおまじない』など。

永井 晋（ながい　すすむ）
一九五九年、群馬県生まれ。一九八六年、国学院大学大学院博士課程後期中退。博士（歴史学）。現在、神奈川県立歴史博物館企画普及課長。主要著書：『鎌倉幕府の転換点―『吾妻鏡』を読み直す』『金沢北条氏の研究』『源頼政と木曽義仲』など。

下山 忍（しもやま　しのぶ）
一九五六年、群馬県生まれ。一九八〇年、学習院大学大学院人文科学研究科史学専攻修士課程修了。現在、東北福祉大学教育学部教授。主要著書・論文：「北条義時発給文書について」（安田元久先生退任記念論集刊行委員会『日本中世の諸相』所収）、「極楽寺流における北条義政の政治的立場と出家遁世事件」（北条氏研究会編『北条時宗の時代』所収）、北条氏研究会編『北条氏系諸人名辞典』など。

角田 朋彦（つのだ　ともひこ）
一九六九年、群馬県生まれ。一九九八年、駒沢大学大学院博士後期課程満期退学。現在、駒沢大学・京都造形芸術大学各非常勤講師。主要著書：『南北朝遺文　関東編』（共編）など。

下川 雅弘（しもかわ　まさひろ）
一九七五年、京都府生まれ。二〇〇三年、日本大学大学院文学研究科日本史専攻満期退学。現在、駒沢女子大学人文学部日本文化学科准教授。主要著書・論文：『織田権力の領域支配』『三好長慶』、「三好長慶の上洛と東寺からの礼銭」（『戦国史研究』五六）、「山科言経の医療行為と贈答文化」（『生活文化史』六六）など。

鍛代 敏雄（きたい　としお）
一九五九年、神奈川県生まれ。一九八八年、国学院大学大学院文学研究科日本史学専攻博士課程後期満期退学。博士（歴史学）。現在、東北福祉大学教育学部教授。主要著書：『中世後期の寺社と経済』『戦国期の石清水と本願寺』『中世日本の勝者と敗者』『戦国大名の正体』など。

渡邊 大門（わたなべ　だいもん）
一九六七年、神奈川県生まれ。二〇〇八年、仏教大学大学院文学研究科博士後期課程修了。博士（文学）。現在、（株）歴史と文化の研究所代表取締役。主要著書：『戦国・織豊期赤松氏の権力構造』『戦国期浦上氏・宇喜多氏と地域権力』『戦国期赤松氏の研究』など。

小川 雄（おがわ　ゆう）
一九七九年、神奈川県生まれ。二〇〇七年、日本大学大学院満期退学。現在、日本大学文理学部非常勤講師、清瀬市史専門調査員、西尾市史執筆員。主要著書：『徳川水軍関係文書』『徳川権力と海上軍事』など。

「悪《あく》の歴史《れきし》」日本編《にほんへん》【上《じょう》】

2017年9月15日　第1刷発行

編著者
関《せき》 幸彦《ゆきひこ》

発行者
渡部　哲治

印刷所
図書印刷株式会社

発行所
株式会社 清水書院
〒102-0072
東京都千代田区飯田橋3-11-6
［電話］03-5213-7151㈹
［FAX］03-5213-7160
http://www.shimizushoin.co.jp

デザイン
鈴木一誌・山川昌悟・下田麻亜也

ISBN978-4-389-50062-7